Obrigação de Emitir Declaração Negocial

[Obrigação de Negociar]

1963/2012

Miguel Galvão Teles

ALMEDINA

OBRIGAÇÃO DE EMITIR DECLARAÇÃO NEGOCIAL
AUTOR
Miguel António Monteiro Galvão Teles
EDITOR
EDIÇÕES ALMEDINA, S.A.
Rua Fernandes Tomás, nºs 76, 78 e 79
3000-167 Coimbra
Tel.: 239 851 904 · Fax: 239 851 901
www.almedina.net · editora@almedina.net
DESIGN DE CAPA
FBA.
PRÉ-IMPRESSÃO
EDIÇÕES ALMEDINA, S.A.
IMPRESSÃO E ACABAMENTO
PENTAEDRO, LDA.

Setembro, 2012
DEPÓSITO LEGAL
348641/12

Apesar do cuidado e rigor colocados na elaboração da presente obra, devem os diplomas legais dela constantes ser sempre objecto de confirmação com as publicações oficiais.
Toda a reprodução desta obra, por fotocópia ou outro qualquer processo, sem prévia autorização escrita do Editor, é ilícita e passível de procedimento judicial contra o infractor.

 GRUPOALMEDINA

Biblioteca Nacional de Portugal – Catalogação na Publicação

TELES, Miguel Galvão, 1939-

Obrigação de emitir declaração negocial : 1963-2012
ISBN 978-972-70-4882-6

CDU 347

À memória de meus pais

NOTA PRÉVIA SOBRE A PUBLICAÇÃO

I

O livro que ora se publica representou a minha tese de mestrado, mais exactamente, a tese apresentada no então chamado Curso Complementar de Ciências Jurídicas, em 1963 – há quase cinquenta anos, por conseguinte. Vigorava, então, no essencial, a reforma das Faculdades de Direito de 1945 e havia um curso geral, de cinco anos, e cursos complementares em duas áreas – Jurídicas e Políticas – nos quais só eram admitidos alunos com uma classificação elevada no curso geral. De facto eram muito poucos aqueles que completavam os cursos complementares. Mais tarde, esses cursos foram substituídos por mestrados (pré-Bolonha) e foi estabelecida a equiparação.

Quando escolhi o Curso Complementar de Ciências Jurídicas, a minha ideia era a de me manter ligado ao Direito Privado. E pensava, num prazo relativamente curto, rever a tese e publicá-la. Aconteceu que o Prof. Marcello Caetano solicitou que eu fosse contratado como assistente no grupo das Políticas, por virtude de número insuficiente de pessoas nessa área. Fiquei (por minha escolha) no Direito Constitucional, matéria na qual ao tempo era quase completamente ignorante. A necessidade de estudar e o gosto que criei por aquela disciplina levaram-me a adiar sucessivamente a revisão da tese de 6º ano. Ao Direito Privado continuei ainda ligado algum tempo como Secretário da Comissão Revisora do Código Civil*. Depois voltei a ele por via da

---

* Exerci, durante alguns anos, essas funções. No meu tempo a Comissão já não se reunia, mas pude fazer vários comentários sobre as versões da 2ª revisão ministerial (ou preparatórias desta) e sobre o Projecto.

advocacia. Mas a tese ficou num canto. Nunca a tinha voltado a ler de modo completo. Entretanto, aliás, foi produzido o Código de 1966.

Acontece que da tese, que era ciclostilada, havia exemplar na Biblioteca da Faculdade de Direito de Lisboa, repetidamente fotocopiado. E aquela foi sendo citada. Amigos insistiram comigo para que a tornasse pública. A Almedina, a quem muito agradeço, entendeu que valia a pena publicar – e fê-lo.

Reli agora o texto e verifiquei que, no essencial, se mantinha actualizado, não obstante as modificações legislativas e a evolução doutrinal. Decidi-me a dá-lo a lume – embora como obra datada. Por isso não introduzi quaisquer alterações de substância.

Houve, porém, modificações ou retoques na linguagem, que tiveram de ser efectuados. Um primeiro respeita ao título do texto e, em geral, à expressão "obrigação de negociar". A preocupação fundamental do estudo era a de deslocar a análise da fonte para o objecto – em especial do contrato promessa, enquanto fonte, para o conteúdo e a estrutura da obrigação que cria e do negócio jurídico objecto desta. Era corrente falar-se de obrigação de contratar, embora esta, *qua tale*, constituísse tema de restrita consideração. Porque pretendia abranger todas as situações em que a obrigação se reportasse a um negócio jurídico e não apenas a contrato, falei de "obrigação de negociar", como modo de alargar o objecto. Mas a escolha foi infeliz, porque o sentido da expressão facilmente se confunde com o de dever de entrar em negociações e de conduzi-las – que veio, sobretudo mais tarde, a suscitar muita atenção. Por isso, substituí, na presente publicação, a expressão "obrigação de negociar" por *"obrigação de emitir declaração negocial"* ou, *brevitatis causa, "obrigação de declaração negocial"*. No título, mantive a expressão original "obrigação de negociar" entre parêntesis.

Outra alteração de redacção que introduzi, por me parecer tornar as coisas mais claras, foi substituir *"material"* por *"substancial"*, para caracterizar um tipo de interesses ou atribuições (interesses ou atribuições *substanciais*, por oposição a interesses ou a atribuições *formais*).

Embora me houvesse licenciado em 1961, o ano de 1962 foi consumido na greve académica. Só depois comecei a preparar a dissertação. A certa altura, a pressão do tempo tornou-se exasperante. Parte do texto foi escrita a correr, quase sem revisão (lembre-se que nessa altura não havia computadores, o texto era passado em "stencil"), pelo que ficaram muitos descuidos de lin-

NOTA PRÉVIA SOBRE A PUBLICAÇÃO

guagem e diversas repetições. Tentei agora remediar esses descuidos, mas sem nunca tocar na substância. Valeu-me, então, o meu irmão Luís, que correu de minha casa para a Faculdade e vice-versa, para que o texto fosse passado e reviu o possível. Aqui reitero, por escrito, a minha gratidão.

O texto não pôde, aliás, em 1963, ser completado. O terceiro e último capítulo, intitulado "Construção jurídica da obrigação de negociar", estava dividido em vários parágrafos, o principal dos quais era o segundo, sobre "Relação entre os momentos obrigacional e negocial". Seguir-se-iam mais três, destinados a extrair consectários quanto à posição tomada no que toca àquela relação. Seriam curtos e teriam por epígrafes *Estrutura da obrigação de negociar*", *"Enquadramento dogmático da obrigação de negociar"* e *"Enquadramento dogmático do cumprimento da obrigação de negociar"*. Simplesmente, não houve então tempo de fazer mais do que, nesses pontos, enunciar conclusões. Disse-se então, a justificá-lo:

"Competiria de seguida analisar, ainda que não fosse necessário já muito detalhe, os problemas da estrutura da obrigação de negociar e do enquadramento dogmático seu e do seu cumprimento, a que corresponderiam mais três parágrafos. No entanto, limites imperiosos de tempo impedem-nos de fazê-lo. Por isso nos limitaremos a indicar breve-mente as conclusões a que chegámos e que, aliás, encontram todo o essencial do seu fundamento no que até agora se tem vindo a dizer."

Enunciaram-se essas conclusões, dizendo-se, no essencial, que a obrigação de declaração negocial é integrada, do lado passivo, não somente por um dever, mas também por um poder de determinação jurídica, que constitui um direito potestativo creditório ou um direito de crédito potestativo (conforme a perspectiva) e que o acto objecto do dever será simultanea-mente, no plano da potencialidade, negócio e prestação e, no da efectividade, negócio e cumprimento. Finalmente a obrigação de declaração negocial seria alheia à distinção estrita entre obrigação de prestação de coisa e de prestação de facto.

Pareceu-me útil incluir agora, com o pensamento de 1963, esses pontos, mas de forma bem mais sumária do que a que teriam tido ao tempo, se houvesse podido desenvolvê-los. Por isso, reduzi os então previstos três parágrafos a um, intitulado *"Estrutura da obrigação de declaração negocial, seu enquadramento dogmático e enquadramento dogmático do seu objecto e cumprimento"*.

OBRIGAÇÃO DE EMITIR DECLARAÇÃO NEGOCIAL

II

Ainda algumas observações, estas de carácter substancial.

Embora o texto haja sido elaborado perante o Código de Seabra, mantenho, perante o novo Direito, o essencial das posições que nele tomei, não só quanto à admissibilidade e justificação da obrigação de declaração negocial, como quanto ao seu regime – assim bem no que toca à transmissão de crédito a negócio, como no que diz respeito à "ininvocabilidade" autónoma, quanto ao negócio devido, de fundamentos de anulabilidade. Continuo igualmente a entender correcta a configuração do contrato de opção como contrato pelo qual se constitui o direito potestativo de, através de negócio unilateral, se produzirem efeitos semelhantes aos que resultariam de um contrato. Não creio que o art. 457º do actual Código o impeça, primeiro porque não está em causa uma promessa, segundo porque não vejo por que razão a autonomia privada não pode efectuar derivações substitutivas de legitimidade. A eficácia do negócio unilateral tem um contrato por fundamento. Finalmente, mantenho a caracterização dogmática, designadamente de direito de crédito potestativo, de prestação negocial e cumprimento negocial e de prestação alheia à distinção estrita entre prestações de coisa e prestação de facto.

Uma última nota. Falámos, ao longo do texto, de interesse na produção de efeitos jurídicos, acrescentando normalmente que se traduzia em regulamentação negocial. É que há produção de efeitos jurídicos não negocial ou, porventura, num âmbito negocial diferente daquele que aqui está em causa. A entrega de uma coisa pode transferir a posse. É um efeito, mas sem origem negocial. Mais complexo se apresenta o caso nas obrigações pecuniárias. A entrega de espécies metálicas é entrega de coisa e o mesmo se poderá em rigor dizer da entrega de notas de banco. A dúvida respeitará à emissão de cheque ou a ordem de transferência bancária. Seja como for que se caracterize a situação, há terceiros envolvidos e não existe negocialidade em conexão com uma *causa solvendi*.

De qualquer modo, o tema ficou fora do objecto do estudo.

III

Surpreendeu-me o então meu estilo de redacção, porventura argumentativo em excesso, muito diferente do de hoje. Desliguei-me depois do pensamento predominantemente teleológico que ao tempo cultivava. Mas é impressio-

NOTA PRÉVIA SOBRE A PUBLICAÇÃO

nante a influência exercida pela minha querida e saudosa professora, Isabel de Magalhães Collaço. Era ela quem, nas Lições de *Direito Internacional Privado* de 1958-59, especialmente no vol. II, frequentemente utilizava a expressão, a que recorri, *situações da vida*, e que, mais tarde (1964), manteve no livro sobre a *Qualificação em Direito Internacional Privado*.

O texto ciclostilado encontrava-se dividido em dois volumes. Publica-se agora, unificadamente, num só. Como se vê pela reprodução anastática do I volume originário, que imediatamente se segue à presente nota prévia, caracterizava ao tempo o texto como "esboço de um estudo". A começar pelo arguente, depois meu querido amigo, Prof. Fernando Pessoa Jorge, foi feita ironia com o "sub-título". Retiro-o.

Agradeço a inestimável colaboração prestada na revisão do texto pela Dr.ª Margarida Torres Gama.

MIGUEL ANTÓNIO MONTEIRO GALVÃO TELES

OBRIGAÇÃO
DE NEGOCIAR

(ESBOÇO DE UM ESTUDO)

VOL. I

Dissertação apresentada no Curso
Complementar de Ciências Jurídicas
no ano lectivo de 1962-63.

FACULDADE DE DIREITO DA UNIVERSIDADE DE LISBOA

INTRODUÇÃO

1. A obrigação, ou o crédito, como, em geral, qualquer direito subjectivo[1], representa um modo de protecção e de preterição de interesses. Enquanto tal, caracteriza-se primariamente por utilizar como meio fundamental de tutela do interesse um dever[2] ou, se se quiser, por partir, como meio fundamental de realização do interesse tutelado, de um acto de pessoa outra que o titular desse interesse. Elementos básicos da obrigação são assim os interesses e o dever.

Os dados em que se apoiam os interesses são situações da vida e fins.

As situações da vida são quaisquer realidades potenciais aptas a, actualizando-se, realizarem ou contribuírem para a realização de fins de uma pessoa.

O mundo é uma incessante passagem de potencialidades a actualidades. As situações da vida objecto de interesses são precisamente potencialidades enquanto apontam para a sua actualização. Mesmo nos chamados interesses sobre coisas não é rigorosamente a coisa que constitui o objecto dos interesses, mas situações da vida que à coisa se reportam. A coisa em si e por si não realiza nem contribui para a realização de fins. O que realiza ou contribui para a realização de fins são as situações da vida que na utilização da coisa se podem efectivar. O interesse sobre a coisa não é, num primeiro momento, mais do que o interesse na disponibilidade (que não se confunde com poder de disposição da coisa), na actualização da situação da vida que a disponibilidade representa, e, num segundo momento, o interesse na utilização da coisa, interesse nas situações da vida que se podem obter agindo sobre a coisa. E o

---

[1] Embora não muito correctamente, preferimos falar de direito subjectivo a falar de relação jurídica por esta expressão, mais do que aquela, envolver uma determinada orientação em matéria de teoria geral.

[2] Cfr. Prof. GOMES DA SILVA, *O Dever de Prestar e o Dever de Indemnizar*, vol. I, 1944, p. 67. Naturalmente, não estamos a tomar em consideração o aspecto da execução.

OBRIGAÇÃO DE EMITIR DECLARAÇÃO NEGOCIAL

interesse na manutenção da coisa, que é interesse na manutenção da disponibilidade da coisa, não significa mais do que expressão negativa dos interesses na utilização da coisa, como interesse na não-actualização de situações da vida impeditivas da utilização, aqui de situações da vida que alterem a disponibilidade.

Tudo se vê bem se se atentar no modo como o Direito protege os interesses. Os meios que o Direito utiliza são o poder, o dever, o não-poder (proibição). Poder, dever e não-poder só se concebem no plano da potencialidade e enquanto exprimem o sentido da passagem da potencialidade à efectividade. Poder é sempre poder de adoptar um comportamento que, por isso, é, num primeiro momento, necessariamente potencial; dever é sempre dever de praticar um comportamento; e não-poder é sempre ainda não-poder praticar um comportamento. Poder, dever e não-poder exprimem precisamente o ponto de vista do Direito sobre a passagem de um comportamento da potencialidade à efectividade. Mas, se é num sentido "dinâmico" que se tutelam (e preterem) os interesses, será necessariamente num sentido dinâmico que os interesses terão de ser encarados. O poder e o dever tutelam interesses enquanto, actualizando-se um comportamento, se actualizará uma situação da vida; o não-poder tutela um interesse enquanto, actualizando-se esse comportamento e a situação da vida correspondente, se impediria a actualização de outra situação da vida. Poder e dever preterem interesses na medida que a actualização da situação da vida impedirá a actualização de outras. O não-poder pretere um interesse enquanto nega a actualização de uma situação da vida.

Uma situação da vida é objecto de um interesse na medida em que a sua efectivação realiza ou permite a realização de fins de uma pessoa[3] (ou impede a actualização de outras situações da vida que obstariam à realização desses fins) – fins que, porque o Direito exprime uma ordem objectiva e valorada, terão de entender-se em estrita objectividade[4], como todos os fins possíveis de uma pessoa, seja qual for a atitude da pessoa a seu respeito e independentemente de qualquer valoração prévia. Será ao Direito que ela competirá.

---

[3] Cfr., quanto ao relevo da ideia de fim, Prof. GOMES DA SILVA, *ob. cit.*, pp. 74 ss.

[4] Cfr. Prof. GOMES DA SILVA, *ob. cit.*, pp. 67 ss.; CARNELUTTI, *Teoria Geral do Direito*, 1ª ed., trad. portuguesa de A. RODRIGUES QUEIRÓ e ARTUR ANSELMO DE CASTRO, 1942, pp. 78 ss.

INTRODUÇÃO

Enquanto a actualização de uma situação da vida realiza ou contribui para a realização de fins de uma pessoa, constitui para essa pessoa um *bem*. Enquanto impede a actualização de outra situação da vida que realizaria ou contribuiria para a realização de fins, constitui para o titular dos fins um *mal*.

O interesse consiste precisamente na relação de uma pessoa com uma situação da vida potencial que para ela é bem ou mal.

Originariamente, o interesse é sempre interesse num bem e, por isso, interesse na actualização de uma situação da vida. No entanto, enquanto a efectivação de umas situações da vida é impeditiva da efectivação de outras, o interesse poderá derivadamente aparecer referido a uma situação da vida que é um mal, como interesse na sua não-actualização.

Na medida em que a actualização de situações da vida for incompatível, como incompatíveis aparecerão os interesses[5]. Tais incompatibilidades poderão ser intra ou inter-subjectivas. Ao Direito competem as incompatibilidades inter-subjectivas, incompatibilidades de interesses de duas ou várias pessoas[6]. E competem-lhe no sentido de virem a ser por ele resolvidas. A solução consiste na tutela de um ou uns interesses e na preterição de outro ou outros. O direito subjectivo e, em particular, o direito de crédito, exprime a protecção de um interesse.

2. Pode-se fazer, dentro dos direitos de crédito (são os únicos que nos interessam), uma distinção fundamental *provisória* – quer quanto à sua estritamente rigorosa correcção, quer quanto à sua expressão em diversidade significativa de disciplina – atendendo à natureza do interesse protegido, consoante este seja um interesse "natural" ou "substancial" ou um interesse jurídico. Um interesse é natural quando se refere a uma situação da vida que tem utilidade imediata no mundo pré-jurídico, no mundo que ao Direito é dado, e enquanto a tem. Um interesse é jurídico quando se refere a uma situação da vida que não tem utilidade imediata no mundo pré-jurídico, tão só no mundo específico do Direito, em particular a uma situação da vida que é uma regulamentação jurídica ou que vale enquanto contri-

---

[5] Preferimos a expressão "incompatibilidade de interesses" à expressão "conflito de interesses". No fundo, isso encontra-se ligado à ideia de ver as "organizações" traduzidas em direitos subjectivos mais como meios de tutela de um interesse do que como meios de resolver conflitos, em certa medida no sentido da concepção do Prof. GOMES DA SILVA (*ob. cit.*, pp. 74 ss).

[6] CARNELUTTI, *Teoria Generale del Diritto*, 3.ª ed., 1951, p. 14.

OBRIGAÇÃO DE EMITIR DECLARAÇÃO NEGOCIAL

bui para uma regulamentação jurídica. Entre os interesses jurídicos *lato sensu* importam, neste estudo, os interesses em regulamentação jurídica.

Aos primeiros interesses chamaremos interesses *substanciais*; aos segundos interesses *formais*.

As situações da vida encadeiam-se na sua utilidade. Uma situação da vida é útil porque permite ou envolve outra, esta é útil porque permite ou envolve outra ainda, etc. Os próprios actos vêm a representar situações da vida objecto de interesses.

Assinale-se já, quanto aos actos, que o serem situações da vida não impede a distinção entre os actos enquanto conteúdo de poderes e deveres e os actos enquanto situações da vida objecto de interesses. *É* que a situação da vida representará sempre o lado externo do acto, o lado da sua utilidade para alguém.

Este encadeamento da utilidade das situações da vida, com o consequente encadeamento de interesses, abre o problema de determinar qual dos interesses é o tutelado por um dado direito. A tutela de um interesse tende a deslocar-se sempre para o seguinte, na medida em que a utilidade da situação da vida que é seu objecto para a seguinte aponta. Por isso, cremos que se deverá considerar protegido aquele último interesse que a organização jurídica que o direito subjectivo exprime assegure. A tutela dos interesses anteriores surgirá como meramente instrumental.

Não se poderá porventura considerar sempre que interesse jurídico completo protegido seja um interesse numa regulamentação jurídica, numa produção de efeitos jurídicos (ou numa não-produção de efeitos jurídicos). É que nem sempre se assegurará para um sujeito a produção ou a não produção dos efeitos, tão só se assegurará a actualização ou não-actualização de um elemento que para essa produção contribua. No entanto, pode, ao menos provisoriamente, considerar-se o interesse jurídico como interesse na produção ou na não-produção de efeitos jurídicos enquanto regulamentação, uma vez que, seja o que for aquilo que se garanta, valerá na medida em que a sua actualização pelo menos contribua para a produção de efeitos jurídicos.

3. As obrigações que protegem um interesse jurídico hão-de sempre referir-se a factos jurídicos, mais restritamente a actos jurídicos.

No domínio dos factos jurídicos e, dentro destes, no dos actos jurídicos assume um lugar muito especial o negócio jurídico. Não é este o sítio próprio

INTRODUÇÃO

para debater a sua conceituação. Dir-se-á apenas que o tomamos fundamentalmente como a declaração de vontade privada produtora de efeitos jurídicos basicamente correspondentes ao sentido da mesma declaração[7].

Desta definição aproximada convirá apenas explicar o que se quer dizer com declaração de vontade. Não se pretende tomar posição em toda a problemática da configuração e do lugar da vontade no negócio jurídico. Pretende-se apenas afirmar que se não vê possibilidade de conceber o negócio jurídico fora de um comportamento com um significado de vontade, corresponda ou não esse significado à vontade real do declarante. Ainda que se venha a entender o negócio em termos preceptivos ou como mero acto de autonomia privada[8], o preceito não pode deixar de ser a expressão do sentido de vontade e sem sentido de vontade não pode haver regulamentação de interesses.

Enquanto a produção de efeitos jurídicos em jogo no crédito consistir numa produção negocial, o crédito haverá de referir-se a um negócio jurídico. Se a obrigação exprimir a tutela de um interesse na não-produção de efeitos jurídicos, o dever, elemento fundamental de protecção, aparecerá como dever de não declarar a vontade. Se, pelo contrário, o interesse protegido for um interesse na produção de efeitos jurídicos, o dever será um dever de declarar a vontade.

Rigorosamente, o objecto do dever pode não ser por si só um negócio (todo). No entanto, porque se trata sempre de uma declaração de vontade negocial, com sentido enquanto pelo menos integrante de um negócio, trazendo em si toda a problemática negocial, poderá falar-se de dever de não emitir ou de emitir declaração negocial.

No primeiro dos casos indicados teremos uma obrigação de não emitir declaração negocial, obrigação negativa. No segundo desses casos encontrar-nos-emos perante uma obrigação de emitir declaração negocial.

4. Temos assim preliminarmente recortada a figura da obrigação (positiva) de declaração negocial, sobre a qual vai incidir a nossa atenção.

---

[7] Pouco importa que se trate de sentido referido a intento prático ou a intento jurídico. Contra aquela limitação final, mas cremos que sem razão, ANDREOLI, *Contributo alla teoria dell'adempimento*, 1937, pp. 49 ss.

[8] Cfr. BETTI, *Teoria general del negocio jurídico*, 2ª ed., trad. espanhola de A. MARTIN PEREZ, 1943, pp. 51 ss., e SCOGNAMIGLIO, *Contributo alla Teoria del Negozio Giuridico*, 1950, pp. 69 e 79 ss.

OBRIGAÇÃO DE EMITIR DECLARAÇÃO NEGOCIAL

Não é de modo algum possível abordar todo o amplíssimo campo da obrigação de declaração negocial. Por isso, para além de restrições quanto a determinados aspectos que mais tarde se assinalarão, impõe-se desde já operar sucessivas limitações no objecto do estudo.

Em primeiro lugar, salvo naturalmente uma ou outra referência meramente incidental, manter-nos-emos no domínio do Direito privado e do Direito privado patrimonial.

Porventura mesmo dentro do Direito privado se encontrarão hipóteses de obrigações de declaração negocial que, embora representando ou vindo a representar tutela de interesses de pessoas determinadas, surgem por razões de interesse colectivo ou por protecção prévia de um interesse colectivo. Será, por exemplo, o que se passará quer com obrigações de serviços públicos, quer com obrigações de empresas concessionárias, quer com obrigações definidas em preceitos corporativos, enquanto seja lícito considerá-las verdadeiras obrigações de declaração negocial e enquanto possam vir a cair na alçada do Direito privado; será ainda o que se passará com obrigações de declaração negocial resultantes de situação de monopólio, na medida em que se reconheçam, como as obrigações de contratar incriminadas pelo tipo do açambarcamento, etc.[9]. A estas obrigações que derivam de uma protecção de um interesse geral não se referirá o nosso trabalho. Não quer isso significar que o fundamental do que se disser se lhes não possa aplicar-se. Mas as particularidades que *é* possível que envolva o facto de traduzirem uma tutela de um interesse geral obrigam-nos a deixá-las fora do objecto directo de estudo.

A obrigação de declaração negocial pode referir-se a negócio causal ou a negócio abstracto. Como hipóteses típicas de obrigação reportada a um negócio abstracto temos a obrigação resultante de um *pactum de cambiando* e a obrigação de celebrar o negócio translativo abstracto do direito alemão. Só as obrigações referentes a negócio causal serão tidas em conta. E aqui já se torna lícito dizer que é possível que venham a encontrar-se sensíveis diferenças entre os dois tipos de obrigação de declaração negocial – ligadas sobretudo

---

[9] Sobre estes casos, vejam-se MARIO STOLFI, "L'obbligo legale a contrattare", *in Rivista di Diritto Civile*, 1932, pp. 126 ss., e 148 ss.; PAUL DURAND, "La contrainte légale dans Ia formation du rapport contractuel", *in Revue Trimestrielle de Droit Civil*, 1944, pp. 79 ss.; LARENZ, *Derecho de obligaciones*, Trad. espanhola de JAIME SANTOS BRIZ, t. I, 1958, pp. 66 ss.; ALFRED RIEG, *Le rôle de la volonté dans l'acte juridique en Droit Civil Français et Allemand*, 1961, pp. 233 ss.

INTRODUÇÃO

à importância que os aspectos relativos à causa assumem no negócio devido –, ainda que se tenham de reconhecer largos traços comuns.

O negócio causal objecto de obrigação possui por via de regra causa auto--suficiente, isto é, possui causa capaz de o tornar válido independentemente do facto de ser devido. Assim é que, como se verá mais tarde, a declaração negocial emitida na errada convicção de existência de dever só por via da doutrina dos vícios da vontade poderá ser atacada.

É lícito, todavia, suscitar o problema de saber se não existirão negócios de cuja causa, no seu mínimo – mínimo necessário para os tornar válidos –, faça parte o serem devidos e que, por conseguinte, sejam inválidos quando falte o dever. O caso típico seria o do negócio pelo qual o mandatário transfere para o mandante os resultados económicos do seu contrato com terceiro, enquanto se admita que os efeitos jurídicos deste não incidem imediatamente na esfera jurídica do mandante ou na medida em que não incidam[10]. Parece aqui que, faltando o contrato de mandato ou sendo inválido, o negócio de transmissão se tornará por esse simples facto nulo. E é assim lícito abrir o problema de apurar se o dever não integra a causa no seu mínimo, sem que se queira com isso dizer que seja essa a única explicação que possa encontrar-se para a invalidade do negócio[11].

Só para as obrigações referentes a negócio com causa auto-suficiente se assegura – na restrita medida em que se pode assegurar – o que neste trabalho se afirmar. Não vemos que seja, no entanto, demasiado difícil adaptar o que se dirá a negócios doutra ordem.

Em suma, pode afirmar-se que estudaremos, *no Direito privado patrimonial, a obrigação de emitir declaração negocial referente a negócio causal e com causa auto-suficiente, em que aquela represente imediatamente a protecção de um interesse particular.*

5. Têm-se até agora operado restrições dentro do domínio da obrigação de declaração negocial. Importa de seguida fazer referência a alguns casos cuja integração nos limites da obrigação de declaração negocial poderá ser mais ou

---

[10] Sobre este problema, Doutor PESSOA JORGE, *O Mandato sem Representação*, 1961, pp. 271 ss.
[11] O problema é referido por CARIOTA-FERRARA, "L'obbligo di transferiri", *in Annuario di Diritto Comparato e di Studi Legislativi*, 1950, pp. 218-219. Admitindo a dupla transferência apenas no mandato para adquirir, nega que, no caso indicado no texto, se trate de uma mera transferência *solutionis causa*. No entanto, pelo menos o modo como o fundamenta não é convincente.

menos duvidosa – só a final se poderiam resolver as dúvidas com segurança – mas que, de qualquer forma, não teremos pelo menos directamente em conta.

Um dever de declaração negocial pode surgir apenas como elemento integrante de um direito mais vasto, nomeadamente de um direito de crédito. Ver-se-á, por exemplo, que podem surgir na garantia dos créditos comuns deveres de declaração negocial. Só os verdadeiros créditos a negócio ou, se se quiser, só os créditos a negócio autónomos serão directamente tomados em conta.

Por outro lado, quando juntamente com a concessão de poderes de representação se estabeleça um dever do representante de os exercer, surge uma hipótese de dever de declarar a vontade. Também este caso não parece que se possa enquadrar ao menos num conceito restrito da obrigação de declaração negocial, mesmo que se considere que juridicamente a declaração é do representante. De qualquer modo, a circunstância de os efeitos não incidirem sobre a esfera jurídica do representante atribui a esta situação um carácter individualizado que impede que a enquadremos no âmbito do trabalho. E isto que se diz para o dever do representante pode dizer-se para o dever do mandatário, na medida em que porventura os efeitos jurídicos recaiam imediatamente na esfera do mandante.

Muito frequentemente se considera que o pacto de preferência se traduz em um negócio preliminar (negócio-promessa), embora com configuração muito especial, enquanto negócio sujeito a uma condição potestativa – querer o promitente contratar – ou mesmo a duas condições potestativas: querer o promitente contratar e exercer o promissário o direito de escolha[12]. De tal modo, a obrigação de preferência seria obrigação de declaração negocial, ainda que com uma configuração específica. Não temos essa solução pela melhor. Seja como for, porém, a obrigação de preferência ficará excluída dos limites em que desenvolveremos a análise – mesmo que seja entendida como obrigação de declaração negocial, a sua muito particular modelação justifica tal procedimento.

Uma figura que foi durante largo tempo negocialmente considerada é a do pagamento. E, enquanto negócio representasse, não poderia negar-se

---

[12] Sobre a obrigação de preferência podem ver-se Prof. VAZ SERRA, "Obrigação de preferência", separata do *Bol. Min. Just.*, nº 76, 1958; ANTÓNIO RODRIGUES NUNES, "Do pacto de preferência tendo por objecto a venda de imóveis", Suplemento nº 8 do *Boletim da Faculdade de Direito da Universidade de Coimbra*, 1949, pp. 186 ss. e TAMBURRINO, *I vincoli unilaterali nella formazione progressiva del contratto*, 1954, pp. 125 ss.

INTRODUÇÃO

que constituiria o negócio devido por excelência. Ver-se-á que a consideração negocial do pagamento é de todo inaceitável, encontrando-se, aliás, hoje praticamente abandonada. Mas, entenda-se como se entender o pagamento, utiliza-se a expressão obrigação de declaração negocial no sentido de obrigação de praticar um acto que em si mesmo seja declaração negocial.

6. A obrigação de declaração negocial pode ser objecto de variadas classificações, quer atendendo à sua configuração propriamente obrigacional quer atendendo à configuração do negócio jurídico a que se refere. Tais classificações podem encontrar-se nas teorias gerais das obrigações e do negócio. Porém, a medida em que rigorosamente sejam aplicáveis à obrigação de declaração negocial só depois de um muito amplo estudo desta se poderia determinar. Não são elas, portanto, que agora nos interessam.

O que convém é classificar as obrigações de declaração negocial dentro dos limites da sua específica referência a um negócio jurídico. E dois critérios se apresentam fundamentais: o da medida em que o dado negocial é tomado na obrigação (pelo lado passivo)[13] e o da posição do credor no negócio.

Importará, no entanto, por comodidade, fazer uma simplificação prévia. Um negócio unilateral pode conter uma pluralidade de declarações de vontade; e um negócio plurilateral pode ter mais do que duas partes, de um lado, e ter cada uma das partes integrada por mais de um sujeito, de outro. A isto acresce que é possível surgirem declarações de vontade que, sendo essenciais para a produção dos efeitos, não são declarações de vontade de verdadeiras partes. Todos estes aspectos conduziriam a uma complicação extrema das classificações que se fizessem. Por isso se procederá a uma simplificação, excluindo, primeiro, as declarações que não são de partes, pressupondo, depois, que em relação a cada parte há uma única declaração e considerando, finalmente, dos negócios plurilaterais, apenas os bilaterais. Naturalmente, os critérios de classificação adoptados permitirão que, quando se queira, se introduzam as complicações possíveis.

Atendendo à medida em que o dado negocial é tomado na obrigação, pode distinguir-se *a obrigação de declaração negocial em que um (só) dever abrange todo*

---

[13] Deixa-se em aberto o problema, que aliás não chegará a ser tratado, de saber se deverá ou não integrar-se, nalguma medida, o poder negocial do credor no âmbito da obrigação de declaração negocial.

o negócio da obrigação de declaração negocial em que só é devida uma das declarações que compõem o negócio – o que, com a simplificação operada, se traduz em obrigação referida a negócio unilateral e obrigação referida a negócio bilateral.

Tendo em conta a posição do credor no negócio, é possível classificar as obrigações de declaração negocial em *obrigações de declaração negocial para com a outra parte e obrigações de declaração negocial para com terceiro*.

Conjugando as duas classificações e tendo em conta a simplificação referida, resultará que a obrigação referida a negócio unilateral é sempre obrigação de declaração negocial para com terceiro e que a obrigação referida a negócio bilateral tanto pode ser obrigação de declaração negocial para com terceiro como para com outra parte.

7. Têm-se até agora classificado os tipos de obrigação de declaração negocial tomando cada obrigação de per si. É possível, no entanto, e isso apresenta interesse prático, introduzir a complicação que pode resultar da existência em relação a um negócio de mais do que uma obrigação de declaração negocial. Esta classificação pode fazer-se do ponto de vista da obrigação; como se torna, porém, mais claro enquanto se assuma o ponto de vista do negócio, será este o utilizado.

Podem distinguir-se imediatamente os *negócios unilateral e bilateralmente devidos*. Os negócios unilaterais serão necessariamente unilateralmente devidos e os negócios bilaterais poderão ser unilateral ou bilateralmente devidos[14].

Tendo em conta a posição do credor no negócio, os negócios unilaterais (que possam ser unilateralmente devidos) são sempre devidos para com terceiro. Os negócios bilaterais unilateralmente devidos poderão ser devidos para com a outra parte ou devidos para com terceiro. Os negócios bilaterais bilateralmente devidos poderão ser devidos entre as partes – devidos reciprocamente –, devidos por ambas as partes para com um terceiro, devidos por uma das partes para com outra e por esta para com terceiro e devidos por cada parte para com um terceiro. No decorrer do estudo, para evitar demasiada complexidade, não teremos em conta as duas últimas hipóteses que se acabam de indicar – negócio devido por uma parte para com outra e pela outra para com terceiro e negócio devido por cada uma para com um terceiro. No entanto, será fácil transpor para esses casos o que se disser.

---

[14] Por todos, ASCENÇÃO BARBOSA, *Do Contrato-Promessa*, 2ª ed., 1956, pp. 107 ss.

INTRODUÇÃO

Doutro lado, seria possível ainda complicar estas distinções tomando em consideração nomeadamente o aspecto da unidade ou pluralidade de fontes das várias obrigações. Em princípio, todavia, atender-se-á apenas ao caso de unidade de fonte.

8. Pela possibilidade de indeterminação maior ou menor do objecto do crédito, pode acontecer que alguém se encontre vinculado a uma prestação (fora, portanto, da alternatividade) que, contudo, se traduza em um de vários comportamentos, dos quais um ou alguns consistam em declarações de vontade. Apenas nos referiremos, porém, aos casos em que a prestação é integralmente negocial, embora se reconheça que os resultados são em larga medida válidos para aquelas outras hipóteses.

Por outro lado, e aqui a questão possui bastante mais interesse, dentro dos próprios limites do dever de declaração negocial podem aparecer margens maiores ou menores de discricionariedade, para além da discricionariedade juridicamente indiferente que sempre existe.

Evidentemente que pelo menos os elementos essenciais do negócio jurídico devido hão-de ser determináveis[15]. No entanto, nada impede que, em maior ou menor medida de acordo com as características que podem rodear as várias situações, se atribua a própria determinação ao devedor. Pense--se, por exemplo, no caso de contrato com terceiro que o mandatário deve ao mandante, enquanto não haja de produzir os efeitos imediatamente na esfera deste. Certamente aqui o mandatário pode ter larga medida de discricionariedade.

A questão da discricionariedade dentro do negócio devido constitui um campo de estudo do maior interesse. Haveria, por um lado, que ver a medida da relevância dessa discricionariedade em favor do devedor e, por outro lado, que abordar aquilo a que se poderia chamar o problema dos modos implícitos de vinculação, uma zona onde certamente o princípio da boa-fé teria largo espaço para actuar. Contudo, a circunstância de os momentos de liberdade no cumprimento de obrigações comuns não estarem ainda estruturados com a segurança necessária e desejável e a própria amplitude do nosso tema obri-

---

[15] O art. 1 548º do Cód. Civil, referente ao contrato-promessa sinalagmático de venda, fala de *"determinação do preço e especificação da coisa"*. Mas entende-se, e bem, que se deve interpretar no sentido de determinabilidade. Veja-se, por todos, ASCENÇÃO BARBOSA, *ob. cit.*, pp. 33 ss.

OBRIGAÇÃO DE EMITIR DECLARAÇÃO NEGOCIAL

gam a que nos restrinjamos ao estudo da obrigação de declaração negocial nos limites da vinculação.

9. A obrigação de declaração negocial não se encontra por si ligada a nenhuma fonte. Pode provir de qualquer das fontes gerais das obrigações.

Utilizando uma classificação corrente que, não sendo porventura rigorosamente correcta, dá conta do que é essencial para as finalidades que nos propomos, poderão distinguir-se as obrigações de declaração negocial em obrigações *ex lege* e obrigações *ex negotio.*

Não serão normais as obrigações de declaração negocial *ex lege* fora das hipóteses de créditos que traduzam uma protecção de um interesse geral. E não cabe nas fronteiras deste trabalho averiguar caso a caso se determinados preceitos, que levantam em regra largas dúvidas, estabelecem verdadeiras obrigações de declaração negocial. Poderão indicar-se, pouco importando agora que caibam ou não no âmbito do tema proposto em função das restrições operadas, os casos bastantes nítidos dos arts. 1 801º do Cód. Civil e 467º, § ún, do Cód Com..

O negócio fonte de obrigação de declaração negocial pode ser tanto um negócio entre vivos como um negócio *mortis causa.*

Dos negócios *mortis causa* interessa fundamentalmente o testamento. Não será invulgar, e é um caso bem conhecido, que o testador imponha a um herdeiro ou a um legatário uma obrigação de declaração negocial.

Dentre os negócios *inter-vivos* assume particular importância o contrato-promessa. É sobre ele precisamente que tem de forma quase integral incidido a atenção da doutrina e de modo bastante intenso.

Não será, no entanto, o contrato-promessa o único negócio entrevivos fonte de obrigação de declaração negocial. Teremos, logo, que não parece poder considerar-se verdadeiro contrato-promessa aquele contrato em que a obrigação de declaração negocial esteja integrada numa causa típica determinada. Será o caso da compra e venda do Direito alemão[16]. Por outro lado, não deverão talvez também ser tidos por contratos-promessa os contratos em que a obrigação de declaração negocial apareça de forma estritamente acessória.

---

[16] Assim L. COVIELLO define o *pactum de contrahendo* como *"um contrato que tem por objecto um futuro contrato obrigacional"* – *Enciclopedia Giuridica Italiana*, vol. III, Parte III, Secção II, 1892, "Contratto Preliminare", p. 70.

INTRODUÇÃO

Além disso, na medida em que porventura se venha a considerar admissível a constituição de obrigações por negócio unilateral, sempre poderá vir a acontecer que uma obrigação de declaração negocial tenha a sua fonte num negócio unilateral.

A fonte negocial da obrigação de declaração negocial pode ainda encontrar-se num negócio gerador de um estatuto, por exemplo, num contrato de sociedade. Há, no entanto, que indicar que, quando no decorrer do trabalho referirmos o negócio entrevivos como fonte de obrigação de declaração negocial, não abrangeremos estas hipóteses, que, em alguns aspectos, dentro dos problemas que se tratarão, se deverão aproximar antes da fonte legal.

10. Por mais estranho que pareça – e, apesar de todas as razões que se possam vir a encontrar, continuará a ser estranho –, a figura da obrigação de declaração negocial praticamente não tem sido, da parte da doutrina, objecto de um estudo que sistematicamente a encare em si mesma, no que ela tem de específico, e que, portanto, sistematicamente procure ver o seu fundamento e o seu regime, tentando, ao mesmo tempo, dar-lhe o lugar próprio nos quadros dogmáticos.

A história moderna (que a antiga não conhecemos suficientemente para dela falar) da doutrina da obrigação de declaração negocial (sem contar agora com as limitações que por razões pragmáticas estabelecemos) poderia dividir-se em duas fases. Em ambas o que atrás se disse é verdadeiro; mas as razões são de algum modo opostas.

A primeira fase foi comandada essencialmente por duas ideias: a concepção negocial do pagamento[17] e a consideração negocial da *datio*[18] – uma e outra, aliás, fruto em grande medida de um hiper-voluntarismo.

Essas duas ideias levaram, por forma natural, a que praticamente toda a doutrina do objecto das obrigações tomasse uma cor negocial – negócio seria o pagamento, negócio seria a prestação objecto das obrigações sempre mais atendidas, as obrigações de dar. E isto tinha de conduzir a duas consequências. A primeira é a de que o tratamento em termos negociais nunca haveria de ser muito rigoroso, pois que a realidade se não adaptava a esses termos – é

---

[17] Sobre as concepções negociais do pagamento pode ver-se BELTRAN DE HEREDIA, *El cumplimiento de las obligaciones*, 1958, pp. 47 ss., NICOLE CATALA, *Nature juridique du payement*, 1961, pp. 159 ss.

[18] Vejam-se ANDREOLI, *La ripetizione dell'indebito*, 1940, e FUNAIOLI, *La tradizione*, 1942.

OBRIGAÇÃO DE EMITIR DECLARAÇÃO NEGOCIAL

ver toda a longa querela da *justa causa traditionis*[19]. A segunda estava em que, quando uma obrigação fosse realmente obrigação de declaração negocial, ficaria perdida no *mare magnum* da doutrina das obrigações, sem que a sua negocialidade, com todas as particularidades que impõe, pudesse chamar a atenção.

A segunda fase, cujo início pode, com alguma margem de indeterminação, localizar-se em torno da mudança do século, caracteriza-se por dois grupos de fenómenos: de um lado, o abandono das concepções negociais do pagamento[20] e da tradição[21]; de outro, o surto da doutrina do *pactum de contrahendo*[22] e a formulação, expansão e consagração pelo B. G. B. da doutrina germânica do negócio translativo abstracto[23].

À primeira vista, esses dois tipos de acontecimentos parece que seriam muito propícios a uma formulação autónoma da teoria da obrigação de declaração negocial. Tal, no entanto, não veio a suceder. E, até certo ponto, há razões que o explicam.

Quanto à obrigação de praticar o negócio real abstracto, há que ter em conta que o próprio carácter abstracto do negócio consome muitas das particularidades a que a natureza negocial do objecto da obrigação conduziria. Por outro lado, o seu mesmo carácter abstracto também facilitou o enquadramento em uma teoria geral da atribuição patrimonial, concebida de determinada maneira, que fez perder em larga medida a visão global do fenómeno – no fundo, a própria visão de uma perspectiva de obrigação de declaração negocial.

No que respeita à obrigação de declaração negocial derivada de contrato-promessa, essas razões não se verificavam. Mas o certo é que a doutrina,

---

[19] Além dos livros citados na nota anterior, veja-se, brevemente mas com bastante interesse, SCUTO, "Sulla natura giuridica del pagamento", *Rivista del Diritto Commerciale e del Diritto Generale delle Obbligazioni*, 1915, Parte I, pp.. 366 ss.

[20] Vejam-se os livros citados na nota (17). ANDREOLI, *Contributo... cit.*, pretende reconstruir uma teoria negocial do pagamento, embora sendo obrigado para isso a alargar o conceito de negócio jurídico – cfr. nota (7).

[21] Cfr. *obs. cits.* na nota (18). *Vide* adiante no texto Cap. II, Secção I.

[22] O estudo de DEGENKOLB, "Zur Lehre von Vorvertrag", que foi o ponto de partida de toda a teoria do contrato-promessa, é de 1871, tendo sido publicado no *Archiv für die civilistische Praxis*, juntamente com um outro – "Neue Beiträge zur Lehre dem Vorvertrag". Em 1887, ALGUER refere, segundo indicação de ROTH, nada menos de 29 dissertações, e só dissertações, elaboradas na Alemanha entre 1895 e 1924 sobre contrato-promessa ("Para la critica del concepto de precontrato", *Revista de Derecho Privado*, 1935, p. 326, nota 24).

[23] Uma exposição da formação e expansão dessa doutrina pode ver-se em ALFRED RIEG, *ob. cit.*, pp. 278 ss.

INTRODUÇÃO

tendo partido da fonte da obrigação mais do que da obrigação em si mesma, desse ponto de partida nunca se chegou a libertar. E para isso não deixou de contribuir a circunstância de problemas especiais – o dos requisitos do contrato-promessa e o do regime de execução – terem detido fortemente a atenção dos estudiosos, o primeiro mais os de língua alemã, o segundo mais os de língua italiana.

E é bem significativo que mesmo o tema da execução tenha sido considerado directamente como execução do negócio preliminar e não como execução da obrigação de declaração negocial. Os próprios autores italianos, dados a generalizações, conduziram neste campo a generalização não no sentido da obrigação de declaração negocial, mas ainda no da fonte, construindo a doutrina da formação progressiva do contrato[24]. Por isso, se é verdade que os elementos mais importantes com que se pode contar para a teoria da obrigação de declaração negocial hão-de se encontrar na doutrina do contrato-promessa, se é certo que esta tocou vários pontos próprios de uma teoria específica da obrigação de declaração negocial, nunca chegou a colocar-se numa consideração sistemática que, inclusivamente, teria facilitado a solução dos problemas em que se debateu[25].

---

[24] FAGGELA, "Dei periodi contratualli nella loro vera ed esatta costruzione scientifica", *in Studi in onore di FADDA*, vol. III, pág. 269, "Il potere della volontá nella formazione di un futuro negozio giuridico", *in Rivista di Diritto Commerciale*, 1912, I, p. 1013; CARRARA, *La formazione dei contratti*, 1915, CARNELUTTI, "Formazione progressiva del contrato" e "Ancora sulla formazione progressiva del contrato", *in Rivista di Diritto Commerciale*, 1916, II, pp. 308 e 1917, I, p. 339, e ainda "Responsabilitá nella formazione del contrato", *in Foro Italiano*, 1913, I, p. 605; GUIDO, "Lineamenti di una concezione del periodo contrattuale", *Il Diritto Commerciale*, 1921, p. 292; GRAZIANI, "In tema di formazione dei contratti", *Foro Italiano*, 1924, I, p. 562; CLEMENTE, *La formazione e la perfezione dei negozi giuridici*, vol. I, 1927; TAMBURRINO, *I Vincoli Unilaterali ... cit.*.

[25] À formação das doutrinas do negócio translativo abstracto e do contrato-promessa pode acrescentar-se, embora não tenha tido a mesma importância, o interesse doutrinário pelas hipóteses de obrigação legal de contratar (essencialmente no âmbito das obrigações de declaração negocial que exprimem a tutela de um interesse geral), cujo aparecimento na vida jurídica a mudança de concepções sociais vinha permitindo. Tratava-se, aliás, de um campo largamente favorável para servir de ponto de partida para um estudo sistemático da obrigação de declaração negocial. No entanto, a atenção da doutrina veio a incidir fundamentalmente no problema da determinação de quais fossem os casos de tais obrigações, sobretudo na zona ligada ao chamado "dever de fornecimento" e, dessa sorte, também não foi por aqui que se chegou a uma perspectiva sistemática. Vejam-se indicações gerais sobre este tema em ALFRED RIEG, *ob. cit.*, pp. 216 ss.

OBRIGAÇÃO DE EMITIR DECLARAÇÃO NEGOCIAL

O abandono da concepção negocial do pagamento, acompanhado do da idêntica concepção da tradição, também não foi favorável como poderia parecer, antes pelo contrário, a um estudo da obrigação de declaração negocial em si própria. Desde que se começou a construir «desnegocializadamente», perdoe-se o termo, o cumprimento da obrigação, e passado um primeiro momento de hesitação em que, sobretudo por ainda se manter de alguma maneira a concepção negocial da *datio*, se perdeu de certo modo uma consideração unitária do pagamento, a obrigação de declaração negocial passou a surgir como uma realidade perigosa, em que o rigor das construções corria o risco de vacilar. Por isso se procurou, mais ou menos claramente, retirar do domínio do crédito a negócio aquilo que no acto negocial é especificamente negocial. Com o auxílio que concedia uma falta de estudo directo do tema, a que a teoria do contrato-promessa não tinha chegado, veio-se a enquadrar a obrigação de declaração negocial como, no fundo, se verdadeira obrigação de declaração negocial não fosse.

Se estas razões explicam até certo ponto o abandono a que foi votada a figura da obrigação de declaração negocial, explicam-no apenas até certo ponto.

Em primeiro lugar, o contrato-promessa foi frequentemente considerado inadmissível por razões de ordem lógica e sobretudo por razões de ordem prática. E muitas das críticas, embora nem sempre expressamente, dirigem-se à obrigação de declaração negocial em si mesma, quase se podendo dizer que a obrigação de declaração negocial só foi seriamente considerada por aqueles que a negaram. De tais críticas, que a mera justaposição entre negócio e obrigação que se operava – partindo-se sobretudo do argumento de Degenkolb de que o negócio é, não um puro querer, mas um agir, que como qualquer agir pode ser devido – não permitia sequer supor, os propugnadores do contrato-promessa limitaram-se a defender-se com a problemática possibilidade de a promessa não possuir os requisitos de contrato definitivo e com a circunstância, não menos problemática, de o regime de execução dever ser o de uma execução indirecta, sem nunca procurarem abordar de frente as implicações que a natureza negocial do objecto da obrigação envolve e que as críticas traziam à luz. Curiosamente, aliás, do mesmo passo que a promessa ia sendo aceita nas leis, quebravam-se os argumentos dos seus defensores[26].

---

[26] Assim, por exemplo, o Código Italiano, ao mesmo tempo que reconhece o contrato-promessa (art. 1 351º), exige expressamente que tenha a forma do definitivo (*art. cit.*) e estabe-

INTRODUÇÃO

Por outro lado, a consagração por algumas legislações da execução específica[27] com todos os problemas de enquadramento que esta envolve, os quais, no fundo, reproduzem os problemas de enquadramento da obrigação de declaração negocial, deveria ter chamado a atenção para estes últimos.

Neste panorama, definido a traços muito largos, para além de uma ou outra indicação episódica no sentido do estudo directo da obrigação de declaração negocial[28], aparece como excepção o artigo de CARIOTA – FERRARA sobre a obrigação de transferir[29]. E continua a ser estranho que autores autorizados não lhe tenham, ao que saibamos, dado continuação.

11. Foi precisamente esta figura da obrigação de declaração negocial , que quase por acaso encontrámos no caminho, o tema escolhido para objecto da nossa dissertação.

O breve panorama do estado doutrinário que se deixou exposto mostra claramente o interesse do assunto. Também mostra, no entanto, e ao mesmo tempo, as extremas dificuldades que se opõem.

---

lece a execução específica (art. 2 932º); o Cód. de Processo Civil alemão estabelece também a execução específica (§ 894); ao mesmo tempo que o art. 936º do Cód. Civil austríaco reconhece o contrato-promessa, o § 567 do Regulamento de Execução segue também o regime de execução específica; o próprio Cód. Civil da Rússia Soviética aceita a promessa de venda, mas exige a sua autenticação por notário e estipula o regime de execução específica (arts. 182º A-B).

[27] Veja-se a nota anterior.

[28] Assim STINTZING, *Die Vorverpflichtung im Gebiet der Schuldverhältnisse*, 1903, parece que tendia a tomar uma posição sistemática relativamente à obrigação de declaração negocial; no entanto, do que do seu estudo sabemos, nesse campo não terá feito mais do que abordar o problema do âmbito da obrigação de declaração negocial, introduzindo os deveres de assegurar o cumprimento; para isso terá porventura contribuído o facto de apenas ter publicado o primeiro fascículo do estudo – veja-se ALGUER, *est. cit.*, pp. 326, nota 27 e 427-428. Por outro lado, ALGUER indica que ROTH – *Der Vorvertrag*, 1928 – dedica um capítulo à declaração de vontade como objecto de prestação e que também estudou o tema BREIT, *Die Willenserklärung als Äuserung und Leistungsgegenstand nach dem deutschen bürgerlichen Gesetzbuche, in Gruchots Beiträge zur Erläuterung der deutschen Rechts*, t. 55, 1911, pp. 1 ss., mas que um e outro se limitam a aplicar os princípios gerais das obrigações – *loc. cit.*, p. 322, notas 4 e 5.

[29] Citado na nota 11. A expressão "obrigação de transferir" é empregada no sentido de *"obrigação de realizar um negócio (ou um acto) de transferência"*. A palavra "acto" introduzida entre parêntesis não parece querer significar que, para o autor, "obrigação de transferir" abranja obrigações referidas a actos não negociais, antes parece estar ligada à sua concepção da obrigação de declaração negocial. Assim é que logo o autor afirma que a obrigação de transferir se insere nas obrigações de declarar ou contratar (p. 195, nota 1).

OBRIGAÇÃO DE EMITIR DECLARAÇÃO NEGOCIAL

No campo da admissibilidade e do fundamento da obrigação de declaração negocial, a doutrina do contrato-promessa não deixa de dar largas contribuições. Aí há sobretudo que recolocar os problemas à luz de uma consideração sistemática da obrigação de declaração negocial, o que, ver-se-á, não é fácil. De menor valor são as contribuições da doutrina do contrato-promessa na zona do regime da obrigação de declaração negocial, ressalvado o tema da execução. Não deixaram de ser tratados vários aspectos. Mas, além da natural falta de ponto de vista sistemático, não foram atendidos aqueles que são porventura os mais importantes. Finalmente, no plano da construção jurídica, praticamente tudo está por fazer. Ou no estudo do contrato-promessa ou, e sobretudo, incidentalmente no estudo do pagamento, a orientação é a de retirar da obrigação o que de especificamente negocial na declaração existe. O que de particular tem a obrigação em causa, o ser obrigação de emitir uma declaração negocial, fica de todo preterido.

Às dificuldades que resultam da falta de análise dos problemas ou da falta de consideração sistemática, acrescem as derivadas de na obrigação de declaração negocial vir a estar em jogo toda a disciplina do negócio e das obrigações, com as suas questões próprias, e de um seu estudo exigir que se toque em pontos dos mais complexos das teorias gerais do negócio jurídico e das obrigações e mesmo, mais amplamente, da teoria geral do Direito Privado.

Por todas estas razões, não pretendemos, com esta dissertação, mais do que uma primeira aproximação do tema, em que o interesse se encontra antes em abrir ou colocar problemas do que em resolvê-los. Tal é o nosso principal propósito. O que não quer dizer que não se tente, na medida do possível, encontrar soluções – mas soluções a que haverá que dar o valor que merecem, enquanto meros resultados de uma primeira aproximação.

12. O plano desejável do estudo, já com as restrições estabelecidas, seria o de o dividir em três capítulos.

No primeiro desses capítulos ver-se-ia o fundamento lógico e prático ou, talvez melhor, a possibilidade lógica e o fundamento da obrigação de declaração negocial, procurando-se, do mesmo passo, saber em que medida será admissível.

Num segundo capítulo tratar-se-ia do regime da obrigação de declaração negocial, quer no aspecto do regime do direito principal, procurando averiguar as modelações que podem sofrer as regras das obrigações e do negócio,

INTRODUÇÃO

quer no aspecto da execução, tentando determinar sobretudo se o regime é ou deve ser o da execução meramente indirecta ou antes o da execução específica.

Num terceiro capítulo abordar-se-ia o problema da construção jurídica da obrigação de declaração negocial, tanto, e sobretudo, no aspecto do direito principal, quanto no da execução.

Sucede, todavia, que a extrema complexidade das questões referidas, de um lado, e as limitações de tempo, de outro, não permitem que aquele plano seja cumprido.

Houve logo, e com pena, que retirar toda a matéria relativa à execução. No entanto, ver-se-á com facilidade que o primeiro capítulo representa não apenas uma tentativa de fundamentação da admissibilidade da obrigação de declaração negocial , como uma tentativa de fundamentação do regime de execução específica – o qual, aliás, cremos dever ser considerado como aceite pela nossa lei.

Em razão disto e, ainda, no que se refere ao regime da obrigação de declaração negocial, de não se poder fazer mais do que indicar tipos de alteração dos regimes gerais da obrigação e do negócio – outra coisa obrigaria a analisar os aspectos de toda a disciplina geral dos direitos de crédito e do negócio jurídico –, entendeu-se que deixava de se justificar, no equilíbrio do trabalho, a distinção entre os dois últimos capítulos. Deste modo, a dissertação aparecerá dividida apenas em dois capítulos, um sobre a admissibilidade e fundamento, outro sobre a configuração (designação propositadamente ampla) da obrigação de declaração negocial.

Por outro lado, embora uma teoria completa da obrigação de declaração negocial envolva a das fontes e seja mesmo indispensável muitas vezes fazer-lhe referência, procurou-se naturalmente deixar quanto possível de fora toda a específica temática que elas, particularmente o contrato-promessa, implicam.

O primeiro capítulo trata da admissibilidade e fundamento da obrigação de declaração negocial. Encontra-se dividido em duas secções, uma primeira relativa ao problema da possibilidade lógica ou, se se quiser, do fundamento lógico, uma segunda relativa ao problema do fundamento ou, se se quiser, do fundamento prático. A questão da admissibilidade, compreensivelmente, irá sendo considerada à medida que se for estudando o fundamento.

O segundo capítulo, referente à configuração da obrigação de declaração negocial, compõe-se de três secções. A introdução da primeira, acerca do regime jurídico do pagamento, pode parecer estranha, quando noutros

OBRIGAÇÃO DE EMITIR DECLARAÇÃO NEGOCIAL

aspectos se procurou, quanto se pôde, limitar a investigação. O regime jurídico do pagamento é, contudo, um aspecto da doutrina geral das obrigações que aparece como base fundamental para o estudo, tanto da disciplina, quanto da construção da obrigação de declaração negocial. E sucede que, embora o tema se encontre largamente trabalhado no estrangeiro, não há entre nós sobre ele um qualquer estudo de direito constituído[30], à parte brevíssimas referências em obras gerais. Fomos, por isso, obrigados a tratá-lo previamente, sob pena de que a quase tudo o que se seguisse faltasse um dos pontos de apoio essenciais.

A segunda secção tem por epígrafe «Aspectos do regime da obrigação de declaração negocial» e nela se procuram indicar tipos de alteração dos regimes gerais do negócio e das obrigações na obrigação de declaração negocial.

Finalmente, à construção jurídica da obrigação de declaração negocial se reporta a terceira secção. Neste capítulo deixou-se de lado o aspecto acessório relativo aos actos do credor chamados de «cooperação no cumprimento". Não é que os problemas a eles respeitantes não possuam interesse, tanto prático quanto teórico, embora naturalmente bastante menor que o dos respeitantes ao acto do devedor; é antes a circunstância de esses problemas se não encontrarem ainda suficientemente esclarecidos no âmbito da doutrina geral das obrigações que nos impede de abordá-los no campo específico da obrigação de declaração negocial.

Pretende-se neste trabalho, como se disse, efectuar uma primeira aproximação de uma consideração sistemática da obrigação de declaração negocial, isto é, de uma consideração que sistematicamente dê conta do que de particular surge no crédito a negócio.

Tal particularidade encontra-se naturalmente na circunstância de a obrigação se referir a um dado negocial. Sucede, porém, que no plano construtivo se tem justamente procurado retirar do domínio da obrigação aquilo que de especificamente negocial no acto negocial, enquanto prestação ou cumprimento, existe. E por isso, seria lícito perguntar se a construção da obrigação de declaração negocial não deveria preceder o estudo do fundamento e do regime.

---

[30] *De jure constituendo*, existe o estudo do Prof. VAZ SERRA "Do cumprimento como modo de extinção das obrigações", *in Bol. Min. Just.*, n.º 34, 1953, pp. 5 ss.

INTRODUÇÃO

Por uma parte, não cremos que se possam abordar problemas construtivos, desde que se não refiram a formas puras do Direito, sem a prévia base das soluções de disciplina e julgamos que será precisamente em função dessas soluções que haverá que desenvolver o processo construtivo. Para além dos aspectos preliminares da possibilidade lógica, em que será indiferente a construção que se siga, o que importa na determinação do fundamento e do regime é aquilo que de particular existe na obrigação de declaração negocial no seu significado prático, no seu significado «material», poderia dizer-se. Ora, não é possível duvidar de que a utilidade da obrigação de declaração negocial esteja em garantir ou favorecer para uma pessoa o seu interesse numa alteração no mundo jurídico, diga-se numa produção de efeitos jurídicos, preterindo ou desfavorecendo o interesse de outra na não-produção desses efeitos. Como não se pode duvidar também, e por isso, de que a utilidade do acto devido e em razão da qual é devido se encontre em ser declaração negocial, em produzir ou contribuir para a produção de efeitos jurídicos. Pouco importa depois o modo como a obrigação de declaração negocial venha a ser construída, já que o que nunca a construção poderá pôr em causa é que o significado prático da obrigação de declaração negocial seja aquele. E mesmo, repete-se, só em função das soluções que tal significado imponha se poderá validamente elaborar qualquer construção.

Isto que se vem dizendo mostra também que a obrigação de declaração negocial , no seu significado prático, pode ser encarada sob dois pontos de vista, que, convirá acentuar, não passam de perspectivas. Pode considerar-se que o interesse que, neste sentido «material», em última análise vem a ser protegido consiste num interesse na produção de efeitos jurídicos (e o interesse preterido é um interesse na não-produção de efeitos jurídicos) ou antes o aspecto de o dever se referir a uma declaração negocial. De acordo com esta dualidade de pontos de vista se dividirão as duas secções do primeiro capítulo em parágrafos; a um e outro desses pontos de vista corresponderão as duas primeiras e as duas seguintes alíneas da segunda secção do segundo capítulo.

Capítulo I
Admissibilidade e Fundamento da Obrigação de Declaração Negocial

Preliminares

1. Muito mais do que por vezes se pensa, largos sectores da doutrina têm-se oposto à admissibilidade da figura da obrigação de declaração negocial. O simplismo da concepção positiva, ao dizer aceitar a obrigação de declaração negocial unicamente porque a declaração é um facto ou um comportamento que, como tal, poderá ser objecto de um crédito, justapondo apenas uma realidade obrigacional a uma outra negocial, sem procurar ver seriamente as implicações que da natureza negocial da prestação derivariam, não é demasiado convincente. Assim que se atentou bem na circunstância de o acto devido ser um negócio, logo uma série de dificuldades começaram a surgir, que facilmente levaram a uma posição negativa perante a obrigação de declaração negocial. E não se esqueça que os negativistas pareciam ter um apoio bem seguro: o art. 1 589º do Código de Napoleão, para o qual *"la promesse de vente vaut vente"*[31].

No entanto, a prática e as legislações subsequentes ao *Code Civil*[32] – as leis acabam sempre por atender mais às exigências da vida que às considera-

---

[31] A interpretação desta disposição não é, no entanto, unânime. Vejam-se indicações em NICOLE CATALA, *ob. cit.*, pp. 72 ss. Veja-se também ASCENÇÃO BARBOSA, *ob. cit.*, pp. 147 ss.

[32] Cfr. nota 26. Ver ainda o art. 22º do Código Suíço das Obrigações que, reconhecendo o contrato-promessa, exige para ele a forma do definitivo. VON THUR entende, a partir do art. 98º, n.º 1, do Código Civil Suíço, que a execução é específica – cfr. Prof. VAZ SERRA,

OBRIGAÇÃO DE EMITIR DECLARAÇÃO NEGOCIAL

ções doutrinárias – parecem desmentir o cepticismo dos teóricos. E, assim, abrem logo a suspeita de que o negativismo é fruto mais de uma deficiente – ou ausente – construção doutrinária da figura do que de uma absoluta imposição da lógica ou dos valores.

Dentro desta ordem de ideias, nunca esquecendo as implicações que a natureza particular do interesse protegido – interesse na produção dos efeitos jurídicos como regulamentação – e da prestação devida – declaração de vontade negocial – podem envolver, abordaremos a questão da admissibilidade da obrigação de declaração negocial. A questão é ao mesmo tempo de fundamento, de razões capazes de justificarem a figura: pois encontrar-se ou não fundamento, melhor, encontrar-se ou não fundamento reconhecido pela Ordem Jurídica é, em certa medida, a base da aceitabilidade da obrigação de declaração negocial ou da sua negação.

2. Parece, no entanto ser de bom método – o problema é em última análise de direito positivo – começar por ver se há na lei alguma coisa que previamente oriente num ou noutro sentido. Certamente que considerações que depois se venham a desenvolver podem abrir a possibilidade de uma revisão da interpretação que desde já se faça, podem mesmo levar a reconhecer que o resultado a que se tenha chegado é fruto de mera aparência. Isso não impede, porém, que por uma análise preliminar das disposições legais se haja de começar.

Os preceitos mais importantes a respeito da questão da admissibilidade de um crédito a negócio são os dos arts. 1 548º e 1 568°, nº 4º, do Cód. Civ.[33]. Transcrevamo-los:

"Realização coactiva da prestação (execução) (regime civil)", separata do *Bol. Min. Just.*, n.º 73, 1958, p. 329, nota (286).

[33] O que não quer dizer que sejam os únicos. Apenas que os outros ou são de interpretação duvidosa, que estará por isso em larga medida dependente da que se dá aos indicados no texto (é o caso do art. 166º, § 2º, do Cód. Comercial), ou se referem a hipóteses com traços particulares que, por si, não poderiam permitir mais do que a formulação de um princípio restrito (veja-se *infra*, Secção II, § 1º, nº 14), como será o caso, além dos preceitos citados do art. 1 801º do Código Civil e do art. 467º, § ún. do Código Comercial, dos arts. 231º e segs. do Cód. Comercial, respeitantes ao mandato comercial e à comissão, e, em parte, das disposições que se utilizam para fundamentar a possibilidade do mandato civil sem representação (veja-se Doutor PESSOA JORGE, *ob. cit.*, pp. 97 ss.) na medida em que tanto mandato como comissão não produzam efeitos imediatamente na esfera do mandante.

Art. 1 548° – *"A simples promessa recíproca de compra e venda, sendo acompanhada de determinação de preço e especificação da coisa, constitui uma mera convenção de prestação de facto, que será regulada nos termos gerais dos contratos; com a diferença, porém, de que, se houver sinal passado, considerando-se como tal qualquer quantia recebida pelo promitente vendedor, a perda dele ou a sua restituição em dobro valerá como compensação de perdas e danos.*

§ único. Tratando-se de bens imobiliários, o contrato deve ser reduzido a escrito, e, sendo feito sem outorga da mulher do promitente vendedor, este responde por perdas e danos para com o promitente comprador".

Art. 1 568º – *"O vendedor é obrigado:*

....

4º – A responder por perdas e danos no caso de não cumprir a obrigação, que tenha tomado, de vender ou dar preferência a determinado indivíduo».

Destas disposições parece resultar com bastante clareza que a lei admite a figura da obrigação de declaração negocial.

Temos, em primeiro lugar, os termos dos preceitos: *"a simples promessa recíproca de compra e venda constitui mera convenção de prestação de facto..."*; *"... a perda dele (sinal) ou a sua restituição em dobro valerá como compensação de perdas e danos"*; *"... a responder por perdas e danos no caso de não cumprir a obrigação que tenha tomado de vender..."*. Tudo isto são expressões que marcam bem que a promessa de venda gera obrigação de declaração negocial.

Milita, por outro lado, nesse sentido a integração histórica do preceito do artº. 1 548º. Como referimos, o *Code Civil* entendia que *«la promesse de vente vaut vente, lorsqu'il y a consentement des deux parties sur la chose et sur le prix"*. Considerando o facto de que o Código de Napoleão constituiu a principal fonte do nosso, não pode deixar de se ver no início do art. 1 548º uma resposta à disposição do art. 1 509º francês. Curioso é mesmo notar a semelhança textual de um e outro – referência em ambos à determinação do preço e da coisa – que mostra bem que a nossa lei tinha presente o preceito correspondente do *Code Civil*.

Ora, se a promessa recíproca de compra e venda origina obrigação de declaração negocial, não se vê qualquer razão para que a promessa de venda unilateral (unilateralmente vinculante) a não gere também e bem assim qualquer outro facto jurídico susceptível de ser fonte de direitos de crédito. A lei referiu expressamente a obrigação de declaração negocial a propósito da compra e venda, não certamente no sentido de restringir o seu campo de

OBRIGAÇÃO DE EMITIR DECLARAÇÃO NEGOCIAL

actuação, mas apenas porque, por um lado, o contrato de compra e venda é tradicionalmente considerado o primeiro dos contratos patrimoniais, sendo consequentemente normal a definição de princípios gerais na sua regulamentação[34], e porque, por outro lado, a propósito da compra e venda tratava o *Code Civil*, a que o nosso Código queria responder, do negócio – promessa. Esta última razão justifica ainda que o art. 1 548º só à promessa recíproca se refira (repare-se, aliás, que o nº 4º do art. 1 568º já nenhuma restrição dessa ordem em si mesmo contém).

Afigura-se assim, ao menos à primeira vista, que a nossa lei adopta a orientação de admitir a figura da obrigação de declaração negocial[35].

3. Esta conclusão a que chegamos não impede que agora se apreciem as razões que contra a obrigação de declaração negocial têm sido apresentadas e que, do mesmo passo, se procurem aquelas que podem justificá-la. Os resultados que aqui alcançarmos poderão levar ou a abrir a revisão do que foi provisoriamente apresentado ou a confirmá-lo, fornecendo, neste caso, ao mesmo tempo, o ponto de partida para a construção jurídica da figura.

Não são unânimes os negativistas. E não o são logo quanto ao âmbito de negação. Assim é que, se uns negam de todo a obrigação de declaração negocial, outros colocam diversamente o problema consoante ela tenha origem negocial ou legal[36]. Assim é que, ainda, dentro do próprio campo das obrigações de fonte negocial, diversas são muitas vezes as posições conforme se trate de dever de praticar um negócio consensual, real ou formal[37].

---

[34] É ver o disposto no art. 1 555º por exemplo.

[35] Não se duvida entre nós da admissibilidade do contrato-promessa. Vejam-se: DIAS FERREIRA, *Código Civil Anotado*, vol. III, 1872, nota ao art. 1 548º; GUILHERME MOREIRA, *Instituições de Direito Civil*, vol. I, 1907, p. 442, e vol. II, 2ª ed., 1925, pp. 561 ss.; CUNHA GONÇALVES, *Tratado de Direito Civil*, vol. IV, 1958, pp. 269 ss. e vol. VIII, 1956, pp. 377 ss.; Prof. GALVÃO TELLES, *Dos Contratos em Geral*, 2.ª ed., 1962, pp. 186 ss.; Prof. MANUEL DE ANDRADE, *Teoria Geral das Obrigações*, 2.ª ed., 1963, pp. 19 e 20; ASCENÇÃO BARBOSA, *ob. cit.*, *passim*; PINTO LOUREIRO, "Contrato-promessa, responsabilidade civil pela sua violação", *Revista dos Tribunais*, 1958, pp. 98 ss.; Prof. VAZ SERRA, "Contrato-promessa", Separata do *Bol. Min. Just.*, nº 76, 1958, p. 6.

[36] Assim VITERBO, "Intorno al concetto di contratto preliminare", *Archivio Giuridico Filippo Serafini*, 1931, p. 39.

[37] Veja-se, por exemplo, a posição de GELLER adiante referida. Há ainda outras variantes. VITERBO, por exemplo, seguindo ROTH, entende ser de admitir o *pactum de cambiando*, embora assuma uma posição geral negativista – *ob. cit.*, pp. 54-55. VON THUR, *Teoria General del Derecho Civil Alemán*, trad. em castelhano de ALFREDO ORGAZ, vol. II, 2., 1947, pp. 174 e 175,

ADMISSIBILIDADE E FUNDAMENTO DA OBRIGAÇÃO DE DECLARAÇÃO NEGOCIAL

Mais, porém, do que o âmbito da negação interessa-nos o seu fundamento. Também aqui não é unitário o caminho seguido. Duas grandes orientações se podem distinguir: a que considera a obrigação de declaração negocial uma realidade *logicamente impossível* e a que a tem por *axiologicamente injustificada*. A estas duas orientações correspondem os dois problemas relativos à admissibilidade da obrigação de declaração negocial: o da sua *possibilidade* (lógica) e o do seu *fundamento* (axiológico); a estes dois problemas correspondem, por sua vez, as duas secções deste capítulo.

Assinalámos que os aspectos – aliás, duas faces da mesma realidade – em que assentava a peculiaridade da obrigação de declaração negocial consistiam em ela proteger um interesse na produção de efeitos jurídicos e em ter por objecto uma declaração de vontade negocial. Qualquer daqueles dois tipos de orientação negativista se pode subdividir consoante primordialmente se apoie em um ou outro desses aspectos. Pode ver-se a obrigação de declaração negocial como realidade logicamente impossível quer porque se entenda que é *logicamente contraditória a ideia de protecção de interesse na produção de efeitos jurídicos*, quer porque se considerem *logicamente incompatíveis negócio e dever*. Pode apodar-se a obrigação de declaração negocial de axiologicamente injustificada ou bem porque se considere *inútil* (*injustificação da protecção de um interesse na produção de efeitos jurídicos*), ou bem porque se entenda que um dever de negociar representa *contradição de valorações* (injustificação na escolha do meio de protecção do interesse na produção de efeitos).

Dentro deste esquema será desenvolvida a indagação subsequente, dividindo-se cada uma das secções em dois parágrafos, um referente ao aspecto da protecção do interesse na produção de efeitos jurídicos, outro ao do dever de praticar um negócio.

---

aceita o *pactum de contrahendo* quando for *cum tertio*, manifestando-se-lhe adverso nos outros casos. Por outro lado, há quem só reconheça a promessa unilateralmente vinculante – veja-se, por exemplo, STINTZING, referido em ALGUER, *est. cit*, p. 427.

Secção I
Possibilidade Lógica Da Obrigação De Declaração Negocial

§ 1.º – A protecção do interesse na produção de efeitos jurídicos

1. A obrigação de declaração negocial, já o temos assinalado, não vem sendo estudada directamente pela doutrina, senão incidental e parcialmente a propósito da sua fonte e do pagamento. No entanto ao abordar o problema da admissibilidade do contrato – promessa (especialmente) tem-se muitas vezes, sem o dizer, visto a obrigação de declaração negocial em si mesma e, por isso, muitas das críticas que àquele se tem feito são a esta directamente dirigidas.

Não tem sucedido assim, todavia, no campo das objecções que enquadrámos sob a epígrafe deste parágrafo. A doutrina não tem perguntado directamente se uma protecção de um interesse na produção dos efeitos não é um absurdo. Tem antes posto a questão de saber se querer o negócio definitivo não envolve já necessariamente de modo actual querer os seus efeitos e se, portanto, considerar uma segunda vontade apenas referida ao negócio definitivo não é um absurdo. É de ver, contudo, que afirmar-se a incongruência de um segundo querer apenas dirigido ao negócio definitivo, por a vontade do primeiro envolver a vontade dos seus efeitos, é o mesmo que afirmar a incongruência da protecção do interesse na produção dos efeitos, uma vez que o querer unicamente referido ao negócio definitivo significa, no fundo, tão só a vontade imediatamente dos efeitos finais e não já imediatamente a de proteger o simples interesse na produção daqueles .

2. A primeira formulação crítica que neste plano importa analisar é a de GELLER[38], embora a substância da sua objecção tivesse, ao que parece, já sido apresentada particularmente por STORCH[39].

GELLER opõe-se, dentro de certos limites, à possibilidade da figura do contrato promessa (de contrato), cujas bases construtivas haviam sido lançadas anos antes por DEGENKOLB no seu célebre estudo *"Der Begriff des Vorvertrags"*.

---

[38] "Vorvertrag und Punktation", in *Österreichisches Centralblatt*, 1883, III, que não consultámos. Para exposições da sua doutrina, vejam-se DEGENKOLB, *est.. cit.*, pp. 69 ss.; L. COVIELLO, *est. cit.*, pp. 108 ss.; CARRARA, *ob. cit.*, pp. 40 ss.

[39] Cfr. DEGENKOLB, *est. cit.*, p. 69; ALGUER, *est. cit.*, p. 417; VITERBO, *est. cit.*, pp. 35-36.

O problema é, para ele, de lógica.

O querer presente de um querer futuro ou não é ainda um autêntico querer, um querer vinculativo, não passa, em última análise, de uma opinião, e então não há contrato – promessa mas meras negociações preliminares, ou é já um querer vinculativo, um querer autêntico e querer actualmente querer no futuro não é mais do que querer actualmente o efeito futuro. A vontade é insusceptível de partição; embora possa variar no tempo, é, em cada momento, completa.

Só quando o contrato definitivo possua algum elemento a mais que a simples declaração do consentimento, só quando seja formal ou real é concebível um verdadeiro contrato-promessa. O contrato-promessa de contrato consensual é impossível, como impossível é a tentativa de um crime unisubsistente. Ali, o que se difere é não a vontade mas a execução.

DEGENKOLB sintetiza a posição de GELLER e dos seus antecessores quanto ao contrato promessa de contrato consensual nas seguintes três proposições:

«1. A declaração vinculativa de querer algo no futuro contém essa vontade já como actual; adiada é só a execução, logo

2. O contrato promessa é por necessidade lógica já o contrato principal.

3. Porque o contrato promessa é já o contrato principal, não pode por sua parte ter em vista a conclusão deste; de modo algum pode ter em vista um futuro *contrahere*[40].

3. A perspectiva de GELLER foi retomada mais recentemente, ainda que, quanto julgamos, com muitos elementos novos, pelo Professor de Barcelona JOSÉ ALGUER[41].

ALGUER critica o conceito de obrigação de contratar a partir de vários pontos de vista. Assim nega a sua utilidade e duvida da compatibilidade dos termos negócio e obrigação. No entanto, a objecção fundamental – no seu entender – que apresenta contra a obrigação de declaração negocial tem por base a análise da fonte e, mais precisamente, do contrato-promessa. É essa crítica que aqui referiremos.

---

[40] *Est. cit.*

[41] "Para la critica del concepto de precontrato" *cit.*, pp. 321 ss., 369 ss., 417 ss., 1936, pp. 1 ss. Antes, ALGUER escrevera um artigo, que não pudemos consultar, "Los precontratos", na *Revista Jurídica de Cataluña*, 1931, pp. 113 pp., dentro da linha clássica de aceitação da figura do preliminar – veja-se indicação, por exemplo, na *Revista de Derecho Privado*, 1935, p. 323.

Para ALGUER o contrato preliminar é uma figura inadmissível porque não é possível querer-se o meio sem se querer o fim, querer-se a causa sem se querer o efeito. Se as partes querem um futuro contrato, querem necessariamente os efeitos desse contrato. Por isso mesmo, o contrato-promessa encerra já em si a vontade que viria a integrar o contrato definitivo. Se se quer o negócio jurídico A, cujo efeito próprio é B, resultarão queridos A e B. Se se quer um contrato de compra e venda A, é porque se quer a obrigação de entregar a coisa B, como recíproca do dever de pagar o preço X. Querer A sem B e sem X é como querer um contrato de compra e venda sem uma coisa e um preço, um negócio nulo por falta de conteúdo. É absurda a afirmação implícita da doutrina dominante de se poder querer um meio, o contrato futuro, sem se querer o fim correspondente: os efeitos futuros do contrato.

Para isto, diz ALGUER, é indiferente que a declaração de vontade se dirija ao efeito jurídico ou ao efeito económico-social. *É indiferente* também que se considere elemento cardial a vontade ou a declaração, *"porque qualquer que seja o verbo a que se atribua maior ou exclusiva relevância, ao verbo querer ou ao verbo declarar, é evidente que só por abstracção se pode representar cindido de um predicado: neste caso concreto, o efeito querido ou declarado"*[42].

A corroborar o seu ponto de vista da inaceitabilidade do contrato preliminar, Alguer assinala as dificuldades que a doutrina tem encontrado no problema da delimitação da causa do contrato-promessa. *"A conexão necessária da vontade do negócio jurídico com os efeitos do negócio revela a importância que para o nosso tema tem a investigação da causa do pré-contrato, porque a causa não é senão uma modalidade de tal conexão entre a vontade e os efeitos da vontade juridicamente relevante."*[43]. Depois de apreciar os estudos que sobre a causa do contrato-promessa desenvolveram STINTZING, STAMPE e ROTH, conclui: *"Observemos como logo que se investiga a sério a causa do pré-contrato, os resultados levam à sua identificação com o contrato principal. Se a causa daquele está neste, e todo o contrato há-de ter uma causa, não há mais contrato que o contrato principal."*[44].

Há que assinalar que ALGUER, ao contrário de GELLER, e porventura com maior coerência, nega o contrato-promessa mesmo de contrato real ou formal.

---

[42] *Est. cit.*, pp. 425-426.
[43] *Est. cit.*, pp. 427.
[44] *Est. cit.*, pp. 429.

A *res* no contrato real é mero requisito de qualidade, de determinada modelação dos efeitos. A chamada promessa de contrato real é apenas um contrato consensual definitivo, ainda que não com aquela especial modelação que a entrega da coisa provoca.

Quanto aos contratos formais, ou a lei não quer vinculação sem forma e um contrato promessa sem ela seria radicalmente nulo; ou a forma é mero requisito de qualidade dos efeitos (p. ex. na letra de câmbio) e então as partes obrigam-se não a declarar novamente a vontade sob essa forma mas apenas a criar esta.

4. ALGUER assume fundamentalmente o ponto de partida de GELLER, considerando que a vontade que seria necessária ao contrato preliminar abrange já a vontade própria de contrato definitivo. À diferença de GELLER, porém, ALGUER não assenta essa conclusão numa consideração do acto definitivo, perante o suposto preliminar, como um querer um determinado conteúdo, antes como uma causa de um efeito, um meio de um fim. Para GELLER o contrato – promessa contém já a vontade própria de contrato definitivo porque querer alguma coisa é querer actualmente essa coisa; para ALGUER a promessa contém já a vontade própria de contrato definitivo porque querer o negócio definitivo é querer os seus efeitos, querer o meio, a causa (negócio), é querer o fim, a consequência (efeitos jurídicos).

Esta diversidade confere virtualidade diferente, quanto à extensão, às duas críticas. Para além da circunstância de GELLER considerar possível, ao contrário de ALGUER, o contrato preliminar de negócios reais e formais (o que, todavia, parece não derivar de uma exigência da sua própria doutrina), a posição de GELLER, formulada embora apenas para o contrato-promessa de contrato, se é alargável a todas as hipotéticas obrigações de declaração negocial com fonte negocial – a parte já teria, no negócio fonte, manifestado a vontade definitiva –, não o é já para a obrigação de declrção negocial *ex lege* – onde não há um querer prévio da parte. Ao contrário, a objecção de ALGUER vale mesmo para a obrigação *ex lege* – a lei querer um negócio envolve o querer já os seus efeitos[45].

---

[45] *Est. cit.*, pp. 430.

OBRIGAÇÃO DE EMITIR DECLARAÇÃO NEGOCIAL

5. À crítica de GELLER respondeu DEGENKOLB em termos que ficaram clássicos e que constituíram o ponto de partida de todos os que, depois dele, admitiram a figura da promessa de negociar.

Em primeiro lugar, segundo DEGENKOLB, apenas querer no futuro nega logicamente a actualidade do querer próprio do contrato principal. Mas, sobretudo, não se trata de contrapôr um querer actual a um querer futuro, antes um agir actual a um agir futuro. *"Na verdade, a contraposição da celebração do contrato-promessa à celebração do contrato principal não é uma contraposição do «actual e futuro querer como fenómeno abstracto e puramente espiritual», mas uma contraposição do actual e do futuro agir* (handeln): *pois a declaração ela própria é acção* (Handlung) *e como tal não um mero sinal de um querer ou de um querido, mas um material acto de disposição que se conclui* (sich vollendende materielle Verfügungstat). *E este acto estaria por lei lógica concluído já através da promessa de futuramente o executar?"* [46].

Apesar de todo o êxito que este último argumento – trata-se de contrapor um agir actual a um agir futuro e não um querer actual a um querer futuro – obteve[47], não creio que seja inteiramente convincente.

DEGENKOLB procurou transpôr a sua divergência com GELLER para o campo da concepção do negócio jurídico. Afigura-se-nos, porém, como assinalámos, que, construa-se aquele dentro de uma orientação subjectivista ou objectivista, nunca será lícito prescindir de uma *significação de vontade*. E assim poder-se-á sempre, seguindo GELLER e ALGUER, perguntar se a vontade significada pela declaração promissória não envolve já o conteúdo de vontade a significar pela declaração principal.

São palavras de ALGUER: *"Assente a incindível conexão de negócio e efeito, de nada serve a contra-objecção de DEGENKOLB, segundo o qual não se trata de contrapor um querer actual a um querer futuro, mas um acto de declarar actual a um acto externo de declarar futuro, porque se este acto não há-de ser um acto irrevelante, uma paródia exterior, mas um negócio jurídico na genuína acepção destas palavras, uma declaração de vontade que, juntamente com outra, engendra um contrato, é indiferente – como já apontei- que se dê maior relevo ao elemento vontade ou ao elemento declara-*

---

[46] *Lug. cit.*, pp. 71-72.

[47] Foi em grande medida o ponto de partida de todos os defensores da possibilidade de uma obrigação de declaração negocial. Vejam-se, por exemplo, L. COVIELLO, *ob. cit.*, p. 109; VON THUR, *ob. cit.*, II, 1, p. 163, nota 9; ASCENSÃO BARBOSA, *ob. cit.*, pp. 142-143.

46

ção, porque seja o negócio jurídico uma coisa ou outra, tanto o querer como o declarar se predicam de um efeito."[48].

6. Já a primeira afirmação de DEGENKOLB de que a vontade actual de só querer no futuro nega a vontade actual do efeito futuro nos parece, desde que entendida *cum grano salis*, capaz de afastar a arguição de ilogicidade da obrigação de declaração negocial no aspecto que agora nos ocupa.

Não é, com efeito, qualquer vontade que integra o negócio jurídico, não basta um mero querer, ainda que declarado, para que negócio haja. Quantas vezes, nas negociações preliminares, se manifesta um autêntico querer, sem que, por isso, de negócio se possa falar? Para que exista negócio jurídico *é* necessário que a parte atribua *relevância vinculativa* ao seu querer, é preciso que a parte queira o seu querer como princípio de regulamentação. O negócio, mais do que um mero querer, é um querer vincular-se, um querer sujeitar-se a uma regulamentação que se cria (entenda-se o intento como jurídico ou como meramente prático). Se assim não fosse, como explicar que uma parte ficasse sujeita à sua vontade passada quando ela já não correspondesse à vontade presente?

Desde que o negócio é isso, nada impede logicamente que a parte, embora querendo porventura já aquilo que se obriga a querer futuramente, querendo os efeitos do futuro negócio, apenas se vincule a uma declaração, a um querer e não já ao seu resultado, apenas queira vincular-se à causa e não já ao efeito, ao meio e não já ao fim. Do mesmo modo, a lei pode logicamente não vincular o particular aos efeitos, mas apenas à causa, ao negócio[49].

O problema que então se põe é, como afirmava DEGENKOLB, não agora o da possibilidade lógica mas o da utilidade, ou mais genericamente, o da justificação de um tal procedimento. O problema é de saber se a obrigação de declaração negocial se justifica valorativamente, se tem, axiologicamente, razão de ser, se, nomeadamente, quando as partes se vincularem apenas à celebração do negócio, não deverá considerar-se isso duplicação inútil, reconduzindo então porventura o negócio preliminar ao definitivo.

Neste plano se põe também a questão da causa do negócio promessa. Formalmente é sempre possível autonomizá-la relativamente à do negócio defini-

---

[48] *Est. cit.*, p. 426.
[49] VITERBO afirma, quanto às críticas de STORCH e GELLER, que *"psicologicamente e logicamente qualquer meio pode ser concebido como fim de um meio precedente"* – *Est. cit.*, p. 36.

OBRIGAÇÃO DE EMITIR DECLARAÇÃO NEGOCIAL

tivo, enquanto é apenas um momento prévio desta. O que há que determinar é se a uma tal causa se deve ou não atribuir relevância.

§ 2º – O dever de negociar

1. Um segundo grupo de críticas à possibilidade lógica da obrigação de declaração negocial tem em conta não já primordialmente o aspecto da protecção de um interesse na produção dos efeitos jurídicos, mas o de o objecto do dever consistir num negócio. O que se pergunta agora é se a natureza de negócio não é incompatível com a qualidade de acto devido.

Esse problema pode ser aberto, e tem-no aliás sido, sob duas perspectivas: consoante se veja no negócio a faceta de consistir num *querer* ou a de representar exercício de um *poder*. Pode-se inquirir se *dever e querer* são compatíveis ou se o são *dever e poder*. A primeira questão apoia-se na estrutura do negócio; a segunda na sua função (enquanto logicamente necessária).

2. A compatibilidade entre querer e dever é problema que, ainda que nem sempre expressamente colocado, muitas vezes acaba por aparecer como pano de fundo da problemática da obrigação de declaração negocial ou, em particular, do contrato-promessa. No entanto, já GELLER, deslocando a sua crítica agora para o aspecto do "dever de declaração negocial", expressamente negava que querer e dever fossem realidades que logicamente se compadecessem uma com a outra. E são de VON THUR estas palavras: *"A obrigação de querer algo posteriormente, nem o homem a pode assumir, nem a lei a pode impor, pois o que chamamos vontade não é senão a aptidão para a livre decisão"*[50].

3. A objecção à possibilidade lógica da obrigação de declaração negocial baseada na circunstância de o negócio ser exercício de um *poder* foi fundamentalmente formulada por MONTESANO e por ele desenvolvida[51].

Embora o autor aborde também outros aspectos, a ideia fundamental em que apoia a rejeição da obrigação de declaração negocial cremos que pode, prescindindo dos instrumentos conceptuais em que depois procura enquadrá-la, sintetizar-se nos termos seguintes: o negócio jurídico é exercício de

---

[50] *Lug. cit.* por último.
[51] *Contratto preliminare e sentenza costitutiva*, 1953. Veja-se especialmente o Cap. II da obra.

um poder; o poder exprime necessariamente a protecção de um interesse do próprio titular; o dever envolve, também necessariamente, o sacrifício do interesse do seu titular; logo o negócio não pode ser objecto de obrigação porque isso representaria tutelar e sacrificar ao mesmo tempo um interesse, o que é absurdo.

4. Comecemos pela alegada incompatibilidade entre dever e querer.

A defesa contra a objecção que afirma a impossibilidade da obrigação de declaração negocial por virtude de referir incompatibilidade não tem sido conduzida directamente, antes através da negação de que negócio e querer se identifiquem. Foi já o caminho seguido por DEGENKOLB, que, considerando o negócio como um agir, nenhuma dificuldade viu em que este fosse, como qualquer outro agir, objecto de dever. E foi também, a atitude de VON THUR, para quem só a compreensão do negócio como declaração pode fundar logicamente uma obrigação de declaração negocial[52].

Esta contra-objecção, que desloca o problema para o campo da própria conceituação do negócio jurídico, parece, à primeira vista, ter aqui maior viabilidade que no domínio das críticas que negavam a possibilidade da protecção do interesse na produção dos efeitos, nomeadamente a formulada por GELLER. Ali, com efeito, vimos que bastava reconhecer que o negócio havia de possuir uma qualquer significação de vontade, ainda que tal significação não correspondesse à vontade psicologicamente verdadeira do declarante, para que as críticas continuassem de pé. A incompatibilidade entre dever e querer, ao contrário, parece bem que só pode ser alegada enquanto querer se entenda no sentido de vontade verdadeira, vontade psicologicamente real. Deste modo, afigura-se *prima facie* que a simples rejeição da conceituação do negócio como vontade, ou, mais rigorosamente, como manifestação de vontade no sentido clássico, é suficiente para libertar a obrigação de declaração negocial da crítica de impossibilidade lógica por impossibilidade de um dever de querer.

Isto, porém, só é assim na aparência. O facto de se conceituar o negócio jurídico em termos outros que manifestação da vontade, seja como declaração, seja como acto perceptivo, seja como acto de autonomia, é irrelevante para a questão da possibilidade lógica da obrigação de declaração negocial; para que se negue o próprio problema da compatibilidade entre querer e dever, o

---

[52] *Lug. cit.*

OBRIGAÇÃO DE EMITIR DECLARAÇÃO NEGOCIAL

que se torna necessário é assumir uma determinada atitude, aliás claramente inaceitável, na matéria não só do regime da interpretação como no das divergências entre a vontade e a declaração.

A conceituação de negócio jurídico significa procurar o denominador comum de todos os negócios, ao menos de todos os negócios válidos. E é compreensível que se construa o conceito de negócio jurídico a partir de uma ideia diferente da de manifestação de vontade, dado o facto de muitas vezes o negócio ser válido com um sentido diverso do da vontade real do declarante. Mas uma construção nesses termos não requer, nem quer exigir – se o quisesse colocar-se-ia contra a realidade – que a validade do negócio, mesmo a validade que se traduza na ausência de vícios que gerem nulidade e não mera anulabilidade, seja sistematicamente indiferente à vontade real do declarante.

A obrigação de declaração negocial é obrigação de praticar um negócio jurídico válido. Nesses termos, enquanto o querer, o querer verdadeiro, puder ser requisito de validade, a obrigação de declaração negocial é obrigação de querer.

Nem sequer se pode pretender manter a identificação, sob este ponto de vista, do dever de declaração negocial com qualquer outro dever – como dever de agir – reconduzindo a exigência da vontade no negócio jurídico à exigência de uma vontade da declaração, de uma vontade do acto declarativo portanto, como vontade do comportamento declarativo, do comportamento declarativo como tal e do comportamento declarativo no seu sentido. Além de não ser líquido que, em geral, o dever de agir signifique dever de querer agir ou, noutras palavras, dever de agir voluntariamente, a vontade da declaração como tal e da declaração no seu sentido exorbitam manifestamente do puro querer do acto, da sua mera voluntariedade e envolvem, assim, necessariamente uma relevância autónoma da vontade como querer puro. E, ultrapassando mesmo aquelas três fórmulas, não se poderão abranger hipóteses de relevância da vontade como as que se manifestam na nulidade do negócio simulado e do negócio com reserva mental conhecida da outra parte. Estas situações, só o valor da vontade da regulamentação as pode explicar.

Mais: afigura-se que a questão da admissibilidade do dever de querer não aparece apenas pela possibilidade de a vontade real vir a ser requisito de validade, antes mesmo porque a obrigação de declaração negocial há-de significar sempre originariamente obrigação de querer.

Originariamente, o elemento fundamental do negócio jurídico é a vontade. A lei protege o negócio porque quer proteger a possibilidade de os particulares decidirem das suas situações através da vontade. Não houvesse interesse na tutela da vontade privada e não haveria protecção do negócio. O que sucede é que, porque a vontade tem de ser declarada, o negócio se torna numa faca de dois gumes. Protegido pela lei por esta querer tutelar a vontade privada, o facto de a vontade ter de ser manifestada, com as consequentes possibilidades de o sentido objectivo da declaração não vir a coincidir com o conteúdo da vontade do declarante, de a declaração aparecer independentemente da sua vontade e, ainda, de ser utilizada para fins outros que o de exprimir a vontade da regulação implica que a lei acabe por ser colocada na necessidade de garantir o negócio jurídico mesmo para além dos limites que imporia a mera tutela da intenção do declarante, por virtude da confiança que os terceiros possam ter depositado na declaração.

Sendo assim, a lei, quando estabelece a obrigação de declaração negocial não pode estar já a contar com as possíveis limitações que do princípio da confiança venham a resultar para o da vontade, limitações que dependem de circunstâncias concretas que só se poderá saber se se verificarão depois de celebrado o negócio objecto do crédito.

Por isso mesmo, quando a lei impõe uma obrigação de declaração negocial, essa obrigação há-de significar originariamente obrigação de querer. Isso, evidentemente, não implica que, se o negócio vier a ser válido independentemente da vontade do declarante, a obrigação se não considere cumprida – o facto de a parte ficar vinculada a querer significa que não se pode estar desde a origem a contar com as contingentes limitações que do princípio da confiança possam vir a resultar.

5. Não há, deste modo, possibilidade de fugir à questão: é concebível um dever de querer?

Pensamos que sim.

Ponto é que se distinga, primeiro, o acto de querer da faculdade de querer. É manifesto que uma faculdade em si não pode ser objecto de dever. Não o pode ser a vontade enquanto faculdade psíquica, como não o podem ser as faculdades físicas do homem. A faculdade de querer, como qualquer outra, desenvolve-se em actos. Ora, o não poder a faculdade de querer ser devida não implica que o não possam ser os actos em que se desenvolve – também as faculdades físicas não podem ser devidas e podem-no ser sem dúvida os actos que as traduzem.

OBRIGAÇÃO DE EMITIR DECLARAÇÃO NEGOCIAL

Há que distinguir, depois, o acto de querer do acto de preferir. Ninguém pode, obviamente, ser obrigado a encontrar satisfação íntima em uma dada regulamentação, ninguém pode ser obrigado a considerar que uma regulamentação representa a satisfação óptima dos seus interesses. Isso, porém, em nada impede que não possa ser devido o acto de querer.

Existe uma incindível conexão entre o imperativo ético e a liberdade (no sentido de livre arbítrio). Só à liberdade, mas a tudo o que dela depende, o imperativo se pode dirigir, e dirigir efectivamente. A *Ética*, de que o Direito faz parte, é a regra – ou o sistema de regras – da liberdade, mais rigorosamente, da actuação da liberdade – das opções.

O acto de querer, apesar de acto meramente espiritual, pode ser devido porque depende do livre arbítrio, porque representa em si mesmo uma opção. Que o pode, mostra-o ali bem a circunstância de ninguém duvidar que seja susceptível de constituir objecto de dever moral.

Se sobre o acto de querer pode incidir uma regra ética, a questão de poder ser objecto de um dever jurídico está condicionada apenas pela sua relevância jurídica. Ora, sobre a relevância jurídica do querer negocial – que está na base de efeitos jurídicos – não se pode hesitar. Nem a circunstância de se tratar de acto espiritual pode impedi-la. Certamente que o Direito não há-de referir-se a realidades estritamente espirituais. Mas pode referir-se a realidades que também o sejam. A condição do relevo jurídico do acto de querer é que se traduza no mundo externo, que se manifeste. Por isso mesmo, a obrigação de declaração negocial não é apenas obrigação de querer, mas obrigação também de declarar.

6. Passemos às relações entre poder, dever e negócio jurídico.

A crítica à possibilidade da obrigação de declaração negocial formulada por MONTESANO vimos que podia fundamentalmente reconduzir-se a três premissas e uma conclusão. A primeira premissa traduzia-se na afirmação de que o negócio representa exercício de um poder; a segunda na de que o poder exprime necessariamente a tutela de um interesse do próprio titular; a terceira na de que a obrigação envolve necessariamente o sacrifício do interesse do sujeito passivo; a conclusão consistia na impossibilidade da obrigação de declaração negocial.

A primeira premissa é, desde logo, muito discutida na doutrina. Essa não a contestamos nós, porém, a MONTESANO. Cremos, como ele, que o negócio

ADMISSIBILIDADE E FUNDAMENTO DA OBRIGAÇÃO DE DECLARAÇÃO NEGOCIAL

jurídico é exercício de um poder. Afigura-se-nos, no entanto, que não é verdadeira a segunda, que não é necessário que o poder – o poder que o negócio exerce – implique necessariamente a protecção jurídica de um interesse do próprio titular. E pensamos ainda que, mesmo que verdadeira fosse, não seria lícita a conclusão que o autor retira.

7. Convém começar por definir com um mínimo de rigor os conceitos que aqui vão entrar em jogo, nomeadamente os de poder e dever[53].

Os comportamentos humanos possíveis (potenciais) têm no Direito uma significação em si mesmos, isto é, enquanto comportamentos. A essa significação dos comportamentos possíveis em si mesmos chamamos *sentido ético-jurídico*.

Sentido ético é o sentido de um comportamento perante a sua passagem da potencialidade para a efectividade através do livre-arbítrio.

Consoante já se referiu, um sentido ético-jurídico de um comportamento estabelece-se primeiro no plano da *possibilidade* (ético-jurídica). Aí, a conduta é *juridicamente possível* ou *juridicamente impossível (não-possível)*, *permitida* ou *proibida*, representa um *poder-ser* ou um *não-poder-ser*, é *lícita* ou *ilícita*.

Correspondentemente a esses dois sentidos éticos-jurídicos se formam o *poder* e o *não-poder*, que serão relações ético-jurídicas.*O poder é a relação entre o sujeito do comportamento e o comportamento potencial que exprime o sentido ético-jurídico de poder-ser do mesmo comportamento. O não-poder é a relação entre o sujeito e o comportamento potencial que exprime o sentido ético-jurídico de não-poder-ser do mesmo comportamento.*

Poder e não-poder são, portanto, *relações* – entre o sujeito e o comportamento potencial –, relações ético-jurídicas – que exprimem o sentido-ético-jurídico de poder-ser ou de não-poder-ser do comportamento – e relações de superestrutura – baseadas na relação de pertença do comportamento ao sujeito.

O segundo momento da qualificação ético-jurídica dos comportamentos é o da *necessidade*.É manifesto, no entanto, que o juízo de necessidade só pode incidir sobre condutas juridicamente possíveis, lícitas, que represen-

---

[53] É evidente que em questões dessa ordem e num estudo desta natureza não pode fazer-se mais do que descrever o que se pensa. Uma justificação das posições que os conceitos que se seguem traduzem exorbitaria muito largamente dos limites que a índole monográfica do trabalho impõe.

OBRIGAÇÃO DE EMITIR DECLARAÇÃO NEGOCIAL

tem um poder-ser. Se uma conduta é juridicamente ilícita não poderá nunca (da mesma perspectiva) ser necessária.

A *conduta lícita* pode assim ser *necessária* ou *não-necessária*, imposta ou *não--imposta*, *devida* ou *livre*. O poder-ser da conduta pode, portanto, consistir num *poder-ser livre* ou num *poder-ser-dever-ser*.

Aos comportamentos que representam um poder-ser-livre chamaremos *comportamentos livres, comportamentos meramente lícitos* ou, por comodidade, *comportamentos lícitos*. Aos que representam um poder-ser-dever-ser, *comportamentos lícitos e devidos* ou, *brevitatis causa, comportamentos devidos*. Aos que representam um não poder-ser, *comportamentos ilícitos*.

A relação ético-jurídica de poder vem, em função dos dois modos em que o poder-ser é susceptível de se apresentar, a desdobrar-se em relação de poder--livre ou, *brevitatis causa*, de poder e relação de poder-dever ou, simplesmente, de dever. Uma e outra são relações entre o sujeito e o comportamento potencial que exprimem o sentido ético – poder-ser-livre ou poder-ser-dever-ser desse comportamento.

No Direito positivo estes sentidos ético-jurídicos dos comportamentos não se constituem por si, não podem ser apreendidos por uma intuição directa do comportamento. Resultam de um acto de um sujeito, de um *acto determinante*, ou acto "causal" que os define. Surgem assim, para além dos sentidos éticos dos comportamentos, os sentidos a que chamaríamos *para-éticos*, que se traduzem no poder-ser de determinados sentidos de comportamentos através de um acto determinante.

A partir do poder-ser de sentidos na base de um acto de alguém, constitui--se um novo tipo de poder – o *posse, o poder de produzir efeitos jurídicos*, o poder de alteração, de conformação, de configuração jurídica, como se queira – que é a relação entre uma pessoa e determinada regulamentação jurídica potencial – efeitos jurídicos – que exprime o poder-ser dessa regulamentação com base num acto da pessoa.

O poder é ainda aqui uma relação – relação entre sujeito e regulamentação jurídica – e uma relação de superestrutura – baseada nas relações de causalidade jurídica (eficiente) ou, talvez melhor, de determinação jurídica entre o acto e a regulamentação e de pertença do acto ao sujeito. Tem de particular em relação ao outro tipo de poder que assinalámos – o *licere*, o poder de licitude – o ser não uma relação ética, mas uma relação para-ética (exprimir um sentido para-ético) e o assentar não em uma relação de base simples –

pertença do comportamento ao sujeito – mas em uma relação de base complexa que inclui, além da pertença do comportamento.

Quando se afirma que o negócio jurídico é exercício de um poder não se quer dizer que o acto negocial seja lícito – pode sem dúvida sê-lo e se o tem de ser ou não é problema que se referirá depois – mas que o acto negocial é um acto *determinante*. Negócio como exercício de poder – porque a especificidade do negócio está em estabelecer uma regulamentação jurídica – significa negócio como exercício de poder de produzir efeitos jurídicos ou de *poder de determinação jurídica*.

Nem a distinção entre os dois tipos de poder é estranha a MONTE-SANO, que apenas a enquadra diversamente (utilizando fundamentalmente o esquema de CARNELUTTI). Diferencia, com efeito, a *faculdade* (correspondente ao que chamámos poder de licitude) e a *potestas* (correspondente ao poder de produzir efeitos jurídicos). E por outro lado, quando põe o problema da compatibilidade entre negócio e obrigação a partir do da compatibilidade entre poder e dever, entende poder como *potestas*.

8. Um primeiro argumento que contra a posição de MONTESANO logo ocorre ao espírito tem por base as situações de representação e de actividade dos órgãos do Estado e das pessoas colectivas. Ninguém pensará em argui-las de ilógicas. Ora, não envolverão elas a coincidência de um poder (de produzir efeitos jurídicos) com um dever de exercê-lo?

O autor prevê a objecção. E responde-lhe: *"Quando se fala de conferimento do poder com a obrigação de exercê-lo referem-se casos nos quais, se se pode dizer, do ponto de vista naturalístico, que o mesmo comportamento humano tem duas diversas qualificações jurídicas, uma relativa a um poder, outra relativa a uma obrigação, não se pode dizer, do ponto de vista jurídico, que no mesmo acto coincidam ou interfiram o exercício de um poder e o cumprimento de uma obrigação. De facto, em todos os casos de tal género aquele comportamento é imputado juridicamente a dois diversos sujeitos, um titular do poder, outro sujeito à obrigação"*[54].

MONTESANO procura assim socorrer-se da conhecida doutrina que considera os actos dos órgãos das pessoas colectivas (ou, melhor, dos suportes dos órgãos) e do representante actos dos próprios pessoa colectiva e representado. Se uma tal concepção tem razões sérias para ser admitida no

[54] *Ob. cit.*, p. 46.

OBRIGAÇÃO DE EMITIR DECLARAÇÃO NEGOCIAL

primeiro dos casos, em que a integração do órgão na pessoa pode justificá--la, já não parece fundada no domínio da representação, onde a falta daquela integração pessoal lhe confere um carácter de ficção e onde parece mesmo estar em desacordo com as soluções que a prática exige[55]. O tema excede, no entanto, em muito os limites deste estudo. E, de qualquer modo, interessa mais averiguar directamente se algo impõe que logicamente dever e poder sejam incompatíveis. Apenas deixamos aqui marcado que se nos não afigura satisfatória a solução que, para manter a sua atitude, MONTESANO dá ao problema da representação.

9. O negócio jurídico, enquanto acto determinante, causal, é exercício de um poder de produzir efeitos jurídicos. Em si mesmo, porém, como qualquer outro acto, há-de possuir também um sentido ético-jurídico. O problema que a crítica de MONTESANO levanta é, postas assim as coisas, o de saber em que medida o poder de produzir efeitos jurídicos está logicamente ligado a um sentido ético do acto, de saber, portanto, se a qualificação do acto como devido é incompatível logicamente com a existência do poder de produzir efeitos jurídicos.

É de ver que directamente nenhuma incompatibilidade lógica existe, pois que as qualificações ética e para-ética têm zonas de incidência diversas. A qualificação ética incide sobre o acto em si mesmo, sobre a utilização da liberdade em si. A qualificação para-ética incide sobre o acto enquanto causa de efeitos, sobre a utilização da liberdade enquanto determinante de uma regulamentação.

Não existirá, porém, uma incompatibilidade indirecta, através da incidência sobre o interesse ou fim, como pretende MONTESANO?

O sentido ético-jurídico pressupõe sempre uma determinada atitude relativamente aos interesses que o acto beneficie e sacrifique. A qualificação de poder-ser exige que se considere que os interesses que o acto é capaz de realizar não são inferiores àqueles que é capaz de preterir (directamente ou indirectamente através dos actos omitidos) e a qualificação de não-poder-ser o inverso. Por outro lado, dentro de qualificação de poder-ser, o dever-ser pres-

---

[55] Pode ver-se sobre o problema prático das relações entre representante e representado, embora de *jure constituendo*, MÁRIO JÚLIO DE ALMEIDA E COSTA, "A vontade e a declaração na teoria do negócio jurídico representativo", *Bol. Min. Just.*, 127, 1963.

supõe a valoração de interesses de outrem que o acto realizará como superiores àqueles que a omissão do acto poderia realizar e o poder-ser-livre tem como base que uma tal superioridade não existe.

Há uma conexão logicamente necessária entre a valoração dos interesses que o acto beneficia e sacrifica e o sentido do acto. Essa conexão existe porque *a qualificação ético-jurídico exprime a valoração do modo de utiliza*ção da liberdade, exprime, portanto, o valor relativo dos actos dados à opção. E o valor de um acto – o seu valor objectivo – só pode ser conferido pela sua influência na realização dos fins humanos.

Idêntica conexão lógica não existe, no entanto, entre a valoração dos interesses e a definição do *sentido para-ético*, pois que este *não exprime uma valoração do modo de utilização da liberdade.*

O sentido para-ético assenta numa *relação de causalidade entre o acto e dados efeitos.* Ainda que se entenda que uma determinada regulamentação pretere interesses superiores aos que realiza, nada impede logicamente que, apesar disso, a prática do acto possa trazer elementos tais que justifiquem que aquela regulamentação se verifique.

Não é assim verdade que o poder de produzir efeitos jurídicos tenha de representar a protecção de um interesse do próprio titular. Logicamente, o sentido de poder de alteração jurídica é compatível mesmo com o sentido ético de não-poder-ser.

Ainda, porém, que o poder de produzir efeitos de direito tivesse logicamente que representar a protecção de um interesse do próprio titular, isso não precluderia a possibilidade de uma obrigação de declaração negocial. Impediria apenas a figura do negócio ilícito válido. É que o interesse sacrificado pela obrigação não seria o mesmo que o poder tutelaria. O poder de produzir efeitos jurídicos exprimiria a protecção do *interesse* do próprio titular *na produção dos efeitos.* O dever de exercer o poder sacrifica *o interesse na não-produção dos efeitos* ou, com mais rigor, os interesses do titular cuja realização a não produção permitiria. Haveria apenas uma simultânea protecção dos interesses do próprio titular e do credor na produção dos efeitos.

A necessidade de o poder representar uma tutela do interesse do próprio titular exigiria que o sentido ético do acto fosse o de *poder-ser.* Não implicaria já que de um poder-ser-livre se tratasse. Não é assim sequer logicamente correcta a conclusão que MONTESANO retira das premissas que coloca.

OBRIGAÇÃO DE EMITIR DECLARAÇÃO NEGOCIAL

10. Por outro lado, deixando agora o aspecto particular da posição de MON-TESANO, nada se vê que impeça que o exercício de um poder de produzir efeitos de direito seja objecto de um dever. A definição do *posse*, em geral, já o vimos, porque não representa valoração do modo de utilização da liberdade, não está ligada a qualquer sentido ético. Em especial, a protecção de um interesse (do credor) na produção dos efeitos jurídicos não implica logicamente que se constitua um poder de produzir os efeitos desse próprio sujeito. Nada impede logicamente que se entenda que a causalidade deva apenas ser atribuída ao acto do outro sujeito (devedor), por apenas o acto dele possuir as razões tidas por necessárias ao desencadear das consequências.

11. Parece assim que logicamente *é* possível a figura da obrigação de declaração negocial. O negócio, na sua estrutura, pode ser devido porque depende da liberdade. Na sua função pode também sê-lo porque a definição da causalidade é logicamente independente da do sentido ético.

O problema que agora se põe é já axiológico, valorativo. É o de saber se a obrigação de declaração negocial se justifica no mundo da prática, se tem fundamento. De seguida o abordaremos, segundo a ordem estabelecida: primeiro no aspecto da *utilidade* da obrigação de declaração negocial, depois no da *razão da escolha* do acto negocial do devedor como meio.

Secção II
Fundamento da Obrigação de Declaração Negocial

§ 1.º Utilidade da obrigação de declaração negocial

1. A obrigação de declaração negocial garante ao credor um acto negocial, cuja utilidade está em produzir ou contribuir para a produção de determinados efeitos jurídicos. Configure-se como se configurar depois tecnicamente o interesse protegido, a obrigação representa a protecção de um interesse na produção de efeitos.

O problema que agora se põe é este: tem alguma utilidade a tutela de um interesse na produção de efeitos? Haverá alguma razão que justifique que se constitua uma obrigação de declaração negocial em vez de se caminhar imediatamente no sentido da produção dos efeitos definitivos, da protecção e da preterição dos interesses finais? E quando alguma razão de autonomia se vis-

ADMISSIBILIDADE E FUNDAMENTO DA OBRIGAÇÃO DE DECLARAÇÃO NEGOCIAL

lumbre, ela não levará a que o interesse na produção dos efeitos devesse ser tutelado em termos diversos dos da simples obrigação de declaração negocial?

É sobretudo neste aspecto da utilidade do crédito a negócio que as críticas à sua admissibilidade vêm incidindo. Tem-se afirmado que o contrato – promessa é fruto do princípio da autonomia da vontade, no sentido de respeito pela Ordem Jurídica da vontade das partes desde que nada de ilícito haja na sua intenção[56]. E para VITERBO *"a questão é uma daquelas que se resolvem num ou noutro sentido segundo se siga uma ou outra das duas direcções dominantes do pensamento jurídico encabeçadas por SAVIGNY e JHERING: interesse e vontade;* Interessen ou Begriffsjurisprudenz *(a aproximação destas duas antíteses, das quais a primeira respeita à natureza do direito subjectivo e a segunda ao método jurídico não é confusão). De facto a orientação de VON TUHR, nesta matéria, e mais ainda a de SCHLOSSMAN, inspiram-se indubitavelmente numa maior atenção ao fim, numa valorização do elemento interesse perante o de vontade; enquanto a orientação de DEGENKOLB, de COVIELLO e da doutrina em geral que reconhece o contrato preliminar tende à sobrevalorização deste último elemento»*[57].

O simples enunciado da questão da admissibilidade da obrigação de declaração negocial em função da sua utilidade logo mostra que ela se não pode pôr exactamente do mesmo modo perante todas as situações.

Quanto ao próprio problema de saber se a obrigação de declaração negocial é útil, logo há que autonomizar um grupo de casos – os de (hipotética) obrigação de fonte negocial em que o negócio definitivo possua requisitos especiais. Aí a obrigação de declaração negocial será indiscutivelmente útil, pois bem pode suceder que às partes não convenha ou que não possam preencher desde logo esses requisitos especiais. O que então há que saber é se um negócio preliminar nessas circunstâncias é válido.

Por outro lado, quando, independentemente agora destes casos, se venha porventura a reconhecer que a obrigação de declaração negocial é inútil, a questão da sua aceitabilidade põe-se em certo aspecto diversamente consoante se refira a uma obrigação *ex lege* ou a uma obrigação *ex negotio*. O problema da admissibilidade, como problema de direito positivo, é interpretativo ou integrativo. Por isso se não pode prescindir das específicas injunções da Ordem Jurídica. No entanto, no problema da obrigação de declaração

---

[56] Veja-se MONTESANO, *ob. cit.*, pp. 11 ss.
[57] *Est. cit.*, pp. 47-48.

negocial *ex lege* a contribuição da sua inutilidade para a interpretação ou integração será directa, ao passo que no da obrigação de fonte negocial terá ainda de passar pelo cadinho da posição geral do sistema perante a exigência de utilidade aos negócios privados como condição de reconhecimento.

2. Deixando agora de lado os casos em que o negócio definitivo possui requisitos especiais, nos quais, como dissemos, o negócio preliminar pode indiscutivelmente ser útil, apenas havendo que saber se, quando pode sê-lo, não tem de ser inválido, procuremos ver as razões nas quais se tem tentado basear a utilidade do negócio promessa e, portanto, da obrigação de declaração negocial.

É usual atribuir-se ao contrato promessa uma função *preparatória*, uma causa de preparação do contrato definitivo. Muitas outras vezes se lhe confere a função de *garantia*, de garantia do negócio definitivo – que, vê-se logo, não é incompatível com a primeira, antes pode bem representar uma sua especificação[58].

Com base nisso é-se facilmente levado a ver exactamente na *prepara*ção e na *garantia* a utilidade do negócio promessa e em geral da obrigação de declaração negocial. Há que reconhecer, contudo, que tanto não passa de petição de princípio. Precisamente o que se pergunta é se há alguma utilidade em preparar quando a preparação não é indispensável, uma vez que se pode imediatamente chegar ao resultado que se pretende preparar; se há alguma utilidade em garantir quando a garantia não é indispensável, quando imediatamente se pode atingir o resultado que se pretende garantir.

Para se fundamentar a utilidade desta preparação, desta garantia, encontraram-se, ao estudar o contrato-promessa, fundamentalmente duas razões[59]:

1.º – O contrato – promessa, dando sempre uma garantia ao credor (ou aos credores enquanto tais), permite pràticamente ao devedor (ou aos devedores enquanto tais) que não fiquem vinculados irremediavelmente à situação definitiva, podendo evitá-la mediante o pagamento de indemnização. O contrato-promessa teria assim utilidade quando as partes ou algumas delas não possuíssem ainda a certeza de se lhes convém o negócio definitivo.

---

[58] Vejam-se indicações em ALGUER, *est. cit.*, pp. 427 ss. *Cfr.* os autores citados na nota (24).
[59] Vejam-se, por exemplo, DEGENKOLB, *est. cit.*, pp.. 73 ss. e COVIELLO, *est. cit.*, pp. 109 ss. Cfr. VITERBO, *est. cit.*, pp. 35-36. Só se indicam razões gerais; das especiais tratar-se-á mais adiante.

2.º – Para além disto, ainda quando as partes queiram irremediavelmente vincular-se à situação definitiva, o contrato -promessa mantém-se útil. É que o mero contrato – promessa tem certos efeitos que podem ser justificavelmente queridos pelas partes – por exemplo, a não transferência imediata da propriedade, a não transferência imediata do risco. Tais efeitos, é certo, podem obter-se através de cláusulas do negócio definitivo – cláusula de reserva de propriedade, cláusula de não assumpção imediata do risco, etc. No entanto, o contrato-promessa é um meio mais simples de alcançar esses efeitos, já que evita a formulação pormenorizada de cláusulas. E não se pode esperar que as partes sejam sempre juristas ou de juristas estejam acompanhadas.

3. Outros autores não se convertem a estas razões. Para eles, o contrato – promessa e a obrigação de declaração negocial em geral são, fora dos limites já assinalados de o negócio definitivo possuir requisitos especiais (relativamente à obrigação de fonte negocial), de todo inúteis.

Quanto ao primeiro dos argumentos, o mais importante aliás, de que a obrigação de declaração negocial permite à parte não ficar irremediavelmente vinculada, afirma-se desde logo que pressupõe que não haja possibilidade de execução específica – a admitir-se a obrigação de declaração negocial – o que é discutido entre aqueles mesmos que a aceitam[60].

Acentua-se, depois, que a utilidade em que possa fundar-se o reconhecimento legal da obrigação de declaração negocial não há-de consistir em ela permitir ao devedor não se vincular irremediavelmente à situação definitiva, ao preço do valor do dano. Não pode certamente a lei reconhecer uma obrigação cuja utilidade – a utilidade relevante para o reconhecimento – consista, precisamente, em poder ser violada[61].

Se efectivamente – poderá acrescentar-se – se quiser dar valor jurídico ao interesse do sujeito em evitar a regulamentação definitiva mediante uma prestação indemnizatória, então a situação terá indiscutível interesse prático, mas não poderá configurar-se como obrigação de declaração negocial simples, antes como *obrigação alternativa* (com escolha do devedor, claro) – declarar ou

---

[60] Cfr. VITERBO, *est. cit.*. Utilizando o argumento de que a execução deveria ser específica para negar (continuar a negação) da obrigação dedeclaração negocial, por exemplo, ALGUER, *est. cit.*, pp.. 430 ss.. e FREDERICO DE CASTRO, "La promesa de contrato", separata do *Anuário de Derecho Civil*, Tomo III, fasc. IV, 1950, nas pp. 11 ss.

[61] VITERBO, *est. cit.*

efectuar a prestação do valor do dano – ou como *obrigação* de declaração nego-cial com *faculdade alternativa* – consistente na prestação do valor do dano[62].

Quanto à razão de o negócio preliminar constituir um meio mais simples de conseguir certos efeitos, pergunta-se se poderá considerar-se meio mais simples uma figura que a tantas dificuldades tem dado origem[63].

E assim se nega qualquer utilidade à obrigação de declaração negocial – tratar-se-á de uma *duplicação inútil* – [64], que apenas poderá reconhecer-se quando apareça sob a forma de obrigação alternativa ou com faculdade de alternativa.

4. Se a obrigação de declaração negocial for inútil, há-de considerar-se admissível?

A questão, como já indicámos, é de direito positivo. E por isso tanto no caso de hipotética obrigação *ex lege*, como no de hipotética obrigação de fonte negocial tem de ser colocada perante as específicas injunções do sistema jurídico. No entanto, o reconhecimento da inutilidade da figura há-de levar, pelo menos, a uma atitude adversa à sua aceitação na actividade interpretativa ou integrativa.

No domínio dos preceitos que pareçam impor uma obrigação de declaração negocial *ex lege*, há que ter sempre em conta que não se torna natural que a lei vá recorrer a uma forma jurídica que representa inútil duplicação[65].

No problema de saber se aos particulares é possível a constituição de obrigações de declaração negocial, há que considerar que não é justificado que a lei reconheça todos os caprichos das partes. Isso manifesta-se na consideração hoje tão generalizada de que os negócios para serem válidos necessitam de uma causa útil e não apenas lícita[66]. E de todo inútil seria, segundo certa opinião, a causa do negócio constitutivo de crédito a negócio.

---

[62] Não é nesse sentido que normalmente se coloca a questão. Afirma-se antes que se deveria acrescentar uma cláusula penal ao negócio definitivo (por exemplo, VITERBO, *est. cit.*, pp. 37-38; ALGUER, *est. cit.*, p. 14). No entanto, parece-nos que o modo correcto de pôr o problema é este – veja-se *infra*, nº 19.

[63] ALGUER, *est. cit.*, p. 13.

[64] Para o aspecto histórico da crítica do *circuitus inutilis*, veja-se, brevemente FREDERICO DE CASTRO, *est. cit.*, p. 11, que atribui a primazia provável ao canonista JUAN ANDRÉS.

[65] ALGUER afirma que poderá dizer-se que se trata de uma ficção do legislador – *est. cit.*, p. 430.

[66] Cfr. VITERBO, *est. cit.*, pp. 48-49. SCHLOSSMANN refere que os tribunais não poderão ser incomodados duas vezes quando é possível resolver a discórdia de uma só – citado em ALGUER, *est. cit.*, pp. 419-420.

ADMISSIBILIDADE E FUNDAMENTO DA OBRIGAÇÃO DE DECLARAÇÃO NEGOCIAL

Aliás, salienta-se, basta, para o confirmar, que se atente no resultado insustentável do ponto de vista prático a que neste domínio conduziria o reconhecimento de plena liberdade dos particulares, dentro dos limites apenas da licitude. Nada impediria, assim, uma cadeia infinita de negócios preliminares: as partes poderiam bem por um negócio-promessa obrigar-se à celebração de outro em que se obrigariam a praticar outro e assim sucessivamente até o momento em que o seu arbítrio decidisse que determinado negócio preliminar era o último da série, mais ou menos longa consoante a paciência e a imaginação, vinculando-se só então à celebração do negócio definitivo[67].

5. Até certo ponto, diverso é, como assinalámos, o problema nos casos em que o negócio definitivo em questão possua requisitos especiais.

É o que se passa, desde logo, nos *negócios formais*. Funcione a forma como requisito *ad substantiam* ou *ad probationem*[68], os efeitos próprios desse negócio não podem produzir-se ou não podem ser atendidos se a declaração negocial não surgir na forma exigida. A forma aparece como requisito dos efeitos ou da possibilidade legal de prova e tem de ser contemporânea da declaração, tem de ser autêntica forma da declaração. Por isso, as partes não podem celebrar já o negócio definitivo obrigando-se apenas a, posteriormente, criar a forma.

É o que se pode ainda passar nos *negócios reais*. Discute-se se nestes a entrega é requisito de validade ou de mera qualidade, isto é, se é nulo o negócio em que a parte apenas se obriga a entregar, ou antes se tal negócio é válido, funcionando a participação da entrega na formação do negócio apenas como requisito de que os efeitos apareçam como os descreve o tipo legal – essencialmente, no aspecto da ausência de obrigação de entrega, e, porventura, no da produção imediata, e não apenas depois da entrega, de certos efeitos (nomeadamente, a constituição do dever de restituição)[69].

---

[67] Veja-se VITERBO, *est. cit.*

[68] Põe reservas à relevância prática da distinção no nosso Direito o Prof. GALVÃO TELLES, *Dos Contratos... cit.*, pp. 131 ss. Mas continua a haver pelo menos uma diferença teórica, aquela que medeia entre invalidade e inatendibilidade. Sobre a inatendibilidade vejam-se Prof. GOMES DA SILVA, "O Direito de Família no futuro Código Civil", 2ª parte, t. I, separata do *Bol. Min. Just.*, nº 88, 1959, pp. 9 ss. e Doutor PESSOA JORGE, *ob. cit.*, p. 212, nota (93), e pp. 217-218, nota (99). Cfr. o art. 3º do Cód. de Registo Civil.

[69] Cfr. L. COVIELLO, *est. cit.*, pp. 102 ss., ALGUER, *est. cit.*, 1936, pp. 1 ss., ASCENÇÃO BARBOSA, *ob. cit.*, pp. 199 ss.

OBRIGAÇÃO DE EMITIR DECLARAÇÃO NEGOCIAL

Ora, desde que se entenda que a entrega é requisito de validade – e parece sê-lo, no nosso direito, pelo menos nos casos de reporte (art. 477º, § ún., do Cód. Com.) e de doação de mobiliários, aqui em alternativa com a forma escrita (art. 1.458º do Cód. Civ.)[70] – aí estaremos perante um caso de negócio definitivo com requisitos especiais no sentido, que nos interessa, de um caso em que só pela via da obrigação de declaração negocial se poderá garantir a realização da finalidade prática a que o negócio real satisfaz, sem imediata entrega da coisa.

Nestas hipóteses – as mais estudadas – como em todas as outras em que as coisas se passem de modo semelhante, quaisquer que sejam os requisitos em questão, o problema do negócio preliminar aparece da mesma maneira: *é indiscutivelmente útil se puder ser validamente praticado sem os requisitos específicos do definitivo*. O que importa é saber se pode ou não sê-lo.

Dizem uns que, uma vez que o negócio preliminar não produz os efeitos do definitivo – é um negócio autónomo –, que tão só cria uma obrigação de praticar aquele, necessário se tornando deste modo uma nova declaração de vontade do devedor, onde, então sim, se terão de verificar os requisitos exigidos pela lei, nenhuma razão há para aplicar ao negócio – promessa as regras do negócio definitivo que não sejam as gerais[71]. Isto vale acrescidamente para as Ordens Jurídicas que possuam preceitos idênticos ao nosso art. 11º do Cód. Civ. – os requisitos específicos do negócio definitivo provêm de regras excepcionais que se não podem aplicar por analogia[72].

---

[70] Já a respeito dos outros casos indicados por ASCENÇÃO BARBOSA (p. 120) – depósito, mútuo, comodato e penhor – temos sérias dúvidas sobre que a entrega constitua requisito de validade, mesmo no que se refere ao último. É evidente que o contrato de penhor, em princípio, só dá origem a direito real de garantia sendo entregue a coisa. No entanto, o problema que aqui está em jogo é diferente. Se se celebrar um contrato em que as partes declarem a sua vontade de constituir penhor, obrigando-se uma a entregar a coisa, é indiscutível que não nasce para o credor o direito de garantia; mas o que há que saber é se, cumprindo a parte a sua obrigação e entregando a coisa – mera entrega e não contrato de penhor –, o direito de garantia surge ou não por força do prévio acordo. Se surgir, a entrega não é requisito de validade; se não surgir, é-o. Ora, o que não temos por certo é que num caso destes não se constitua o direito de garantia. E nesse sentido parece mesmo militar a letra do art. 858º do Código Civil. Cfr., quanto à hipótese inversa de a entrega preceder a declaração de vontade, Doutor PESSOA JORGE, *ob. cit.*, p. 166, nota (18).

[71] Vejam-se DEGENKOLB, *est. cit.*, pp. 34 ss.; L. COVIELLO, *est. cit.*, pp. 92 ss.; ASCENÇÃO BARBOSA, *ob. cit.*, pp. 30 ss. e 48 ss.

[72] Cfr. ASCENSÃO BARBOSA, *lug. cit.*

Responde-se logo, no entanto, que permitir-se um negócio – promessa sem todos os requisitos do definitivo significaria autorizar uma *fraude à lei*. Se é verdade que o negócio preliminar não teria ainda os efeitos do definitivo, se haveria que surgir, para que eles se produzissem, uma nova declaração de vontade do devedor, o certo é que a obrigação representaria sem dúvida uma "coacção" sobre o devedor no sentido do cumprimento, até pelas sanções a que ficaria sujeito. Os requisitos verificar-se-iam na nova declaração de vontade, mas não em uma declaração de vontade livre. Acrescenta-se que a posição contrária parte do pressuposto, que não é líquido, de que, quando porventura fosse admissível a obrigação de declaração negocial, a execução não haveria de ser específica – e, se houvesse de sê-lo, poderia então nem sequer ter lugar uma nova declaração de vontade do devedor[73].

Convém assinalar, finalmente, que a rejeição da possibilidade dum negócio preliminar que não possua os requisitos especiais do definitivo vale tanto para o que criaria uma obrigação de declaração negocial simples, como para aquele que pretendesse constituir uma obrigação alternativa, em que um dos termos consistisse numa prestação negocial, ou uma obrigação de declaração negocial com faculdade alternativa. Num e noutro caso, ainda que no primeiro a escolha pertencesse ao devedor, a sua vontade seria "coagida" pela existência da obrigação, coagida ou pela necessidade de efectuar a outra prestação para não ter de emitir a declaração negocial ou pela de, não cumprindo, ficar sujeito a execução, seja específica ou indirecta. Por outro lado, se a execução da obrigação de declaração negocial houvesse de ser específica, sempre poderia vir a suceder que os efeitos se produzissem sem nova declaração de vontade do devedor. Na obrigação com faculdade alternativa bastaria o não cumprimento conjugado com o não exercício da faculdade. Na obrigação alternativa poderia o devedor escolher que a execução se referisse ao negócio – e não seriam para essa declaração necessários os requisitos especiais do negócio definitivo – ou poderia a escolha deferir-se ao credor, nos termos do art. 803º do Cód. de Proc. Civ..

Desde que se entenda que o negócio preliminar para ser válido teria de possuir os requisitos do definitivo, então nenhuma utilidade especial possuirá no caso de negócio definitivo com requisitos especiais e a questão da

---

[73] Cfr. VITERBO, *est. cit.*, pp. 50 ss., ALGUER, *est. cit.*, 1936, pp. 1 ss.

OBRIGAÇÃO DE EMITIR DECLARAÇÃO NEGOCIAL

sua admissibilidade em razão do problema da utilidade haverá de ser resolvida nos termos gerais indicados.

6. Importa agora ver quais serão as consequências de uma atitude negativista quanto à obrigação de declaração negocial com fundamento na sua inutilidade, até para que por elas a rejeição da admissibilidade da obrigação de declaração negocial possa ser avaliada. Começaremos pelas hipotéticas obrigações de fonte negocial.

Se o negócio preliminar não possuir os requisitos do definitivo e estes lhe forem exigíveis a consequência será, como vimos, a da *invalidade*.

Para além deste caso especial, no entanto, quando o preliminar possua em geral os requisitos de validade necessários, a questão que a sua inutilidade coloca pode ser resolvida em duas sedes.

A primeira será a da *validade*. Os negócios terão de possuir causa útil. Se o negocio preliminar é inútil, não preenche esse requisito e é portanto nulo[74].

A segunda será a *interpretação*. Esta não haverá de manter-se na aparência do sentido da declaração, haverá de ir buscar o verdadeiro intento prático das partes. A definição dos efeitos jurídicos que correspondem ao intento prático é feita pela lei[75].

Nesta segunda hipótese, dois grandes caminhos se colocam:

1.º – Reconhece-se que as partes não queriam a irremediável vinculação aos efeitos do negócio definitivo.

Então, a solução será a de reconduzir a pretensa obrigação de declaração negocial a uma obrigação alternativa ou com faculdade alternativa – obrigação que será de uma só ou das duas (ou mais) partes consoante as circunstâncias[76].

2.º – Chega-se à conclusão que as partes queriam a irremediável vinculação aos efeitos definitivos. Nesse caso, o negócio preliminar reconduzir-se-á

[74] Apenas VITERBO, que saibamos, faz referência a este problema da invalidade do negócio--promessa por inutilidade da causa – *est. cit.*, p. 49.
[75] O próprio VITERBO segue esta orientação (*est. cit.*) e parece que, em princípio, será correcta. Na verdade, desde que se entenda que não tem qualquer utilidade prática a tutela de um interesse na produção de efeitos, o intento prático das partes, que parece dever prevalecer, haverá que referir-se à situação definitiva, a não ser que se encontre excluída uma vontade vinculativa (cfr. supra, Secção I, § 1º, nº 6). Isto independentemente da técnica da conversão, que não se vê aqui utilizável (a promessa *é* um *minus*).
[76] A orientação normalmente seguida é a de reconduzir ao contrato definitivo com cláusula penal, mas cremos que sem razão – veja-se, *supra*, nota (62).

a um verdadeiro negócio definitivo.Esse negócio definitivo poderá apresentar modelações particulares segundo as circunstâncias.Assim, desde logo, os efeitos serão ou não a termo consoante as partes tivessem configurado uma obrigação de declaração negocial a termo ou pura.

Se, por outro lado, as partes tinham declarado obrigar-se à celebração de um negócio definitivo numa dada forma (que não seja, claro, requisito de validade), surge também uma obrigação de criar a forma, podendo essa criação aparecer, ou não, segundo as circunstâncias, como *conditio facti*[77].

Finalmente, se as partes, apesar de terem querido uma vinculação irremediável, estabelecerem uma cláusula penal, essa cláusula referir-se-á ao incumprimento das obrigações geradas pelo «negócio definitivo»[78].

Doutro ponto de vista, mais importante, convém distinguir consoante na obrigação de declaração negocial ficassem vinculadas todas as partes do negócio definitivo ou não. Neste segundo caso, a recondução ao negócio principal haveria de fazer-se por via de negócio sujeito a condição potestativa suspensiva, segundo uns, de negócio sob opção, segundo outros.

No campo das hipotéticas obrigações de declaração negocial *ex lege* não haverá, é evidente, porque não existe negócio, razão para qualquer problema de validade. As soluções serão da recondução a uma obrigação alternativa ou com faculdade alternativa ou à produção dos efeitos definitivos, num e noutro caso com as específicas modelações que as circunstâncias impusessem. Nomeadamente, quando não houvessem de ficar vinculadas todas as partes do «negócio definitivo» e se reconduzisse a "pretensa" obrigação de declaração negocial à produção dos efeitos finais, estes efeitos ficariam dependentes da vontade de um ou mais sujeitos, não importando por agora averiguar como isso tecnicamente se configuraria.

7. Procurámos já determinar de um modo provisório a posição da nossa lei quanto à obrigação de declaração negocial e chegámos à conclusão, também provisória, de que o Direito positivo aceitava a figura. Há agora, antes de uma apreciação das razões em favor ou contra a utilidade da obrigação de declaração negocial, que reexaminar a nossa lei para averiguar se, em face das consequências que resultariam da pretendida negação da aceitabilidade do crédito

---

[77] Cfr. MONTESANO, *ob. cit.*, pp. 71 ss.
[78] Vejam-se VITERBO, *est. cit.*, *passim*, ALGUER, *est. cit.*, 1936, p. 14.

OBRIGAÇÃO DE EMITIR DECLARAÇÃO NEGOCIAL

a negócio com fundamento na sua inutilidade, se confirma ou não a provisória interpretação apresentada.

Os arts. 1 548º a 1 568º, nº 4º, uma coisa seguramente não fazem: negar validade à promessa de venda (por causa inútil). E nem vale a pena aduzir argumentos, tão evidente isso é. Consequentemente, se estiverem a negar ou pressupuserem a negação da aceitabilidade da obrigação de declaração negocial, haverão de tratar a promessa de venda ou já como fonte imediata dos efeitos definitivos, como venda, ou como fonte de uma obrigação alternativa ou como faculdade alternativa.

8. Comecemos por ver se a promessa de venda pode ser, a partir do disposto nos preceitos em causa, configurada já como negócio definitivo.

O argumento positivo que neste sentido poderia ver-se derivaria dos termos da parte final do § ún. do art. 1 548º: *"Tratando-se de bens imobiliários,... e, sendo feito sem outorga da mulher do promitente vendedor, este responde por perdas e danos para com o promitente comprador»*.

Ora, dir-se-á, se o art. 1 548º visasse uma verdadeira e própria promessa de venda, no sentido de fundamentar uma obrigação de declaração negocial, o promitente vendedor, na falta de outorga da mulher, não seria por esse simples facto responsável por perdas e danos, mas tão só no caso de a mulher, ainda, não vir a conceder a outorga à venda – o que parece mostrar que se prevê antes uma situação de autentica venda consignando-se a responsabilidade do vendedor pela sua invalidade.

Este argumento não é, no entanto, decisivo. A letra da parte final do § ún. do art. 1 548º, embora não aparecendo com total clareza, aceita sem dificuldade uma interpretação que entenda que o promitente vendedor, na falta de outorga da mulher na promessa, só é responsável se a mulher não vier a outorgar na venda definitiva[79].

Aliás, mantendo-nos só dentro do aspecto literal, nem sequer a interpretação segundo a qual se visaria uma venda definitiva concederia perfeição ao texto da lei. Independentemente da possibilidade de convalidação, que não parece importante neste sentido, o certo é que não se pode considerar necessariamente inválido e, menos ainda, necessariamente nulo o contrato de compra e venda de imobiliários por falta de outorga da mulher. Nos termos

---

[79] Veja-se, por exemplo, CUNHA GONÇALVES, *ob. cit.*, vol. VIII, p. 383.

do art. 1 191º, § 2º, as alienações de bens imobiliários próprios do marido sem outorga da mulher só são inválidas se o marido se encontrar constituído em responsabilidade para com ela ou para com os seus herdeiros e não tiver outros bens pelos quais responda. E desse § 2º, bem como do § 3º, parece resultar que o vício que a alienação de imobiliários próprios do marido ou comuns sem autorização pode gerar fundamenta mera anulabilidade[80].

Por outro lado, compreende-se com facilidade, que, no caso de a lei estar a prever uma hipótese de autêntica promessa de venda, faça referência à outorga da promessa e não à venda definitiva. Isto porque, se faltar a outorga da mulher no contrato definitivo, mas não na promessa, o regime não é da responsabilidade do marido, mas o da responsabilidade de ambos ou, porventura mesmo em certos casos, só da mulher (arts. 1 113º e 1 129º). É verdade que seria também necessária a falta de outorga no negócio definitivo: mas isso podia bem a lei tê-lo pressuposto como resultante do contrato.

E, se esta interpretação da parte final do § ún. do art. 1.548º é aceitável pela letra da lei, é, doutro lado, imposta por várias considerações, umas directamente referentes à questão da outorga da mulher na promessa de venda de imobiliários, outras respeitantes já a aspectos diferentes e que tornam insustentável a posição que entenda que o art. 1 548º prevê verdadeiras hipóteses de venda.

Temos, logo, que, a interpretarmos o final do § ún. do art. 1.548º como referido a uma verdadeira venda, seríamos obrigados a admitir o absurdo de um preceito dessa natureza aparecer numa disposição que se refere à «promessa de venda» (entenda-se esta como se entender). O seu lugar compreensivelmente só poderia encontrar-se ou nas disposições sobre o regime patrimonial do casamento ou, sim, nas disposições sobre a venda (por ser o contrato de alienação por excelência), mas então nunca no art. 1 548º. Acresce que, além de isso em nada se adequar às restantes questões que nele se colocam, existe na secção seguinte (Secção II – «Do objecto da compra e venda») um preceito sobre venda de coisa alheia cuja previsão ou intersectaria (no que respeita aos bens próprios da mulher) a que seria a do § ún. do art. 1 548º ou, quando não intersectasse, estaria dela muito próxima. Uma disposição como a que seria,

---

[80] Vide Profs. PIRES DE LIMA e BRAGA DA CRUZ, *Direitos de Família*, 3ª ed., vol. II, 1953, pp. 24-25.

OBRIGAÇÃO DE EMITIR DECLARAÇÃO NEGOCIAL

nessa interpretação, a da parte final do § ún. do art. 1 548º só teria, dentro da venda, um lugar aceitável no art. 1 555º ou ao seu pé.

Além disso, vendo agora as coisas numa perspectiva histórica, o preceito em causa quanto à responsabilidade por falta de outorga da mulher parece ter surgido na reforma de 1930 para pôr termo a uma corrente jurisprudencial que considerava nula a promessa de venda sem outorga daquela[81]. Se essa foi a finalidade da disposição, a responsabilidade do promitente vendedor que refere nunca poderá ter sido querida como responsabilidade pela invalidade da promessa, mas tão só como responsabilidade pela falta de outorga da mulher no negócio definitivo. Aliás, sem que isso tivesse sido compreendido, a única razão que poderia fundamentar aquela corrente jurisprudencial, que se quis repudiar, estava no entendimento da promessa de venda como venda.

Por outro lado, a interpretação referida da parte final do § ún. do art. 1 548º, como, em geral, a consideração de que a lei configuraria a promessa nos termos do próprio contrato definitivo, encontrariam na nossa lei obstáculos insuperáveis.

Ainda se poderia, muito forçadamente, tentar reconduzir a compensação por perdas de danos da segunda parte do corpo do art. 1 548º a uma hipótese de cláusula penal referida às obrigações derivadas do contrato definitivo e a responsabilidade prevista no nº 4º do art. 1 568º a uma hipótese de venda com reserva de propriedade (veja-se, no entanto, o paralelo com o não cumprimento da obrigação de dar preferência), apesar de tudo militar em sentido contrário.

Ficaria, contudo, sempre sem explicação a fórmula do início do art. 1 548º que declara a promessa de compra e venda uma convenção de *prestação de facto* – tanto mais que os «termos gerais dos contratos», a que se reporta a disposição, distinguem claramente a «prestação de factos», da «prestação de coisas» (arts. 710º ss.).

Acresce que a comparação com o art. 1 589º do *Code Civil* mostra bem que com a afirmação de que a promessa de venda é uma convenção de prestação de facto se procurou expressamente negar a recondução da promessa ao negócio definitivo.

---

[81] Vide CUNHA GONÇALVES, *ob.* e *vol. cit.*, pp. 382-383; PINTO LOUREIRO, *est. cit.*, p. 131.

ADMISSIBILIDADE E FUNDAMENTO DA OBRIGAÇÃO DE DECLARAÇÃO NEGOCIAL

Se tudo isto ainda não bastasse, encontraríamos na primeira parte do § ún. do art. 1 548º o argumento decisivo no sentido de que a promessa se não confunde com o contrato definitivo.

"Tratando-se de bens imobiliários, o contrato deve ser reduzido a escrito, ...", diz a lei. Ora, nos termos do art. 88º, al. a) do Cód. do Notariado, o contrato de compra e venda de imóveis tem de ser celebrado por escritura pública, sob pena de nulidade.

Estamos exactamente perante uma daquelas hipóteses em que o negócio definitivo tem requisitos especiais. Nesses casos, a obrigação de declaração negocial será indiscutivelmente útil, apenas havendo que saber se, para sê-lo, não terá de considerar-se inválido o negócio que a gera. Ora, a nossa lei, no § ún. do art. 1 548º, vem-nos dizer que, ao menos no que se refere à promessa de venda, a falta do requisito específico de forma do negócio definitivo não gera a nulidade do preliminar. Embora este tenha que ser celebrado por *forma escrita*, não tem de sê-lo em *escritura pública*.

Nestas circunstâncias, seria, primeiro, absurda a consideração da promessa de venda como venda, uma vez que a promessa de venda como tal possui então indiscutível utilidade; depois, seria mesmo *impossível*. Se o contrato de venda de imobiliários tem de ser celebrado por escritura pública, a recondução da promessa de venda à venda exigiria que ela tivesse de ser celebrada por escritura – e isso a lei nega-o.

E não se pode dizer de modo algum que a promessa de venda seja verdadeira promessa quando se refira a bens imobiliários e não o seja quando se refira a mobiliários. O art. 1 548º considera a promessa de venda em geral, tanto de mobiliários, como de imobiliários, "convenção de prestação de facto". O § ún. vem mostrar que, se dúvidas pudesse haver, o carácter de convenção de prestação de facto nega o de verdadeira venda.

E, assim sendo na promessa recíproca de venda, não pode ser de outra maneira em relação a todos os outros negócios configuráveis como preliminares. Nenhuma razão se vê para que diverso seja o tratamento[82].

Se a promessa de negócio se apresenta na nossa lei como "convenção de prestação de facto", se portanto gera uma obrigação de celebrar o negócio

---

[82] No sentido da interpretação que se fez é toda a doutrina portuguesa, embora não se detenha muito sobre a questão – veja-se *supra*, nota (35).

OBRIGAÇÃO DE EMITIR DECLARAÇÃO NEGOCIAL

definitivo, fica ainda de pé a questão de saber se a lei vê essa obrigação como simples ou antes como obrigação alternativa ou como faculdade alternativa.

9. Retomemos as disposições da nossa lei e comecemos pela análise da recondução da obrigação de declaração negocial a uma obrigação alternativa, com escolha do devedor, em que o objecto da prestação em alternativa consiste no valor do dano que a não realização da prestação negocial pode envolver.

Embora a lei não seja aqui tão nítida como na recondução ao negócio definitivo, não se afigura, em face dos seus termos, possível a configuração da obrigação de declaração negocial como obrigação alternativa.

Temos, desde logo, a razão de que, no caso de promessa de venda de imobiliários feita sem ser por escritura pública, hipótese prevista no § ún. do art. 1 548º, não há qualquer justificação para a recondução da obrigação de declaração negocial a uma obrigação alternativa, porquanto a obrigação de declaração negocial simples é aí indiscutivelmente útil. Ora, o art. 1 548º refere no seu corpo globalmente a promessa de venda, seja de mobiliários, seja de imobiliários. E não é natural que num caso queira concebê-la como obrigação alternativa, noutro não.

Além disso, não há nos termos tanto do art. 1 548º, como nos do art. 1 568º, nº 4, a mínima indicação no sentido de uma obrigação alternativa. E tendo esta consequências graves mesmo para o devedor – ficar obrigado à prestação alternativa (valor do dano) no caso de a prestação negocial se tornar impossível por caso fortuito – não parece que se possa aceitar sem uma qualquer indicação da lei, por pequena que seja.

Também a configuração da prestação do valor do dano como *"compensação de perdas e danos"* (segunda parte do corpo do art. 1 548º) ou como indemnização por perdas e danos *"no caso de não cumprir a obrigação, que tenha tomado, de vender..."* (art. 1 568º, nº 4) e ainda, nesta última disposição, a equiparação do incumprimento da obrigação de vender ao da de dar preferência militam no mesmo sentido.

Finalmente, o art. 1 548º declara a promessa de venda, seja de imobiliários, seja de mobiliários, *"convenção de prestação de facto, que será regulada nos termos gerais dos contratos"*. E o Código, nas disposições gerais sobre estes, distingue claramente, no Capítulo IX do Título I do Livro II da Parte I (Dos efeitos e cumprimento dos contratos), aquilo a que chama "prestação de factos" (Secção II) do que chama "prestação com alternativa" (Secção IV). Por isso, a

ADMISSIBILIDADE E FUNDAMENTO DA OBRIGAÇÃO DE DECLARAÇÃO NEGOCIAL

remissão para as convenções de "prestação de factos" não pode conceber-se como remissão para as convenções de "prestação com alternativa"[83].

10. Já no que respeita à configuração da obrigação de declaração negocial como obrigação com faculdade alternativa, se a nossa lei é ainda bastante desfavorável, não se pode dizer que de todo a precluda e que não seja lícito vir-se a aceitá-la se razões muito sérias surgirem em seu favor.

Desaparecem logo até certo ponto os argumentos que contra a configuração como obrigação alternativa se podiam retirar do final do corpo do art. 1 548º e do nº 4º do art. 1 568º. Se o devedor não cumprir a obrigação de declaração negocial o único modo por que o credor pode exigir o valor do dano é o de indemnização por incumprimento.

Apenas fica a razão que se pode tirar da parificação, no nº 4º do art. 1.568º, entre incumprimento da obrigação de declaração negocial e incumprimento da obrigação de dar preferência, que não é necessariamente uma obrigação com faculdade alternativa. Mas já se vê que isso não tem aqui o mesmo valor que tinha a respeito da obrigação alternativa, onde as duas prestações se apresentam lado a lado.

Além disso, a obrigação com faculdade alternativa é uma verdadeira obrigação de «prestação de facto» e não de «prestação em alternativa» no sentido que à distinção dá o nosso Código. Por isso, o argumento muito importante que contra a configuração da obrigação de declaração negocial como obrigação alternativa resultava do início do art. 1 548º não vale aqui.

Permanece, é verdade, a circunstância de que não é de modo algum aceitável a configuração sistemática como obrigação facultativa do crédito que resulta da promessa de venda de imobiliários feita sem escritura[84] e de que,

---

[83] No mesmo sentido veja-se entre nós ASCENÇÃO BARBOSA, *ob. cit.*, pp. 168 ss., embora não estude o problema directamente à face dos preceitos, pela própria clareza destes.

[84] Não é de modo algum aceitável do ponto de vista da utilidade. Pode, no entanto, pôr-se a questão doutro modo e perguntar se o facto de a lei não exigir a forma do negócio definitivo não resulta precisamente de a obrigação ser facultativa, de o devedor se não encontrar irremediavelmente vinculado a celebração do contrato definitivo. Não nos é possível tomar a fundo a questão, uma vez que ela põe em jogo toda a temática dos requisitos da promessa. No entanto, afigura-se-nos que não é a circunstância de a obrigação ser facultativa que poderá justificar que se prescinda da forma do negócio definitivo. Em primeiro lugar, a obrigação, mesmo facultativa, não deixa de representar uma "coacção" sobre o devedor no sentido do cumprimento; em segundo lugar, na obrigação facultativa o que é devido é a declaração negocial. E nem se pode dizer, num regime de execução específica, que o carácter facultativo

OBRIGAÇÃO DE EMITIR DECLARAÇÃO NEGOCIAL

portanto, uma vez que o corpo do art. 1 548º refere unitariamente a promessa de venda, seja de imobiliários, seja de mobiliários, não é natural que a obrigação haja de entender-se de modo diferente num caso e noutro. E resta ainda o facto de que, sendo a obrigação facultativa uma situação anómala, não se mostrar facilmente justificado admitir que a lei a ela se refere sem que a mesma lei conceda ao menos um indício mínimo nesse sentido. Se, porém, estas razões não são de modo algum despiciendas, particularmente a primeira, também é verdade que, apesar de tudo, não se apresentam aqui tão graves como perante a recondução a uma obrigação alternativa, já que a obrigação facultativa sempre está mais próxima da obrigação de declaração negocial simples do que a obrigação alternativa.

11. Parece assim poder concluir-se da análise dos termos da nossa lei:

1. – Quando a promessa não possua os requisitos do negócio definitivo, a lei aceita-a como fonte de obrigação de declaração negocial, e de obrigação de declaração negocial simples.

2. – Fora desses limites:

a) – está de forma absoluta precludida a hipótese de a promessa significar na lei o negócio definitivo;

b) – está também indubitavelmente impedida, embora aqui porventura os termos da lei se não apresentem de modo tão evidentemente decisivo como ali, a interpretação segundo a qual a promessa deva entender-se na lei necessariamente como negócio fonte de obrigação alternativa;

c) – os termos da lei são bastante desfavoráveis à interpretação segundo a qual a promessa significa necessariamente negócio fonte de obrigação facultativa, mas não está totalmente excluída a sua possibilidade, desde que em seu favor militem razões muito sérias.

---

da obrigação a evite: ou se entende que, não possuindo o preliminar a forma do definitivo, não pode nesse caso utilizar-se a execução específica (veja-se sobre o problema Prof. VAZ SERRA, "Contrato-promessa" *cit.*, pp. 44 ss.) e então ela não se aplica mesmo à obrigação simples, ou se entende que, apesar disso, pode utilizar-se e então aplica-se mesmo à obrigação facultativa (*vide, infra*, no texto, nº 19 deste parágrafo). De qualquer maneira, mesmo que se entendesse que quando a promessa não possui os requisitos do negócio definitivo só pode gerar obrigação facultativa, a obrigação de declaração negocial simples não deixaria de se justificar fora desses casos, de acordo com o que se dirá mais tarde no texto.

ADMISSIBILIDADE E FUNDAMENTO DA OBRIGAÇÃO DE DECLARAÇÃO NEGOCIAL

12. Impõe-se agora passar a averiguar se a obrigação de declaração negocial, e porventura em que condições, tem verdadeira utilidade. Isso pode ser, em certa medida, a base da solução do problema de saber se a nossa lei a configura, quando de origem negocial e fora dos casos de negócio definitivo com requisitos especiais, como obrigação simples ou antes necessariamente como obrigação com faculdade alternativa; tem ainda manifesta importância na actividade interpretativa que se queira desenvolver no domínio das hipotéticas obrigações *ex lege* e, finalmente, é indispensável dentro da problemática do fundamento da obrigação de declaração negocial, venha ou não a ser aceite como obrigação simples.

13. Quando o negócio definitivo possua requisitos especiais, o preliminar é indiscutivelmente útil desde que possa ser validamente praticado sem esses requisitos. A questão está, como vimos, em saber se o pode ou não. Assinalámos ainda que se desenhavam na doutrina duas orientações fundamentais; uma que afirmava a autonomia dos requisitos do negócio-promessa, outra que a negava. Dentro da primeira o preliminar, sendo naquelas condições válido, era nesses limites, sem margem para hesitações, útil; dentro da segunda, não podendo ser válido, não era também útil ou, pelo menos, especialmente útil.

A análise do art. 1 548º, § ún., permitiu-nos ver que, quanto mais não seja no aspecto da forma da promessa de venda de imobiliários, havia autonomia, ainda que relativa, do negócio preliminar. Consequentemente, nesse caso pelo menos a promessa é útil.

Para além dessa hipótese, determinar em que medida o negócio preliminar é autónomo no plano dos seus requisitos levar-nos-ia a ter de entrar em toda a problemática do negócio – promessa que, embora fazendo em dúvida parte da doutrina geral da obrigação de declaração negocial, excede os limites que, até por necessidade de tempo, impusemos a este estudo. Diremos apenas que se nos afigura um pouco precipitada a solução por via de regra seguida entre nós de radicalmente afirmar a autonomia dos requisitos do negócio preliminar[85]. Afirma-se que a promessa não produz os efeitos do negócio definitivo e é verdade. Afirma-se demais que o devedor terá ainda que manifestar a sua

---

[85] Cfr., em particular, Prof. GALVÃO TELLES, *Dos Contratos .... cit.*, pp. 187-188, ASCENÇÃO BARBOSA, *ob. cit.*, pp. 30 ss. e 48 ss. e *Revista de Legislação e Jurisprudência*, anos 54º, 62º, e 66º, pp. 260, 202 e 380 respectivamente. Cfr. nota 71.

OBRIGAÇÃO DE EMITIR DECLARAÇÃO NEGOCIAL

vontade do negócio definitivo e, em princípio, é também verdade. Do mesmo modo, contudo, não deixa de ser verdade que, se a promessa não produz os efeitos definitivos, é um princípio desses efeitos, um princípio de protecção e sacrifício dos interesses finais. E não deixa, também, de ser verdade que a vontade que se há-de manifestar não é uma vontade juridicamente livre, nem sequer de facto plenamente livre pelas sanções a que a omissão leva.

Observa-se ainda que os chamados requisitos específicos resultam de normas excepcionais que por força do art. 11º não se podem aplicar analogicamente. Para além, no entanto, da questão de saber onde acabam as normas especiais e onde começam as excepcionais, que não é sem dúvida fácil de resolver, e de saber em geral o que significa o art. 11º, o que também não é fácil, sempre fica o problema de determinar até que ponto a aplicação à promessa das normas excepcionais relativas ao negócio definitivo é aplicação analógica ou interpretação extensiva. E não podemos deixar de chamar a atenção para um ponto. Veremos mais tarde que a protecção de um interesse na produção dos efeitos pode operar-se tanto pela constituição de uma obrigação de declaração negocial como pela de um poder de produzir efeitos de direito, através do qual o sujeito beneficiado pode obter por si só (ou, ao menos, independentemente do concurso do outro sujeito) o desencadear dos efeitos definitivos. Estaremos neste caso, como no de negócio – promessa, perante um negócio preliminar, em que os efeitos definitivos se não produzem por força dele: apenas se cria um poder de gerar esses efeitos, como na promessa se cria um dever de o devedor exercer o seu poder de produzi-los. E nem sequer, veremos, pode conceber-se a constituição desse poder como já uma parte do negócio definitivo. Ora, ninguém de «bom senso» duvidará de que aí serão necessários os requisitos especiais do definitivo, até porque a parte sacrificada não terá de voltar a manifestar a sua vontade. O contrário seria aqui, pelo menos, autorizar uma descaradíssima fraude à lei. Ninguém duvidará, em última análise, de que, para que os requisitos do negócio definitivo se apliquem a esse tipo de negócio preliminar, é suficiente a interpretação extensiva. Mas se o é aí, porque não há-de sê-lo no caso do negócio-promessa, se razões para a aplicação houver, que como aquele é um negócio preliminar?

Alega-se por fim que o § ún. do art. 1 548.º vem confirmar a orientação da autonomia do negócio-promessa.

Isso, porém, não é, em dois aspectos, a verdade plena. Em primeiro lugar, o § ún. do art. 1 548º refere-se a uma hipótese em que o requisito especial é

ADMISSIBILIDADE E FUNDAMENTO DA OBRIGAÇÃO DE DECLARAÇÃO NEGOCIAL

de forma. E não está demonstrada a insustentabilidade de uma opinião que exija na promessa certos requisitos especiais do negócio definitivo, mas não exija outros. Depois, mesmo nos limites da forma, se o § ún. do art. 1 548º autonomiza a promessa, autonomiza-a só relativamente. A consequência lógica da orientação em apreço seria a da plena liberdade de forma da promessa. No entanto, o § ún. do art. 1 548º requer para a promessa de venda de imobiliários a forma escrita. O que quer dizer que, se a lei não estabelece aqui a identidade do regime da forma, não deixa de reconhecer algum reflexo das exigências de forma no negócio definitivo sobre a promessa.

Não quer tudo isto também significar, é evidente, que aceitemos a aplicação sem mais do regime dos requisitos do negócio definitivo à promessa. Apenas cremos que a questão mereceria um estudo cuidadoso, em que se averiguasse nomeadamente o significado e a razão de ser de cada um dos requisitos específicos em jogo. E muito possivelmente os resultados viriam a ser os de admitir parcialmente e parcialmente negar a aplicação dos requisitos particulares à promessa[86].

Nos limites em que depois se viesse a reconhecer a autonomia de requisitos do negócio-promessa, nesses limites não poderia duvidar-se da utilidade da obrigação de declaração negocial.

14. Fora destas hipóteses, cremos ainda que há um outro caso em que a protecção do interesse na produção de efeitos jurídicos assume nítida utilidade: o de obrigação de declaração negocial para com terceiro, de fonte negocial, em que não fiquem obrigadas todas as partes ou em que, ficando-o, isso não aconteça por força do mesmo negócio[87].

Suponhamos que A se obriga para com C a comprar X a B; ou então que A se obriga para com C a comprar X a B e que por negócio diferente B se vincula para com C a vender X a A. Nestas hipóteses a obrigação de declaração negocial como obrigação simples é sem dúvida útil. Em ambos os exemplos,

---

[86] Já num sentido deste género se orientou o Prof. VAZ SERRA no seu estudo de política legislativa sobre contrato-promessa (pp. 38 ss. e 58 ss.). E nesse sentido se encontra disposto na primeira revisão ministerial do Projecto – Livro das Obrigações, art. 379º –, em termos, aliás, mais maleáveis que os propostos pelo Prof. VAZ SERRA (art. 2º, especialmente nºs. 2º e 5º).
[87] Veja-se a posição de VON THUR, indicada na nota (37). VON THUR só refere o caso de contrato em que fique vinculada para um terceiro uma parte, mas parece que as razões que o levam a aceitar a obrigação nesse caso valem para o outro (ou outros, em caso de negócio com mais de dois sujeitos) indicado no texto.

OBRIGAÇÃO DE EMITIR DECLARAÇÃO NEGOCIAL

nas circunstâncias em que se desenvolve o contrato-promessa não é ainda possível obter produção do efeito definitivo ou porque só participe uma das partes do contrato final ou porque as duas partes deste actuem em negócios diversos. E se não é possível nessas circunstâncias alcançar já os efeitos definitivos, a obrigação de declaração negocial é útil independentemente do interesse do devedor em não se vincular irremediavelmente, independentemente portanto de algo que possa justificar a sua configuração como obrigação alternativa ou facultativa.

Há semelhança, do ponto de vista que nos importa, entre estas hipóteses e as de requisitos específicos do negócio definitivo: enquanto a promessa possa sem eles ser válida em ambas, às partes não é possível, nas circunstâncias em que celebram a promessa, obter já os efeitos finais. Em ambas, também por isso, não há que exigir, com todas as consequências que isso porventura tenha, um interesse do devedor em não se vincular irremediavelmente. Pode, portanto, definir-se globalmente *um conjunto de situações em que se verifica especial utilidade da protecção do interesse na produção dos efeitos: aquelas em que, nas circunstâncias em que as partes podem "celebrar" a promessa, não podem obter os efeitos definitivos.*

15. Para além destes casos de especial utilidade da obrigação de declaração negocial, ainda outros se podem pôr em problema.

Temos desde logo a hipótese da obrigação de celebrar um negócio reprodutivo, em que certa doutrina tem visto um caso de particular aplicação da utilidade do negócio-promessa[88]. Por negócio reprodutivo ou de complemento entende-se aquele negócio que reproduz em si um negócio já perfeito e constitui não apenas uma forma de outro negócio, mas é negócio ele próprio[89]. Diz-se então: as partes podem querer já o negócio definitivo, mas querê-lo em uma determinada forma, como garantia probatória (a forma, por definição, não poderá constituir requisito de validade ou de possibilidade legal de prova), forma que, no entanto, não é possível ou é difícil preencher imediatamente; a via que então se apresenta é a de celebrarem já o negócio definitivo sem aquela forma, obrigando-se ao mesmo tempo a repetir o negócio na

---

[88] Veja-se L. COVIELLO, *est. cit.*, pp. 110 ss., e autores citados.
[89] É a definição de COVIELLO, em que apenas se substituiu contrato por negócio.

ADMISSIBILIDADE E FUNDAMENTO DA OBRIGAÇÃO DE DECLARAÇÃO NEGOCIAL

forma em causa. Aqui estará exactamente um caso de particular utilidade da obrigação de declaração negocial.

Objecta-se imediatamente, no entanto, e com razão, que o meio excede a necessidade. Se a forma não é requisito de validade ou de possibilidade legal de prova, não tem de ser contemporânea da declaração. Por isso, basta as partes obrigarem-se não a repetir o negócio, mas a criar a forma, no fundo, a confessar o negócio na forma querida. Isto é, aliás, confirmado pelo disposto no art. 565º (conjugado com o art. 561º) do Cód. Proc. Civil.

Afadiga-se alguma doutrina em demonstrar que o negócio reprodutivo é possível, contra a objecção de que ou o negócio reprodutivo é negócio e então o negócio anterior era imperfeito, ou este era perfeito e o novo acto tem apenas eficácia probatória. Salienta-se particularmente que *"a eficácia do facto jurídico na sua extrinsecação, isto é, enquanto dá vida a acções e direitos pode ser vária, mau grado a identidade do objecto"*[90]. E nota-se que isso é particularmente importante na determinação da oponibilidade das excepções.

Pensamos que efectivamente estes que defendem a possibilidade de um negócio reprodutivo têm razão. O que isso não prova, porém, é a utilidade da obrigação de reproduzir o negócio. As partes podem, por qualquer razão, vir a reproduzi-lo. Mas a utilidade da obrigação de o reproduzirem só poderia estar ou na obtenção de garantias probatórias e para isso não é necessária reprodução, bastando a obrigação de criar a forma, ou na superação de vícios do negócio definitivo que se está praticando e caímos no domínio dos requisitos especiais.

Pode ainda chamar-se à colação, contudo, como hipótese de utilidade da obrigação de celebrar negócio reprodutivo, o *pactum de cambiando*[91]. Não é lícito desconhecer, na verdade, a especificidade que a forma cambiária confere à obrigação. No entanto, uma de duas: ou não é necessária a contemporaneidade entre a forma cambiária e o negócio e a única obrigação que se tornará necessária será a obrigação de criar essa forma; ou a forma cambiária tem de ser contemporânea de uma declaração negocial e então, se é certo que o *pactum de cambiando* assume indiscutível utilidade, se puder ser válido, caímos já numa hipótese de requisitos especiais no negócio definitivo. A particularidade estará apenas em que a forma cambiária não é requisito da validade plena

---

[90] L. COVIELLO, *lug. cit.*
[91] Cfr. L. COVIELLO, *lug. cit.*

do negócio, mas apenas de uma sua específica eficácia, de uma consistência particular dos efeitos. É, aliás, por isto, que o negócio cambiário pode aparecer como negócio reprodutivo ainda que não plenamente; embora, note-se, também possa surgir autonomamente.

Quer dizer: para que a obrigação de celebrar negócio reprodutivo tenha utilidade, necessário se torna que o negócio reprodutivo possua requisitos especiais – e requisitos de especial consistência dos efeitos, pois, caso contrário, o negócio não poderia ser reprodutivo ou, ao menos, reprodutivo de negócio válido[92].

Continuamos assim com que só nos casos atrás indicados em que, nas circunstâncias em que se celebra a promessa, não se pode celebrar o negócio definitivo surge uma especial utilidade da obrigação de declaração negocial.

16. Uma outra hipótese em que se poderia pretender encontrar uma particular utilidade da obrigação de declaração negocial seria a de, querendo as partes celebrar um negócio definitivo, mas só sob determinada forma, perante a impossibilidade ou dificuldade de preencher essa forma, se obrigarem apenas a nela praticarem o negócio final. Diversamente do caso acabado de estudar, não há aqui qualquer reprodução; as partes não celebram sequer o negócio definitivo sem a forma querida, porque não o querem sem ela.

A situação continua, no entanto, a ser essencialmente a mesma; ou a forma é requisito e estamos no domínio dos casos de requisitos especiais do negócio definitivo; ou a forma não é requisito e as partes não precisam de recorrer à obrigação de declaração negocial para preencher a finalidade de obterem o negócio na forma querida. Bastar-lhes-á celebrarem imediatamente o negócio principal, subordinando a sua eficácia à *conditio facti* da criação da forma e obrigando-se a esta.

17. Para além daquele conjunto de situações em que vimos ser a obrigação de declaração negocial especialmente útil, será ela em geral provida ou desprovida de utilidade?

---

[92] Acima falou-se apenas da forma como requisito de validade ou de atendibilidade para evitar uma questão que nesse momento não era necessária. Por outro lado, pode pôr-se em dúvida o estrito rigor do que no texto se diz, em atenção ao problema do carácter novatório ou não novatório do negócio cambiário. O que de relevante se afirma para o problema da obrigação de declaração negocial, todavia, ficará imprejudicado seja qual for a solução que se siga.

ADMISSIBILIDADE E FUNDAMENTO DA OBRIGAÇÃO DE DECLARAÇÃO NEGOCIAL

Em uma coisa cremos que há que convir: as razões que se têm aduzido em favor dessa utilidade genérica não são convincentes.

Quanto à de que o negócio-promessa constitui um meio mais simples de se alcançarem certos efeitos que se poderiam obter com cláusulas acessórias do negócio definitivo – a qual é, aliás, uma razão que só vale para as obrigações de fonte negocial –, não chegando a perguntar, com ALGUER, se pode considerar-se mais simples um meio que a tantas dificuldades tem dado origem, diremos que seria, o que é ainda mais grave, um meio de todo inadequado.

Apresenta-se mais fácil para as partes dizerem que querem celebrar uma promessa de compra e venda, por exemplo, do que dizerem que querem celebrar uma venda com reserva de propriedade ou sem transferência imediata do risco. Mas, se o seu intento é realmente o de celebrarem já a venda, embora com reserva de propriedade ou sem transferência imediata do risco, a promessa de compra e venda não se lhe adequa. Nomeadamente, além de não se transferir imediatamente a propriedade e o risco, torna-se necessário, para que a propriedade e o risco se transmitam, uma nova manifestação de vontade – e isso não estaria no intento das partes.

18. Fica-nos o argumento mais importante, que é também o mais geral pois que abrange todas as hipóteses de obrigação de declaração negocial, segundo o qual esta obrigação permite ao devedor não ficar irremediavelmente vinculado, podendo evitar a situação definitiva mediante o sacrifício do *"id quod interest"*.

Desde logo se pode objectar, como indicámos, que não é líquido que, a admitir-se a obrigação de declaração negocial, a execução não haja de ser específica. Sempre se pode dizer, no entanto, que numa Ordem Jurídica como a nossa em que não se encontra nenhuma disposição que expressamente imponha a execução específica, a execução meramente indirecta se justifica até pelo facto de corresponder então à utilidade da obrigação de declaração negocial.

De qualquer modo, porém, não cremos que a utilidade da obrigação de declaração negocial possa encontrar-se na circunstância de, se o devedor não quiser, os efeitos se não produzirem ainda que ao preço da prestação do valor do dano[93]. Seja qual for o regime da execução, o sacrifício do interesse do devedor na obrigação apresenta-se do ponto de vista ético-jurídico como uma

---

[93] Veja-se a citação do VITERBO na nota (61).

OBRIGAÇÃO DE EMITIR DECLARAÇÃO NEGOCIAL

necessidade e o acto do devedor como um dever. O imperativo jurídico, criador do dever, não é um imperativo hipotético, mas categórico, o dever não é um dever técnico, mas um dever ético. Ainda que na execução não se possa obter em espécie aquilo que se obtém pelo cumprimento, o não cumprimento é sempre um acto ilícito. A utilidade da obrigação de declaração negocial não está no interesse que o devedor possa ter em não ficar irremediavelmente vinculado porque a obrigação significa do ponto de vista jurídico e do ponto de vista do devedor uma irremediável vinculação, uma vinculação que eticamente constitui uma necessidade. Vistas as coisas doutro lado: o Direito não pode reconhecer como fundamento de uma figura um interesse que é ilícito e, mais, que é ilícito porque é negado por essa figura.

Não quer isto dizer, evidentemente, que um tal interesse não possa ser protegido; mas, para o ser, a figura adequada não é a da obrigação simples, mas a da obrigação alternativa (com escolha do devedor, claro) ou da facultativa. Nestes casos, o modo da obrigação não é o de preterir irremediavelmente um dos interesses, mas de o preterir em alternativa com a preterição de outro, ou de o preterir primariamente, possibilitando, no entanto, a não efectivação do sacrifício atrás do sacrifício de outro.

19. É agora a altura de encarar a questão: obrigação alternativa ou com faculdade alternativa?

Comecemos por chamar a atenção para uma coisa: a doutrina, quando nega a obrigação de declaração negocial e procura reconduzi-la a alguma realidade, não tem posto o problema da recondução à obrigação alternativa e muito menos à facultativa. Fala, quando reconhece que se pode ter querido que a vinculação não seja irremediável, em recondução à imediata produção dos efeitos definitivos, acompanhando estes (as obrigações), no entanto, de uma cláusula penal[94].

É de ver, contudo, que uma tal configuração jurídica se não adequa à situação prática que lhe é dada. Em primeiro lugar, parte do princípio, que não é necessário, de que o devedor da obrigação de declaração negocial haveria, na situação definitiva, de assumir obrigações. Em segundo lugar não é a fixação prévia da indemnização que interessa, mas a circunstância de a indemnização não aparecer como consequência da violação da obrigação, antes como

[94] Cfr. notas (62) e (76).

ADMISSIBILIDADE E FUNDAMENTO DA OBRIGAÇÃO DE DECLARAÇÃO NEGOCIAL

direito do devedor. Ainda que haja cláusula penal (agora referida ao dever da situação final), o devedor não tem protegido o seu interesse em não cumprir.

Tem-se colocado, no entanto, já depois de superada a questão da admissibilidade da obrigação de declaração negocial, o problema de se ela se não configurará como obrigação alternativa – e isso particularmente, por a sua execução ser meramente indirecta[95] (quando se entenda assim). Pareceu-nos, porém, que a ideia de modelar alternativamente a obrigação de declaração negocial tinha muito maior fundo do que o que lhe dava aquela circunstância de a execução ser porventura tão só indirecta. Pareceu-nos que haveria pelo menos que abrir a questão de saber se o modo de obrigação alternativa não era o modo que correspondia à específica utilidade da obrigação de declaração negocial.

Já da obrigação facultativa, que saibamos, não se tem falado a propósito do crédito a negócio. Afigura-se-nos, contudo, que, tanto ou mais do que a obrigação alternativa, poderia corresponder a essa específica utilidade de o devedor não ficar irremediavelmente vinculado a situação definitiva. Por isso, sempre temos vindo a referir uma e outra – obrigação alternativa e facultativa – simultaneamente. É agora a altura de perguntar qual delas se adequa melhor às exigências práticas colocadas.

Cremos bem que seja a obrigação facultativa. Na obrigação alternativa as duas prestações aparecem lado a lado, no mesmo plano, em situação de paridade. Na obrigação com faculdade alternativa, ao contrário, uma das prestações, a que é objecto do dever, surge em lugar primacial e a outra, a que é objecto da faculdade alternativa, em posição subordinada. Ora, é esta segunda configuração que exactamente corresponde à situação prática que temos tido em vista. Quando se procura estruturar juridicamente o interesse do devedor de obrigação de declaração negocial em não ficar irremediavelmente vinculado à situação definitiva, ao preço de uma prestação do valor do dano, a prestação negocial não deixa de assumir o lugar principal. Aquilo a que o interesse do credor basicamente se reporta é a produção dos efeitos jurídicos. A possibilidade para o devedor de se liberar através da prestação do valor do dano aparece, até porque meio de liberação, em lugar secundário.

---

[95] Vejam-se DEGENKOLB, *est. cit.*, pp. 41 ss.; COVIELLO, *est. cit.*, pp. 129 ss.; ASCENÇÃO BARBOSA, *ob. cit.*, p. 168, todos eles entendendo que a obrigação de contratar não se reconduz a uma obrigação alternativa.

OBRIGAÇÃO DE EMITIR DECLARAÇÃO NEGOCIAL

Isto vê-se aliás bem pela consequência que traria a estruturação como obrigação alternativa. Nesta hipótese, conforme já se referiu, se a prestação negocial se tornasse por caso fortuito impossível, o devedor continuaria vinculado à prestação do valor do dano, o que não sucederia já na obrigação facultativa. Ora, aquela consequência não está nitidamente de acordo com a situação prática em jogo. Não se quer que o credor fique garantido mesmo no caso de impossibilidade da prestação negocial por caso fortuito. Quer-se apenas que o devedor possa evitar licitamente a produção dos efeitos.

Pode-se, no entanto, argumentar contra a configuração da obrigação de declaração negocial como obrigação com faculdade alternativa recorrendo ao aspecto da execução. Desde que se desloque a relevância do interesse do devedor em não ficar irremediavelmente vinculado à situação definitiva, através de uma prestação do valor do dano, do campo de regime de execução para o da própria estrutura do crédito, deixa a específica utilidade da obrigação de declaração negocial de exigir por si que a execução seja meramente indirecta. Ora, se se vier a reconhecer que não há outras razões que se oponham à execução específica e que, consequentemente, esta deva ser aceita, o certo é que, no plano da execução, a obrigação alternativa garante mais seguramente o devedor que a facultativa. Nesta, efectivamente, se o devedor espontaneamente não realizar a prestação alternativa, a execução virá a ser, ou ao menos poderá muitas vezes ser, específica. Naquela ao contrário, a execução só se pode tornar específica se o devedor assim o quiser ou se não exercer o direito de escolha, deferindo-se este, nos termos do art. 803º do Cód. Proc. Civ., ao credor.

Isto, no entanto, é apenas uma consequência do significado da situação prática em jogo e por ela exigida, enquanto, claro, a execução puder ser específica. Se o devedor assume a obrigação, não pode furtar-se à execução e à execução no seu sentido próprio – que é o de conseguir quanto possível para o credor o bem protegido pela obrigação. O devedor fica sempre com a possibilidade de evitar a produção dos efeitos, prestando o valor do dano, isto é, exercendo a faculdade alternativa. Se a não exercer, não tem de que se queixar. O seu interesse em não ficar irremediavelmente vinculado à situação definitiva estava protegido. O que havia era que actuar essa protecção. Os próprios termos da tutela desse interesse envolvem isto: que ela se realiza através de uma prestação indemnizatória e espontânea.

Tudo isto, é evidente, não quer dizer que as partes ou a lei não possam, se essa for a sua intenção, estabelecer uma obrigação alternativa. Quer apenas significar que a constituição de uma obrigação com faculdade alternativa é muito mais adequada às situações que possam estar em jogo.

20. Ora bem: se se pretender que a obrigação de declaração negocial só assume utilidade, para além dos casos já referidos de utilidade especial, quando se configure como obrigação facultativa, não estará aí a razão muito séria que se exigia para entender que a nossa lei, apesar de os seus termos serem bastante desfavoráveis, reconhece, fora dos casos de especial utilidade, a promessa como fonte de obrigação de declaração negocial com faculdade alternativa? E não estará aí, do mesmo passo, uma razão muito séria que venha influenciar toda a actividade interpretativa e integrativa, no domínio das obrigações de negociar *ex lege*? Será, nomeadamente em relação ao primeiro aspecto, possível aceitar que a lei não exija nos negócios privados, para lhes conceder o seu selo, uma causa útil?

21. A problemática da utilidade da obrigação de declaração negocial não está ainda esgotada. Começaram por estudar-se hipóteses de especial utilidade e reconheceu-se que ela existia em alguns casos: em todos aqueles em que, nas circunstâncias em que é celebrada a promessa, não fosse possível a obtenção do negócio definitivo. Procuraram-se depois ver as razões que se apresentavam a favor da utilidade em geral do crédito a negócio. Uma, aliás restrita às obrigações de fonte negocial, desde logo ficou de fora pela sua clara inconsistência. Como razão séria, e esta verdadeiramente genérica, restou-nos a de a obrigação de declaração negocial permitir ao devedor liberar-se ao preço do valor do dano. Essa razão conduz, no entanto, como verificámos, a reconhecer que a utilidade da obrigação de declaração negocial exige que ela seja configurada como obrigação facultativa.

As coisas, não estão, no entanto, consideradas por todos os lados. Ao tentar encontrar a utilidade genérica da obrigação de declaração negocial tem-se olhado o lado passivo, e aí os resultados têm de ser negativos no que respeita a uma obrigação de declaração negocial simples, uma vez que a produção dos efeitos se apresenta para o devedor como necessidade. Fica aberta, porém, a hipótese do lado activo. É ainda necessário procurar saber se nesse lado activo não se pode vir a encontrar o fundamento da utilidade da obrigação de declaração negocial como obrigação simples.

OBRIGAÇÃO DE EMITIR DECLARAÇÃO NEGOCIAL

22. O crédito, como qualquer outro direito, exprime a protecção de interesses de um ou vários sujeitos e a preterição dos de outro ou outros[96].

Conforme se mencionou, o objecto dos interesses é constituído por situações da vida, situações potenciais. As situações da vida, enquanto capazes de realizar fins, representam, para os titulares destes, bens. No entanto, a actualização de umas situações da vida impede a actualização de outras. Por isso, situações da vida que são para um ou uns sujeitos bens, são para outros «males», enquanto, actualizando-se, impedem a actualização de outras que são para eles bens.

A protecção de uns interesses e a preterição de outros traduz-se em, partindo-se do significado natural e jurídico das condutas umas em relação às outras e todas em relação às situações da vida, organizar a definição dos seus sentidos éticos com vista à actualização de uma situação da vida, que é bem para o sujeito cujo interesse é protegido, e à não-actualização das que a impedem, que são bens para os sujeitos cujos interesses são preteridos.

Esta organização da actualização das situações da vida vai definir alguma coisa a que poderíamos chamar as *significações éticas* das situações da vida.

Estas significações são necessariamente significações relativas a cada um dos sujeitos titulares dos interesses referidos às situações da vida, pois que estas só valem enquanto interesses sobre elas incidem.

Não se trata, porém, de sentidos éticos, que são próprios apenas dos comportamentos, os quais dependem imediatamente do livre-arbítrio de cada sujeito. As significações éticas não representam sequer uma expressão automática dos sentidos éticos das condutas; porque, primeiro, se apoiam não apenas sobre os sentidos éticos dos comportamentos de cada um dos sujeitos (pense-se apenas que pode em relação a certos sujeitos não estar em jogo nenhum comportamento seu – v. g. os direitos potestativos) mas sobre os sentidos éticos de todos os comportamentos relativos às situações da vida em causa; e, porque, depois, assentam sobre esses sentidos éticos por sua vez já apoiados no significado natural e jurídico das condutas umas em relação às outras e de todas em relação às situações da vida.

---

[96] Procura-se aqui apenas uma estruturação de ideias correntes nos quadros que se utilizam. Isto tem, no entanto, a utilidade de, em primeiro lugar, ao que cremos, tornar mais nítido o que julgamos ser o fundamento da utilidade obrigação de declaração negocial e, por outro lado, a fixação destes quadros virá a ter interesse no enquadramento geral que no final da obra se tentará. Quanto ao que se segue pode repetir-se o que se afirmou na nota (53).

ADMISSIBILIDADE E FUNDAMENTO DA OBRIGAÇÃO DE DECLARAÇÃO NEGOCIAL

A actualização da situação da vida pode aparecer para os sujeitos, desde logo, de dois modos: como *possibilidade* ou como *impossibilidade*, enquanto a actualização não está ou está, relativamente a eles, impedida. Quando surge como possibilidade pode apresentar-se como *possibilidade* (livre ou mera), enquanto a actualização ou não actualização aparece ao sujeito como livre, ou como *necessidade*, na medida em que a não-actualização não aparece como livre.

A protecção de um interesse envolve sempre que a actualização da situação da vida objecto dele se apresente para o sujeito como possibilidade (em sentido lato). A preterição de um interesse implica sempre que a actualização da situação da vida objecto do interesse protegido apareça para o sujeito do interesse preterido como necessidade e que a actualização da situação da vida incompatível surja para ele como impossibilidade.

A protecção de um interesse permite que a situação da vida se apresente para o sujeito titular dele como possibilidade livre ou como necessidade, disse-se. Quando se apresenta como necessidade, essa e bem assim a necessidade e impossibilidade relativas aos sujeitos sacrificados configuram-se como necessidade e impossibilidade *absolutas*. Quando se apresenta para o sujeito protegido como possibilidade (livre), a necessidade e impossibilidade referentes aos sujeitos cujos interesses são preteridos aparecem como necessidade e impossibilidade *relativas*, necessidade e impossibilidade em função da possibilidade (livre) para o sujeito protegido.

A protecção do interesse faz-se através da significação de necessidade quando a actualização da situação, como realização do interesse e enquanto realização do interesse do sujeito, é querida incondicionalmente pela Ordem Jurídica. Faz-se através da significação da possibilidade quando é apenas concedida à liberdade do sujeito a garantia da actualização.

A protecção do interesse de um sujeito em princípio há-de ser, aliás, sempre feita como possibilidade. O Direito não vê o valor do comportamento dos sujeitos em relação a si mesmos, os deveres do sujeito para consigo próprio, mas sempre em função de outros. Por isso, em princípio, a necessidade de actualização de uma situação da vida há-de aparecer em função da tutela de um interesse de outrém[97]. A protecção como necessidade surge apenas enquanto a natureza do sujeito cujo interesse é protegido impede sequer que se conceba um interesse contrário, um interesse (seu) cuja realização seja

---

[97] Ainda que esse interesse possa ser um interesse da sociedade.

OBRIGAÇÃO DE EMITIR DECLARAÇÃO NEGOCIAL

incompatível com a realização do interesse tutelado. A protecção como possibilidade (livre) pressupõe a apresentação ao sujeito de duas potencialidades, ao menos. Quando essa dupla potencialidade, pela natureza do sujeito, não seja configurável, então a protecção tem de ser feita enquanto necessidade.

Estes últimos casos, situando-se no Direito Público, ou pelo menos para além dos limites do Direito Privado patrimonial, estão fora da zona que nos interessa. Nela a protecção de um interesse é sempre feita como possibilidade (livre).

Que a tutela do interesse se faz como protecção da possibilidade vê-se com extrema clareza naqueles direitos subjectivos em que o elemento primário de actualização do bem é constituído por comportamentos do próprio sujeito protegido. É o caso, por exemplo, dos direitos reais e dos direitos potestativos, nos quais o titular do direito é plenamente livre de os utilizar.

Nos direitos de crédito a situação pode aparecer um pouco obscurecida pela circunstância de, sobretudo em certos casos, assumir um lugar de preponderância o acto do devedor. No entanto, a protecção como possibilidade manifesta-se em variados aspectos. Assim, quando o credor tenha de recorrer à execução, esta é para ele plenamente livre. Da mesma maneira, quando tornar-se actual o dever depender de interpelação, esta é também livre. Finalmente, sempre que para a actualização do bem devam intervir actos do credor, sempre que se exija a cooperação do credor relativamente ao cumprimento, esta é ainda de todo livre. Em suma, todas as vezes que no caminho da realização do interesse do credor haja de surgir um acto deste, tal acto é livre.

A questão pode aparecer mais delicada quando não haja necessidade de qualquer acto do credor de cooperação no cumprimento e, particularmente, quando a isso acresça o facto de a obrigação se vencer sem interpelação. Aqui, primeiro, o interesse pode ser sempre realizado independentemente da vontade do credor. E, depois, se não houver necessidade de interpelação, sucede mesmo que a realização parece apresentar-se como uma necessidade, pois o acto que opera a actualização surge como dever-ser actual, sem que o credor para isso tenha contribuído.

No entanto, quanto ao primeiro dos aspectos, o facto de o devedor poder actualizar – e actualizar licitamente – o bem não impede que a protecção não seja feita como possibilidade (livre) para o credor. Apresentar-se a protecção como possibilidade (livre) de actualização para o credor não quer dizer que só se o credor quiser o bem se actualizará. Quer dizer apenas que o credor é

ADMISSIBILIDADE E FUNDAMENTO DA OBRIGAÇÃO DE DECLARAÇÃO NEGOCIAL

livre de obter ou não a actualização. Nada implica que outro não possa também levar a ela. A necessidade, aliás, pressupõe sempre a possibilidade (em sentido lato). Poder ou deixar de poder o devedor operar licitamente a actualização depende apenas de se o seu acto é ou não por si só capaz de efectivar a situação da vida.

A questão torna-se mais complexa quando acresce a circunstância de o vencimento não pressupor interpelação. Aqui, desde o vencimento da obrigação, parece que não só é possível a actualização independentemente da vontade do credor, mas que ela é mesmo necessária. Se é certo, contudo, que em sistemas como o nosso, o vencimento pode não necessitar de interpelação, não menos certo é que o credor pode sempre renunciar ao vencimento. E deste modo, o dever-ser actual do acto conducente à efectivação da situação da vida acaba de qualquer maneira por estar dependente da liberdade do credor. E de que o credor possa renunciar, por acto unilateral, ao vencimento não cremos que seja lícito duvidar-se. Em primeiro lugar, seja qual for o regime que se entenda dever aceitar para a remissão da dívida, a renúncia ao vencimento é um acto puramente interno em relação ao crédito, de «administração interna» do crédito pelo credor e não um acto extintivo da própria obrigação, um acto que destrua a própria protecção e preterição dos interesses[98], não é uma remissão da dívida. Em segundo lugar, nenhum interesse pode ter o devedor em que a obrigação não se vença, sobretudo nestes casos em que lhe é sempre possível realizá-la. É verdade que o prazo pode ser, e é-o em regra, estabelecido em favor do devedor; mas isso quer

---

[98] Por nossa parte julgamos que a remissão em si – enquanto negócio neutro – é unilateral. Para além de considerações de fundo que se podem apresentar, cremos que é o regime que melhor se adequa às disposições da nossa lei. Nesse sentido apontam, com efeito, o § único do art. 815º, sendo como é certo que não se adapta ao sistema geral da nossa lei a exigência de forma num negócio bilateral relativamente apenas à declaração de uma das partes, e o art. 804º, quando permite a novação por substituição do devedor independentemente do seu consentimento, uma vez que a projecção do interesse do credor, por si, justificaria apenas a constituição da dívida do terceiro, não também a actual da do devedor. Quando, porém, a remissão aparecer como liberalidade ou como onerosa, o negócio será bilateral. Sobre este problema veja-se Prof. VAZ SERRA, "Remissão, reconhecimento negativo de dívida e contrato extintivo da relação obrigacional bilateral", *in Bol. Min. Just.*, nº 43, 1954, pp. 5 ss., onde, no entanto, se segue uma orientação diferente, a qual passou também para o texto da 1ª Revisão ministerial – Livro das Obrigações, art. 838º. Sobre os negócios neutros em relação à distinção entre onerosidade e gratuitidade, Prof. ANTUNES VARELA, *Ensaio sobre o conceito de modo*, 1955, pp. 221 ss.

OBRIGAÇÃO DE EMITIR DECLARAÇÃO NEGOCIAL

dizer que os seus interesses legítimos se opõem a que a obrigação se vença antes do termo do prazo, não que se oponham a que, terminado o prazo, não se vença imediatamente. Finalmente, se o devedor pode renunciar ao prazo[99] oferecendo a prestação ou realizando-a antes do seu termo, por que razão não poderia renunciar ao vencimento o credor? Aliás, e para além de todas estas razões, a faculdade de renúncia ao vencimento resulta até do facto de circunstâncias como a de a execução continuar nestes casos a ser livre mostrarem que ainda aqui a protecção do interesse do credor é feita como possibilidade.

23. A protecção dos interesses ser feita como possibilidade (livre) para o titular do direito, que ocorre em geral nos direitos e em particular nos créditos (dentro da zona em que nos movemos), passa-se também naturalmente nas obrigações de declaração negocial. E é precisamente aí, *na protecção do interesse na produção dos efeitos como possibilidade para o credor, que vai apoiar-se a utilidade própria da obrigação de declaração negocial como obrigação simples*[100].

Se a obrigação de declaração negocial garante a produção dos efeitos como possibilidade para o credor, deixa de ser um mero duplicado – e, como duplicado, inútil – da situação jurídica definitiva. E deixa de sê-lo porque, mesmo dentro do seu significado ético-jurídico (independentemente, portanto, de os sujeitos com ele se conformarem ou não), não representa uma orientação

---

[99] Prof. GALVÃO TELLES, *Manual de Direito das Obrigações*, t. I, 1957, pp. 128-129.

[100] Esta forma de encarar a utilidade da obrigação de declaração negocial parece estar de acordo com o pensamento de FREDERICO DE CASTRO. O autor espanhol nega a obrigação de declaração negocial. Todavia, em vez de reconduzir a promessa ao negócio definitivo, como é habitual, recondu-la sistematicamente à figura da opção. Repare-se que isto tem um significado diferente da recondução que muitas vezes se faz da promessa unilateralmente vinculante à opção. Os autores que a operam enquadram-na no âmbito de uma recondução geral ao negócio definitivo, em que a recondução à opção aparece apenas como um caso particular, que é de utilizar quando o negócio preliminar seja unilateral. FREDERICO DE CASTRO, pelo contrário, nega que a promessa valha como negócio definitivo, tratando como opção a própria promessa bilateral. Isto, aliado à circunstância de variadas vezes afirmar que o fim da promessa é criar um «poder de exigir» e de falar, por exemplo, da *"insistência da prática em criar estipulações, mediante as quais as partes querem conciliar estes dois propósitos, não ficarem, desde logo, vinculadas pelo contrato que projectaram e assegurarem-se da sua eficácia, para o momento em que uma delas ou ambas assim o declarem querer"* (págs. 8-9), parece mostrar com nitidez que, para FREDERICO DE CASTRO, a utilidade da protecção de um interesse na produção de efeitos jurídicos está em garantir para o titular a *possibilidade* de os obter. Veja-se *est. cit.*, *passim*, em especial pp. 35 ss.

inelutável para a situação definitiva. Ser a protecção do interesse feita como possibilidade opera, digamos, o corte da obrigação de declaração negocial em relação à situação final, que leva a que dela não seja mero duplicado, a que não valha o mesmo a criação da obrigação de declaração negocial e a imediata produção dos efeitos jurídicos finais

E se a obrigação de declaração negocial encontra aí, no lado activo, o ponto de apoio da sua utilidade, deixa de ser necessário, para afirmar esta, recorrer a um interesse do devedor em não ficar irremediavelmente vinculado, o que levaria – porque a preterição do interesse na obrigação é feita enquanto necessidade, ainda que relativa – a acabar por ter de se configurar a obrigação de declaração negocial como obrigação facultativa. Quer dizer: a protecção do interesse como possibilidade fundamenta a utilidade da obrigação de declaração negocial como obrigação simples, na medida em que, dando a esta um significado diferente do da imediata produção dos efeitos definitivos, permite que legítimas razões, da lei ou das partes, levem a preferi-la.

Tal utilidade aparece logo evidente nos casos de negócios bilaterais unilateralmente devidos. Aí, não só o credor fica com a garantia de que os efeitos se produzirão enquanto ele quiser, como mesmo com a de que se não produzirão se não quiser (dada a natureza bilateral do negócio). Tanto a obrigação de declaração negocial é útil nestas hipóteses que ninguém duvida da utilidade de outro meio que nos parece existir – vê-lo-emos adiante – para garantir a possibilidade da produção dos efeitos para uma das partes de um negócio bilateral – a opção.

Nos outros casos de obrigação de declaração negocial, respeitante a negócio bilateral bilateralmente devido ou a negócio devido para com terceiro (aqui fora das hipóteses de especial utilidade que referimos), a situação não se apresenta tão clara, uma vez que não só o credor tem a possibilidade da actualização, como a tem também o devedor, no primeiro caso pelo seu crédito ao negócio (também é credor) conjugado com o seu próprio poder negocial, no segundo pelo seu poder negocial.

Porém, ainda aqui o significado da obrigação de declaração negocial continua a ser autónomo e a conferir-lhe utilidade. Se não é só para o credor que a actualização é possível, o certo é que ser a actualização possível para vários continua a representar coisa diversa de já estar operada. O sujeito que aparece como credor (ou enquanto tal) pode não estar ainda definitivamente decidido a levar os efeitos jurídicos à actualização. E, se corre o risco de outros o

OBRIGAÇÃO DE EMITIR DECLARAÇÃO NEGOCIAL

fazerem, sempre é praticamente diverso haver esse risco de não existir já por os efeitos se terem produzido. Ali, continua possível que, sem a vontade do sujeito, se não venham a produzir; aqui, já não.

24. Se a obrigação de declaração negocial significa praticamente coisa diversa da imediata produção dos efeitos, significa também, como obrigação simples, coisa diversa da obrigação facultativa (consistindo a prestação alternativa no valor do dano).

A obrigação simples garante como possibilidade para o credor, ela e sempre só ela, a produção dos efeitos. A obrigação facultativa permite ao devedor substituir a produção dos efeitos pela prestação alternativa. E isso tem consequências práticas, mesmo quando, como sucede na hipótese com que trabalhamos, o objecto da prestação alternativa consiste no valor do dano.

Se se vier a reconhecer a exequibilidade específica da obrigação de declaração negocial, seja ou não facultativa, as diferenças práticas são evidentíssimas e de grande monta. Ainda, porém, que se entenda que a obrigação de declaração negocial só é indirectamente exequível, elas não deixam de existir. O facto de na obrigação simples a prestação do valor do dano funcionar como verdadeira e própria indemnização, enquanto na facultativa pode aparecer como exercício da faculdade alternativa, leva a esta consequência: se se tratar de obrigação simples é sempre o credor que fixa o momento em que se determina o valor dos danos, ao passo que se se tratar de obrigação facultativa pode o devedor fixá-lo, exercendo a faculdade alternativa. E é bem de ver que, para além do mais, este simples facto concede mesmo ao credor maiores possibilidades de obter do devedor a prática do negócio – este, não o praticando, pode ver-se na contingência de o valor dos danos ir aumentando.

Esta diversidade parece esfumar-se no caso de se estabelecer para a hipótese de não-cumprimento uma cláusula penal, pois então, seja a obrigação simples ou facultativa, o montante dos danos está pré-fixado e o credor nunca pode vir a obter mais do que obteria pelo exercício da faculdade alternativa. Se a diferença prática entre uma e outra figura se atenua neste caso, não desaparece de todo. A mera circunstância de o devedor não se liberar, quando a obrigação seja simples, pelo oferecimento do valor do dano, é sempre um elemento que favorece o credor no sentido de alcançar do devedor a celebração do negócio. E leva ainda a consequências quanto ao risco da coisa depositada e quanto a custas e despesas de depósito: o risco e as custas e despesas

ADMISSIBILIDADE E FUNDAMENTO DA OBRIGAÇÃO DE DECLARAÇÃO NEGOCIAL

correrão por conta do devedor se não puder liberar-se e por conta do credor no caso contrário (Cód. Civ., arts. 761º – que parece alterado na parte final hoje pelo disposto no nº 3 do art. 1 028º do Cód. Proc. Civ. – cfr. art. 103º, § 3º, do Cód. de 1939 – e 764º e Cód. Proc. Civ., arts. 1 026º, nº 1 e 1 028º, nºs 2 e 3).

25. A especial utilidade da obrigação de declaração negocial que se encontrou em certos casos não é de todo autónoma em relação à sua utilidade genérica. Esta radica na protecção do interesse na produção dos efeitos como possibilidade para o credor e em isso significar praticamente coisa diversa da imediata produção daqueles, na medida em que a produção não é, mesmo conformando-se os sujeitos com imperativos jurídicos, inelutável. As hipóteses de especial utilidade apoiam-se também nesta protecção como possibilidade e no seu significado prático geral. Apenas aí acresce que, nas circunstâncias em que a promessa é celebrada, não pode ir-se mais adiante do que protecção da possibilidade, não pode conseguir-se o negócio definitivo. A utilidade da obrigação de declaração negocial assenta sempre na protecção do interesse como possibilidade e no seu específico significado prático. A diferença entre as hipóteses em que não há ou há utilidade especial reside em que nas primeiras (se de promessa se tratar) as partes podem, em circunstâncias determinadas, optar pela protecção como possibilidade ou pela imediata orientação no sentido da produção dos efeitos finais, pela promessa ou pelo negócio definitivo, ao passo que nas segundas não podem, nessas circunstâncias, obter mais do que a protecção como possibilidade, mais do que a promessa.

26. Assume agora particular clareza o que se disse a respeito da possibilidade lógica do querer da protecção do interesse na produção dos efeitos, independentemente do querer, juridicamente vinculativo, dos efeitos; e, ao mesmo tempo, sobre a autonomia da causa do negócio fonte da obrigação de declaração negocial em relação à do negócio definitivo.

Vimos que nada impedia logicamente uma limitação do querer vinculativo – das partes ou da lei – à tutela do simples interesse na produção dos efeitos; e que, formalmente, a causa do negócio fonte da obrigação de declaração negocial se diferencia sempre da do negócio definitivo, uma vez que, para além da possibilidade da introdução na causa do contrato preliminar de elementos outros que os relativos à obrigação de declaração negocial, este não faz mais do que garantir para uma pessoa a produção dos efeitos.

OBRIGAÇÃO DE EMITIR DECLARAÇÃO NEGOCIAL

Tal possibilidade lógica de cisão vem a adquirir agora consistência prática na medida em que ser a protecção feita enquanto possibilidade para o credor opera o corte entre a obrigação de declaração negocial e os efeitos definitivos, corte no qual vai tomar apoio aquela cisão já logicamente possível. Assim querer a protecção do interesse na produção dos efeitos não implica um querer – ainda que não vinculativo – dos efeitos finais, tão só um querer da sua possibilidade (para o credor). Por outro lado, a autonomização da causa do negócio preliminar deixa de ser apenas formal, enquanto a função prático-social da mera protecção do interesse na produção dos efeitos (como possibilidade) assume fundamento próprio.

27. Se a obrigação de declaração negocial é útil, não há qualquer razão para afastar, por agora, aquilo que as disposições da lei parecem impor – a aceitação pela nossa Ordem Jurídica da figura da obrigação de declaração negocial – e como obrigação simples, possua ou não o negócio prometido requisitos especiais. Mesmo o entendimento que veria na promessa, para além destes últimos casos, a fonte apenas de uma obrigação facultativa exigiria razões muito sérias que pudessem contrapor-se aos termos da lei. E essas razões muito sérias não se encontram de modo algum, ao menos no plano da utilidade. Se a obrigação de declaração negocial é útil, nada há que justifique um entendimento dos arts. 1 548º e 1 568º, nº 4, diverso do que veja neles um reconhecimento legal da figura.

Não há sequer, assim, que colocar o problema de saber se a lei exige ou não nos negócios privados causa útil: porque o negócio fonte da obrigação de declaração negocial a tem. Do mesmo modo, deixa de ter qualquer fundamento uma atitude adversa à obrigação de declaração negocial no domínio da interpretação e integração relativas a hipotéticas obrigações de declaração negocial *ex lege*.

28. Tudo isto não impede, é evidente, que na interpretação do negócio ou da lei se tenha que procurar cuidadosamente o sentido da declaração das partes ou da lei. Nada obsta a que, sob a aparência de uma promessa, as partes queiram verdadeiramente o negócio definitivo; e, também, a que, sob a aparência de constituição de uma obrigação de declaração negocial , a vontade autêntica da lei seja já a da imediata orientação no sentido da produção dos efeitos finais. E nada se opõe, do mesmo modo, a que se averigue se as partes

ou a lei pretendem uma verdadeira obrigação de declaração negocial simples ou antes uma obrigação de declaração negocial alternativa ou facultativa.

Nomeadamente, tudo o que se disse a propósito desta última não perde o seu interesse pelo facto de a obrigação de declaração negocial simples ser útil. Vimos que o relevo de um interesse do devedor em não ficar irremediavelmente vinculado à situação definitiva tinha de se deslocar do plano da execução, onde era normalmente colocado, para o plano da constituição de uma faculdade alternativa. Isto é suficiente para mostrar que todas as vezes em que da intenção das partes – com condições de relevância negocial nos termos gerais – ou da lei faça parte o reconhecimento de um tal interesse do devedor, a estrutura jurídica que se adequa a essa intenção é a da obrigação de declaração negocial facultativa. E não se pode dizer que uma tal situação não seja, ao menos na prática, frequente.

29. Uma nota final sobre o problema da execução.

Quando se procurou ver o fundamento da utilidade da obrigação de declaração negocial no interesse do devedor em não ficar irremediavelmente vinculado à situação definitiva, teve de se tirar a consequência (ou, ao menos, pressupô-la) de que a execução da obrigação de declaração negocial era meramente indirecta.

Reconheceu-se, no entanto, que a sede própria do valor de um tal interesse não era a execução e que o seu relevo implicava a configuração da obrigação de declaração negocial como obrigação facultativa, vindo a assentar exactamente na faculdade alternativa. E reconheceu-se, como consequência, que deixava assim de se impor qualquer regime de execução na obrigação de declaração negocial facultativa.

Veio-se depois a encontrar a base da utilidade da obrigação de declaração negocial como obrigação simples na circunstância de o interesse do credor na produção dos efeitos ser protegido como possibilidade (livre). Também este fundamento de utilidade nada impõe ou pressupõe quanto ao regime da execução. Noutras palavras; é perfeitamente compatível com ele a execução específica. A utilidade da obrigação de declaração negocial está em a produção dos efeitos finais não ser para o credor inelutável. Se, porém, o credor efectivamente os quiser, nada obsta, antes pelo contrário, a que a execução seja específica e que, independentemente da vontade do devedor, o credor possa vir a obter os efeitos.

OBRIGAÇÃO DE EMITIR DECLARAÇÃO NEGOCIAL

Isto, é evidente, não quer dizer que não seja possível a existência de outras razões que impeçam ou desaconselhem a execução em espécie. Quer tão só significar que a rejeição desta não pode – trate-se de obrigação de declaração negocial simples ou facultativa – apoiar-se no facto de só assim a obrigação de declaração negocial ser útil ou de só assim preencher uma utilidade conforme à sua configuração.

§ 2º – A escolha do dever de declaração negocial como meio.

1. Viu-se que a obrigação de declaração negocial era útil, enquanto era útil a protecção de um interesse nos efeitos jurídicos como possibilidade para o credor. A obrigação de declaração negocial vem assim a ser útil na medida em que representa *uma forma de protecção de interesse na produção dos efeitos*.

Enquanto modo de tutela de um interesse na produção dos efeitos jurídicos como possibilidade, a obrigação de declaração negocial caracteriza-se por recorrer como elemento fundamental – ou como um dos elementos fundamentais – a uma declaração negocial de um sujeito diverso daquele cujo interesse é protegido de recorrer, portanto, a um dever de emitir declaração negocial. A questão que agora vem a jogo é a de apurar se o recurso a um tal meio – o dever de declaração negocial – é, não já logicamente possível, mas valorativamente justificado. E há que começar por ver, antes de tudo, se existem outro ou outros modos de protecção do interesse na produção dos efeitos como possibilidade, modos que recorram a meios diversos do dever declarar a vontade, para que com ele ou com eles se possa confrontar a via da obrigação de declaração negocial.

Analisaremos sucessivamente as situações correspondentes às hipóteses de obrigação de declaração negocial resultante de negócio *inter-vivos*, de negócio *mortis-causa* e da *lei* e, dentro do primeiro grupo, tomaremos primeiro em conta os casos de contrato unilateralmente devido (para com a outra parte), depois os de contrato bilateralmente devido (reciprocamente) e, finalmente, os de negócio devido para com terceiro. Em relação a cada um destes casos procuraremos averiguar o caminho ou caminhos paralelos que porventura se apresentem.

2. A hipótese de contrato unilateralmente devido é aquela em que mais patente surge, como vimos, o aspecto da protecção do interesse como possibilidade, já que, inclusivamente, os efeitos se não podem produzir sem a declaração

ADMISSIBILIDADE E FUNDAMENTO DA OBRIGAÇÃO DE DECLARAÇÃO NEGOCIAL

de vontade do credor. Por isso, como também referimos, a doutrina, quando procurou reconduzir a promessa ao negócio definitivo, fê-lo configurando este em termos especiais que permitissem que, bem ou mal, o aspecto que, no fundo, será de protecção do interesse como possibilidade não deixasse de se manifestar. E, assim, concebeu o negócio definitivo ou como *contrato sob condição potestativa (mera) suspensiva, ou como contrato sujeito a opção*[101]. Procuremos ver em que medida se pode encontrar aqui algo de paralelo à protecção como possibilidade, no modo em que ela aparece nos casos de contrato unilateralmente devido.

3. O primeiro dos caminhos encontra todas as dificuldades que a figura da condição suspensiva potestativa envolve.

A doutrina distingue condições meramente potestativas arbitrárias ou próprias e potestativas não arbitrárias ou impróprias. Nas primeiras, o facto condicionante é em última análise o simples querer do negócio (*si voluerim, si volueris*)[102], ao passo que nas segundas é um facto voluntário mas com motivos sérios de determinação autónomos em relação aos negociais (*factum a voluntate pendens*)[103].

Em relação às condições potestativas não-arbitrárias não tem havido dificuldade em admiti-las[104]. Já quanto às potestativas meras ou arbitrárias as coisas se não passam assim.

Por via de regra, distinguem-se consoante funcionam *a parte debitoris* ou *a parte creditoris* ou, mais genericamente, da parte do sujeito subordinado ou do dominante[105].

O primeiro tipo é considerado inadmissível por contradição nos termos entre dever e liberdade de querer, preterição de um interesse e liberdade de o sacrificar, entendendo-se normalmente que se verifica nulidade do negó-

---

[101] Evidentemente que a segunda hipótese alternativa só tem autonomia enquanto se não conceba o contrato sujeito a opção como um contrato sujeito a condição potestativa – veja-se infra, n° 7 deste parágrafo.

[102] Por todos, Prof. MANUEL DE ANDRADE, *Teoria Geral da Relação Jurídica*, vol. II, 1960, pp. 368-369.

[103] Prof. GALVÃO TELLES, *Dos Contratos ..., cit.*, pp. 221-222; Prof. MANUEL DE ANDRADE, *ibid.*

[104] Autores citados, *ibid.*

[105] Autores citados, *ibid.*

cio[106]. No segundo tipo não se veêm as mesmas razões de inaceitabilidade[107], mas muitas vezes se pergunta se não é ele inútil[108]. Dúvidas surgem quando as partes são simultaneamente credoras e devedoras, dominantes e subordinadas. Dentre os que admitem a condição do lado do credor, ou se parte de que não podem existir as situações recíprocas uma sem a outra e então a condição potestativa será inaceitável em qualquer medida, ou se parte de que a interdependência das situações se traduzirá tão só em que não pode obter-se a realização de uma sem que se realize a outra e, por isso, a condição, porque é aceitável *a parte creditoris*, é admissível em toda a medida[109].

De há tempo para cá, tende a superar-se uma confusão em que muitas vezes a doutrina incorria, sobretudo quando dava tratamento diverso à condição potestativa mera consoante fosse *a parte debitoris* ou *a parte creditoris*. É inadmissível, por contraditório nos termos, um dever que um sujeito seja juridicamente livre de cumprir, uma preterição de interesses a que o sujeito se submeta se quiser; não o é um direito que o sujeito actue se assim o entender, um benefício que o sujeito possa ou não livremente realizar. No entanto, desde logo, quanto ao primeiro dos casos, o que se poderia dizer é que se não quis constituir uma obrigação – e as partes têm liberdade de configurar os efeitos, em princípio. Para além disso, contudo, e afastando-o, o que é certo é que a condição negocial não condiciona a realização dos direitos ou o cumprimento dos deveres, mas sim o próprio nascimento dos direitos e das obrigações, da protecção e da preterição dos interesses[110]. O vínculo jurídico depende externa e não internamente da condição. Ao distinguir-se o tratamento da condição potestativa *a parte debitoris* e *a parte creditoris* partiu-se precisamente de que a condição condicionaria a actuação da situação jurídica e não a sua constituição[111].

---

[106] Autores citados, *ibid.*, embora o Prof. MANUEL DE ANDRADE marque as suas dúvidas; Prof. J. G. PINTO COELHO, *Das cláusulas acessórias dos negócios jurídicos*, I, 1909, p. 41; F. FERRARA, "La condizione potestativa", *Rivista di Diritto Commerciale*, 1931, parte I, p. 566, citando WENDT.

[107] Prof. GALVÃO TELLES, *ibid.*

[108] Prof. J. G. PINTO COELHO, *ob. cit.*, I, p. 40. Veja-se, no entanto, o que diz na pág. 83. O Prof. MANUEL DE ANDRADE, *lug. cit.*, afirma que a questão merece ser revista.

[109] Cfr. Prof. J. G. PINTO COELHO, *ob. cit.*, I, pp. 84 ss.

[110] Veja-se especialmente FORCHIELLI, "Patto d'opzione e condizione potestativa", *in Rivista trimestrale di Diritto e Procedura Civile*, 1948, pp. 816 e 817.

[111] Repare-se, no entanto, que, por exemplo, o Prof. PINTO COELHO (*ob. cit.*, I, p. 41) fala também em falta da declaração de vontade, embora, como era natural, só na condição a *parte creditoris*.

ADMISSIBILIDADE E FUNDAMENTO DA OBRIGAÇÃO DE DECLARAÇÃO NEGOCIAL

Sendo assim, deixa de ter qualquer razão de ser uma diversidade de apreciação. Num caso como noutro o que há é uma situação jurídica que ainda não nasceu por faltar uma realidade a isso indispensável: a vontade de um sujeito – pouco importando agora qual seja a posição que lhe esteja destinada nos efeitos negociais[112].

O problema que então se vem a pôr é outro: é o de saber se se pode considerar que negócio exista quando a produção dos efeitos fica na dependência da vontade de uma das partes. E à primeira vista a resposta parece que terá de ser negativa. É evidente que, se o negócio fica dependente da vontade de uma das partes, isso significa que essa parte ainda não quis. «Quero se quiser» é o mesmo que «não quero»[113] ou, mais rigorosamente, «ainda não quero». E se assim é, se falta ainda uma declaração de vontade, não *é* lícito considerar-se que o negócio exista[114].

Pode, no entanto, responder-se logo: existe negócio porque as partes quiseram vinculativamente uma coisa – que a produção dos efeitos ficasse a depender da vontade de uma só delas, que essa ficasse com a possibilidade de por si só levar ao desencadear da regulamentação jurídica. Isto é verdade. E não pode deixar de se reconhecer interesse prático a uma tal situação, pois é socialmente relevante o interesse de um sujeito em ficar com a possibilidade de obter por si só determinados efeitos jurídicos[115].

A questão, porém, ainda não se encontra de todo resolvida, já que, neste momento, impõe-se saber se um negócio assim configurado ainda pode conceber-se como um negócio definitivo condicional, se a vontade da parte pode considerar-se condição de um negócio perfeito. E a isso a resposta tem de ser negativa. Se se reserva a uma das partes declarar definitivamente a sua

---

[112] Veja-se FORCHIELLI (*ob. cit.*, pp. 818-819 e 823-824) que declara não poder compreender o tratamento diverso que o Código Italiano estabelece para as hipóteses em que falta a declaração do "credor" ou "alienante" e em que falta a do "devedor" ou "destinatário da alienação". Repare-se, aliás, que FORCHIELLI não considera que o Código Italiano disponha a nulidade (ou inexistência) do negócio sob condição potestativa *a parte debitoris*, mas que o trata como opção (art. 1 331º), configurando como contrato sob condição potestativa apenas aquele que o é *a parte creditoris*. Veja-se ainda VON THUR, *ob. cit.*, III 1, pp. 312 ss. e notas (66) e (54) de FORCHIELLI.

[113] BARBERO, *Novissimo Digesto Italiano*, vol. III, 1959, "Condizione (Diritto Civile)", p. 1 101.

[114] Veja-se BARBERO, *ibid.*; cfr. FORCHIELLI, *ob. cit.*, p. 817 e autores aí indicados.

[115] Cfr. FORCHIELLI, *ob. cit.*, pp. 817-818 e autores aí citados; e Prof. J. G. PINTO COELHO, *ob. cit.*, I, p. 83, embora naturalmente só quanto ao caso de condição potestativa a parte creditoris.

OBRIGAÇÃO DE EMITIR DECLARAÇÃO NEGOCIAL

vontade, quer isso dizer que a parte ainda não declarou a vontade dos efeitos próprios do contrato. Por conseguinte, de contrato perfeito, ainda que condicional, não se pode falar[116]. Confirma-o, alias, o reconhecimento de que o exercício da «condição potestativa» estaria sujeito ao regime geral da declaração negocial e o de que porventura deveria aqui afastar-se o princípio (como princípio) da retroactividade[117]. Verifica-se deste modo que as situações práticas correspondentes à ideia de negócio sujeito a condição suspensiva potestativa (mera) têm todo o interesse e são passíveis de tutela: apenas o que a chamada «condição potestativa (mera)» não é autentica condição[118].

Sobre a configuração jurídica destas situações diremos alguma coisa adiante. No entanto, o que há já que marcar é que a declaração de vontade que constituiria a actuação da «condição potestativa» é, dentro da *"fattispecie"*, um facto principal e não um facto acessório – não é uma condição[119].

Se, porém, o chamado negócio sob condição potestativa mera não é um verdadeiro negócio condicional, se a chamada condição potestativa mera não

---

[116] FORCHIELLI, perante a questão levantada pelo facto de na hipótese designada de contrato sob condição potestativa não haver consenso, diz que a presença da cláusula *si volam* não exclui qualquer vontade juridicamente relevante (ou passível de relevância); há, de facto, ainda neste caso, uma manifestação de vontade dirigida a efeitos práticos tuteláveis. No entanto, ao inquirir depois se o negócio pode ser considerado perfeito, limita-se a responder que o art. 1 335º do Código Italiano, considerando válida a condição *a parte creditoris* impõe a aceitação de tal negócio como condicional – o que nega que o problema possa resolver-se em plano lógico –, embora declare não compreender a razão do diverso tratamento (*ob. cit.*, pp. 817-818). E acaba por afirmar que pareceria aconselhável outra solução (p. 820).

[117] VON THUR, *ob. cit.*, III 1, pág. 313; FORCHIELLI, *ob. cit.*, p. 807, nota (36) e, ainda, p. 817, nota (63).

[118] Contra isto poderia invocar-se a figura da venda a contento prevista no art. 1 551º ao Código Civil. O problema da natureza da venda a contento é bem conhecido e amplamente debatido e uma sua análise detalhada levaria demasiado longe. Apenas diremos que se nos afigura que, ainda que se entenda que o comprador fica numa posição de mero arbítrio e que, portanto, a venda, a ser condicional, seria sob condição potestativa mera – o que, de resto, nos não parece representar a melhor doutrina –, o preceito do art. 1 551º não seria por si suficiente para impor a qualificação de negócio condicional. A lei pode muito bem ter querido apenas dizer, exprimindo-se incorrectamente, que o vendedor fica desde logo vinculado. Nesse sentido militaria muito fortemente a circunstância de a venda de coisas que se costumam pesar ou medir não parecer de modo algum configurável como condicional (contra, CUNHA GONÇALVES, *ob. cit.*, vol. VIII, 1956, p. 431, mas cremos que sem razão – incerto é o resultado do acto de pesar ou medir; não o peso ou a medida).

[119] VON THUR (*ob. cit.*, III 1, p. 513), declarando que a realização da condição potestativa se assemelha ao exercício de um direito potestativo, parece sentir bem a dificuldade de configurar a condição potestativa como verdadeira condição.

ADMISSIBILIDADE E FUNDAMENTO DA OBRIGAÇÃO DE DECLARAÇÃO NEGOCIAL

é uma autêntica condição, então não pode ser o contrato sob condição suspensiva potestativa (mera) a via paralela da obrigação de declaração negocial, no caso a via correspondente ao contrato unilateralmente devido.

4. Reconheceu-se que a situação geralmente caracterizada como de negócio sob condição potestativa correspondia a uma função prática passível de tutela, apenas havendo que negar a qualificação de negócio condicional por ter de se atribuir a natureza de facto principal à última declaração de vontade.

Ora, se tomarmos esta situação no seu significado material (independentemente de enquadramento dogmático), temos que convir em que ela corresponde, ao menos à primeira vista, à mesma finalidade da obrigação de declaração negocial (no caso de contrato unilateralmente devido). Nela, um dos sujeitos fica com a possibilidade de por sua simples vontade obter os efeitos jurídicos próprios do contrato em causa e, ao mesmo tempo, mantém a garantia de que sem a sua vontade se não produzirão. Isto significa, ou parece pelo menos significar, que fica protegido o seu interesse na produção dos efeitos e protegido como possibilidade (actua-o se quiser) e de possibilidade exclusiva (só com o seu concurso podem actuar-se). Donde resulta parecer ter de se reconhecer que será na figura que dogmaticamente assumir esta situação prática que se encontrará a via paralela da obrigação de declaração negocial (no caso correspondente ao de contrato unilateralmente devido).

Essa figura parece ser precisamente a da *opção*. Na sua caracterização elementar, aparece-nos como uma "faculdade" em que fica investido um sujeito, por acordo com outro, de obter por sua só vontade os efeitos próprios de um contrato, de que os sujeitos são ou seriam as partes[120]. Por outro lado, a sua conceptualização dominante tende a ver na última declaração uma parte do próprio contrato – a aceitação – tendo a primeira declaração – a proposta – sido tornada por acordo irrevogável. Isso atribui, à última declaração o carácter de facto principal – era este o ponto onde falhava precisamente a consideração da situação como negócio condicional.

---

[120] Emprega-se aqui o termo opção em sentido diverso do de preferência, que por vezes também se lhe atribui. Sobre os sentidos da palavra opção, vide JERONIMO GONZALEZ y MARTINEZ, "El llamado derecho de opcion", *Estudios de Derecho Hipotecario e Derecho Civil*, 1948, t. III, pp. 209 ss. Sobre a opção, podem ver-se FRÈ, Opzione (Diritti di), in *Nuovo Digesto Italiano*, 1939, IX, pp. 172 ss. e TAMBURRINO, *ob. cit.*, pp. 33 ss.

OBRIGAÇÃO DE EMITIR DECLARAÇÃO NEGOCIAL

Parece, assim, de concluir que, ao menos à primeira vista, a via paralela, neste domínio, à obrigação de declaração negocial é a da opção.

5. Temos até agora tido em conta a hipótese de contrato unilateralmente devido por força de outro contrato. Na medida em que, em geral, se puder admitir a constituição de obrigações por negócio unilateral e, em particular, de obrigação de contratar, põe-se a questão de se haverá ainda aí, e qual, via paralela.

Em relação a este caso, não pode sequer pensar-se em negócio sujeito a condição potestativa, pois que a via paralela terá de assentar em um negócio unilateral.

A solução que à primeira vista aparece mais correcta é a de ver a via paralela na *proposta irrevogável*. Tem a seu favor, nomeadamente, o facto de esta ser em regra tomada como figura muito semelhante à da opção, essencialmente semelhante mesmo, apenas se diferenciando por a irretratabilidade se fundar numa declaração unilateral do promitente e não num acordo[121] – o que corresponde, aliás, perfeitamente à diversidade das fontes da obrigação de declaração negocial. Dela resulta também ficar o destinatário investido na "faculdade" de por si só obter os efeitos contratuais, mantendo a garantia de que sem a sua vontade se não produzirão.

6. Consideremos em particular a hipótese do contrato bilateral clássico. Ao procurar a recondução da obrigação de declaração negocial ao negócio definitivo, a doutrina manteve sempre, nos casos de contrato unilateralmente devido, fosse através do negócio sujeito a condição potestativa, fosse através da opção, algum respeito pela ideia de garantia da possibilidade – pelo facto de ela ser nesses casos de obrigação de declaração negocial mais do que nunca evidente. Já no que respeita ao contrato bilateralmente devido, a recondução fez-se, com frequência, pura e simplesmente ao negócio definitivo – também porque aí o aspecto de protecção de possibilidade aparece menos claro. No entanto, já o vimos, a protecção do interesse operada pela obrigação de declaração negocial é uma protecção como possibilidade e é-o ainda nestes casos. O que neles há de particular é que essa protecção como possibilidade é *dupla* e *recíproca*. Sobre a mesma situação da vida – efeitos jurídicos – vêm a incidir

---

[121] TAMBURRINO, *ob. cit.*, págs. 23 ss.

dois interesses que são um e outro protegidos e protegidos como possibilidade. Por isso cada um dos sujeitos dispõe da possibilidade de actualização e, consequentemente, nenhum dispõe da possibilidade exclusiva. Deste modo, a via paralela só poderá encontrar-se em algo que assegure a ambos a garantia como possibilidade da produção dos efeitos.

Ainda aqui poderia tentar-se o caminho da condição potestativa. Haveria um contrato subordinado, não unitariamente à vontade das duas partes, é evidente, mas a condição potestativa alternativa, à vontade de uma delas. Seria uma condição que se preencheria com a vontade de uma só das partes, mas com a de qualquer delas. No entanto, as razões que levaram atrás a afastar a hipótese do negócio condicional valem aqui. E o caminho tem que ser abandonado.

Também agora, em qualquer caso, a situação prática que a conceituação de negócio sob condição potestativa alternativa pretenderia assumir não deixa de ser socialmente relevante. É sem dúvida socialmente relevante o interesse das partes em cada uma ficar com a «faculdade» de por sua só vontade obter os efeitos. E a razão que afasta a possibilidade de configuração como negócio condicional é ainda aqui a mesma: a de não se poder considerar a declaração de vontade actuadora daquela faculdade como facto acessório. A situação prática não é, por outro lado, essencialmente diversa daquela sobre que incidia a opção. Em ambas se investem sujeitos na «faculdade» de obter os efeitos contratuais; a diferença está tão só em que ali apenas uma «faculdade» existe, ao passo que aqui as «faculdades» serão duas. Por isso, se a opção é capaz de abranger aquela outra situação prática, deverá também, olhadas as coisas sem preconceitos, ser capaz de alcançar esta. Parece assim que haverá de se conceber, como via paralela da obrigação de declaração negocial nestes casos, a opção, mas como *opção dupla* ou *opção recíproca*. Até porque será isso que corresponderia à deslocação da condição alternativa para o domínio dos factos principais[122].

7. Parece, assim, que na zona correspondente ao contrato devido por força de negócio (entre vivos), é nas figuras da opção, como opção simples e dupla, e da

---

[122] Já se viu que FREDERICO DE CASTRO reconduzia a promessa bilateral a uma hipótese de opção para ambas as partes, o que designamos no texto como opção dupla ou recíproca – cfr. nota (100).

OBRIGAÇÃO DE EMITIR DECLARAÇÃO NEGOCIAL

proposta firme, enquanto realidade tida como essencialmente semelhante à opção, que se encontra a via paralela da obrigação de declaração negocial. Podemos dizer que o caminho correspondente está na opção, entendida em sentido amplo, capaz de abranger a própria proposta irrevogável. Põe-se agora a questão de se determinar em que, precisamente, a opção (em sentido amplo) consiste.

A doutrina não assinala em regra a dupla opção. E mesmo quando a assinala não a toma em consideração na construção do conceito. Por isso temos, na exposição doutrinária, de nos restringir às concepções relativas à opção simples e à proposta irrevogável.

Podemos sintetizar as várias concepções[123] sobre a opção em dois grupos:

1 – Num primeiro enquadram-se as teorias que integrem o fenómeno da opção no desenvolvimento da *"fattispecie"* geradora dos efeitos jurídicos.

Dentro deste grupo podem distinguir-se basicamente duas variantes:

a) – O negócio de opção é o próprio contrato sujeito a condição suspensiva potestativa (mera); o exercício da "faculdade" de opção representa apenas a realização da condição.

b) – O negócio de opção assenta na formulação de uma proposta de contrato e traduz-se em um acordo pelo qual as partes lhe conferem carácter irrevogável; o exercício da "faculdade" de opção vem a ser o exercício da genérica faculdade de aceitar com o traço particular de a proposta que se aceita ser irrevogável[124].

---

[123] Veja-se, para uma indicação pormenorizada, TAMBURRINO, *ob. cit.*, pp. 40-41.

[124] FORCHIELLI assume uma posição curiosa. Segundo ele, a *"fattispecie"* da opção tanto cabe no conceito do opção (na variante indicada na al. b)) como no de contrato sob condição potestativa suspensiva, não sendo possível distinguir uma figura da outra independentemente das regulamentações. Uma vez, porém, que o Código Italiano prevê em disposições diversas essa mesma *"fattispecie"* – arts. 1331º (opção) e 1355º (condição potestativa) – e que os regimes jurídicos são diferentes, duas soluções se apresentam: a) admitir que os dois artigos se excluem mutuamente, no sentido de que a Ordem Jurídica assinala a cada um um campo exclusivo de aplicação (e nesse caso deverá procurar-se na vontade objectiva da lei a razão da dupla qualificação); b) admitir que os dois artigos se integram mutuamente, no sentido de que ambos regulam a mesma *"fattispecie"* (e então deverá procurar determinar-se para quais efeitos a mesma previsão de facto e regulada pelo art. 1331º e para quais outros pelo art. 1355º). É o segundo caminho que o autor acaba por considerar dever ser seguido: enquanto de um lado o art. 1355º exclui a possibilidade de que a *"fattispecie"* do contrato com cláusula *si volam* seja qualificada como válido contrato condicionado, doutro lado o art. 1331º salva a função da opção (ainda que restringindo-lhe os efeitos), construindo-a como proposta contratual irrevogável. Reconhece, contudo, que ainda que sem lógica, o Código Italiano, ao considerar

ADMISSIBILIDADE E FUNDAMENTO DA OBRIGAÇÃO DE DECLARAÇÃO NEGOCIAL

2 – Num segundo grupo caberão as concepções que enraízem a opção num momento anterior ao início da *"fattispecie"* dos efeitos jurídicos finais, actuando o negócio de opção relativamente a essa *"fattispecie"*.

Dentro deste grupo, porém, só tem surgido, que saibamos, a formulação, bastante vaga, que assimila a opção à promessa unilateralmente vinculante de contrato.

Paralelamente, idênticos grupos de concepções se podem apresentar a respeito da proposta irrevogável. A diferença estará em que, naturalmente, a consideração, incluída no primeiro grupo, da opção como contrato condicional nunca poderá sequer aventar-se aqui[125].

A configuração da opção como contrato condicional fica rejeitada por tudo o que a respeito da condição potestativa se disse. A assimilação à promessa uniteralmente vinculante de contratar tem também de ser liminarmente afastada por, nos casos de opção ou de proposta firme, não haver necessidade de qualquer nova declaração de vontade do sujeito sacrificado. E nem sequer se podem conceber como hipóteses de obrigação negativa, de obrigação de não retirar a proposta. O sujeito sacrificado não está obrigado a não retirar, antes a retratação é ontologicamente impossível. Há uma ausência de possibilidade da produção dos efeitos próprios da retratação, uma ausência de *posse*. Fica assim, para apreciar, a concepção, que é aliás a dominante, de que a faculdade do optante e do destinatário de proposta firme resultam da irrevogabilidade da proposta, originada em acordo ou em acto unilateral.

Esta doutrina de que a faculdade de opção (em sentido lato) resulta do facto de uma proposta de contrato se tornar irrevogável envolve, em ultima análise, a ideia de que o negócio de opção não gera nenhuma protecção específica para o optante de um interesse na produção dos efeitos jurídicos (como possibilidade).

Qualquer contraente tem, desde que o contrato seja lícito, tutelado um interesse na produção dos efeitos jurídicos. Essa tutela, porém, não é exclusiva, mas plural. Protege-se não exclusivamente o interesse de um contraente na produção dos efeitos, mas simultaneamente os interesses de ambos nesta produção. A tutela, depois, é, além de plural, indivisível. Só na medida

---

válida a condição potestativa a *parte creditoris* leva a, nesse caso, qualificar a situação de facto não como opção mas como contrato condicionado (*ob. cit.*).

[125] Sobre as concepções acerca da proposta irrevogável, TAMBURRINO, *ob. cit.*, pp. 24-25.

OBRIGAÇÃO DE EMITIR DECLARAÇÃO NEGOCIAL

em que ambos quiserem realizar os seus interesses, os efeitos se produzirão. Quer dizer: para a produção dos efeitos jurídicos não se pode atender apenas ao interesse de um em tal produção, tem de se atender aos interesses de ambos e partir deles. Por isso se requer a vontade dos dois e vontade juridicamente livre. Em suma; o direito potestativo de celebrar um determinado contrato é um *direito colectivo*[126].

Na opção (em sentido lato), entendida segundo a concepção em apreço, nada disto é alterado. A protecção dos interesses na produção dos efeitos é, mesmo do ponto de vista do optante, plural indivisível. É certo que, a partir do negócio de opção assim entendido, só o interesse do optante decidirá da produção dos efeitos. Isso é desse modo, porém, apenas porque o interesse do outro contraente já decidiu. A protecção singular do interesse do optante é mera aparência que resulta de uma *décalage* juridicamente consagrada entre as duas manifestações de vontade que integram o contrato. A vontade do outro contraente é, primeiro, livre. Depois, vem a ser causa directa da produção dos efeitos em pé de igualdade com a do optante. Não há sequer relevância especial de vontade do optante que pudesse exprimir uma específica protecção do seu interesse. A aparente específica relevância da vontade do optante é apenas relevância de facto ou, mais rigorosamente, relevância indirecta e reflexa, resultante de a outra declaração de vontade estar fixa, e não verdadeira e própria relevância específica. O que em última análise, com a opção, assim entendida, se protege é não o interesse do optante na produção dos efeitos – já está tutelado e a tutela mantém-se nos mesmos termos – mas um interesse lateral, o *interesse na estabilidade da proposta*. O que se garante, no fim de contas, é a *confiança* do optante[127].

Muito diversamente se passam as coisas na obrigação de declaração negocial. Aí surge efectivamente uma forma específica de protecção do interesse do credor na produção dos efeitos jurídicos. Antes da obrigação, a protecção do interesse encontra-se feita de modo plural indivisível. A partir da obriga-

---

[126] Sobre o conceito de obrigação colectiva (activa ou passiva) e, portanto, implicitamente, de direito colectivo, Prof. GALVÃO TELLES, *Lições de Direito das Obrigações* ao 3º ano jurídico de 1946-49, coligidas por FERNANDO PESSOA JORGE, pp. 153 ss.

[127] Deste modo, não é, em consequência, estritamente rigorosa a afirmação por vezes feita pelos defensores desta concepção de que o negócio de opção gera um direito potestativo. Direito potestativo existirá num sentido, mas é idêntico ao que existia antes de opção, entendida nesta acepção.

ção, nos casos de contrato unilateralmente devido, seja por força de contrato seja por força de negócio unilateral, a protecção do interesse do devedor continua a aparecer indivisível da do credor. Mas a tutela do interesse deste torna-se autónoma em relação ao interesse do devedor, torna-se singular. O credor passa a ver garantido (juridicamente) o seu interesse na produção dos efeitos independentemente da atitude que o devedor queira tomar.

Esta diversidade de significado, no próprio aspecto da função e não só do meio, entre a opção (e a proposta irrevogável), entendidas segundo a doutrina em apreciação, e a obrigação de declaração negocial não é fruto de mera construção teórica, antes se apoia em funções práticas diferentes que reclamam regimes jurídicos distintos. Tomemos apenas um ponto, por ser bem elucidativo: o da transmissão entre-vivos.

A obrigação de declaração negocial é transmissível entre vivos em termos que se podem sintetizar assim: a transmissão passiva exige sempre, como em geral, o consentimento do credor; a transmissão activa exige o consentimento do devedor quando o credor houver de assumir dívidas na situação definitiva; não o exige quando não houver de assumi-las[128].

Ora, na opção, entendida nos termos em causa, e independentemente da própria questão conceitual de saber se ficar outrem que não o destinatário da proposta com faculdade de aceitar ou outrem que não o proponente na situação de se não poder opor à produção dos efeitos pode configurar-se como verdadeira transmissão (é necessária uma alteração da própria proposta para que mútuo consenso possa existir), não se pode aceitar que em caso algum ao optante seja lícito "transmitir" sem a autorização do devedor[129]. E compreende-se bem porquê: ao optante a única coisa que se garante, na situação prática definida pela conceituação *sub judice*, é a estabilidade da proposta. Isso não o autoriza a dispor dela. Não fica a "possuir", em termos incorrectos mas sugestivos, um "direito sobre ela", a proposta "não fica sendo sua". O optante não fica a poder mais do que completar ou deixar de completar o contrato[130].

---

[128] *Infra*, cap. II, Secção II, A).

[129] A não ser, evidentemente, que se trate de proposta para pessoa a designar, em que, precisamente, pode designar a pessoa. Sobre a proposta para pessoa a designar TAMBURRINO, *ob. cit.*, pp. 50-51.

[130] Expressamente declarando intransmissível a proposta irrevogável sem vontade do proponente (aliás, proposta, legalmente irrevogável, pois é esse o princípio do Direito alemão – § 145 do B.G.B.), veja-se VON THUR, *ob. cit.*, II 2, § 62, pp. 147-148. Mesmo naqueles casos em que existe vontade do proponente, sempre haverá que saber se de verdadeira transmissão

OBRIGAÇÃO DE EMITIR DECLARAÇÃO NEGOCIAL

Confirma-se, assim, que, enquanto na obrigação de declaração negocial há uma verdadeira protecção específica de um interesse na produção dos efeitos, na irrevogabilidade da proposta não há mais do que a genérica protecção que apenas assume um aspecto particular pelo facto de um dos elementos actuadores dos efeitos já estar fixado.

Isto tudo não quer dizer que a situação prática a que corresponde o conceito que referimos de opção não possa ser merecedora de tutela pela Ordem Jurídica. Quer dizer apenas, e é o que importa, que tal situação não pode representar a via paralela da obrigação de declaração negocial.

8. Cremos, contudo, que há ainda outra coisa que reconhecer: que a conceituação da opção a partir da estabilidade da proposta não abrange todas as situações prático-jurídicas que de opção se designaram – todas as situações em que (não referindo por enquanto a dupla opção) um sujeito que seria parte de um contrato fica com a "faculdade" de obter os efeitos contratuais por sua só vontade, não podendo o outro evitá-lo.

Há duas razões que convencem disso. Temos, em primeiro lugar, o facto de muitas vezes se apresentar manifestamente injusta a intransmissibilidade *inter-vivos* total da "faculdade" de opção que levou a prática, primeiro, e depois a doutrina a começarem a reconhecê-la[131]. Isso quer dizer que muitas vezes não se quer apenas a estabilidade da proposta, quer-se antes conceder ao interesse do optante na produção dos efeitos uma protecção mais profunda.

Temos, em segundo lugar, o fenómeno da dupla opção. Disse-se já que não se encontrava razão para deixar de considerar socialmente relevante o interesse das partes em ficar cada uma de per si com a "faculdade" de obter os efeitos jurídicos. E viu-se também que a situação não era essencialmente diversa da que, numa caracterização elementar, se encontrava sob a designação de opção. Apenas que, em vez de uma só, duas "faculdades" recíprocas se constituíam. Ora, nunca a partir da ideia de definitividade da proposta se podem abranger estes casos de dupla opção. Haveria duas declarações de vontade irrevogáveis e, portanto, o contrato estaria perfeito. Disto resulta, logo, que, pelo menos na dupla opção, a constituição das «faculdades» há-de ter

se trata ou antes de proposta para pessoa a designar, proposta a mais de uma pessoa ou nova proposta, segundo as circunstâncias.

[131] Veja-se FREDERICO DE CASTRO, *est. cit.*, pp. 50-51.

ADMISSIBILIDADE E FUNDAMENTO DA OBRIGAÇÃO DE DECLARAÇÃO NEGOCIAL

significado diverso da irretratabilidade da proposta[132]. E também, porque se não vê que, podendo aqui as «faculdades» surgir de maneira diferente da da estabilidade da proposta, o mesmo não se possa passar quando a «faculdade» haja de ser única. Disto resulta que as hipóteses designadas geralmente de opção (simples) não são homogéneas, havendo umas que se poderão traduzir em uma irrevogabilidade da proposta, outras em uma constituição por modo diverso da «faculdade» de obter os efeitos.

Em suma: por detrás da palavra opção surgem duas realidades aparentemente semelhantes mas verdadeiramente dissemelhantes – uma que se caracteriza por irrevogabilidade de uma proposta, outra que tem de receber caracterização diversa.

Mas, importa sabê-lo ou, mais rigorosamente, começar a sabê-lo: que caracterização?

Quando se procuraram sistematizar as concepções relativas à opção, fez-se uma distinção, que é dicotómica, entre dois grupos de doutrinas, consoante o fenómeno da opção é inserido no desenvolvimento da *"fattispecie"* geradora dos efeitos ou é enraizado num momento anterior ao início da *"fattispecie"*, actuando sobre ela.

Dentro do primeiro grupo apareciam duas formulações: contrato condicional, proposta tornada definitiva. E não há possibilidade de outra. Se o fenómeno da opção se insere no desenvolvimento da *"fattispecie"* dos efeitos jurídicos, é necessário que esta já tenha começado e ainda não tenha acabado. Para ter começado é preciso que já exista proposta. Para ainda não ter acabado é necessário que falte ou a aceitação (segunda formulação) ou, existindo esta, um facto condicionante (primeira formulação). Ora, se a consideração como contrato condicional foi liminarmente rejeitada e se se concluiu que a consideração radicada na ideia de irrevogabilidade da proposta deixa de fora um tipo de casos, necessário se torna inferir que a caracterização destes tem de ser feita a partir de uma ideia que enraíze a opção num momento ante-

---

[132] FREDERICO DE CASTRO, embora reconhecendo a possibilidade da dupla opção, não entra verdadeiramente no problema da configuração da opção – não chegando sequer a mencionar a sua consideração como proposta irrevogável – dizendo apenas que o optante fica investido numa faculdade, a qual não representa propriamente um direito potestativo (categoria que o autor não aceita), que fica com o "poder de exigir" que se constitua um vínculo obrigatório (pág. 41) – nunca mais do que indicações imprecisas e, mesmo, menos correctas.

OBRIGAÇÃO DE EMITIR DECLARAÇÃO NEGOCIAL

rior ao início da *"fattispecie"* que conduz aos efeitos finais, dentro portanto do segundo grupo de doutrinas.

Neste segundo grupo, no entanto, só vimos existir uma formulação, a que identificava a opção com promessa unilateralmente vinculante de contratar, formulação inaceitável. Necessário, é pois, procurar outra.

O simples facto, porém, de os casos em questão terem de ser conceituados dentro deste segundo grupo logo mostra uma coisa; que aqui a protecção do interesse na produção dos efeitos há-de ser uma *protecção específica,* não o resultado de uma mera *décalage* entre os elementos da *"fattispecie".* Isto está aliás plenamente de acordo com a necessidade que se sentiu de, em certos limites, permitir a transmissão da "faculdade" de opção independentemente da autorização de quem a ela estiver sujeito.

Os casos agora em apreciação têm com todos os casos genericamente designáveis pela palavra opção (em sentido lato) algo de comum, numa caracterização elementar: a circunstância de um sujeito ficar com a"faculdade" de, por sua só vontade, vir a obter a produção dos efeitos próprios do contrato. Em um grupo de hipóteses vimos que essa "faculdade" não representava mais que o poder contratual que o sujeito já possuía antes da opção, ficando os efeitos dependentes exclusivamente do seu exercício apenas por virtude de o poder contratual (a medida de poder contratual) do outro sujeito já ter sido exercido e tê-lo sido de forma irrevogável. Nestas hipóteses, a causa directa dos efeitos é constituída pelas duas declarações de vontade, a proposta e a aceitação, e não apenas pela do optante. Desde que, no outro grupo de casos, tem de se enraizar a opção num momento anterior ao início da *"fattispecie"* dos efeitos finais e desde que, depois de constituída, numas hipóteses como noutras, a "faculdade" de opção, fica a bastar a vontade do optante para que os efeitos se produzam, a conclusão que tem de se tirar é a de que, no segundo grupo de casos, por força do negócio de opção, a *"fattispecie"* dos efeitos é *alterada, passando a ser constituída apenas pela declaração de vontade do optante e não por proposta e aceitação.* Neste segundo grupo de situações a opção traduz-se portanto em modificar uma *"fattispecie"* de determinados efeitos, *transformando-a de contratual em negocial unilateral.* A causa directa dos efeitos passa a ser apenas a declaração do optante, ficando o negócio de opção como fundamento da especial relevância que vem a assumir aquela declaração de vontade.

Compreende-se agora perfeitamente o fenómeno da dupla opção. Se a causa dos efeitos é constituída por uma declaração de vontade unilateral e não por proposta e aceitação, nada já impede que os efeitos fiquem a depender de duas declarações unilaterais, no sentido de dependerem de uma ou de outra. Qualquer dos negócios unilaterais de um ou outro sujeito fica sendo apto a, por si, produzir os efeitos.

O negócio jurídico é exercício de um poder de produzir efeitos jurídicos. Antes do negócio de opção, os efeitos tinham um pressuposto contratual. Por isso, o poder de produzir efeitos era colectivo, e colectivo era o direito potestativo que o integrava (supondo que se deva caracterizar como direito potestativo a expressão da mera autonomia privada). Depois do negócio de opção os efeitos passam a ter na base (ou, melhor, a também poder ter na base) um negócio unilateral. O poder de produzir efeitos jurídicos torna-se singular, para quem o detém, e singular se torna o direito potestativo que integra.

O segundo grupo de casos de opção traduz-se assim na *constituição para um sujeito de um direito potestativo (singular)* que é – pelo menos na medida em que se torna singular – parcialmente novo em relação ao anterior. Na dupla opção as coisas não se alteram, tão só que em vez de um direito singular surgem dois, um de cada sujeito.

É exactamente neste sentido que se pode dizer que a opção representa a via paralela da obrigação de declaração negocial. Numa como noutra se protege como possibilidade e de modo específico (já não indivisível) o interesse de um sujeito na produção de determinados efeitos jurídicos.

E na dupla opção não há mais do que a constituição, em vez de um só direito potestativo, de dois, recíprocos, como no caso de contrato bilateralmente devido há, em vez de uma obrigação de declaração negocial, duas, recíprocas[133]. A diferença entre as duas vias está em que na da obrigação de declaração negocial não se modifica a causa dos efeitos jurídicos, embora se proceda à sua modelação, orientando-a em função daquela protecção, ao passo que na do direito potestativo se altera a própria causa dos efeitos em função de tal protecção.

O *negócio de opção* aparece como via paralela, por sua vez, do negócio-promessa de contrato. Um e outro são *negócios preliminares* na medida em que são negócios indirectamente referidos a efeitos jurídicos finais, através de uma directa referência à causa desses efeitos.

---

[133] Evidentemente que a situação se poderia complicar através da intervenção de mais de dois sujeitos. O que sempre importa é o carácter ao menos parcialmente novo da protecção.

OBRIGAÇÃO DE EMITIR DECLARAÇÃO NEGOCIAL

Convém, agora, para finalizar, fixar a terminologia que nos parece melhor e, ao mesmo tempo, precisar algumas noções que se têm utilizado.

Para as hipóteses que se caracterizam por a "faculdade" de um sujeito de por sua só vontade produzir os efeitos resultar da irrevogabilidade da proposta, parece-nos de reservar as expressões *proposta firme* ou *proposta irrevogável*. O sentido das expressões é perfeitamente adequado às situações em causa. Unicamente, agora a ideia de proposta irrevogável não estará necessariamente ligada à de a irrevogabilidade resultar de acto unilateral. A medida em que a irrevogabilidade possa basear-se em acto unilateral e aquela em que possa ou tenha de basear-se em acto bilateral como, mesmo em geral, a medida em que possa admitir-se a irrevogabilidade da proposta são questões a resolver por cada Direito Positivo e que nos não interessam neste estudo.

Para aqueles casos em que a "faculdade" de um sujeito, por si só, obter os efeitos se traduz num parcialmente novo poder de produzir efeitos jurídicos, para aqueles casos em que há uma protecção específica do interesse na produção dos efeitos, parece-nos ser de reservar a palavra *opção*. Também aqui, agora, a ideia de opção não estará logicamente conectada com a natureza unilateral ou bilateral do negócio de opção. Nomeadamente, o limite em que o direito potestativo poderá resultar de negócio unilateral (daquele que ficará sujeito) é questão a resolver nos termos gerais da possibilidade de vinculação (originária) por negócio unilateral, nos mesmos termos portanto que em que haja de decidir-se a possibilidade de através dele se constituir obrigação de declaração negocial[134].

---

[134] Esta distinção que fazemos entre as situações em que há uma verdadeira protecção específica do interesse na produção dos efeitos jurídicos – as situações de opção – e aquelas em que há uma mera protecção da confiança, do interesse na estabilidade da proposta – situações de proposta irrevogável – julgamos mostrar-se particularmente útil, e a terminologia utilizada particularmente adequada, na interpretação do direito italiano, o único, pelo menos dos direitos continentais, que, ao que cremos, regula expressamente a figura da opção.
Dispõe o art. 1329º do Codice Civile, sob a epígrafe *"proposta irrevocabile"*: *"Se il proponente si è obbligato a mantenere ferma la proposta per un certo tempo, la revoca è senza effetto.*
Nell'ipotesi prevista dal comma precedente, la morte o la sopravvenuta incapacità del proponente non toglie efficacia alla proposta, salvo che la natura dell'affare o altre circostanze escludano tale efficacia".
Afirma, por sua vez, o art. 1 331º sob a epígrafe *"opzione"*:
"Quando le parti convengono che una di esse rimanga vincolata alla propria dichiarazione e l'altra abbia facoltà di accetarla o meno, la dichiarazione della prima si considera quale proposta irrevocabile per gli effeti previsti dall'art. 1329.
Se per l'accettazione non è stato fissato un termine, questo può essere stabilito dal giudice".

ADMISSIBILIDADE E FUNDAMENTO DA OBRIGAÇÃO DE DECLARAÇÃO NEGOCIAL

Perante estas disposições, a doutrina italiana foi levada a consagrar plenamente a ideia do-minante já anteriormente ao Código de 42 de que a proposta irrevogável e a opção se distin-guem apenas pelo facto de a primeira ter na base um acordo (cfr. FORCHIELLI, *ob. cit.*, pág. 799, e TAMBURRINO, *est. cit.*, pp. 37-38).

Perante tal ideia, no entanto, logo uma questão surge: o que vem fazer, na opção, a vontade do optante (na constituição da própria opção) se, para que a proposta se torne definitiva, basta a vontade da outra parte?

TAMBURRINO toma em conta o argumento, mas diz que, atendendo ao princípio da auto-nomia contratual, se pode alcançar o mesmo efeito tanto por declaração unilateral como por contrato (pp. 46-47). FORCHIELLI reconhece que se não houvesse qualquer diversidade nos efeitos não haveria razão alguma para a opção. Procura então (p. 800) encontrar essa diversidade no regime do prazo da irrevogabilidade da proposta. Enquanto na opção, se as partes não fixarem um prazo de definitividade da proposta, este é estabelecido pelo juiz (art. 1 331º, «in fine»), na proposta irrevogável a proposta só se torna definitiva se o declarante determinar o tempo durante o qual é irrevogável (art. 1 329º "se il proponente si è obbligato a mantenere ferma la proposta per un certo tempo,..."). O argumento de TAMBURRINO de que, por força do princípio da autonomia, as partes poderão conseguir o mesmo efeito quer por negócio unilateral, quer por contrato, parece-nos que representa manifesto sofisma. O existir autonomia, não dispensa a lei de definir se o efeito se há-de produzir por declaração unilateral ou contrato. Pode haver casos em que a lei, não exigindo a declaração de vontade de um sujeito para a produção de determinado efeito, conceda, no entanto, a essa decla-ração de vontade, no caso de existir, relevância. É claro, porém, que para que relevância haja necessário se torna que existir a declaração de vontade possua qualquer influência no regime dos efeitos. Essa influência apenas poderá revelar-se, aqui, no ponto, assinalado por FORCHIELLI, do prazo. Apesar da opinião em contrário de TAMBURRINO, que se funda em que o art. 1 183° estabelece o princípio geral da definição do prazo pelo juiz (*ob. cit.*, pp. 38-39), parece-nos que FORCHIELLI tem razão, embora haja que atender também à natu-reza do negócio e dos usos, por analogia com o disposto no art. 1333º. Dum lado, existem as disposições expressas dos arts. 1 329º e 1 331º. Doutro lado, o art. 1 183º refere-se apenas a integração pelo juiz do prazo do cumprimento de obrigações. O que sucede, contudo, é que se não vê a razão pela qual, no caso de a definitividade derivar da mera declaração unilateral, haja necessidade de fixação pela parte do prazo da irrevogabilidade e tal necessidade não exista no caso de a definitividade derivar de contrato. Nem a justificação de FORCHIELLI (*est. cit.*, p. 801) pode convencer. Se o regime, quanto ao prazo, é efectivamente diverso, essa diversidade há-de radicar-se em uma diferença entre a proposta irrevogável e a opção mais séria que o simples facto de derivar de negócio unilateral ou de contrato, há-de resultar de uma diferença de fundo.

Se se atentar no teor literal dos arts. 1 329º e 1 331º, logo se vê que não há qualquer ra-zão para se identificar *"quoad effectum"*, independentemente do aspecto restrito do prazo, a proposta irrevogável e a opção. Há-de haver alguma semelhança, que se manifesta no facto de o art. 1 331º dizer, ainda que não muito correctamente, *"quando le parti convengono che una di esse rimanga vincolata alla propria dichiarazione"*, e no de afirmar que *"Ia proposta della prima se considera quale proposta irrevocabile per gli effeti previsti dall'art. 1329"*. Mas, do mesmo passo, a letra das disposições exclui uma identidade de conteúdo entre a proposta irrevogável e a opção. Em primeiro lugar, se identidade de conteúdo houvesse, era natural que a proposta irrevogável e a opção se encontrassem reguladas em uma mesma disposição. Em segundo

OBRIGAÇÃO DE EMITIR DECLARAÇÃO NEGOCIAL

A ideia de opção – que poderá ser, como vimos, *simples* ou *dupla*, correspondendo a primeira ao contrato unilateralmente devido, a segunda ao contrato bilateralmente devido – refere-se a uma realidade complexa que pode desdobrar-se fundamentalmente em um *poder de opção* – o poder de produzir efeitos de direito –, com a correspondente sujeição, um *direito de opção* direito potestativo, integrado por aquele poder –, com a correspondente situação de sujeição, e um *negócio de opção*, fonte do poder e do direito, negócio preliminar.

9. O campo onde a ideia de condição como determinante do caminho paralelo ao da obrigação de declaração negocial parece ter maior viabilidade é o correspondente às obrigações de declaração negocial para com terceiro.

lugar, o art. 1 331º não diz que a opção é proposta irrevogável (criticando-o por isso mesmo, FORCHIELLI, *est. cit.*, p. 799, e VALERI, *Manuale di Diritto Commerciale*, II, 1945, p. 120, aí citado; cfr. TAMBURRINO, *ob. cit.*, p. 38, nota (2)). Se se tiver em conta a distinção que fizemos entre as situações que designámos de proposta irrevogável e de opção, segundo a qual na proposta irrevogável há uma definitividade da proposta, protegendo-se apenas a confiança do destinatário, ao passo que na opção há verdadeira protecção de um interesse na produção dos efeitos, verdadeira constituição de um direito ao menos parcialmente novo, já se compreende perfeitamente não só o teor literal das disposições dos arts. 1 325º e 1 331º do Código Italiano, como os próprios factos de a proposta irrevogável envolver mero negócio unilateral e de a opção exigir contrato, por um lado, e de na proposta o juiz não poder definir o prazo, podendo fazê-lo na opção.

Na opção há verdadeira constituição de um direito subjectivo e, por isso, dentro do sistema geral da lei italiana (cfr. art. 1 987º), a constituição do direito não pode operar-se sem que o titular futuro do direito a aceite. Na proposta irrevogável não há qualquer constituição de um direito, não há qualquer interferência na esfera jurídica do destinatário da proposta – compreende-se, por isso, que não seja necessária ou relevante a vontade do destinatário. Isto é, aliás, confirmado pela disposição do art. 1 333º que estabelece que a proposta de que derivem obrigações só para o proponente é por lei irrevogável.

Por outro lado, porque da opção nasce um verdadeiro direito subjectivo, ainda que não de crédito, compreende-se que a lei alargue a ela o poder que ao juiz concede de definir o prazo quanto ao cumprimento das obrigações (art. 1 183º). Já na proposta irrevogável, porque não há aí qualquer constituição de um direito subjectivo, ao juiz não é lícito determinar o prazo, podendo atender-se apenas ao prazo determinado pela parte (art. 1 329º) ou ao que resultar da natureza do negócio ou dos usos (art. 1 333º).

Sendo assim, podemos adquirir inclusivamente a segurança de que a distinção que defendemos no texto está consagrada na única lei que, ao que sabemos, regula genericamente a figura da opção e que, mesmo, a terminologia que preferimos é aquela que aí se utiliza.

Aí, na verdade, ainda que a condição consistisse num puro acto de vontade, não se trataria de um acto de vontade das partes e por isso de condição potestativa.

No entanto, desde logo o recurso à ideia de negócio condicional surge de todo impossível quando esteja em jogo um contrato só unilateralmente devido para com terceiro ou, ainda que bilateralmente devido, devido por uma e outra parte por força de negócios diferentes. Aqui, por definição, o contrato sob condição não se poderia formar, ou por só participar uma parte ou por uma e outra não participarem unitariamente, dirigindo-se reciprocamente declarações.

Para além destes casos, todavia, ainda quando se trate de negócio unilateral ou de negócio bilateral devido por ambas as partes por força de um único negócio, se nos afigura inaceitável a utilização da ideia de negócio condicional com a finalidade de encontrar a via paralela da obrigação de declaração negocial.

O facto de a vontade de um sujeito ser condição de efeitos jurídicos não representa de modo algum um modo de protecção de um interesse seu nesses efeitos. Mesmo que, em última análise, ele possa acabar por decidir apor ou não a condição segundo as suas conveniências, a realização dos seus interesses é mero acidente. Repare-se em que, primeiro, o terceiro não tem que participar nem pode fazê-lo no negócio condicional. Depois, o autor ou autores de negócio condicional poderão, se tiverem nos termos gerais esses direitos, revogar o negócio, torná-lo incondicional ou modificar subjectiva ou objectivamente a condição sem que o terceiro a isso se possa opor. Finalmente, a «faculdade» de preencher a condição não é de modo algum transmissível.

Ainda aqui a via paralela à obrigação de declaração negocial *é a da constituição para o terceiro de um poder de produzir efeitos de direito integrador de um direito potestativo*. O terceiro ficará, do mesmo modo que na obrigação de declaração negocial, com o seu interesse na produção dos efeitos protegido e protegido como possibilidade. A diferença entre uma e outra via continuará a encontrar-se no facto de na obrigação de declaração negocial se não alterar a causa dos efeitos, modelando -a apenas através da sua orientação para a realização daquele interesse, enquanto que na constituição do direito potestativo se altera a própria causa da produção dos efeitos.

Evidentemente que há aqui particularidades em relação ao que se passa paralelamente aos casos de contrato unilateral ou bilateralmente devido em que o credor ou os credores sejam partes, particularidades ligadas às especiais circunstâncias de cada um dos casos.

OBRIGAÇÃO DE EMITIR DECLARAÇÃO NEGOCIAL

Assim, aqui ao contrário dali, a protecção do interesse é não só parcialmente mas totalmente nova porque não havia, por definição, qualquer tutela do interesse do terceiro na produção dos efeitos.

Por outro lado, se, nas hipóteses correspondentes às de negócio unilateral devido e de contrato bilateralmente devido, o terceiro fica constituído num poder de, por si só, obter os efeitos, na correspondente à de contrato unilateralmente devido fica só com o poder de, em conjunto com a outra parte, produzir os efeitos, porque a parte sujeita não pode constituir mais poder do que aquele que possui. No entanto, sempre, mesmo neste último caso, a protecção do interesse é específica porque a medida do poder em que o sujeito fica investido é para ela nova.

Tudo isto não impede, contudo, uma unidade essencial de todos estes casos, fosse ou não o titular do direito terceiro em relação ao negócio final: em todos eles se protege um interesse na produção de efeitos através da constituição de um poder ou de uma medida de poder que não existia.

Pode, em face desta unidade essencial, perguntar-se se não deverá utilizar-se ainda aqui o termo "opção". É verdade que a identidade fundamental das situações justifica uma designação única. No entanto, a palavra opção está tradicionalmente ligada a duas ideias, uma das quais impede a sua aplicação a estes últimos casos. As duas ideias são a de ter fonte em negócio entre-vivos, o que ainda aqui se passa, e a de não representar uma protecção do interesse na produção dos efeitos totalmente nova, isto é, de o optante já possuir, antes do negócio de opção, um poder, ainda que parcialmente diferente, relativo aos efeitos, o que já se não verifica nestas hipóteses. Será, por isso, talvez conveniente manter o termo «opção» restrito aos casos correspondentes ao contrato unilateral ou bilateralmente devido em que o credor ou credores sejam partes, procurando-se mais tarde um outro termo que abranja todas as situações essencialmente semelhantes às de opção.

10. A via paralela da obrigação de declaração negocial *ex testamentu*, apresentem-se as situações como se apresentarem – negócio unilateral devido, contrato unilateral ou bilateralmente devido em que o credor ou os credores sejam partes ou terceiros – não pode de modo algum encontrar-se no negócio condicional. Valem aqui todas as razões já apresentadas, agravadas pela circunstância de a aceitação sucessória consistir numa declaração não recipienda.

ADMISSIBILIDADE E FUNDAMENTO DA OBRIGAÇÃO DE DECLARAÇÃO NEGOCIAL

O caminho paralelo continua a só poder encontrar-se na constituição de um poder de produzir efeitos jurídicos total ou parcialmente novo, integrador de um direito potestativo que exprime a protecção específica do interesse na produção dos efeitos. Tais direito potestativo e poder de configuração jurídica poderão assumir todas as especiais modelações que até agora vimos, de acordo com as circunstâncias.

11. No que se refere às obrigações de declaração negocial *ex lege é* evidentemente absurdo procurar o caminho correspondente na ideia de condição. A única solução que mais uma vez se apresenta é a da constituição de um poder de produzir efeitos de direito, integrador de um direito potestativo, delineados um e outro de modo particular segundo as circunstâncias.

Aqui, no entanto, põe-se um problema delicado: em que medida, configurando a lei um direito potestativo, pode saber-se se está ou não a realizar uma protecção específica do interesse na produção dos efeitos? A esta questão não temos ainda os elementos suficientes para responder. Deixemo-la, por isso, para mais tarde.

12. Podemos concluir assim que *são duas as formas de protecção específica de um interesse na produção dos efeitos jurídicos: a obrigação de declaração negocial e o direito potestativo.* A primeira caracteriza-se por se não alterar a causa dos efeitos, orientando apenas as declarações de vontade dos sujeitos cujos interesses são preteridos no sentido da realização do interesse protegido, através de um dever de declarar a vontade. A segunda caracteriza-se por alterar a causa dos efeitos, atribuindo-se à declaração negocial do sujeito cujo interesse é protegido, além do valor que porventura já tivesse, o valor que possuíam as declarações de vontade dos sujeitos cujos interesses são preteridos, constituindo-se assim para o sujeito tutelado um poder de produzir efeitos de direito ao menos parcialmente novo, integrador de um direito potestativo também ao menos parcialmente novo.

Por outro lado, os negócios fonte tanto da obrigação de declaração negocial como do direito potestativo são *negócios preliminares*, enquanto negócios em que se protege especificamente um interesse na produção dos efeitos jurídicos. Tais negócios preliminares distinguir-se-ão segundo gerem obrigações de declaração negocial ou direitos potestativos (em sentido estrito).

OBRIGAÇÃO DE EMITIR DECLARAÇÃO NEGOCIAL

13. Um aspecto acessório da protecção do interesse na produção dos efeitos, seja pela via da obrigação de declaração negocial, seja pela do direito potestativo, refere-se aos actos impossibilitadores dessa produção praticáveis pelos sujeitos dos interesses preteridos.

Tomemos dois exemplos paralelos: A obriga-se para com B a vender-lhe pelo preço Y a coisa X; A confere a B o direito de por sua vontade adquirir a propriedade da coisa X mediante a obrigação de pagar o preço Y. A pode impossibilitar a produção dos efeitos de dois modos: por exemplo, destruindo a coisa X ou vendendo-a a C. Os actos impossibilitadores podem assim ser *materiais* ou *jurídicos* e, neste último caso, nomeadamente negociais.

A protecção do interesse de um sujeito impõe para o sujeito do interesse preterido pelo menos o *dever* de não praticar actos impossibilitadores da produção dos efeitos. Na hipótese de acto material, não pode fazer-se mais, naturalmente, do que impor o dever. No caso, porém, de negócio jurídico pode tanto constituir-se o dever de omitir como estabelecer-se a invalidade do negócio[135].

Ora bem: a protecção do interesse na produção dos efeitos nas formas de obrigação de declaração negocial e de direito potestativo diverge na medida em que no primeiro caso o meio utilizado consiste no dever do sujeito sacrificado de declarar a vontade, ao passo que no segundo consiste no poder do sujeito tutelado de, por si só ou, ao menos, independentemente da vontade do sacrificado, produzir os efeitos; não divergirá agora também no modo de garantia contra os negócios jurídicos impossibilitadores praticáveis pelo sacrificado? Não será que na protecção por obrigação de declaração negocial o obrigado tenha apenas o dever de não praticar tais negócios, enquanto que na protecção por direito potestativo os negócios celebrados pelo sujeito do interesse preterido sejam inválidos?

Logicamente nada há que o imponha. Nada impede que relativamente à obrigação de declaração negocial se autorize e estabeleça a invalidade dos negócios impeditivos[136]. Pode-se escolher- a obrigação de declaração nego-

---

[135] No caso de actos jurídicos não negociais também é possível, em teoria, dispor a sua ineficácia. No entanto, por via de regra tal solução seria de todo desrazoável, enquanto a razão da produção dos efeitos não está na vontade a eles dirigida.

[136] Seguia em certa medida uma solução desta ordem o Prof. VAZ SERRA – art. 7º do articulado sobre contrato-promessa. A solução não passou, no entanto, para a 1ª revisão – Livro das Obrigações, arts. 379º e 380º.

ADMISSIBILIDADE E FUNDAMENTO DA OBRIGAÇÃO DE DECLARAÇÃO NEGOCIAL

cial por se entender que a declaração do sujeito é naturalmente a mais idónea. Isso não implica logicamente que se não possam impedir, negando-lhes validades, as declarações de vontade impossibilitadoras desse sujeito. Por outro lado, reconhecer que o facto de um sujeito ter um interesse na produção dos efeitos justifica que se prescinda da declaração de vontade do sacrificado, não impõe logicamente que se não mantenha ao sacrificado a possibilidade de validamente celebrar os outros negócios.

Na nossa lei, o sistema parece ser o de, quando tanto a obrigação de declaração negocial como o direito potestativo tenham fonte negocial, apenas se constituir o dever de não celebrar os negócios impossibilitadores[137]. O regime é, pois, o mesmo num caso e noutro. Quanto às obrigações de declaração negocial e direitos potestativos *ex lege* a solução terá que ser averiguada perante cada hipótese.

Não se distinguem necessariamente, pois, pelo que respeita aos negócios impossibilitadores, as vias da obrigação de declaração negocial e do direito potestativo. O mais que se pode afirmar, ver-se-á melhor adiante, é que é maior a justificação da invalidade dos negócios impossibilitadores nos casos de direito potestativo do que nos de obrigação de declaração negocial.

14. Pôs-se atrás a questão de saber se a obrigação de declaração negocial era útil. A colocação do problema e a solução que se lhe haja de dar valem para a outra via, a da constituição do direito potestativo, a qual também representa uma forma de protecção específica do interesse na produção dos efeitos. Reconheceu-se que havia utilidade na obrigação de declaração negocial enquanto a protecção do interesse na produção dos efeitos é feita com possibilidade (livre) para o credor. Do mesmo modo, é útil o direito potestativo (como protecção específica) uma vez que aqui também a garantia do interesse se opera como possibilidade para o titular do direito.

---

[137] Apenas se constitui o dever não no mero sentido de se constituir se as partes nada disserem em contrário, mas no de as partes não poderem dispor a invalidade do negócio. O problema que aqui está em jogo é o mesmo que se põe na preferência, quando se pergunta se a preferência obrigacional pode ter efeitos reais. E a doutrina em regra seguida entre nós e que parece ser a melhor é no sentido de as partes não disporem da possibilidade de estabelecer eficácia real. Nesse sentido parece, aliás, dispor o nº 4º do art. 1 568º (que se refere também directamente à obrigação de declaração negocial) embora a sua interpretação tenha sido objecto de dúvidas. Vejam-se indicações acerca do problema em RODRIGUES NUNES, *est. cit.*, pp. 248 ss. Quanto à obrigação de declaração negocial – ASCENÇÃO BARBOSA, *ob. cit.*, pp. 188-139.

É útil, pois, a protecção de um interesse na produção dos efeitos, como possibilidade. Essa tutela pode ser conseguida pelo recurso a dois meios: o dever de declaração negocial do sujeito sacrificado, o poder de produzir efeitos de direito do sujeito protegido. O que se tem que perguntar agora é se o meio que consiste no dever de emitir declaração negocial não é um meio *de todo inadequado* à finalidade – a protecção do interesse na produção dos efeitos – ou, quando mais não seja, *menos adequado* que o do poder de configuração jurídica do titular do direito. O problema é, por consequência, o da *adequação do dever de declaração negocial, como meio,* à tutela de *um interesse na produção de efeitos de direito,* e, por conseguinte, o da razão possível da escolha desse dever como meio.

15. A primeira objecção consistirá nisto: o dever de declaração negocial é um meio menos eficaz que o poder de produzir efeitos jurídicos do titular do direito[138].

Na verdade, na obrigação de declaração negocial o credor ficará, ao menos temporariamente, na dependência da atitude que de facto o devedor tome. No direito potestativo, ao contrário, o titular do direito encontra-se liberto da dependência de facto em relação ao sujeito sacrificado. É certo que, parecendo o sistema da nossa lei ser, num caso como noutro, o do mero dever de não praticar negócios impossibilitadores, mesmo no direito potestativo se verificará alguma dependência do titular do direito em relação ao sujeito sacrificado. No entanto, sejam quais forem as razões desse regime, não deixa de suceder que a dependência seja maior na obrigação de declaração negocial, onde abrange a própria causa da produção dos efeitos, e não deixa de suceder, consequentemente, que o dever de declaração negocial represente um meio menos eficaz.

---

[138] FREDERICO DE CASTRO chama a atenção para o carácter supérfluo da obrigação de fazer. *"Quando A promete que venderá a B a parte que lhe seja adjudicada em determinado prédio, o que importa a B é que A fique obrigado a entregar-lhe o prédio em troca do pagamento do preço concertado; mas B não pensou, nem quis, nem lhe interessa que A faça uma nova oferta do prédio e que aceite uma nova oferta do preço que B lhe faça de novo; é-lhe indiferente uma nova vontade ou uma nova declaração de A, o que quis e o que quer é que se cumpra a venda projectada»* (*est. cit.,* pp. 10-11). O autor parece mesmo aqui tender a identificar a promessa com o negócio definitivo. Mas o restante do estudo deixa ver como se critica mais o dever de declarar a vontade do que a protecção de um interesse na produção de efeitos.

Ora, não se pode negar que uma das determinantes que têm de intervir na escolha do meio é a da sua eficácia. A lei sacrifica (do seu ponto de vista) o sujeito do interesse preterido. Por isso é natural que prefira o meio mais capaz de assegurar a satisfação do interesse do sujeito protegido.

16. Pode-se, porém, ir ainda mais longe, e perguntar se a obrigação de declaração negocial não envolve uma *contradição de valorações*.

A questão pode ser vista por dois lados: enquanto na obrigação de declaração negocial se recorre a um dever de negociar e enquanto se não recorre a um poder de produzir efeitos jurídicos do titular do direito, embora evidentemente um e outro lado estejam intimamente conectados e repousem numa ideia comum.

Pode, em primeiro lugar, pôr-se o problema de saber se valorativamente o negócio se concilia com o ser devido. Efectivamente, a razão por que a lei reconhece os negócios jurídicos privados parece ser a de que ela pretende que sejam os próprios particulares a aferir o valor dos seus interesses. A partir de um certo limite, há uma zona onde só cada um pode determinar aquilo que para si é melhor. Essa zona será a da autonomia privada, que o mesmo é dizer do negócio jurídico, exprimirá exactamente o que o particular ou os particulares reconhecem dentro das circunstâncias ser o mais adequado aos seus interesses, aquilo que exprimirá satisfação óptima, nas circunstâncias, dos seus interesses segundo a sua valoração[139].

---

[139] Assim, ALGUER, embora não negue radicalmente a possibilidade de um negócio devido, afirma:

"A cooperação na conclusão do futuro contrato que se exige ao obrigado pelo pré-contrato tem, segundo a doutrina clássica, o pleno sentido e alcance de um negócio jurídico, deve ser um autêntico negócio jurídico, pois de contrário não poderia falar-se de obrigação de contrahere.

Ora bem, a nota essencial que preside à doutrina do negócio jurídico é o princípio da autonomia da vontade privada. Se o ordenamento jurídico admite e regula o negócio jurídico é porque delega no sujeito capaz a formação das suas próprias relações jurídicas, é porque lhe dá uma margem para criar, modificar e extinguir e, em suma, regular por si próprio a sua esfera jurídica, em conformidade com as suas necessidades pessoais, apetites e possibilidades. Onde as relações jurídicas do homem se produzem, alteram e caducam independentemente da sua vontade e por imposição estranha, não se fala de negócio jurídico: é negócio jurídico a aceitação de uma herança, não o é a "insula in flumine nata".

O contrahere devido por força de um pré-contrato, uma vez perfeito este, carece da nota de autonomia que é a diferença íntima primária de todo o negócio jurídico. Só é autenticamente um negócio jurídico o pré-contrato, pois não vem imposto por nenhuma força jurídica anterior, pois responde à autolimitação própria do todo o contrato livremente consentido. Ao contrário, o contrato devido, o contrato exigível em razão de uma obrigação pré-existente representa um relaxamento do princípio, e, sem que isso seja dizer

OBRIGAÇÃO DE EMITIR DECLARAÇÃO NEGOCIAL

Que esse é o significado, em princípio, do reconhecimento do negócio parece bem poder provar-se por via, nomeadamente, de todo o regime dos vícios da vontade. Porque é que, por exemplo, a lei concede – em determinados limites, é evidente, limites impostos pela confiança dos outros – relevo aos vícios da vontade, senão porque entende que, tendo o negócio sido praticado por erro ou sob coacção, o conteúdo da declaração não exprime a satisfação óptima dos interesses do seu autor segundo a sua valoração[140]?

Vimos atrás que não havia contradição conceitual entre dever e negócio enquanto negócio é declaração de vontade. Mas a função que o negócio exerce não será a de exprimir uma preferência, que essa não pode ser devida[141]?

Dir-se-ia assim que o negócio, pela sua função, terá de ser livre. Vistas as coisas doutro prisma: afigura-se que o negócio, pela razão do seu reconhecimento, exige uma protecção do interesse do autor na produção dos efeitos e a ausência de preterição do interesse na não produção. E, deste modo, parece existir contradição de valorações, enquanto a valoração que determina o reconhecimento do relevo da declaração de vontade em causa pressupõe que o interesse na não-produção não seja preterido, enquanto a obrigação de declaração negocial envolve a preterição de tal interesse.

---

que o consentimento prestado na conclusão do contrato principal seja um consentimento viciado, é quando menos um consentimento que não seria prestado nas condições de liberdade que são normais e características da ideia de autonomia. Ainda que com isso não neguemos definitivamente a possibilidade conceitual do pré-contrato, obtemos ao menos a convicção de que o chamado contrato futuro ou principal para a doutrina do pré-contrato é algo um tanto distinto de um contrato puro e simples, de um negócio jurídico numa concepção completa que não o isole da série de ideias e fins a que responde na sua génese e desenvolvimento, em uma concepção que não separe o negócio jurídico do mundo em que vivem os homens» (est. cit., p. 425).
No mesmo sentido, FREDERICO DE CASTRO, *est. cit.*, p. 15, citando ALGUER.
[140] Assim se compreenderá a afirmação de MOLITOR de que é um contrasenso que uma mesma Ordem Jurídica qualifique de vício da vontade a coacção e reconheça, por outro lado, uma obrigação de contratar – citado em ALGUER.
[141] Neste sentido, embora restringindo a obrigação aos contratos comutativos, parece estar LAMMFROMM:
"Para o contrato comutativo – diz – é característica a duplicidade da causa... No contrato comutativo há-de intervir, portanto, um sentimento de satisfação sobre a consecução do fim, isto é, sobre a obtenção da vantagem que cada contraente se representa. De aí se infere a impossibilidade de uma obrigação de concluir no futuro um negócio comutativo. Com efeito, uma pessoa pode obrigar-se perfeitamente a um acto, mas não a obrar para um fim, pois o obrar para um fim implica a satisfação sobre a consecução desse fim, com o que se introduz na obrigação um elemento da nossa vida anímica que é totalmente independente da nossa vontade. Em suma, o contrato-promessa de contrato comutativo é psicologicamente impossível." – citado por ALGUER, *est. cit.*, p. 419.

ADMISSIBILIDADE E FUNDAMENTO DA OBRIGAÇÃO DE DECLARAÇÃO NEGOCIAL

17. Olhe-se agora a questão por outro aspecto, enquanto para proteger o interesse na produção dos efeitos se não recorre a um poder de produzir efeitos jurídicos do titular do direito, isto é, enquanto se recorre a um dever de negociar *em vez de* se recorrer a um poder de configuração jurídica.

No caso de se proteger um interesse natural, os meios possíveis de realização estão naturalisticamente definidos e delimitados. Aí haverá apenas porventura que escolher entre eles, por considerações de eficácia ou outras. Por isso, a protecção do interesse significa que, enquanto o sujeito quiser, poderão ou deverão actualizar-se esses meios.

Quando, porém, se trate de um interesse jurídico, os próprios meios capazes de o realizarem são definidos e delimitados pelo Direito. Entram aqui em jogo, consequentemente, duas valorações: a valoração dos interesses relativos aos efeitos e a valoração das condições necessárias à produção dos efeitos.

Se a produção dos efeitos não for negocial, compreende-se bem uma autonomia, ao menos relativa, das duas valorações. Porque a produção dos efeitos tem justificação outra que a de serem queridos pelos particulares, a sua protecção continua a significar que, se o sujeito quiser, esses meios, determinados ao menos de forma relativamente autónoma (as condições da produção dos efeitos), poderão ou deverão actualizar-se.

Desde que, porém, os efeitos tenham natureza negocial, desde que a sua produção se justifique por serem queridos pelos particulares, já parece que as coisas terão de se passar de outro modo. O problema da definição das condições da produção dos efeitos consiste fundamentalmente na determinação das declarações de vontade necessárias e suficientes para essa produção. Ora, se a tutela do interesse significa que os efeitos se deverão produzir enquanto o sujeito quiser, não envolverá isso do mesmo passo uma delimitação das condições da produção dos efeitos?

É certo que, antes da protecção específica do interesse, já estavam definidas as declarações de vontade necessárias e suficientes. No entanto, o que se pergunta é se essa definição não corresponderia a uma outra valoração de interesses, já não se adaptando, consequentemente, às novas circunstâncias que se exprimem na protecção específica do interesse na produção dos efeitos.

Se parece, assim, existir uma dependência da delimitação das declarações de vontade necessárias e suficientes em relação à definição do valor dos interesses, pode arguir-se a obrigação de declaração negocial de contradição valorativa, enquanto o critério que leva a tutelar o interesse de um sujeito na

OBRIGAÇÃO DE EMITIR DECLARAÇÃO NEGOCIAL

produção dos efeitos parece envolver o reconhecimento de um valor novo de uma declaração de vontade sua, reconhecimento que se não opera.

Esta última questão pode ainda ver-se por outro aspecto, que é, aliás, uma outra face da mesma realidade. O negócio é expressão da autonomia privada, expressão da aptidão dos particulares para regulamentarem os seus interesses e, portanto, resultado de uma distribuição de «competências» em que, naturalmente, os particulares se encontram em lugar inferior ao da lei. Ora, entender a lei que, se um sujeito quiser, a regulamentação justa é uma determinada e permitir ao mesmo tempo que outros excluam essa regulamentação quando podia evitá-lo, não significa dar com uma mão o que tira com a outra? Não significa contradizer-se na medida em que, definindo ou aceitando a definição do valor dos interesses, não retira daí as consequências que se impunham em matéria de definição de competências (que o mesmo é dizer das declarações de vontade necessárias e suficientes)?

Esta desadaptação entre a determinação do valor dos interesses e o não se reconhecer o valor correspondente à declaração de vontade do titular do direito, se de um lado parece atenuar-se, de outro parece agravar-se quando se venha a admitir a execução específica da obrigação de declaração negocial. Atenua-se porque, se o credor quiser os efeitos, terminará por poder obtê-los independentemente da cooperação do devedor. Torna-se ainda mais grave, porque, se a lei acaba por prescindir da declaração de vontade do devedor, ainda menos se compreende que dela não prescinda *ab initio*[142].

18. A crítica de contradição axiológica na obrigação de declaração negocial foi conduzida sob dois aspectos: o aspecto de o carácter negocial do acto do devedor se não compadecer valorativamente com o ser devido e o aspecto de a existência do direito se não compadecer com a falta de uma particular relevância da vontade do seu titular, noutras palavras, o aspecto de o negócio se não compadecer com a preterição do interesse do seu autor na não-produção dos efeitos e o de a protecção do interesse na produção dos efeitos ser desconforme relativamente à falta de valor negocial ou de um específico valor negocial da vontade do titular do direito. Estes dois aspectos, no entanto, e

---

[142] Utilizando o argumento derivado do regime de execução específica (que é o seguido pela jurisprudência espanhola) vejam-se, nomeadamente, ALGUER, *est. cit.*, 1935, pp. 430 ss. e FREDERICO DE CASTRO, *est. cit.*, pp. 11 ss.

ADMISSIBILIDADE E FUNDAMENTO DA OBRIGAÇÃO DE DECLARAÇÃO NEGOCIAL

como bem se pode ver, reconduzem-se a uma ideia única: a de que a obrigação de declaração negocial implica uma desadaptação entre a definição do valor dos interesses relativos aos efeitos e a definição das declarações de vontade necessárias e suficientes.

19. Duas notas ainda sobre o problema.

A esta crítica de contradição valorativa na obrigação de declaração negocial não se pode fugir, nos casos em que a fonte seja negocial, pelo facto de aí as partes terem querido aquela obrigação. Ainda então, se a lei reconhecer a protecção e a preterição que as partes quiseram dos interesses, a Ordem Jurídica assume tal protecção e tal preterição e não pode deixar de tirar as consequências que implicam quanto à definição do valor das declarações de vontade.

Por outro lado, esta crítica de contradição axiológica vale tanto para a obrigação de declaração negocial como para a figura do negócio ilícito e válido, para a obrigação de não emitir declaração negocial, ou para o não-poder (ético) de emitir declaração negocial.

20. Poderia dizer-se deste modo, em suma, que, se conceitualmente negócio não é incompatível com dever (nem com não-poder), o significado do negócio na Ordem Jurídica, o seu significado de *acto de regulamentação*, impõe, no plano da coerência valorativa, que o acto negocial represente sempre o exercício de um poder (ético) e de um poder-livre, que o acto negocial seja lícito e livre.

Se assim for, dever de emitir declaração negocial como meio de protecção do interesse na produção dos efeitos seria não só menos eficaz que o poder de configuração do titular do direito, como absolutamente inadequado por envolver contradição de valorações.

21. Perante estas críticas, poderá continuar a entender-se que a nossa lei aceita a figura da obrigação de declaração negocial?

Comecemos por analisar um caso especial.

Quando se reconheça que a protecção de um interesse na produção dos efeitos pode resultar de negócio que não possua os requisitos específicos daquele que em princípio é apto a produzi-los, não se pode nesses limites recorrer à via do direito potestativo. Se, em maior ou menor medida, é lícito aceitar que o negócio fonte de obrigação de declaração negocial não tenha de possuir os requisitos específicos do definitivo, por aí haverem ainda de surgir

OBRIGAÇÃO DE EMITIR DECLARAÇÃO NEGOCIAL

novas declarações de vontade de todos os sujeitos – os que são e seriam em qualquer caso as partes do negócio –, o mesmo não se pode de modo algum fazer no que se refere ao direito potestativo, uma vez que aí uma das partes, pelo menos, não voltará a declarar a sua vontade. Outra coisa significaria, como dissemos, autorizar a mais descarada fraude à lei.

Um exemplo será elucidativo: A e B querem celebrar uma compra e venda de um imóvel. B, porém, por hipótese vendedor, não está disposto a ir ao notário celebrar uma escritura pública e nem sequer a passar procuração a alguém. É então simples: B concede a A, por forma escrita, admitamos, o direito potestativo de produzir os efeitos da compra e venda; A dirige-se ao notário e exerce o direito potestativo em escritura pública ... Como fraude à lei não haveria melhor[143]!

E não cremos que seja lícito sustentar que o art. 11º do Cód. Civ. impeça que as regras sobre requisitos específicos dos negócios produtores de determinados efeitos se apliquem aos negócios que desses efeitos sejam causa indirecta. Se o que a lei quer é que determinados efeitos se não produzam sem determinadas garantias práticas, parece que o seu espírito – quando não a sua letra – abrange não só os casos em que essas garantias se frustrem por falta de certos requisitos na causa directa, como aqueles em que se frustrem por falta desses requisitos na causa indirecta. Isso tanto mais quanto, na hipótese de constituição de direito potestativo, a causa indirecta é causa do próprio valor causal (determinante dos efeitos) da causa directa, que sem ela o não teria[144].

---

[143] Justamente por isso se coloca o problema da medida em que será possível a execução específica, aceite em tese geral, quando a promessa não possua a forma do definitivo (desde que não se exija sistematicamente a identidade de forma, claro) – cfr. *supra*, nota (84).
O Doutor PESSOA JORGE, estudando o problema da possibilidade de transferência imediata no mandato quando o contrato seu objecto se encontre sujeito a forma determinada (o aspecto da publicidade não nos interessa), nomeadamente a escritura pública, entende que a transferência imediata só pode operar-se desde que o mandato tenha sido celebrado na forma do contrato seu objecto (*ob. cit.*, pp. 363 ss.). Ora, maior é a razão para se exigir a forma do negócio definitivo no caso do texto do que neste do mandato, pois que ali o titular do poder actuará no interesse próprio, ao passo que aqui, embora em nome próprio, agirá no interesse alheio.
[144] O que não impede que a questão da interpretação extensiva se não possa pôr também, em parte, relativamente ao negócio fonte de obrigação de declaração negocial – veja-se supra, § 1º desta Secção, nº 13. Apenas que, quanto à opção, as razões serão mais sérias.
Doutro lado, mesmo que, num caso ou noutro, se não aceitasse a interpretação extensiva, sempre haveria que discutir a possibilidade de recurso à figura da fraude à lei, entendida à maneira do Doutor PESSOA JORGE (*ob. cit.*, pp. 201 ss.).

ADMISSIBILIDADE E FUNDAMENTO DA OBRIGAÇÃO DE DECLARAÇÃO NEGOCIAL

22. Vimos atrás que os termos da nossa lei impediam totalmente os entendimentos segundo os quais «promessa» significasse ou o próprio negócio definitivo ou negócio fonte de obrigação necessariamente alternativa. Há agora que investigar se, em face daquelas razões ao menos aparentemente fortes que acabámos de enunciar contra o crédito a negócio, «promessa» não pode significar negócio fonte de direito potestativo.

Em primeiro lugar, uma tal interpretação chocaria abertamente com o preceituado no início do art. 1548º. O negócio gerador de direito potestativo será tudo menos *"convenção de prestação de facto"*.

Por outro lado, vale ainda, e de forma decisiva, o argumento que acima, a outro propósito, se retirou do § ún. do art. 1548º. Se a promessa de venda de imobiliários pode ser celebrada por mera forma escrita, então não pode representar a fonte de um direito potestativo, pois, como vimos, esta tem necessariamente de possuir os requisitos do negócio definitivo. Sendo assim, mais uma vez se torna lícito afirmar que, referindo o corpo do art. 1548º a promessa de venda em geral, não pode acolher-se uma interpretação segundo a qual em uns casos e em outros a promessa de venda signifique coisas diferentes, seja umas vezes facto constitutivo de obrigação de declaração negocial e outras facto constitutivo de direito potestativo.

Finalmente, nem sequer se pode dizer que um entendimento segundo o qual "promessa" exprimisse fonte de direito potestativo suportaria o disposto na parte final do corpo do art. 1548º – "... *a perda dele (sinal) ou a sua restituição em dobro valerá como compensação de perdas e danos"*- e o preceituado no n.º 4.º do art. 1568º – *"O vendedor é obrigado ... 4º A responder por perdas e danos no caso de não cumprir a obrigação que tenha tomado, de vender... a determinado indivíduo"*. É certo que esta última disposição se refere declaradamente à violação do direito através de um acto impossibilitador da produção dos efeitos e que quanto à primeira não é de modo algum impossível que também assim se entenda. Ora, não é verdade que no nosso Direito, por a própria constituição negocial de direito potestativo não ter eficácia real, os negócios impossibilitadores serão apenas ilícitos e não inválidos? E não é ainda verdade que, para se superar a contradição axiológica referida, que vale tanto para a obrigação de declaração negocial como para o negócio ilícito e válido, teria não só de se considerar que a «promessa» constituiria um direito potestativo, como considerar inválidos os negócios impossibilitadores? Assim, o facto de o nosso Direito não autorizar a eficácia real da constituição do direito potes-

OBRIGAÇÃO DE EMITIR DECLARAÇÃO NEGOCIAL

tativo vem a ser mais um argumento no sentido da aceitação da obrigação de declaração negocial.

Parece deste modo inteiramente precludida uma interpretação que visse na promessa a fonte de um direito potestativo.

23. Não levará isto, porém, a reabrir a hipótese de se considerar que, fora do limite dos casos de requisitos específicos do negócio definitivo, a obrigação de declaração negocial deva necessariamente configurar-se como obrigação com faculdade alternativa?

Não cremos. É que não é a obrigação facultativa que pode superar as objecções que agora se apresentaram. Em primeiro lugar, a obrigação facultativa não poderia tornar inválidos os negócios impossibilitadores da produção dos efeitos. Em segundo lugar, apesar de a faculdade alternativa envolver uma restrição à protecção do interesse na produção dos efeitos, não impede que tal protecção, enquanto se mantém, se devesse operar através de um poder de configuração jurídica do titular do direito.

24. Fechados deste modo todos os caminhos em contrário, não pode deixar de se reconhecer que a nossa lei aceita a obrigação de declaração negocial e a aceita como obrigação simples. O que se impõe agora averiguar é se a lei, fazendo isso, recorreu a um meio menos adequado ou mesmo totalmente inadequado de protecção do interesse na produção dos efeitos – o que não deixaria de ter importância tanto de *jure condendo*, quanto para a definição do regime e configuração dogmática da obrigação de declaração negocial – ou se antes aquelas objecções não têm o valor que aparentam. O mesmo é dizer, impõe-se agora apreciá-las.

25. Comecemos pela referência a dois tipos de casos especiais em que, pelo menos, não se pode arguir a obrigação de declaração negocial de relativamente inadequada, por menos eficaz.

O primeiro grupo é constituído pelas hipóteses em que o negócio definitivo possui requisitos especiais. Aí, como já se viu, nunca se poderá recorrer à via do direito potestativo. Por isso não há que suscitar qualquer questão de eficácia, na medida em que a obrigação de declaração negocial é independentemente por agora do problema da contradição de valorações, a única via possível de protecção do interesse na produção dos efeitos.

ADMISSIBILIDADE E FUNDAMENTO DA OBRIGAÇÃO DE DECLARAÇÃO NEGOCIAL

O segundo grupo refere-se a casos de obrigação de declaração negocial para com terceiro.

Suponhamos que A se obriga para com B a celebrar com C um contrato de prestação de serviços (sendo C o prestador), cujo resultado económico será depois transferido para B. Estamos perante uma hipótese típica de mandato sem representação e perante uma hipótese em que, pela natureza obrigacional dos efeitos, não é de qualquer modo possível fundamentar uma eficácia imediata sobre a esfera do mandante. Será lícito em casos como este acusar-se a escolha do meio de inadequada, por menos eficaz? Sem dúvida que, no que respeita à produção dos efeitos, a obrigação de declaração negocial pode ser menos eficaz enquanto o mandante fica dependente de acto do mandatário. No entanto, interessa muito frequentemente, não só que certos efeitos se produzam na esfera do mandatário, mas ainda a que seja este a praticar o negócio, como se fosse seu, ou por razões de comodidade ou de possibilidade prática, ou por razões de ocultação da pessoa do mandante, ou por outras quaisquer que sejam. Frequentemente se quererão os efeitos na esfera do mandatário apenas por se querer que seja este a aparecer como autor do negócio.

E não só no mandato sem representação coisa desta ordem pode acontecer. Pense-se em um qualquer negócio devido para com terceiro em que os resultados económicos não hajam de ser transferidos para este (fora, portanto, do mandato) e em que ao terceiro não convenha aparecer em lugar daquele que haverá de ser o devedor ou o credor ou porque, num hipótese de contrato devido só por uma parte, se saiba que a outra não contratará surgindo ele ou porque, mesmo num caso de negócio unilateral devido ou de contrato devido por ambas as partes, lhe não convenha que outros saibam que naqueles efeitos jurídicos tem interesse.

Em situações práticas desta ordem, sempre ligadas a ideia de negócio devido para com terceiro, não se pode pelo menos arguir a obrigação de declaração negocial de inadequada. É que, se o dever de declaração negocial será em abstracto um meio menos eficaz, pode, em concreto, ser o único que satisfaça as necessidades práticas.

De todo o modo, o que se disse não exclui, só por si, que possa haver contradição valorativa na obrigação de declaração negocial.

26. O problema central para a determinação da justificação da escolha do dever de declaração negocial como meio está, no fundo, nisto: em que medida a defi-

OBRIGAÇÃO DE EMITIR DECLARAÇÃO NEGOCIAL

nição das declarações de vontade necessárias e suficientes para a produção dos efeitos depende da definição do valor dos interesses que a produção dos efeitos põe em jogo. A ideia de inadequação do dever de declaração negocial pressupõe que a determinação das declarações de vontade necessárias e suficientes depende exclusivamente da definição do valor dos interesses. O que há que ver, por consequência, é se a lei não introduz no recorte das declarações de vontade necessárias e suficientes um qualquer outro elemento, um qualquer outro valor, que virá a possibilitar alguma "desadaptação" entre a tutela dos interesses e a definição dos poderes de produzir efeitos jurídicos.

Perante este problema central assume carácter secundário a questão da eficácia. É que, se se vier a reconhecer que um novo elemento, um novo valor se introduz na determinação das declarações de vontade necessárias e suficientes, esse novo valor poderá bem superar o da eficácia.

27. Se a questão fundamental é assim a do modo como se determinam as declarações de vontade necessárias e suficientes, essa questão é de *legitimidade,* pois que é por ela que se definem os sujeitos que podem ou têm de participar no negócio para que os efeitos se produzam.

A escolha da via da obrigação de declaração negocial consiste em manter a definição da legitimidade nos termos em que se encontrava antes da protecção do interesse na produção dos efeitos jurídicos. A escolha da via do direito potestativo consiste em alterar, a partir da tutela do interesse, a determinação da legitimidade. Aí, ou um sujeito que não era legítimo passa a sê-lo (casos correspondentes a negócio devido para com terceiro), ou um sujeito que já era legítimo passa a possuir uma legitimidade parcialmente nova (casos correspondentes a negócio devido para com a outra parte) na medida em que deixa de ser necessária a vinda de outro sujeito ao negócio, na medida em que, portanto, a intervenção de outro que por regra seria necessária deixa de sê-lo.

O problema fundamental que se põe passa deste modo a ser o da medida em que a definição da legitimidade depende do valor dos interesses que os efeitos põem em jogo. O que há que apurar é se o valor desses interesses é a determinante exclusiva da legitimidade. Nem se diga que a esta colocação da questão como questão de legitimidade obsta o facto de se reconhecer normalmente que um sujeito pode obrigar-se a praticar um negócio para o qual, no momento em que se obriga, não possui legitimidade. Aí, o que efectivamente se passa, porque ninguém, pode vincular-se a praticar um acto que é

ADMISSIBILIDADE E FUNDAMENTO DA OBRIGAÇÃO DE DECLARAÇÃO NEGOCIAL

juridicamente impossível, é que o sujeito se obriga primeiro a adquirir legitimidade e, depois, a praticar o negócio.

A circunstância de o problema da adequação do dever de declaração negocial se enraizar em uma questão de legitimidade vai obrigar-nos a uma incursão que procuraremos que seja tão breve quanto possível pelo domínio desta. Pelo carácter meramente subsidiário do estudo que se segue, prescindiremos naturalmente de toda a problemática quer da legitimidade relativa a actos outros que os negócios privados, quer da legitimidade de facto, quer da legitimidade passiva, relativamente à qual, aliás, temos as mais fundas reservas[145].

28. Aquilo que importa é, pois, determinar se não há um elemento outro que o valor dos interesses postos em jogo pelo negócio que com um mínimo de razoabilidade possa introduzir-se na determinação da legitimidade e que, introduzindo-se, permita a desadaptação entre esta e o valor dos interesses.

Desde já um ponto se pode salientar. Se, por um lado, aparece à primeira vista com alguma consistência a crítica de contradição valorativa na obrigação de declaração negocial, por outro lado, o facto de a lei aceitar a obrigação de declaração negocial e, bem assim, o de só estabelecer, ou, quando muito autorizar, a mera natureza obrigacional a respeito dos negócios impeditivos tanto na obrigação de declaração negocial , como na constituição de direito potestativo, como na preferência negocial, sugere logo que não se orienta tão só, na determinação da legitimidade, pelo valor dos interesses e que, efectivamente, um outro elemento aí se introduz. O problema estará em determinar qual e como.

Impõe-se, para que esse elemento possa ser localizado, começar por ver sucessivamente qual a função da legitimidade na economia do negócio, aquilo em que consiste e quais os quadros da sua relevância.

29. A legitimidade, enquanto seja considerada relevante, aparece formalmente como requisito do negócio jurídico. Nisto cremos que todos estão de acordo. E não se impõe agora apurar se é requisito de validade (gerador de anulabi-

---

[145] Sobre a legitimidade – Doutora ISABEL MARIA MAGALHÃES COLLAÇO, *Da Legitimidade no Acto Jurídico*, Dissertação de licenciatura apresentada na Faculdade de Direito de Lisboa no ano lectivo de 1947-48, exemplar dactilografado (existe cópia na Biblioteca da Faculdade), de que foi publicada parte no *Bol. Min. Just.*, nº 10, 1949. As citações serão feitas pelo exemplar dactilografado.

OBRIGAÇÃO DE EMITIR DECLARAÇÃO NEGOCIAL

lidade), de eficácia, se mesmo de relevância, como quer CARIOTA – FER-RARA[146]. Basta-nos tomá-la como requisito de eficácia, em sentido lato, do negócio. Ao contrário, o que é mister procurar é o significado que esse requisito tem na economia do negócio, o lugar que ocupa no esquema de razões que levam a lei a reconhecer o negócio como eficaz. E há que principiar por saber se a legitimidade funciona como requisito positivo ou negativo, se portanto é uma razão positiva da eficácia do negócio ou tão só representa o afastamento de uma razão negativa.

30. A legitimidade tem sido tomada como requisito positivo. Recentemente, porém, veio o DOUTOR PESSOA JORGE sustentar que constitui antes um requisito negativo[147].

Trata-se, ao que sabemos, de uma tese original. E apresenta-se, sem dúvida, de forma extremamente sugestiva. Cremos não trair o pensamento do autor se esquematizarmos a sua posição nos termos que se seguem.

Não é necessário o recurso à legitimidade para explicar a eficácia do negócio na esfera jurídica do seu autor. Basta para isso a capacidade. Onde a legitimidade assume relevo é na medida em que o negócio deva produzir efeitos em uma esfera jurídica alheia. A alieneidade da esfera jurídica surge então como obstáculo, como facto impeditivo (circunstância impeditiva) da eficácia do negócio. As hipóteses em que é possibilitada a incidência dos efeitos sobre a esfera jurídica de outrem explicam-se por um facto permissivo, ou melhor, pelo afastamento do facto impeditivo. Esse afastamento pode ser feito pela lei ou pelo titular da esfera. Neste último caso o acto próprio é a *autorização*[148].

---

[146] *I negozi sul patrimonio altrui*, 1936, pp. 145 ss. Contra, cremos que pelo menos no que se refere à legitimidade com razão, Doutora MAGALHÃES COLLAÇO, *ob. cit.*, pp. 145 ss. Contra, ainda, F. FERRARA, "I negozi sul patrimonio altrui", *Rivista Diritto Commerciale*, 1937, I, pp. 186 ss.

[147] *Ob. cit.*, pp. 370 ss.

[148] É curioso salientar a semelhança que – salvas as diferenças que entre os problemas existem – de alguma maneira se pode encontrar entre esta concepção da legitimidade do Doutor PESSOA JORGE e a concepção da delegação de poderes em Direito Administrativo do Doutor GONÇALVES PEREIRA, para quem a delegação representa um facto permissivo – remoção do último obstáculo que impedia o exercício por parte do delegado da competência que a lei lhe atribui –, de modo que a competência do delegado aparece como competência própria – "Da delegação de poderes em Direito Administrativo", 1960, separata de *O Direito*, fasc. nº 2, p. 108 e fasc. nº 3, p. 207. O Prof. MARCELLO CAETANO (*Manual de Direito Administrativo*, 6ª ed., 1963, p. 167) parece, no entanto, considerar o acto de delegação como uma condição positiva.

ADMISSIBILIDADE E FUNDAMENTO DA OBRIGAÇÃO DE DECLARAÇÃO NEGOCIAL

Esta posição baseia-se, parece-nos, em duas ideias fundamentais. A primeira está num entendimento particular do princípio da autonomia privada, num entendimento do princípio pelo seu lado externo, não, portanto, no sentido de que *"só o titular da esfera jurídica tem poder para actuar sobre ela"*, mas no de que *"só é possível realizar actos jurídicos sobre determinada esfera com a colaboração da vontade do respectivo titular"*. E isto porque, em última análise, a regra da autonomia se destina *"a salvaguardar a esfera jurídica de cada um dos actos que, contra a sua vontade, outros procurem realizar, com eficácia (benéfica ou prejudicial) sobre ela"*[149]. A segunda ideia é a de que o *poder* reside na capacidade. *"A única fonte, a única* causa efficiens, *no campo negocial, é a* vontade *do agente"*. *"O agente dispõe porque tem o poder de actuar juridicamente e esse poder é a sua vontade. O poder de dispor, como poder, e bem assim o poder de praticar quaisquer outros actos jurídicos está e consiste na própria capacidade do sujeito"*[150].

Uma construção desta ordem poderá ter vantagem explicativa no domínio dos casos em que um sujeito permita a outro que invada a sua esfera jurídica. E, se não estamos em erro, foi sobretudo essa vantagem que determinou o autor[151]. Partindo-se, em regra, para explicar esses fenómenos, da ideia de concessão de poderes – em conexão com a configuração de legitimidade como poder – dificilmente se explica que o poder do titular da esfera se mantenha e não seja sequer internamente limitado[152]. Ao contrário, a ideia de que a autorização representa tão só o afastamento de um facto impeditivo torna perfeitamente compreensível a situação. Antes, já ambos tinham poder, apenas que relativamente a um se verificava uma circunstância impeditiva. A autorização limita-se a retirar o impedimento. Aquelas dificuldades referidas agravam-se na autorização superveniente, na ratificação, onde acrescem as dificuldades da problemática da legitimidade superveniente. Se, porém, se entender a ratificação como afastamento de facto impeditivo, da sua superveniência nenhuma particular complicação resultará[153].

[149] Cfr. p. 371.
[150] Cfr. p. 376.
[151] Cfr. p. 379.
[152] Com efeito, mesmo na chamada sucessão constitutiva, não havendo uma extinção do direito na titularidade do sujeito, há uma limitação interna, há uma limitação nas utilidades que o sujeito pode obter. Aqui, pelo contrário, ainda que a invasão seja permitida no interesse de outrém, o mais que há é um sacrifício do interesse na não-produção dos efeitos, um sacrifício do interesse contrário àquelas utilidades.
[153] Cfr. p. 398.

133

OBRIGAÇÃO DE EMITIR DECLARAÇÃO NEGOCIAL

31. Apesar de tudo isto, não cremos que a tese esteja no bom caminho.

Quanto às vantagens da doutrina, não está demonstrado que a legitimidade, a não ser vista como requisito negativo, haja de entender-se como poder. E não está, consequentemente, demonstrado que numa consideração dessa ordem as dificuldades que à concepção como poder se apresentam não possam também ser superadas. Por outro lado, em particular quanto ao aspecto da ratificação, todos os escolhos da problemática da legitimidade superveniente, se não apareceriam aí, surgiriam, no entanto, sempre que a legitimidade superveniente resultasse não da vontade do titular da esfera jurídica, mas de outro facto, por exemplo da aquisição posterior do direito a que se havia referido o negócio de transmissão.

As grandes dificuldades de construção do Doutor Pessoa Jorge cremos que começam a encontrar-se nos casos em que, por lei, a um sujeito é permitido invadir a esfera jurídica de outro. Diz o Doutor Pessoa Jorge que se trata aí de a própria lei afastar o facto impeditivo[154]. Não nos parece, porém, que isso corresponda à realidade, particularmente em hipóteses que não se possam caracterizar como de substituição. Pense-se na faculdade que cada comproprietário possui de obter a divisão do direito comum (art. 2 180º do Cód. Civ.), na faculdade do proprietário do prédio encravado de constituir servidão sobre os prédios vizinhos (art. 2 309º), na faculdade do senhorio de, em determinadas condições, obter a cessão do arrendamento, etc. Em todas estas hipóteses não há qualquer afastamento de facto impeditivo por parte da lei. O que aqui sucede é que a lei não estabelece qualquer impedimento. Entender-se que a lei o coloca para ao mesmo tempo o retirar constituiria manifesta ficção.

Isto, porém, vem demonstrar que os limites do princípio da autonomia privada não são em si mesmos (independentemente de um posterior afastamento) fixos. Mas, se assim é, parece que tem de entrar em jogo um qualquer elemento que comande a própria determinação dos limites da regra da autonomia. E não se vê que possa ser outra coisa que não a legitimidade.Significação têm ainda aqueles casos em que se requer a vontade de um terceiro para que o próprio titular da esfera possa sobre esta actuar. Atente-se, por exemplo, na necessidade de consentimento do marido para a alienação de bens próprios da mulher (arts. 1 192º, 1 127º e 1 128º do Cód. Civ.). Não se trata aqui de uma questão de incapacidade; a vontade da mulher, em si mesma, intrinsecamente,

---

[154] Cfr. p. 377, *in fine*.

ADMISSIBILIDADE E FUNDAMENTO DA OBRIGAÇÃO DE DECLARAÇÃO NEGOCIAL

é apta. Nem se trata de um mero caso de limites dentro da administração dos mesmos interesses: nega-o o disposto no art. 1 127º. Não estamos, por outro lado, perante uma hipótese de indisponibilidade, de inidoneidade do objecto: a alienação é possível, apenas que exige a intervenção de um terceiro. E não se diga que o que sucede é apenas que a indisponibilidade se mostra relativa: ou uma indisponibilidade é absoluta, e então é uma espécie de questão da idoneidade do objecto, ou, tornando-se relativa, não passa de uma espécie de questão de legitimidade ou de incompatibilidade. Pretender autonomizar a indisponibilidade relativa não é senão procurar um expediente para fugir a aspectos tidos por menos claros da legitimidade. Repare-se tão só em que toda a questão da legitimidade para dispor se pode colocar como disponibilidade relativa[155]. Tenha-se em conta, ainda, por exemplo, a necessidade de autorização dos filhos ou netos para a venda que os pais ou avós queiram fazer a outros filhos ou netos (art. 1 565º) ou a necessidade de autorização de todos os sócios para a alienação de parte da sociedade em nome colectivo (art. 161º do Cód. Com.). Aqui como ali a questão é de legitimidade. Em todas estas hipóteses um sujeito não pode actuar eficazmente na sua esfera jurídica sem a cooperação de terceiros (marido, filhos ou netos, outros sócios) sobre cuja esfera os efeitos não incidem ou incidem tão só de forma reflexa.

Isto mostra-nos duas coisas. A primeira, idêntica àquela para que os casos acima indicados apontavam, é que a regra da autonomia não tem em si mesma limites fixos, e que é, portanto, necessário procurar algo que os comande e que não se vê que não seja a legitimidade. A segunda é que nem no domínio da esfera jurídica do agente a mera capacidade é suficiente para fundamentar a eficácia do negócio.

O primeiro dos aspectos faz-nos tocar numa das chaves do problema. Um dos pontos de partida da tese do DOUTOR PESSOA JORGE é a ideia, há muito latente na doutrina, de que o requisito da legitimidade representa uma *consequência* do princípio da autonomia. O autor levou-a ao extremo, tomando o princípio não pelo lado interno, mas pelo externo, no sentido aliás da velha máxima *"res inter alios acta aliis neque nocere neque prodesse potest"*. E compreende--se o rigor lógico da mutação da perspectiva. Se a questão da legitimidade

---

[155] Cfr. Doutora MAGALHÃES COLLAÇO, *ob. cit.*, pp. 44 e 64. Casos mais duvidosos se tratam a pp. 66 ss. No sentido de que o caso tratado no texto é de legitimidade, Prof. GALVÃO TELLES, *Dos Contratos ...", cit.*, nota da p. 286.

OBRIGAÇÃO DE EMITIR DECLARAÇÃO NEGOCIAL

surge como consequência do princípio da autonomia privada, não interessa naturalmente, enquanto o negócio é expressão desse princípio, mas apenas enquanto contra ele se coloca, enquanto, pois, o princípio da autonomia aparece como obstáculo à eficácia da vontade.

O vício da construção não se nos afigura, todavia, estar tanto em tomar a regra da autonomia pelo lado externo, quanto no ponto de partida de ver a questão da legitimidade como consequência do princípio da autonomia. Ao contrário, parece-nos, antes, que a legitimidade é o pressuposto da autonomia, que a determinação da legitimidade representa o pressuposto da definição do âmbito da regra da autonomia. Aliás, a própria infixidez dos limites desta o mostra. Se em certas condições, que não coincidem necessariamente com a titularidade da esfera jurídica, a declaração de vontade é eficaz e se, em outras, que não coincidem necessariamente com a alieneidade da esfera jurídica, não é eficaz, isso há-de suceder porque nuns casos existirá algo que atribuirá um específico valor à declaração de vontade do sujeito, algo que noutros não existirá. E esse algo não pode deixar de ser a legitimidade, por cuja definição se vêm a determinar os próprios limites da regra da autonomia, os próprios limites em que um sujeito é ou não apto a agir sobre determinadas esferas jurídicas.

O segundo ponto fundamental da tese do Doutor Pessoa Jorge encontra-se na recondução à capacidade de toda a força geradora dos efeitos jurídicos[156]. Desde logo, repare-se que isso parece ser dificultado pela circunstância assinalada de nem sequer no domínio da própria esfera jurídica a eficácia de uma vontade ser necessariamente independente de outras vontades. De qualquer modo, porém, não cremos que uma tal ideia tenha fundamento. Independentemente da questão relativa à susceptibilidade da utilização do conceito de poder, parece-nos, salvo o devido respeito, haver na exposição do DOUTOR PESSOA JORGE um salto lógico. Começa por afirmar que *"a única fonte, a única causa efficiens, no campo negocial, é a vontade"*. A isto, para além da problemá-

---

[156] Reconduz também o poder à capacidade, primeiro à de exercício, depois à de gozo, F. FERRARA. No entanto, essa capacidade estaria dependente de pressupostos, pressupostos de concretização e não propriamente do afastamento de factos impeditivos (*Trattato di Diritto Civil Italiano*, 1921, pp. 337 pp. e *I negozi... cit.*, pp. 189 ss.). Ainda, de certa maneira neste sentido, CHIOVENDA, "Sobre la naturaleza jurídica de la expropriación forzada", in *Ensayos de Derecho Procesal Civil*, trad. em castelhano de SENTIS MELENDO, vol. III, 1949, p. 330. Cfr. Doutora MAGALHÃES COLLAÇO, *ob. cit.*, pp. 94 ss.

tica "vontade – declaração", nada temos a objectar. É efectivamente o acto do agente a causa eficiente dos efeitos jurídicos – nisso já concordámos. O que não vemos que se justifique é o que se diz um pouco depois: *"O agente dispõe porque tem o poder de actuar juridicamente. E esse poder é a sua vontade. O poder de dispor como poder, e bem assim o poder de praticar quaisquer outros actos jurídicos está e consiste na própria capacidade do sujeito".* Se é certo que a causa eficiente dos efeitos se encontra na vontade (melhor, na declaração de vontade), isso não autoriza de modo algum que se faça a deslocação da causa eficiente da *vontade para a capacidade.* Vontade e capacidade não se identificam. Mesmo a ausência de capacidade não implica a ausência de vontade e de alguma relevância jurídica da vontade. A capacidade como a legitimidade são *requisitos* do negócio jurídico, requisitos da *força causal ou determinante da vontade.* Enquanto requisitos, não pode estar nelas a causa eficiente; são tão só elementos de que depende a força causal da declaração de vontade. Postas assim as coisas, a radicação na capacidade do fundamento dos efeitos, no sentido agora de fundamento da força causal da declaração de vontade, só pode demonstrar-se provando-se que a legitimidade, como os outros requisitos do negócio – pelo menos os de validade que não representem requisitos de exercício do poder – exprimem apenas obstáculos à força da capacidade; isto é, provando-se que não só a ilegitimidade, como a inidoneidade do objecto, como a falta de causa, por exemplo, são meros factos impeditivos. Independentemente de isso não parecer fácil nestes dois últimos domínios, o que nos importa é que se não pode partir da afirmação de que a capacidade é o fundamento para a de que a ilegitimidade é mero facto impeditivo, antes se tem de percorrer o caminho inverso. E desde que, como já dissemos, nos não pareciam fundadas as outras razões que poderiam levar a ver na ilegitimidade um facto impeditivo, não podemos também ver na capacidade o fundamento único dos efeitos.

32. Representando assim a legitimidade um requisito positivo, haverá de surgir como poder[157]?

Quando principiou a levantar-se a questão da legitimidade, reconheceu-se que em regra só o titular de um direito podia dispor dele. Foi então fácil recorrer, para se delinear a figura, à ideia já consagrada de poder de dispor, classicamente integrado no direito subjectivo.

---

[157] Veja-se Doutora MAGALHÃES COLLAÇO, *ob. cit.,* I, pp. 85 ss.

Viu-se logo, no entanto, que casos havia em que um sujeito outro que o titular do direito podia dele dispor – os casos integrados na legitimidade indirecta e na legitimidade de facto – e que casos havia também em que o titular do direito dele não podia dispor. Viu-se ainda que a ideia de poder de dispor só podia explicar a legitimidade para os actos dispositivos e aí, mesmo, só a do disponente.

Haviam, contudo, surgido críticas, particularmente através de THON[158], à concepção do poder de dispor como integrante do direito subjectivo. E ao mesmo tempo vinha também, já muito nitidamente em WINDSCHEID[159] mas com particular relevo ainda aqui para THON, a autonomizar-se do poder de licitude (se se aceitasse), do *licere*, o poder de produzir efeitos jurídicos, o *posse*[160].

Estas duas circunstâncias permitiram a generalização da ideia de legitimidade como poder – poder de produzir efeitos jurídicos –, autorizando a construção de um poder nos casos em que a alguém era dado dispor de direitos alheios, possibilitando ao mesmo tempo a explicação dos casos em que o titular do direito não podia dispor e permitindo, ainda, configurar, ao lado do poder de dispor, os poderes de adquirir, de vincular-se e, até, de liberar-se.

Assim, um sector da doutrina privatista foi levado a entender genericamente a legitimidade como poder[161]. E mesmo alguns daqueles que a concebem diversamente não se eximem a indirectamente afirmá-la como tal. Esta ideia, aliás, frutificou, de forma particular mesmo, no domínio do processo, tendo-se a ela recorrido com frequência para distinguir a *legitimatio ad causam* da *legitimatio ad processum* – está, nomeadamente, na raiz de toda a concepção germânica que caracteriza a *legitimatio ad processum* como *Prozessführungsrecht*[162].

---

[158] *Norma giuridica e diritto soggettivo*, trad. ital., 1939, pp. 22 ss.

[159] *Diritto delle Pandette*, trad. it. de FADDA e BENSA, 1904, pp. 169 e 170.

[160] Entre nós veja-se, com pormenor, Prof. GOMES DA SILVA, *ob. cit.*, pp. 59 ss., com extremo interesse pelo modo como aborda o problema, e ROGÉRIO EHRHARDT SOARES, *Interesse Público, Legalidade e Mérito*, 1955, pp. 1 ss.

[161] Neste sentido, Prof. GALVÃO TELLES, *Dos Contratos cit.*, pág. 288. Mesmo autores que não configurem a legitimidade como poder, acabam por afirmá-la como tal em certos casos. Veja-se, por exemplo, Prof. DIAS MARQUES, *Teoria Geral do Direito Civil*, 1959, II, p. 50, em relação à posição do falido; BETTI, *ob. cit.*, pp. 178-179, que constrói a legitimidade como poder nos casos de substituição e representação.

[162] Cfr. HELWIG, *Lehrbuch des deutschen Zivilprozessrechts*, 1ª ed., 1903, pp. 155 ss.; KISCH, *Elementos de Derecho Procesal Civil*, 1940, trad. da 4ª ed. alemã por PRIETO y CASTRO, 2ª ed., pp.

ADMISSIBILIDADE E FUNDAMENTO DA OBRIGAÇÃO DE DECLARAÇÃO NEGOCIAL

Mau grado o avanço científico que representou o reconhecimento do poder de produzir efeitos de direito e aquele mesmo que significou a autonomização do poder de dispor em relação ao direito subjectivo, não se nos afigura correcta a construção da legitimidade como poder.

Por via de regra, quando se nega esta equiparação, identifica-se o poder com a capacidade, seja de gozo, seja de exercício. Por nós, cremos que o caminho deve ser muito outro. É particularmente justa aqui a observação do DOUTOR PESSOA JORGE de que *"dizer que o agente dispõe porque tem o poder de dispor nada explica"*[163]. Isso, ao mesmo tempo, porém, impede a equivalência de poder e capacidade, pois que dizer que um acto é eficaz (em sentido lato) porque o agente tem poder de agir juridicamente (capacidade) também nada explica. A justeza da observação está em mostrar que, se a legitimidade, como a capacidade, são requisitos e, portanto, fundamentos do valor causal da declaração de vontade, o poder, ao contrário, é uma expressão da força causal do acto e que, portanto, nunca se podem identificar. O poder de produzir os efeitos não explica a validade do negócio efectivamente praticado, como o poder de licitude não explica a licitude do acto efectivamente praticado. Licitude do acto efectivamente praticado e poder de licitude, validade do negócio efectivamente praticado e poder de produzir efeitos jurídicos são a expressão da mesma realidade em planos diversos: no da efectividade e no da potencialidade. Aquilo que explica a validade do acto efectivamente praticado é o mesmo que explica a existência do poder. E aquilo que o faz são os requisitos da força causal do acto.

O *posse* é a relação entre uma pessoa e determinada regulamentação jurídica – efeitos jurídicos – que exprime o poder-ser dessa regulamentação com base num acto da pessoa, isto é, a relação entre uma pessoa e uma regulamentação potencial para a qual um acto da pessoa é causa de efectivação. O poder de produzir efeitos jurídicos pressupõe, e sobre ela assenta, a força causal do acto, definida no plano da potencialidade.

---

106 ss.; ROSENBERG, *Tratado de Derecho Procesal Civil*, trad. esp. de ROMERA VERA, I, 1955, p. 254. Em Itália, em termos plenamente estruturados, veja-se INVREA, "Possibilità giuridica e legitimazione", *in Rivista di Diritto Processuale Civile*, 1959, I, p. 316. No mesmo sentido, mas sem a mesma estruturação, BARBERO, *La legitimazzione ad agire in confessoria e negatoria servitù*, 1850, pp. 17-18. Incidentalmente afirmando a legitimidade como poder, por exemplo, MONACCIANI, *Azione e legitimazzione*, 1951 p. 162.

[163] *Ob. cit.*, p. 376.

OBRIGAÇÃO DE EMITIR DECLARAÇÃO NEGOCIAL

Um sujeito não tem poder tanto quando carece de legitimidade, como quando o objecto não é idóneo, como quando a causa estaria viciada. Os requisitos de validade do negócio, prescindindo da complicação que pode introduzir o facto de o não preenchimento de alguns gerar tão só a anulabilidade, ou são requisitos da existência do poder, ou são requisitos a que poderíamos chamar, um pouco incorrectamente, do seu exercício, ou melhor, requisitos delimitadores do poder, isto é, requisitos que exprimem as características do acto potencial a que se atribui força causal, de tal modo que, se o acto efectivo os não possuir, não representa a efectivação do acto com força causal.

A legitimidade não se identifica, assim, com poder, antes dele é um requisito.

33. Se, porém, a legitimidade se não identifica com o poder, não deixa de se encontrar naquela assimilação da legitimidade ao poder alguma parte de verdade, que radica em a legitimidade, enquanto requisito e, portanto, enquanto fundamento do valor causal, possuir na economia dos requisitos do negócio jurídico um lugar muito especial.

Já enunciámos uma distinção de requisitos que nos parece fundamental: requisitos da existência do poder e requisitos do exercício do poder ou requisitos delimitadores do poder.

A prioridade lógica pertence naturalmente aos primeiros. É antes necessário ver se se deve colocar uma regulamentação jurídica na dependência da vontade de um sujeito para depois se determinar as condições a que a declaração de vontade actuadora dessa disponibilidade deve obedecer.

Nos requisitos de exercício do poder cabem nomeadamente todos os requisitos de forma, os relativos às relações entre a vontade e a declaração e os relativos à formação da vontade. Temos dúvidas quanto a se se pode incluir ou não neles a capacidade. Estes requisitos, dentro dos quadros impostos pelos interesses gerais e confiança de terceiros, actuáveis de acordo com as circunstâncias, são comandados essencialmente pela causa.

Como requisitos de existência do poder creio que temos, decerto, os relativos à legitimidade, ao valor da causa e à compatibilidade[164]. Deixam-nos dúvidas a idoneidade do objecto e a capacidade.

---

[164] Não se autonomiza muitas vezes o requisito da compatibilidade, deixando-o dissolvido no da legitimidade – assim, BETTI, *ob. cit.*, p. 182; Prof. DIAS MARQUES, *ob. cit.*, pág. 52. A

ADMISSIBILIDADE E FUNDAMENTO DA OBRIGAÇÃO DE DECLARAÇÃO NEGOCIAL

Quanto à idoneidade do objecto as dúvidas respeitam à possibilidade da sua autonomização do valor causal. O problema estará essencialmente em saber se se pode colocar a idoneidade do objecto como um requisito absoluto, isto é, de relevo totalmente independente de qualquer outra realidade, e prévio a qualquer outra avaliação, exprimindo assim a própria negociabilidade dos interesses, a própria disposição da lei em abandonar a regulamentação a outros sujeitos, e então terá autonomia, ou se antes a idoneidade do objecto exprimirá apenas uma valoração objectiva da regulamentação que terá que ser conjugada, para a determinação do seu relevo, com as outras valorações que tenham de se fazer, e então julgamos que se não autonomizará do valor causal.

No que respeita à capacidade (de exercício) vemos três possibilidades de enquadramento. Uma será a de a integrar na legitimidade fazendo apoiar esta não em uma relação de titularidade mas em uma relação de administração. A outra será a de considerar a capacidade um requisito de exercício do poder: o incapaz teria o poder, apenas que o seu exercício estaria para ele limitado. A terceira consiste em tratar a capacidade como um requisito autónomo.

A solução de ambos estes problemas está dependente de muitas questões de regime na nossa lei que não se podem aqui abordar e resolver. Por isso, para que o raciocínio não fique viciado, partiremos de que tanto a capacidade como a idoneidade do objecto constituem requisitos autónomos.

Dentro deste conjunto de requisitos da existência do poder – capacidade, legitimidade, compatibilidade, idoneidade do objecto, causa – a idoneidade do objecto assume, antes de todos, uma posição muito particular. Representa um pressuposto, ou melhor, para utilizar uma expressão não comprometida, uma *condição prévia* da existência do poder. Traduz a disposição da lei de aban-

---

Doutora MAGALHÃES COLLAÇO fala de "ilegitimidade de segundo grau", de "uma ilegitimidade de ordem excepcional, como que sinalizada" – p. 79. No entanto, parece-nos que o problema da legitimidade e da compatibilidade são manifestamente diferentes, como se verá do texto. De resto, a legitimidade relaciona o sujeito com os efeitos ao passo que a compatibilidade relaciona dois sujeitos ou, porventura, duas posições de um sujeito. No sentido de uma incompatibilidade considerada autonomamente, por exemplo, MESSINEO, *Dottrina Generale del Contratto*, 3ª ed., 1948, p. 56. Sobre as incompatibilidades de situações em Direito Comercial (que nem sempre são verdadeiros vícios do negócio jurídico), veja-se Prof. FERNANDO OLAVO, *Lições de Direito Comercial ao curso de 1959-60*, coligidas por BRAZ TEIXEIRA e JOSÉ JARDIM, pp. 93 a 96.

donar a outros a regulamentação dos interesses em jogo, exprime que a lei aceita a própria negociabilidade dos interesses.

Ultrapassada esta condição prévia, o lugar chave é assumido pela legitimidade.

O negócio jurídico é um acto de regulamentação. Não é um acto que representa a mera condição para uma regulamentação se estabelecer, mas um acto que traz no seu próprio conteúdo uma regulamentação, conteúdo esse que justifica que a regulamentação objectivamente se estabeleça e objectivamente valha.

Os sentidos éticos das condutas e as significações dos interesses apoiam-se no valor das mesmas condutas e dos mesmos interesses, na posição das condutas e dos interesses perante uma tábua de valores. No Direito Positivo, esse valor, no entanto, não é dado objectivamente, não se pode apreender por intuição directa dos comportamentos ou dos fins[165]. O modo próprio do Direito Positivo está em assumir as escolhas de determinados sujeitos, as expressões da sua vontade, concedendo-lhes objectividade (valor objectivo para uma comunidade), sendo esses sujeitos que vêm *formalmente* a definir o valor dos comportamentos e dos interesses e, portanto, os seus sentidos éticos.

Radical (no sentido etimológico da palavra) se torna portanto em relação aos actos de regulamentação a determinação das pessoas cuja vontade irá valer objectivamente. Essa determinação assentará numa específica relação dessas pessoas com a regulamentação em causa. Tal relação traduz-se naquilo que genericamente se designa como *competência* e que, em particular, no domínio privado se designa como *legitimidade* ou *legitimação*.

Se a legitimidade exprime assim a relação do sujeito com uma regulamentação possível que fundamenta que seja ele a decidir dela, ao mesmo tempo a legitimidade torna-se o primeiro fundamento, o *fundamento radical da existência do poder*. A relação do sujeito com a regulamentação possível, a sua "competência" é o fundamento de que esse sujeito tenha o poder de decidir da regulamentação; é a fonte originária do valor causal da sua declaração de vontade.

---

[165] Neste sentido, muito justamente, em crítica a COSSIO, JOSÉ BRITO, "Fenomenologia do Direito e Teoria Egológica", separata da *Revista de Estudos Políticos e Sociais*, vol. I (1963), nº 2, pp. 43 ss.

ADMISSIBILIDADE E FUNDAMENTO DA OBRIGAÇÃO DE DECLARAÇÃO NEGOCIAL

Não quer isto dizer que os outros requisitos de existência do poder nada façam – o poder confundir-se-ia então com a legitimidade – nem que esses outros requisitos funcionem como meros requisitos negativos. Quer dizer apenas, em primeiro lugar, que as outras valorações, que se vêm a traduzir nesses outros requisitos, só assumem sentido por referência à legitimidade. Isso é nítido logo no domínio da incompatibilidade que, aliás, funciona, cremos, claramente como requisito negativo. Só depois de definidos os sujeitos legítimos é que há que pôr o problema de saber se são entre si incompatíveis ou se, porventura, a posição dum deles no negócio é incompatível com outra posição sua. Sucede assim também na causa. A causa, exprimindo a função prático-social do negócio, não traduz a função da regulamentação pura, mas a função prático-social da regulamentação posta por determinados sujeitos, a função prático-social, portanto, do negócio. É ainda do mesmo modo na capacidade, enquanto se considere esta como requisito autónomo. Certo que é sempre possível perguntar em abstracto se um sujeito é capaz para um negócio de um determinado tipo. O que sucede, no entanto, é que uma tal pergunta não terá qualquer significado. É na medida em que um sujeito é chamado pela legitimidade que se há-de perguntar se ele, pela sua capacidade, pode corresponder. E isso não deixa de ter importância, porque, se o sujeito for incapaz, o chamamento não perde valor, apenas deriva para um outro sujeito com o incapaz colocado numa determinada relação – o representante legal.

A posição fulcral da legitimidade terá ainda uma outra consequência; que o valor expresso pelos outros requisitos venha apenas a não impedir ou a completar o valor atribuído pela legitimidade.

A não impedir surge a ausência de incompatibilidade. Não se pede, para que se fundamente plenamente o valor causal do acto, que os sujeitos sejam compatíveis ou que a posição de um sujeito no negócio seja compatível com todas as suas outras posições jurídicas. Pede-se apenas que se não verifique uma situação determinada em que a incompatibilidade apareça. Se esta existir, o fundamento de força causal que a legitimidade confere encontra aí um obstáculo a que justifique plenamente esse valor causal.

A completar aparecem a capacidade e o valor da causa. A legitimidade justifica primeiramente que um sujeito regulamente determinadas situações. Para que essa justificação se torne plena, se complete, porém, é necessário que o sujeito seja em si mesmo apto a fazê-lo, que possua as qualidades de

143

OBRIGAÇÃO DE EMITIR DECLARAÇÃO NEGOCIAL

liberdade e inteligência que garantam uma utilização razoável da disponibilidade que se lhe concederá.

Finalmente, no aspecto da causa, a lei não valora directamente os interesses procurando para eles a regulamentação que ela quer, valora os interesses enquanto a eles se refere uma legitimidade de determinados sujeitos. Em última análise, a valoração causal representa a valoração da valoração operada pelos sujeitos legítimos. Não será por a lei valorar positivamente a regulamentação que ela se produzirá se as partes a não quiserem. Não será ainda necessariamente por a lei valorar negativamente a regulamentação que ela não se produzirá se as partes quiserem – nada logicamente impede que a lei acabe por a aceitar em razão do especial valor que assume por ter sido querida pelos sujeitos competentes, em razão da competência que reconhece a estes sujeitos[166].

De resto, esta particular posição da legitimidade não pode causar estranheza, se se tiver era conta a afirmação constantemente repetida de que o negócio é expressão da autonomia da vontade privada e se se atentar em que a legitimidade é o fundamento dessa mesma autonomia.

Em suma: a legitimidade é a relação que justifica que seja a regulamentação querida por determinadas pessoas aquela que o Direito Positivo vá assumir como objectivamente válida; por isso, para além da condição prévia que representa a idoneidade do objecto, a legitimidade é o *fundamento ou requisito primário ou principal* da existência do poder de produzir efeitos de direito, em relação ao qual a incompatibilidade funciona como *obstáculo* ao valor atribuído pela legitimidade e a capacidade e o valor causal como *fundamentos ou requisitos secundários ou complementares.*

34. É o momento de, ainda que muito brevemente, procurar determinar como se configura a relação em que consiste a legitimidade. Naturalmente, como até aqui, só teremos em conta a legitimidade directa ou autónoma, por sem a sua definição prévia não se poderem abordar as questões que envolvem a legitimidade indirecta ou derivada.

---

[166] Ao atribuir esta posição aos vários requisitos, partindo-se fundamentalmente de que são expressões de aspecto de valor, permite-se uma maleabilização dos requisitos do negócio, que deixam de surgir como quadros formais rígidos, a qual não parece, antes pelo contrário, em desacordo com a realidade.

ADMISSIBILIDADE E FUNDAMENTO DA OBRIGAÇÃO DE DECLARAÇÃO NEGOCIAL

Excluídas agora as concepções que vêem na legitimidade apenas uma circunstância impeditiva ou que reconduzem a legitimidade ao poder, parece-nos que duas coisas, embora nem sempre expressas ou expressas de modos diversos, se poderão tomar como património comum da doutrina. A primeira será a de que a legitimidade não representa uma relação simples mas uma relação complexa, isto é, uma relação assente em duas relações menores. A segunda estará em que os termos últimos da relação complexa são o sujeito e a regulamentação jurídica potencial. Os problemas que ficam são o da determinação do termo intermédio e das duas relações menores.

Quanto à relação menor que ligará o sujeito ao termo intermédio, a doutrina tende geralmente a defini-la como de *titularidade*, seja o que for aquilo de que se seja titular. A questão não nos aparece líquida, podendo substituir-se a relação de titularidade por uma outra – a de administração – se se for levado a integrar a capacidade na legitimidade. De certo modo, aliás, nesse sentido aponta a concepção que reconduz a representação legal à ideia de *"ufficio"*[167]. E já em Itália um sector da doutrina vê na capacidade um pressuposto da legitimidade.[168]. De qualquer maneira o problema não tem importância para a nossa finalidade. E por isso, prescindindo da sua análise, tomaremos a primeira relação menor como de titularidade, de acordo, de resto, com a orientação que seguimos já de considerar a capacidade como requisito autónomo.

Na determinação da segunda relação menor encontram-se algumas divergências na doutrina. Assim, enquanto umas vezes se refere a regulamentação de interesse dos sujeitos pelo negócio, outras vezes fala-se da incidência dos efeitos nas esferas jurídicas dos sujeitos[169] e outras ainda na relação do facto (material) com a situação inicial (ou também a final) na qual os sujeitos se integram[170]. As várias formulações – porque incidência na esfera jurídica se entende como incidência directa – não são, com uma excepção, diversas quanto ao fundo, salvo num aspecto de pormenor que não tem para nós importância

---

[167] Cfr. Doutora MAGALHÃES COLLAÇO, *est. cit.*, pp. 186 ss.
[168] MONACCIANI, *ob. cit.*, pp. 110 ss.
[169] Veja-se, por exemplo, Doutora MAGALHÃES COLLAÇO, *est. cit.*, pp. 30 ss., pp. 116 ss.
[170] CARNELUTTI, *Teoria Geral ...*, trad. portuguesa da 1ª ed., pp. 362 ss. Na 3ª edição, CARNELUTTI, sem negar a posição da legitimidade na teoria do acto jurídico, vem integrá-la na consideração estática através do conceito de qualificação –3ª ed., pp. 179 ss.

OBRIGAÇÃO DE EMITIR DECLARAÇÃO NEGOCIAL

de maior[171]. Uma delas – a de Carnelutti – assume um enquadramento muito especial; deixá-la-emos de lado e partiremos indiferentemente das outras duas – legitimidade baseada na incidência na esfera jurídica ou na regulamentação de interesses.

Poderemos acusar estas especificações do termo intermédio e caracterização da segunda relação menor de pecarem por excesso, de um lado, e por defeito, do outro.

Se se atentar nos casos que referimos do poder do comproprietário de obter a divisão do direito comum, do poder do proprietário de prédio encravado de constituir servidão sobre os prédios vizinhos, do poder do senhorio de em determinadas condições tomar o arrendamento, e em todos os muitos casos semelhantes, logo se vê que, apesar de os efeitos incidirem na esfera jurídica e regulamentarem interesses do sujeito, não é necessário que a sua participação no negócio produtor dos efeitos se torne indispensável, nem sequer que se torne possível[172].

Se, por outro lado, se reparar nas hipóteses, que também já citámos, de necessidade de autorização do marido para a alienação de bens próprios da mulher, de necessidade de autorização dos filhos ou netos para a venda a fazer pelos pais ou avós a outros filhos ou netos, de necessidade de autorização dos sócios para a alienação de parte da sociedade em nome colectivo, vê-se que aquelas soluções também pecam por defeito, enquanto não abrangem a legitimidade destes sujeitos cujos interesses o negócio não regulamenta nem sobre os quais incidem directamente os efeitos do negócio.

O primeiro dos pecados – de excesso – supera-se através de uma distinção – que não deixa muitas vezes, mais ou menos claramente, de se fazer – entre o tema do conceito de legitimidade e o de relevância das relações de legitimidade possíveis, de uma distinção entre as relações que podem ser de legi-

---

[171] Será o caso de negócios que, produzindo efeitos na esfera jurídica de um sujeito, não regulamentam nenhum interesse seu – assim, a procuração. A teoria da incidência dos efeitos abrangerá este caso; a da regulamentação dos interesses não.

[172] Só se indicam os casos em que a incidência ou efeitos ou a regulamentação dos interesses são imediatamente prejudiciais. Os casos em que são benéficas podem levantar um outro problema, que nos não interessa ter em conta neste estudo. *Vide*, para casos em que há incidência benéfica dos efeitos sem que o sujeito tenha que vir ao negócio, Doutor PESSOA JORGE, págs. 304-305. Note-se, no entanto, o que se diz adiante no texto.

timidade (relevante), isto é, as relações de base de legitimidade e aquelas que são efectivamente relevantes[173].

O segundo dos pecados – por defeito – só se pode superar mediante um conceito de legitimidade mais extenso e, consequentemente, menos compreensivo.

O primeiro caminho seria o de alargar a incidência na esfera jurídica à incidência reflexa ou, melhor, o de alargar o conceito de legitimidade à própria incidência de efeitos reflexos na esfera jurídica[174]. Ainda assim, porém, cremos que a insuficiência se verificaria ou, ao menos, poderia verificar-se. Embora seja difícil distinguir os efeitos jurídicos reflexos dos efeitos práticos, parece-nos que nos casos de necessidade de autorização do marido ou de necessidade de autorização dos filhos e netos se estará ou se poderá estar perante uma incidência meramente prática sobre os interesses do sujeito. De qualquer modo, não deixa de ser compreensível o chamamento de um sujeito através de uma afectação tão somente prática, porque sempre a realização dos fins desse sujeito fica, em maior ou menor medida, dependente do negócio[175].

Desta sorte, afigura-se-nos que como termo intermédio se deverá tomar o *interesse* (ou a "esfera de vida") e como segunda relação menor a mera *relação de afectação* – seja jurídica, directa ou reflexa, seja prática. Por outro lado, pode dar-se a circunstância de a afectação ser meramente eventual. Por isso, melhor do que de afectação se falaria de *possibilidade de afectação*.

Legitimidade será a relação de um sujeito com uma regulamentação potencial cuja actualização poderá afectar os interesses (a esfera de vida) desse sujeito.

35. As relações de legitimidade assim definidas não são necessariamente relevantes. Cumpre agora considerar precisamente os aspectos do problema da legitimidade que a esta relevância se ligam. E há que começar por delimitar os quadros em que a relevância se pode inserir.

---

[173] Fundamentalmente nesse sentido parece estar CARNELUTTI, *Teoria...*, 3ª ed., *lug. cit.*

[174] Referindo o problema dos efeitos reflexos em relação ao poder de dispor, mas noutro sentido, FERRARA SANTAMARIA, *Il potere di disposizione*, 1937, pp. 26 ss.

[175] Atente-se no nº 2 do art. 335º do Código de Processo Civil. Um caso muito interessante de legitimidade por mera afectação prática parece estar previsto no art. 79º da Carta da O.N.U. (não vemos nada que impeça o alargamento da técnica da legitimidade ao Direito Internacional).

OBRIGAÇÃO DE EMITIR DECLARAÇÃO NEGOCIAL

A classificação fundamental faz-se em função da necessidade e suficiência da participação dos sujeitos no negócio ou negócios relativos a certos efeitos jurídicos. Apenas há previamente que assinalar que não importa que os sujeitos participem em um único ou vários negócios desde que todos os negócios integrem o facto complexo de que resultam os efeitos. Não é a unificação ou não unificação das declarações negociais que importa, mas a determinação das declarações de que dependem os efeitos. Segundo o critério indicado, cabe distinguir essencialmente três possibilidades, ainda que depois seja possível que surjam combinações. São elas:

a) a declaração de um determinado sujeito é necessária e suficiente;

b) a participação de vários sujeitos é necessária e só a de todos é suficiente;

c) é suficiente a participação de cada um de vários sujeitos e não é necessária a participação de nenhum.

A primeira hipótese corresponde ao caso de negócio unilateral em que os efeitos só através da vontade de um sujeito se podem obter; a segunda hipótese corresponde ao caso normal de contrato; a terceira hipótese corresponde ao caso, por exemplo, dos actos divisórios previstos no art. 2 180º do Cód. Civ..

A partir daquelas três hipóteses, o valor da legitimidade de um sujeito varia consoante a sua participação é necessária e suficiente (a); é necessária mas não suficiente (b); é suficiente mas não necessária (c).

Por outro lado, pode distinguir-se consoante a não participação de um sujeito de legitimidade necessária impeça de todo a produção dos efeitos ou apenas possibilite a extinção retroactiva desses efeitos[176].

36. Carreadas assim as bases necessárias, é o momento de regressar ao problema fundamental: quais são os elementos que a lei utiliza e pode com um mínimo de razoabilidade utilizar na definição da legitimidade?

A legitimidade é uma relação que se define pela afectação dos interesses de uma pessoa por uma regulamentação jurídica. Uma regulamentação pode facilitar ou dificultar, possibilitar ou impossibilitar para uma pessoa a realização de determinados fins. O elemento que logo naturalmente será tido em

---

[176] Ainda se poderia ter em conta a hipótese de a participação de um sujeito ser requisito de uma especial modelação dos efeitos, independentemente da anulabilidade. Corresponde à ideia da legitimidade modificativa de CARNELUTTI (*ob. cit.*, 3.ª ed., p. 181) – o que não quer dizer que se adira a todas as utilizações que o autor faz do conceito, nomeadamente em matéria processual.

ADMISSIBILIDADE E FUNDAMENTO DA OBRIGAÇÃO DE DECLARAÇÃO NEGOCIAL

conta é o do valor dos interesses afectados. Será, porém, o elemento exclusivo? Se o fosse, os resultados seriam os seguintes:

a) a lei entende que os interesses de uma pessoa que a regulamentação beneficia são proeminentes relativamente a todos os prejudicados, não se verificando porém o contrário – nessa altura, a participação do sujeito seria necessária e suficiente;

b) a lei entende que os interesses de uns que o negócio beneficia não poderão sobrepôr-se aos de outros susceptíveis de prejudicar, embora em relação a terceiros aceite a proeminência dos interesses beneficiados daquelas pessoas – a participação de cada sujeito é necessária mas só a de todos aqueles suficiente;

c) a lei entende que os interesses de cada um susceptíveis de serem prejudicados não podem opor-se aos interesses de cada um que seja beneficiado, embora reconheça a proeminência dos interesses beneficiados em relação a terceiros – a participação de cada um é suficiente, mas não necessária.

Daqui resultaria ainda que o valor dos *interesses formais*, isto é, dos interesses na produção dos efeitos, o qual exprime este valor prévio dos interesses substanciais afectados, estaria em absoluto acordo com a definição de legitimidade: no caso a) ficaria protegido só o interesse de um sujeito na produção dos efeitos, no caso b) ficariam protegidos colectivamente os interesses de todos e no caso c) ficaria protegido individual e disjuntivamente o interesse de cada um.

Repare-se já em uma coisa: por via de regra entende-se que um sujeito não pode, em princípio, por si só produzir efeitos não só quando estes afectam prejudicialmente os interesses de outros (o valor dos seus interesses opor-se-ia) como quando os afectem beneficamente. Isto parece estar já em contradição com a definição de legitimidade em atenção ao mero valor prévio dos interesses. No entanto, sempre se poderá dizer que afectando-se beneficamente uns interesses é possível afectar prejudicialmente outros, nomeadamente morais. E, assim, seria em atenção ao valor desses interesses que podem ser prejudicados que o sujeito seria chamado ao negócio.

De qualquer modo, atente-se em que a doutrina, sempre que procura determinar os termos da relevância da legitimidade, estabelece o princípio de que são legítimos os titulares das esferas jurídicas sobre que os efeitos directamente incidem. Já se viu – e a doutrina sabe-o – que mesmo fora das hipóteses de legitimidade derivada o princípio não é fixo. É verdade, por outro lado, que normalmente o critério da definição do valor dos interesses coincide com o da incidência directa na esfera jurídica. Mas o facto de o princípio da legitimidade ser definido pela doutrina por essa incidência e não pelo valor dos interesses – indo-se ao ponto de a partir dessa incidência se construir o conceito de legitimidade – não significará que se terá em vista alguma coisa mais que uma simples coincidência normal de critérios?

Convém ainda ter em conta que em regra a lei, quando exige a intervenção de um terceiro, configura-a com um acto lateral, autonomizado mesmo do negócio principal. A participação do terceiro assume assim, ao menos *formalmente*, um aspecto secundário, subordinado. Concede-se-lhe mesmo a configuração de autorização integrativa[177], autorização que se limita a permitir ao autorizado o exercício de um direito ou de uma faculdade que já possui. Independentemente do bem fundado deste enquadramento, alguma coisa parece ficar tanto da lei como da doutrina: a consideração acessória, ao menos de um ponto de vista formal, deste tipo de participação na produção de efeitos jurídicos[178].

Por outro lado, quando, nos termos indicados, terceiro haja de intervir, atribui-se, ao menos em regra, à sua falta de intervenção, não a consequência de o negócio não produzir quaisquer efeitos, mas apenas a de estes poderem ser retroactivamente extintos, atribui-se a consequência da mera anulabilidade. Ao contrário, nos casos em que a falta de intervenção é de um sujeito sobre cuja esfera jurídica directamente incidem os efeitos, a consequência é a da nulidade. Daqui resulta que no próprio plano *substancial* a participação de sujeitos sobre cuja esfera jurídica não incidem directamente os efeitos tem um valor menor.

E não se procure retirar o significado que esta circunstância possui para a determinação dos elementos em função dos quais a lei define a relevância da legitimidade, afirmando que a consequência da mera anulabilidade resulta de, por a afectação ser indirecta, ser também normalmente tão só eventual. É que do mesmo modo eventual é a afectação dos interesses que pode ser considerada prejudicial nos casos em que a regulamentação em si mesma é para o sujeito exclusivamente benéfica, e aí a consequência da falta de participação

---

[177] Cfr. Doutor PESSOA JORGE, *ob. cit.*, pp. 390 ss.

[178] Quanto à autorização do marido, vejam-se os arts. 1193º, 1200º e 1201º do Cód. Civil; cfr. Profs. PIRES DE LIMA e BRAGA DA CRUZ, *ob. cit.*, II, 1953, p. 52. Quanto à autorização dos filhos ou netos, CUNHA GONÇALVES, *ob. cit.*, VIII, 1956, p. 506. A situação no caso do art. 16.º C. Com. é menos nítida – Autor *cit.*, *Comentário ao Código Comercial*, 1914, I, p. 347.

continua a ser a da nulidade. Portanto, de duas uma: ou a anulabilidade não resulta do carácter eventual da afectação, e não se pode deixar de reconhecer uma diferença de relevância, pelo menos em princípio, entre a participação dos sujeitos directamente afectados e a dos sujeitos tão só indirectamente afectados; ou a anulabilidade resulta da eventualidade da afectação e então tem de se tirar a conclusão de que a mera afectação benéfica releva para a definição da legitimidade, independentemente de poder trazer consigo qualquer outra prejudicial, e continua a ter de reconhecer-se que um elemento outro que o valor dos interesses, aqui ainda com maior relevo, intervém na definição pela lei da legitimidade.

Repare-se finalmente nos casos em que a lei concede validade a negócios ilícitos ou, ao menos, com elementos de ilicitude. Pense-se, para não citar hipóteses mais próximas da obrigação de declaração negocial, nos casos de casamento com impedimentos impedientes e, por exemplo, no casamento, de militares sem autorização, quando esta deva existir. Aqui, aquilo que o negócio viola são interesses tidos como de *natureza pública*.

Todos estes aspectos agora indicados mostram já uma coisa: que não é ocasional a concessão de peso, maior ou menor, na relevância da legitimidade, a um elemento outro que o valor prévio dos interesses , que esse elemento é antes de forma sistemática tomado em conta pela lei e que, por conseguinte, esta não se determina apenas pelo valor dos interesses.

37. Ao definir a legitimidade, vimos ser necessário alargar o conceito abrangendo meras formas de afectação indirecta – ou por efeitos reflexos ou mesmo apenas prática. Isso permite pôr em relevo um aspecto que pode distinguir as relações de legitimidade umas das outras, para além do valor dos interesses: a "medida" da relação de afectação, o seu carácter directo ou mais ou menos indirecto, a *distância* entre o sujeito e os efeitos. Ora, se se atentar em todos os fenómenos que se têm vindo a assinalar, ver-se-á que é precisamente na distância do sujeito em relação aos efeitos, na maior ou menor *proximidade* daquele em relação a estes que se encontra o outro elemento, além do valor prévio dos interesses, que a lei introduz na determinação da legitimidade.

É deste aspecto de proximidade que a doutrina parte quando tende a definir a legitimidade pela afectação directa – que é a que mais proximamente coloca a regulamentação do sujeito. É a partir deste aspecto de proximidade ainda que a participação dos sujeitos não afectados directamente aparece formalmente com um cunho acessório. É a partir dele também que se atribui à não participação dos sujeitos indirectamente afectados a consequência de mera anulabilidade – se se quiser reconduzir a anulabilidade à eventualidade da afectação, será a partir da proximidade que se explicará a necessidade da vinda ao negócio dos sujeitos beneficamente afectados. É finalmente o elemento de proximidade que explica a possibilidade do casamento com impedimentos impedientes ou do casamento de militares sem autorização – os interesses públicos só indirectamente são afectados.

Não pode, aliás, estranhar-se esta intervenção do elemento da *proximidade*. O negócio não é na raiz um meio de realização de interesses, mas um modo de regulamentação de interesses. A função da legitimidade, já se viu, é a de determinar o sujeito ou sujeitos mais idóneos para decidirem da regulamentação, decisão que a Ordem Jurídica assume atribuindo-lhe validade objectiva. Por isso, desde logo, nada implica que a competência seja necessariamente interessada. E, por outro lado, a maior proximidade do sujeito em relação ao negócio, a circunstância de este se integrar de um modo particular na sua esfera de vida, no seu mundo, define naturalmente uma especial idoneidade do sujeito para decidir da regulamentação, especial idoneidade que a lei pode preterir em atenção a outras razões de idoneidade, mas que a lei também pode aceitar e respeitar.

E nem sequer, quando a intervenção do elemento da proximidade leva ao ponto de acabar por tornar possível uma regulamentação que a lei em última análise não quereria, esta se está a contradizer. Em última análise, o que a lei está a fazer é, seja em atenção à natureza dos interesses ou ao que for, levar às últimas consequências o respeito por essa idoneidade natural que a proximidade define.

A necessidade de se atender a este elemento torna-se evidente com um exemplo. Não é hoje sequer admitida a obrigação de celebrar casamento – e muito bem. No entanto, não deixou de ser aceite historicamente a obrigação de casar. O que de todo repugnaria, o que de todo não pode com um mínimo de senso conceber-se é que um só dos nubentes tenha o poder de por sua única vontade obter os efeitos do casamento. Aqui, dada a natureza particularmente íntima dos interesses em jogo, não pode de modo algum preterir-se o valor que a incidência directa dos efeitos na esfera do sujeito apresenta, o valor que a proximidade do negócio em relação ao sujeito atribui à sua participação.

ADMISSIBILIDADE E FUNDAMENTO DA OBRIGAÇÃO DE DECLARAÇÃO NEGOCIAL

De resto, isto que se passa no Direito Privado passa-se no Direito Público. Para não falar nas relações entre órgãos de uma comunidade – administradores em conjunto dos mesmos interesses – pense-se no que ocorre nas relações entre várias comunidades, lembrem-se todos os casos em que a comunidade de competência tida por superior não define directamente determinadas situações de interesses: embora queira que sejam definidas de um modo dado, apenas impõe aos órgãos da comunidade inferior o dever de criar ou de não criar a regulamentação. Tenha-se em conta apenas a conhecida doutrina que nestes termos define as relações entre a Ordem Jurídica internacional e as Ordens Jurídicas internas, a qual, se porventura já não corresponderá hoje inteiramente à realidade jurídica, nos parece que pelo menos não deixou historicamente de corresponder e ao esquema da qual, de qualquer modo, muitas vezes em particular se recorre. O que se passa aqui, como nos casos semelhantes, é um respeito por uma comunidade superior da proximidade que as situações de interesses em jogo mantêm com outras comunidades, da particular idoneidade, do particular fundamento de competência que tal proximidade para estas determina.

Aquele fenómeno não é único mesmo no Direito Privado. Aparece também, embora, compreensivelmente em termos sensivelmente diversos, nos casos em que se protege um interesse substancial. Muitas vezes aqui a própria configuração do interesse protegido define os meios utilizáveis; assim é por exemplo, nos direitos reais, no crédito de prestação de serviços. Outras vezes, porém, apresenta-se a possibilidade de se recorrer como meio principal quer a um acto do sujeito sacrificado, quer a um acto do sujeito protegido. Pense-se nas obrigações de entrega; era possível à lei estabelecer, em vez do dever de entregar, um poder do titular direito de se apossar da coisa, embora auxiliado, naturalmente, pelo dever acessório do sacrificado (e dos terceiros) de não impedir. Encontram-se a justificar o recurso que se faz ao dever de entregar duas razões; uma, é a ideia de «respeito pela esfera de vida» do devedor, uma vez que, encontrando-se nela o bem, a realização do direito do outro a vai directamente afectar; a seguir, conecta-se com o perigo a que a via ao poder podia dar lugar, pelos abusos que de facto autorizaria. Nestes casos, a segunda ideia obscurece a primeira, e conduz a resultados a que a mera actuação da primeira não conduziria. Mas que aquela não deixa de intervir mostra-o por exemplo a hipótese muito curiosa regulada no art. 2 317º do Cód. Civil, nos termos do qual *"o dono do prédio vizinho poderá arrancar e cortar*

OBRIGAÇÃO DE EMITIR DECLARAÇÃO NEGOCIAL

as raízes que se introduzirem no seu terreno, e os ramos que sobre ele propenderem, contanto que não ultrapasse... se o dono da árvore, sendo rogado, o não tiver feito dentro de três dias.". Neste caso, no facto de se começar por recorrer ao acto do dono da árvore para se passar ao acto do titular do direito não deixa de aparecer claro o respeito pela esfera da vida.

É em última análise esta mesma ideia de respeito pela esfera de vida que vem a estar presente no relevo do elemento de proximidade no domínio da legitimação, embora aqui em termos diversos e com maior intensidade pela natureza do negócio de acto de regulamentação.

38. Resulta assim que, para além do valor prévio dos interesses, a lei introduz na determinação da relevância da legitimidade um outro elemento, pelo menos: a proximidade dos efeitos em relação ao sujeito. Quando a utilização dos dois elementos conduzir a resultados divergentes, a lei segundo as circunstâncias (segundo nomeadamente a natureza dos interesses) dará prevalência a um ou outro dos elementos. E ainda quando a um concede essa prevalência, sempre lhe é possível mitigá-la em certos aspectos. Assim, já o vimos, a prevalência do valor dos interesses que conduza à necessidade de intervenção de um sujeito não directamente afectado acompanha-se normalmente de uma acessoriedade formal da participação desse sujeito e mesmo de um menor relevo substancial.

Se a lei conceder prevalência ao elemento da proximidade pode daí resultar uma desadaptação entre a determinação da legitimidade e o valor prévio dos interesses. Deste modo a posição relativa dos interesses na produção e não produção dos efeitos jurídicos deixa de ser a mera expressão da definição da legitimidade, ou, mais em geral, da definição das condições de eficácia do negócio. E por isso vem a surgir, perante as legitimidades definidas, um interesse numa determinada regulamentação jurídica com um relevo *específico* (relevo que não representará a mera expressão da definição das condições da produção dos efeitos jurídicos). Tal relevo traduzir-se-á na *afectação* das legitimidades (ou de algumas delas) *a esse interesse*. Consoante a regulamentação objecto do interesse seja aquela a que se refere a legitimidade ou seja outra que a actuação da legitimidade alterará ou impedirá, assim a afectação da legitimidade significará simplesmente afectação a um interesse na produção dos efeitos ou antes, imediatamente, se traduzirá na negação da afectação ao interesse de titular da legitimidade e só mediatamente na afectação ao interesse na regulamentação.

ADMISSIBILIDADE E FUNDAMENTO DA OBRIGAÇÃO DE DECLARAÇÃO NEGOCIAL

39. Chegados aqui, parece já não se poder duvidar de que seja na intervenção deste elemento de proximidade que se encontra o fundamento da escolha do dever de declaração negocial como meio.

Ao mesmo tempo, porém, três coisas se impõe assinalar.

A primeira é a de que, no domínio em que até agora nos temos mantido, os casos de prevalência do elemento da proximidade sobre o do valor prévio dos interesses são, não diremos que excepcionais, mas pelo menos pouco normais. Vimo-los aparecer em matéria de casamento onde a natureza particular dos interesses justifica especialmente o relevo da proximidade.

A segunda coisa é que, em geral, nas hipóteses de obrigação de declaração negocial, como nas de constituição de direito potestativo que paralelamente a elas encontrámos, se parte já de uma legitimidade previamente determinada. Não se vem assim a alterar directamente o valor prévio dos interesses, antes directamente se vem a proteger um interesse na produção dos efeitos.

A última observação é que só temos tratado da legitimidade autónoma, não ainda da legitimidade derivada. É sobre esta que agora devemos brevemente debruçar-nos.

40. Ao lado da legitimidade *autónoma ou directa*, individualizou-se uma outra forma de legitimidade, a legitimidade *derivada ou indirecta*. O que caracteriza esta é não se formar a partir de uma relação simples, mais ou menos distante que seja, do sujeito com uma regulamentação, mas sim a partir de uma relação do sujeito com outro sujeito (se se quiser de uma relação do sujeito com a legitimidade de outro sujeito), o qual por sua vez se relaciona com a regulamentação. Há, assim, uma relação complexa, para além da complexidade própria de qualquer relação de legitimidade autónoma[179]. A legitimidade derivada ou indirecta é, pois, uma legitimidade que se constitui a partir de outra legitimidade de outro sujeito.

Por vezes conecta-se a legitimidade derivada ou indirecta, particularmente nos casos de substituição, com uma incidência da regulamentação indirecta no

---

[179] CARNELUTTI fala de conexão de situações jurídicas (*ob. cit.*, 1.ª ed., pp. 367, 3ª ed., pp. 238-239; o Prof. GALVÃO TELLES, *Dos Contratos ... cit.*, pp. 289-290 e 300 fala de conexão de interesses e também de conexão de situações jurídicas.

OBRIGAÇÃO DE EMITIR DECLARAÇÃO NEGOCIAL

sujeito[180]. Já se observou, no entanto, que casos há de legitimidade autónoma ou directa em que a afectação é indirecta. Por outro lado – ver-se-á – nada impede que exista legitimidade indirecta ou derivada com a regulamentação a incidir directamente na esfera jurídica do sujeito. Por isso, preferimos as expressões legitimidade autónoma e legitimidade derivada, que utilizaremos, às expressões legitimidade directa e legitimidade indirecta.

41. A legitimidade derivada assenta naturalmente num fenómeno de derivação de legitimidade. A *derivação de legitimidade* pode definir-se como *a extensão da particular idoneidade de um sujeito para a decisão sobre uma regulamentação, definida pela sua legitimidade, a outro sujeito, com fundamento em uma relação entre os dois.*

Assim definida, a derivação de legitimidade pressupõe a existência de uma legitimidade autónoma e o aparecimento de uma relação entre o titular desta e outro sujeito, que justifique a derivação. Quando este sujeito possua a capacidade necessária e quando se verifiquem as outras condições de existência do poder, sobre a base da derivação de legitimidade constitui-se para o novo sujeito um poder de produzir efeitos jurídicos.

Posto isto, dois aspectos se podem referir. O primeiro está em que, não concebendo a legitimidade como poder, se não torna necessário recorrer à ideia de sucessão, mesmo em sentido lato, para explicar a legitimidade derivada, não se encontrando assim as dificuldades que um tal recurso envolveria, fundadas na circunstância de o poder do sujeito autonomamente legitimado ser susceptível de se manter íntegro.

O segundo aspecto encontra-se em a derivação de legitimidade ser apta a originar uma forma de aquisição particular, que se não integra nem na aquisição translativa, nem na constitutiva com o conteúdo que correntemente se lhe concede (e que a torne susceptível de enquadramento num conceito amplo de transmissão). Este fenómeno poderia sem dúvida ser objecto de um estudo interessante de teoria geral, que não cabe, naturalmente, aqui.

A derivação de legitimidade pode assumir variadas modalidades.

Duas, pelo menos, são normalmente discriminadas: a representação e a substituição. Não é, no entanto, líquido, logo, que a representação legal constitua uma verdadeira forma de legitimidade derivada ou que, constituindo-o,

---

[180] Prof. GALVÃO TELLES, *Dos Contratos ... cit.*, pp. 289-290; Prof. DIAS MARQUES, *ob. cit.*, II, pp. 48 ss., BETTI, *ob. cit.*, p. 178.

ADMISSIBILIDADE E FUNDAMENTO DA OBRIGAÇÃO DE DECLARAÇÃO NEGOCIAL

se deva integrar numa espécie única juntamente com a representação voluntária[181]; não é líquido sequer que entre a representação e a substituição se não devam autonomizar outras figuras[182].

Todas estas dificuldades que se encontram na delimitação dos vários tipos de legitimidade derivada vêm a criar um problema metodológico delicado. A nós, interessa-nos trabalhar dentro daquela zona que se poderá designar de derivação interessada, isto é, aquela que se opera para que o legitimado derivadamente utilize a legitimidade na realização de um interesse próprio ou na realização de um interesse de que não seja titular (nem de que seja titular o legitimado autonomamente), mas ao qual se encontre funcionalmente vinculado[183]. Interessa-nos trabalhar dentro da zona que *grosso modo* se designa de *substituição*. Não nos é possível, porém, abordar toda a temática da legitimidade derivada, o que só isso permitiria deixar rigorosamente definidas as fronteiras da substituição. Desse modo, só uma solução se apresenta, a de partir dos casos tipicamente considerados de substituição para observar o que neles se passa e para, assim, determinar as características da derivação de legitimidade a que chamaremos *substitutiva*. Ficará sempre a salvo, no entanto, a possibilidade de se integrar esse modo de derivação num género mais amplo e de se alargar o emprego da palavra substituição. No caso de isso se dever fazer, não ficará o raciocínio prejudicado, havendo apenas que distinguir sentidos – mais ou menos amplos – do termo substituição.

42. As hipóteses consideradas típicas de substituição são precisamente as de acção subrogatória[184]. Vejamo-las, embora naturalmente só nos interessem directamente as que se refiram a negócio jurídico.Pense-se nos casos previstos nos arts. 509º e 2 040º do Cód. Civ.[185]. Os credores podem substituir-

---

[181] Veja-se supra nº 33 e Doutora MAGALHÃES COLLAÇO, *ob. cit.*, pp. 182 ss.

[182] Um caso será precisamente o da legitimidade do mandante, enquanto se entende que os efeitos ou alguns efeitos se produzem imediatamente na esfera do mandante.

[183] Cfr., quanto aos dois tipos, Doutora MAGALHÃES COLLAÇO, *est. cit.*, pp. 200 ss.

[184] Por exemplo, Prof. GALVÃO TELLES, *Dos Contratos ... cit.*, pp. 300-301.

[185] O Prof. PAULO CUNHA (*Da garantia das obrigações*, apontamentos das lições ao 5º ano da Faculdade de Direito de Lisboa, coligidas por E. Corte-Real, t. I, 1938-39, p. 361), indica como caso de acção subrogatória (referida a negócio jurídico) o do art. 694.º (nesse sentido também, SOUSA MAGALHÃES, *Da acção subrogatória*, 1955, pp. 106-107). Temos, contudo, dúvidas, tanto no que respeita à interpretação do preceito (veja-se o art. 854.º), quanto ao que respeita à qualificação. No entanto, se de um caso de meio subrogatório se tratar – o Prof.

OBRIGAÇÃO DE EMITIR DECLARAÇÃO NEGOCIAL

-se ao devedor, invocando a prescrição ou aceitando a herança. E podem-no porque a realização do seu crédito está dependente do estado do património do devedor. Num e noutro caso visa-se garantir a solidez do património do devedor, ao qual os credores poderão, eventualmente, ter necessidade de recorrer para a realização dos seus créditos. Que assim é mostram-no também as outras hipóteses de acção subrogatória (indirecta) para além dos limites de negócio jurídico – é ver os arts. 148º do Cód. Comercial e 47º da Lei das Sociedades por Quotas. A subrogatória justifica-se, pois, por o património do devedor ser garantia comum dos credores. O mesmo é dizer, a subrogatória justifica-se porque o património do devedor está *afectado* à realização dos interesses, protegidos pelos créditos, dos credores.

Na medida em que o património do devedor se encontre afectado à realização de um interesse do credor, estão-no os elementos que o integram, embora, naturalmente, como elementos integrantes de uma universalidade. Elementos integrantes do património do devedor podem ser poderes de produzir efeitos jurídicos, que ficarão afectados ao interesse do credor.

Através da acção subrogatória (indirecta)[186], porém, o credor não obtém a realização do seu crédito. Apenas obtém uma garantia no sentido dessa realização. Directamente a acção subrogatória realiza portanto um interesse-meio em relação ao interesse principal, que na tutela desse interesse principal vem encontrar a razão da sua protecção. Os interesses – meio que em particular serão protegidos e se poderão realizar terão variadas configurações segundo as circunstâncias. Quando a subrogatória se traduza na prática de um negócio jurídico, o interesse-meio protegido é um interesse na produção de determinados efeitos jurídicos, enquanto a produção destes seja favorável à realização futura do interesse principal.

Por outro lado, não são rigorosamente os poderes do devedor que estão afectados ao interesse do credor, pois que esses poderes só o próprio devedor

---

PAULO CUNHA atribui-lhe esse carácter por o fiador se comportar perante o devedor como credor –, o que se diz no texto para ele valerá também.

[186] Não vale a pena entrar aqui na análise da distinção entre subrogatória directa e subrogatória indirecta (vejam-se indicações do Doutor PESSOA JORGE, *ob. cit.*, pp. 249 ss.). Por nossa parte, cremos que a distinção está em que pela subrogatória indirecta o interesse-meio se não conecta imediatamente à realização do interesse-fim (é um mero interesse na conservação) ao passo que na subrogatória directa se conecta imediatamente à realização desse interesse--fim, sem com ela, no entanto, se confundir. Daí que na subrogatória directa só o credor que se subroga seja beneficiado.

ADMISSIBILIDADE E FUNDAMENTO DA OBRIGAÇÃO DE DECLARAÇÃO NEGOCIAL

os pode utilizar. O que está afectado são os fundamentos do poder – no caso de poder de produzir efeitos, a legitimidade, que é o seu fundamento radical.

Começa, assim, a delinear-se o esquema da derivação substitutiva. Temos aqui uma legitimidade do devedor e um interesse protegido (pelo crédito) do credor a que aquela legitimidade fica afectada. A protecção do interesse final do credor será uma protecção de um interesse-meio na produção de efeitos jurídicos. A esse interesse fica directamente afectada a legitimidade do devedor. É exactamente a partir dessa afectação da legitimidade ao interesse na produção que se vai operar a derivação substitutiva. Aliás, isso vê-se até pelo disposto no art. 2 040º: a aceitação da herança, por substituição, só produz efeitos na medida do necessário à conservação dos direitos dos credores. A medida de protecção do interesse na produção dos efeitos – definida pelas exigências do interesse principal de que é meio – é a medida da legitimidade substitutiva.

Não se encontra, que saibamos, no nosso Direito, uma hipótese de acção subrogatória directa referida a negócio jurídico. Há, no entanto, e não referindo aquilo que a DOUTORA ISABEL MAGALHÃES COLLAÇO, numa categoria extremamente feliz, designa por substituição funcional[187], no mínimo uma situação que, representando (em termos incorrectos) «exercício por um sujeito (no próprio interesse) de um direito de outro», é no fundo, pelo menos *prima facie*, enquadrável na substituição, que de algum modo da subrogatória directa se aproxima[188]. Referimo-nos à venda de penhor através de corretor, quando comercial (art. 401º do Cód. Comercial), ou à venda extra-judicial de penhor civil, por acordo das partes (art. 864º do Cód. Civil)[189]. Ainda aqui a legitimidade do credor para vender resulta da protecção de um interesse na produção de efeitos jurídicos que é meio da realização do interesse final. A diferença quanto à ordenação dos interesses, relativamente aos casos atrás indicados, está em que aqui o interesse-meio se encontra imediatamente conectado com o interesse-fim, ao passo que ali o interesse-meio se refere directamente tão só à solidez do património[190].

---

[187] Ver nota 183.

[188] Entenda-se com cautela o que se diz: não se quer confundir a posição do credor comum, ainda que dispondo de subrogatória directa, com a do credor pignoratício; parte-se da semelhança que se encontra no aspecto de o interesse-meio estar imediatamente conectado ao interesse-fim.

[189] Cfr. CARIOTA-FERRARA, "I negozi..." cit., pp. 48-50.

[190] Isto que se vem dizendo nada tem a ver com a questão de saber se o direito geral de garantia (a ter autonomia) ou o penhor se devem configurar como direitos reais. Procura apenas

OBRIGAÇÃO DE EMITIR DECLARAÇÃO NEGOCIAL

Viu-se que a derivação da legitimidade consistia na extensão, a outro sujeito, do fundamento de idoneidade para regulamentar em que a legitimidade se traduz na base de uma relação entre os dois sujeitos. Parece agora que *pode caracterizar-se a derivação substitutiva por assentar numa afecta*ção da legitimidade autónoma de um sujeito a um interesse de outro na pr*odução dos efeitos jurídicos.*

43. Se assim é, uma consequência da maior importância resulta para o nosso tema: a de que *a constituição do poder de produzir efeitos jurídicos integrante do direito potestativo, que representa a via paralela de obrigação de declaração negocial, se opera, exactamente, através de uma substituição.*

Na obrigação de declaração negocial, como na substituição, encontramos um interesse na produção de efeitos jurídicos, colocado perante uma legitimidade que a ele fica afectada. A via da obrigação de declaração negocial consiste em estruturar essa afectação por via de um dever do sujeito legítimo de exercer o poder de produzir efeitos de direito de que, com base na legitimidade, é titular. A via da substituição consiste em a afectação se estruturar por via de uma derivação de legitimidade para o titular do interesse, o qual, com base nela, fica constituído num poder de produzir aqueles efeitos jurídicos.

Este paralelismo, assim vistas as coisas, entre a obrigação de declaração negocial e o poder de produzir efeitos jurídicos formado por substituição é particularmente nítido quando na constituição da obrigação de declaração negocial se parte de uma legitimidade autónoma pré-determinada. Poderá aparecer menos nítido quando – o que pode acontecer em obrigações *ex lege* – seja na própria determinação da legitimidade autónoma que, por força do valor da proximidade, a lei dê relevo a um interesse na produção de efeitos jurídicos. Parece que aí a via paralela que à lei se apresenta está, não em uma substituição, mas na constituição do poder de produzir efeitos de direito por legitimidade autónoma. Não é assim, porém. A lei, quando está a definir a legitimidade autónoma, não se encontra perante a alternativa de ou conceder a legitimidade (autónoma) a um sujeito ou constituir uma obrigação de declaração negocial. A alternativa em que a lei se encontra é a de ou conce-

---

mostrar-se o modo de formação do poder de produzir efeitos do credor comum ou pignoratício, independentemente de se saber se esse poder se enquadra ou não nesse direito real, com a sua forma própria.

160

der a legitimidade autónoma ou estabelecer a protecção de um interesse na produção dos efeitos jurídicos por referência às legitimidades dos outros. E é só depois de fazer esta opção que se vem colocar a questão da obrigação de declaração negocial, agora em alternativa com a substituição. Nada logicamente impede que, não se constituindo para o sujeito legitimidade autónoma, se lhe venha a reconhecer legitimidade derivada. Naturalmente que, para além do plano lógico, não seria razoável que a lei, por respeito da proximidade, não definisse uma legitimidade autónoma e fosse imediatamente definir uma legitimidade substitutiva. No entanto, é já plenamente razoável que a lei, não fazendo imediatamente a derivação, a opere mais tarde. O que vem a mostrar que a via paralela da obrigação de declaração negocial é ainda nesses casos a substituição. De resto, a obrigação de declaração negocial resulta da colocação de um interesse perante uma legitimidade e não seria, por isso, autêntica via paralela aquela que não partisse também de uma colocação de um interesse perante uma legitimidade.

O tipo de derivação substitutiva paralelo à obrigação de declaração negocial com que, em geral, temos trabalhado distingue-se do tipo de substituição que se verifica nos casos de subrogatória e de penhor por representar uma protecção de um interesse na produção dos efeitos em si autónoma e não de um mero interesse-meio relativamente a outro interesse protegido, de tal modo que a sua protecção esteja ao serviço de uma outra protecção de um interesse-fim. É, no entanto, de ver que mesmo nos casos de o interesse na produção de efeitos ser um interesse-meio, tanto pode ser tutelado através de substituição como de obrigação de declaração negocial –, seja qual for o valor prático que nos casos concretos a via de obrigação de declaração negocial possa assumir.

Isto parece já autorizar a afirmação de que não só a via paralela do dever de declaração negocial se traduz num fenómeno de substituição, como a de que dever de declaração negocial e substituição são *duas vias necessariamente paralelas*. A obrigação de declaração negocial e a substituição partem ambas da mesma base: afectação de uma legitimidade a um interesse de outro na produção dos efeitos. Perante essa base apresentam-se dois modos de a desenvolver: ou se vincula o titular da legitimidade autónoma a exercer o poder que com fundamento nela se constitui, ou se opera a derivação da legitimidade para o titular do interesse que, com fundamento nela, ficará com o poder de produzir os efeitos. Sempre, portanto, perante um caso de obrigação de

OBRIGAÇÃO DE EMITIR DECLARAÇÃO NEGOCIAL

declaração negocial se pode conceber (ainda que porventura não se aceite) a substituição paralela e vice-versa.

Em suma: *a obrigação de declaração negocial e a constituição de poder de configuração, integrante de um direito potestativo, por derivação substitutiva, o dever de declaração negocial e a substituição são dois modos, e os dois únicos modos, de estruturação da tutela específica de um interesse na produção de efeitos jurídicos (regulamentação jurídica).*

Uma nota apenas. Tem-se falado sempre de constituição do poder de produzir efeitos jurídicos por derivação substitutiva. Isso tem, contudo, de ser entendido com cuidado, de acordo, aliás, com o que várias vezes temos afirmado. Constituição do poder não significa, no sentido em que temos usado a expressão, necessariamente constituição do poder de por si só produzir os efeitos, dum lado, nem significa que o sujeito não possuísse antes qualquer medida de poder, doutro. O sujeito podia possuir ou não alguma medida de poder. E pode agora ficar investido no poder de por si só dar origem a regulamentação ou no de dar origem com a colaboração de outros. O que sucede é que o sujeito, a partir da substituição, fica investido, além daquele que já possuísse, na medida de poder que compete ao substituído.

44. Pode-se assim determinar com alguma segurança o que seja *"protecção específica de um interesse na produção dos efeitos jurídicos"*, expressão que várias vezes usámos e que ao princípio definimos de uma forma que, se não era incorrecta, também não era rigorosa. A protecção específica de interesse na produção de efeitos jurídicos refere-se, por um lado, a uma regulamentação jurídica e, por outro lado, é aquela protecção que não constitui mera expressão da determinação da legitimidade autónoma, acrescida dos outros requisitos: é aquela que incide imediatamente sobre o *interesse formal* colocado perante a legitimidade autónoma definida.

Também já é possível responder à questão que se tinha deixado em aberto de saber como se pode determinar quando e se a constituição de um direito potestativo por lei representa a via paralela da obrigação de declaração negocial. Assim é quando não resultar da definição de uma legitimidade autónoma, antes de uma derivação substitutiva.

45. Se se conjugarem estes dois aspectos, que a via paralela da obrigação de declaração negocial assenta numa substituição e que um dos elementos com que a lei conta na determinação da legitimidade é a proximidade dos efei-

tos em relação ao sujeito, logo se vê que o recurso à obrigação de declaração negocial é perfeitamente justificado.

Na determinação da legitimidade autónoma, a lei não deixava de tomar em conta em várias modalidades a proximidade do sujeito em relação aos efeitos. No domínio da derivação substitutiva, a distância do sujeito titular do interesse relevante em relação à regulamentação torna-se particularmente intensa e mostra-se justificado, por isso, que se determine ou permite a prevalência da proximidade. É que, por um lado, incidam ou não os efeitos sobre a esfera do sujeito, a relação atendível em que o sujeito se coloca com os efeitos não é sequer directa, mais ou menos distante que fosse, mas indirecta, neste sentido de ser uma relação com outro sujeito que por sua vez se relacione com os efeitos. Por outro lado, a maior proximidade que há a respeitar é uma proximidade que já se converteu em legitimidade, com exclusão da prevalência da possível legitimidade do outro: isto é, o respeito da proximidade converte-se em respeito de legitimidade autónoma.

A justificação do recurso ou da possibilidade de recurso à obrigação de declaração negocial existe mesmo naquelas Ordens Jurídicas que conferem carácter geral à subrogatória (indirecta). É que nos casos a que esta se refere está em jogo o próprio limite da garantia do credor. Se o devedor se tornar insolvente, o credor vê-se na contingência de não ser pago integralmente e não dispõe já de outras possibilidades de receber em espécie ou em equivalente. E por isso se compreende que a utilização aí da substituição não negue a possibilidade de utilização da obrigação de declaração negocial nos outros casos.

Numa Ordem Jurídica, porém, como a nossa, em que a subrogatória é excepcional[191], ainda maior significado no sistema assume a obrigação de declaração negocial.

46. Se algum problema no sistema da nossa Ordem Jurídica se pode colocar é o da possibilidade do recurso à substituição fora dos casos em que a lei directamente a estabeleça, é o de saber se o dever de declaração negocial, não só representa um meio justificado e admissível, mas representa mesmo o único meio aceitável para além das hipóteses em que a lei directamente utilize a via da substituição.

---

[191] Por todos, Prof. PAULO CUNHA, *ob. cit.* por último, I, pp. 359-360, Prof. GALVÃO TELLES, *Dos Contratos ... cit.*, p. 301.

OBRIGAÇÃO DE EMITIR DECLARAÇÃO NEGOCIAL

A doutrina portuguesa é uniforme no sentido de afirmar a excepcionalidade da acção subrogatória. Daí se tem tirado a consequência do carácter excepcional da substituição[192]. Não parece ser fácil negar o carácter excepcional da acção subrogatória. E, até por maioria de razão, não parece também ser fácil negar a excepcionalidade da substituição nos casos de protecção específica de interesse na produção dos efeitos *ex lege*. Onde, porém, o problema se pode pôr com agudeza – e aí a doutrina não é nem deixa de ser uniforme porque o não prevê[193] – é no domínio da protecção de interesse na produção de efeitos jurídicos operada por negócio jurídico. Poderão as partes estabelecer uma substituição[194]?

Não vemos razão atendível para que, ao abrigo da autonomia privada em geral, o não possam fazer.

A lei não coloca, por derivação, ao lado da legitimidade de um sujeito a de outro, em razão do respeito que lhe merece a esfera de vida daquele. Mas se é o próprio sujeito que quer que a legitimidade do outro se constitua, se é pela própria vontade do titular da esfera de vida que a substituição se haverá de operar, não se vê motivo que a impeça. Pelo contrário, o valor da vontade do titular da esfera de vida em relação a ela mesma justificará a derivação.

É certo que parece que as partes, na protecção de um interesse na produção de efeitos jurídicos, não podem tornar inválidos os negócios impossibilitadores praticáveis pelo sujeito sacrificado e que isso não resulta apenas do valor de interesses de terceiros. Também é certo, contudo, que neste caso a afectação da esfera de vida do sujeito é muito mais grave. Aqui o sujeito deixa de ter sequer a possibilidade de celebrar o negócio, deixa de ser titular do poder de produzir efeitos jurídicos. E aceita-se que poderes dessa ordem sejam irrenunciáveis. Ali, no entanto, o sujeito não deixa de ser titular do poder, apenas constitui também igual poder para outro.

Nem se invoque o art. 235º do Cód. Civil, segundo o qual *"ninguém pode ser obrigado a alhear ou não alhear, se não nos casos e pela forma declarados na lei"*, atendendo a que a derivação substitutiva é ainda mais grave do que a obrigação de alhear. É que haverá que saber se o art. 672º não contém precisamente um

---

[192] Assim parece fazer o Doutor PESSOA JORGE, *ob. cit.*, p. 249.

[193] O Doutor PESSOA JORGE, no entanto, parece negar a substituição negocial (*lug. cit.*). Afigura-se, no entanto, que se trata de mera delimitação conceitual.

[194] Vejam-se algumas indicações quanto ao problema em GRAZIANI, "La cessione dei crediti", *Rivista di Diritto Commerciale*, 1931, I, pp. 328 ss. No sentido seguido no texto, SCHMIDT, aí citado.

desses *"casos declarados na lei"*. Não valerá também o argumento de que, tendo a lei referido a promessa de venda, mas não a constituição de direito potestativo por substituição, quis negar a possibilidade desta. O que manifestamente sucedeu foi que, como era aliás natural – o contrário seria de espantar –, a lei não previu a hipótese.

De resto, e para além do art. 672º, o art. 645º parece oferecer, configure-se como se configurar o negócio pelo qual se opere a derivação substitutiva, uma base textual suficientemente ampla para confirmar a solução[195].

Sendo assim possível obter negocialmente a tutela específica de um interesse na produção de efeitos de direito através da constituição de um poder de configuração jurídica, integrante de um direito potestativo, baseado numa derivação substitutiva de legitimidade, importa notar apenas que o negócio fonte da protecção há-de obedecer às mesmas regras de legitimidade que o negócio fonte de obrigação de declaração negocial, isto é, há-de ser, quando negócio *inter-vivos*, pelo menos em princípio, contratual, pois que por ele se constitui um verdadeiro direito subjectivo.

O que se poderia discutir – mas isso já extravasa largamente os limites deste estudo – era se estaria em causa um único negócio-contratual, pelo menos em princípio, ou antes dois negócios, um contratual – que tutelaria o interesse na produção dos efeitos e, consequentemente, preteriria o interesse na sua não-produção – e o utro, unilateral, que operaria a derivação da legitimidade[196].

47. Convém agora fazer um breve aceno aos negócios impossibilitadores da produção de efeitos jurídicos objecto de um interesse especificamente tutelado.

Deixando de parte aspectos de protecção da boa-fé, a validade destes negócios fundamenta-se a partir da mesma base que justifica o recurso ao dever de declaração negocial. É ainda a distância do titular do interesse protegido relativamente ao negócio impossibilitador, apoiada numa relação tão só indirecta – relação com o sujeito legítimo e relação deste com os efeitos –, perante a proximidade do sacrificado, que fundamenta a validade dos negó-

---

[195] Veja-se Doutor PESSOA JORGE, *ob. cit.*, pp. 402 ss.

[196] A questão da actuação em nome próprio ou alheio (pelo menos parcialmente) haverá de resolver-se segundo o valor dos interesses dos terceiros (veja-se Doutor PESSOA JORGE, *ob. cit.*, pp. 292 ss.). O problema, no entanto, já excede os limites deste estudo.

OBRIGAÇÃO DE EMITIR DECLARAÇÃO NEGOCIAL

cios impossibilitadores. E, já se referiu, mesmo as razões para a validade destes são, do ponto de vista em que nos encontramos, ainda mais fortes do que as que levam à utilização da via da obrigação de declaração negocial, uma vez que a invalidade dos negócios impossibilitadores ofende o respeito da proximidade de modo muito mais intenso – o sujeito fica privado do próprio poder – do que a substituição.

48. Resulta claro do que se disse que não há qualquer incompatibilidade não só lógica como axiológica entre permitir-se a substituição e não se permitir a invalidade dos negócios impossibilitadores – o que parece ser o regime da nossa lei –, já que a invalidade dos negócios impossibilitadores representa uma violação mais grave do respeito pela legitimidade do que a substituição.

No entanto, disse-se atrás que nada logicamente impedia que, recorrendo-se à via da obrigação de declaração negocial, se invalidassem os negócios impossibilitadores. E convém acentuar que, desde que se admita a execução específica da obrigação de declaração negocial, se não pode sequer considerar valorativamente contraditório um tal regime. É que, se é certo que com o dever de declaração negocial se respeita o valor da legitimidade do sacrificado e que com a invalidade dos negócios impossibilitadores se desrespeita, e de modo particularmente intenso, esse valor, também é verdade que mais graves serão os inconvenientes que para o credor resultarão da prática válida do negócio impeditivo do que aqueles a que dará origem o não-cumprimento do dever – com os primeiros ficará privado da realização do interesse em espécie, ao passo que com o segundo só verá essa realização diferida.

O que em última análise se verifica é que em todo o domínio da protecção específica de um interesse na produção dos efeitos se apresentam fundamentalmente dois valores – o valor do respeito pela proximidade e o valor da eficácia –, valores que o legislador tem de sopesar, atendendo ainda às diversas gradações de eficácia que podem surgir e à diversa gravidade da ofensa do respeito pela proximidade, os quais tem que apreciar, coordenando depois os resultados. Conforme o modo como o legislador sopesar os valores e apreciar aqueles últimos aspectos, coordenando os resultados, assim as soluções serão diferentes, sem que necessariamente haja de acusá-lo de contradição valorativa.

ADMISSIBILIDADE E FUNDAMENTO DA OBRIGAÇÃO DE DECLARAÇÃO NEGOCIAL

Nomeadamente, quanto à protecção do interesse formal por via negocial, cremos que o quadro das possibilidades fundamentais que, sem contradição, se apresentam, é o seguinte:

A – Soluções extremas:

1 – Predominância absoluta do respeito pela esfera de vida – só é possível proteger o interesse na produção de efeitos por obrigação de declaração negocial e os negócios impossibilitadores são necessariamente válidos.

2 – Predominância absoluta da eficácia – só é possível a protecção de um interesse na produção de efeitos através de substituição e os negócios impossibilitadores são necessariamente inválidos.

B – Soluções intermédias:

1 – Abandono total da decisão aos particulares – estes poderão escolher entre dever de declaração negocial e substituição e entre validade e invalidade dos negócios impossibilitadores.

2 – Abandono só parcial da decisão aos particulares:

a) Poderão escolher entre dever de declaração negocial e substituição, mas os negócios impossibilitadores serão necessariamente inválidos;

b) Poderão escolher entre dever de declaração negocial e substituição, mas só na substituição poderão estipular a invalidade dos negócios impossibilitadores;

c) Poderão utilizar apenas a substituição, mas nesta ser-lhes-á lícito escolher entre validade e invalidade dos negócios impossibilitadores.

Só as hipóteses indicadas em B – 2 b) e c) necessitam agora de ligeira explicação. A solução *sub* 2 b) compreende-se enquanto a lei pode entender que só quando as partes desrespeitem o valor da legitimidade quanto ao meio directo se justifica que o desrespeitem quanto aos negócios impossibilitadores; ou, é o mesmo, que, se as partes desrespeitaram a legitimidade da forma mais grave em atenção à eficácia, se não justifica que a não desrespeitem da forma menos grave, ainda que as consequências quanto à eficácia sejam aí menores. A solução sub 2 c) compreende-se na medida em que a lei se conduza primordialmente por uma razão de eficácia, limitando embora o seu valor quanto aos negócios impossibilitadores, devido à maior gravidade aí do desrespeito pela esfera de vida.

Tudo isto não significa que tenhamos todas estas soluções por igualmente boas. Significa apenas que só fora destes limites se poderá acusar uma solução de inteiramente desrazoável.

OBRIGAÇÃO DE EMITIR DECLARAÇÃO NEGOCIAL

Quanto à nossa lei, do que se disse resulta que parece ter assumido a solução *sub* B-2 a): possibilidade de as partes escolherem entre dever de declaração negocial e substituição, mas validade necessária dos negócios impossibilitadores.

49. À execução da obrigação de declaração negocial queríamos dedicar a última referência deste capítulo.

Assinalou-se atrás a estranheza que, no domínio das razões práticas da escolha do meio de protecção do interesse na produção dos efeitos, o regime da execução específica da obrigação de declaração negocial poderia originar e que origina de facto.

Já se viu que a execução específica se adequa com perfeição à utilidade da obrigação de declaração negocial, enquanto esta assenta na tutela do interesse na produção dos efeitos em termos de possibilidade. Já agora se vê também que no plano da escolha do meio de protecção do interesse formal a execução específica da obrigação de declaração negocial é bem compreensível. Opta-se pelo dever de declaração negocial como meio por respeito pela legitimidade do sacrificado. O problema, porém, está em saber se esse respeito deve ser eterno ou se, antes, a partir de um momento determinado, as considerações de eficácia a ele se deverão sobrepor, o que nada, aliás, teria de extraordinário. A execução específica corresponde precisamente a esta sobreposição, a partir de um determinado momento – o do incumprimento –, da consideração de eficácia ao respeito pela legitimidade.

CAPITULO II
Configuração da Obrigação
de Declaração Negocial

Secção I
Regime Jurídico do Pagamento

1. Este estudo do regime jurídico do pagamento representa, como afirmámos, uma tentativa, ainda que necessariamente breve e incompleta, de colmatar uma lacuna da doutrina jurídica portuguesa, com a finalidade de procurar um apoio para uma análise da específica posição que a obrigação de declaração negocial assume na teoria geral do direito subjectivo.

A finalidade meramente subsidiária que, assim, a indagação subsequente assume impõe-lhe uma séria de limitações que convém precisar.

Em primeiro lugar, só se terá em conta o cumprimento de créditos que representem a protecção de um interesse substancial, não daqueles em que o interesse protegido seja um interesse na produção de efeitos jurídicos (traduzidos numa regulamentação jurídica).

O objectivo desta monografia é exactamente o de apreender o significado e a estrutura do tipo de créditos que protegem um interesse na produção de efeitos jurídicos: a obrigação de declaração negocial. Seria manifestamente prematuro, por conseguinte, procurar desde já determinar como se caracteriza o cumprimento das obrigações tanto quando representem a tutela de um interesse substancial como de um interesse jurídico. O que por agora importa é determinar o regime do cumprimento das dívidas que garantem a realiza-

OBRIGAÇÃO DE EMITIR DECLARAÇÃO NEGOCIAL

ção de um interesse substancial ou natural – as obrigações comuns – precisamente para com ele podermos confrontar o do cumprimento das obrigações que protejam a realização de um interesse jurídico, particularmente de um interesse jurídico negocial.

Discute-se, ao determinar o âmbito do pagamento, se ele abrange só o acto que corresponda à prestação devida ou também todas as outras formas de realização do fim, extintivas da obrigação, nomeadamente o cumprimento por terceiro e a execução forçada (ao menos em forma específica)[197]. Para o nosso objectivo, porém, interessa determinar aqui o regime do acto do devedor. Por isso, ao regime dos outros modos de realização do fim e à delimitação conceitual de uns em relação aos outros faremos apenas uma muito breve referência. É usual, por outro lado, no estudo do pagamento integrar não só o acto do devedor como o do credor, quando haja de intervir. Independentemente, também, de saber se o acto do credor pode considerar-se integrante do pagamento, apenas trataremos do regime do acto do devedor. Finalmente, procuramos unicamente determinar o regime jurídico do pagamento, fazendo apenas, além disso, uma muito breve alusão à delimitação conceitual dos vários tipos de realização do fim.

2. O regime jurídico do pagamento tem sido considerado relativamente ao efeito extintivo do crédito. Seja qual for a importância que, na economia do pagamento, se venha a atribuir ao efeito extintivo, a ele será sempre possível começar por reconduzir a questão do regime do pagamento. Por conseguinte, o problema do regime do pagamento poderá pôr-se, e há-de, de início, pôr-se assim: quais os requisitos necessários para que um acto do devedor leve à extinção da obrigação?

É desde logo manifesto que, salva intervenção de um acordo que modifique o próprio conteúdo do crédito, o pagamento há-de, para poder extinguir a obrigação, corresponder objectivamente a prestação devida. Não é aí que dificuldades surgem. Onde a questão se levanta é no campo da relevância da vontade do devedor. Exigirá o pagamento, além da correspondência objectiva à prestação devida, qualquer conteúdo de vontade?

---

[197] Por todos, ANDREOLI, *Contributo ... cit.*, pp. 2 ss.

CONFIGURAÇÃO DA OBRIGAÇÃO DE DECLARAÇÃO NEGOCIAL

3. Um aspecto importa desde já salvaguardar.

A prestação devida nunca é definida, mesmo objectivamente, na totalidade dos seus pormenores – seria, aliás, humanamente impossível. É o que os estudiosos do Direito Administrativo têm reconhecido ao afirmar que nunca a realidade nos dá um acto totalmente vinculado[198]. Chegando já à caricatura, será geralmente, por exemplo, indiferente que o devedor cumpra vestido de branco ou de preto, que entregue o dinheiro com a mão direita ou com a esquerda. É assim concedida ao devedor, em relação ao cumprimento, uma infinidade de hipóteses alternativas. O devedor tem de praticar um acto que caiba dentro de um determinado quadro, mas, desde que dentro desse quadro caiba, pode optar entre uma série de variantes. Muitas vezes as vias alternativas que se oferecem ao devedor não têm qualquer significado jurídico, são *juridicamente indiferentes*. A lei certamente não reconhece como pertinente o interesse do devedor que cumpre de fato preto quando quereria fazê-lo de fato branco e não pode, consequentemente, aceitar que ele repita o prestado para cumprir agora vestido de branco, ainda que tenha sido involuntariamente que prestou de fato preto. Nestes casos, a existência de várias possibilidades quanto ao modo de cumprir não se mostra susceptível de fundamentar qualquer relevância da vontade do devedor.

Outras vezes, porém, a opção que é concedida ao devedor não se pode considerar juridicamente indiferente: pense-se em certas hipóteses, ao menos, de obrigações genéricas (repare-se no § ún. do art. 716º ao Cód. Civ.), nas obrigações alternativas[199], no momento do cumprimento[200], sempre, claro,

---

[198] Cfr. Doutor ANDRÉ GONÇALVES PEREIRA, *Erro e ilegalidade no acto administrativo*, 1962, p. 197.

[199] Enquanto, claro, se considere a obrigação alternativa como obrigação única e incondicionada (vejam-se Profs. GALVÃO TELLES, *Lições ... cit.*, p. 182 e MANUEL DE ANDRADE, *Teoria geral das obrigações, cit.*, p. 201). Fora disso, nem há que falar em qualquer referência da escolha ao cumprimento – a escolha será um acto de todo autónomo em relação a ele.
O problema de saber se a obrigação alternativa é unitária e actual estará, a nosso ver, em última análise, em saber se se podem considerar as duas prestações alternativas objecto, já mesmo antes da escolha, de um único dever. Se isso for lícito, a alternativa representa apenas uma forma de indeterminação do objecto do dever e, quando a escolha compita ao devedor, traduz-se para este em um momento de liberdade relativo ao cumprimento.

[200] Não é usual considerar a liberdade do devedor quanto ao momento de cumprimento a par do direito de escolha nas obrigações genéricas e alternativas (enquanto as últimas, como se disse, se apresentem como créditos unitários e actuais). Parece-nos, porém, que o *tempo*, como o conteúdo, é um *modo da prestação*. Por isso, a possibilidade de a obrigação ser cumprida em vários pontos do tempo traduz-se numa indeterminação da prestação devida e, desse

OBRIGAÇÃO DE EMITIR DECLARAÇÃO NEGOCIAL

quando a escolha seja atribuída ao devedor[201]. Aqui, o devedor tem legítimo interesse em cumprir de um modo de preferência a outro. Estas últimas situações podem abrir uma questão de relevância de vontade do devedor[202]. Tal relevância da vontade não se apresentará, contudo, propriamente com uma relevância da vontade no pagamento. O que sucede é que o devedor não deve uma específica prestação mas, pelo menos em certo sentido, uma de várias prestações. E fica do mesmo passo com um direito – um verdadeiro direito e não um mero resultado de uma indiferença jurídica – a delimitar, a concentrar ou especificar (em sentido lato) o seu dever[203]. A relevância da vontade surgirá precisamente a respeito do exercício desse direito e não propriamente a propósito do cumprimento do dever[204]. O que o devedor pode vir pôr em causa é a concentração ou a especificação que tenha feito. Pense-se apenas, como revelação da autonomia desta escolha, na possibilidade de, ao menos nas obrigações genéricas e alternativas ela poder ser feita antes mesmo da prestação[205].

modo, para o devedor, num momento de liberdade relativa ao cumprimento, que será relevante em relação a ele quando a definição do momento do vencimento tenha sido consignada em seu favor (vencimento ou termo a partir do qual seja possível a interpelação, estabelecidos em atenção ao devedor ou, claro, ao devedor e ao credor conjuntamente).

[201] Não referimos, aliás, todos os aspectos possíveis de liberdade no cumprimento. Ainda dentro do plano objectivo, poderá pôr-se o problema da liberdade na *quantidade* da prestação, quando seja facultado ao devedor o pagamento parcial, e no *lugar* do cumprimento. Poderá, por outro lado, abrir-se a questão da liberdade quanto ao *destinatário* da prestação.

[202] O Prof. GALVÃO TELLES entende que o devedor que por erro paga antes do vencimento não pode repetir, pois pagou o que realmente devia, embora admita o direito de exigir o *interusurium* (*Manual ... cit.*, p. 128). Não se nos afigura líquida esta doutrina. Acabe-se ou não por considerar repetível o prestado, parece-nos que o problema não pode ser resolvido pela simples referência a que o devedor pagou o que devia. A escolha do momento do cumprimento exprime uma liberdade juridicamente não indiferente e, por isso, o reconhecimento de que o devedor pagou o que devia não é por si só suficiente. E que o não é mostra-o, aliás, o facto de o pagamento de dívida não vencida estar sujeito a acção pauliana (art. 1 039º do Cód. Civil).

[203] No sentido de que a escolha nas obrigações genéricas e alternativas representa exercício de um direito - direito potestativo -, Prof. MANUEL DE ANDRADE, *Teoria geral das obrigações* cit., pp. 193 e 205 (por remissão). O Prof. GALVÃO TELLES, não afirmando que a escolha seja exercício de um direito potestativo, assevera, no entanto, que modifica a relação jurídica de crédito - *Lições ... cit.*, pp.. 159 e 184 ss.

[204] No sentido de que o problema da relevância da vontade na especificação e na escolha seja coisa diversa do da relevância da vontade no pagamento, OPPO, *Adempimento e liberalità*, 1947, p. 331.

[205] Profs. GALVÃO TELLES, *Lições ... cits.*, pp. 160 e 184-185 e MANUEL DE ANDRADE, *Teoria geral das obrigações cit.*, pp. 192 e 204.

CONFIGURAÇÃO DA OBRIGAÇÃO DE DECLARAÇÃO NEGOCIAL

4. Um outro ponto deve ser tido em conta. A questão da relevância da vontade no pagamento é a questão da medida em que o efeito extintivo depende da existência de vontade, não a da medida em que o próprio conceito de pagamento da existência de vontade dependa.

ANDREOLI, reconhecendo embora que mesmo para além dos casos em que o fim é realizado por meio diverso de um acto do devedor, que, mesmo, portanto, quando está em questão apenas um acto do devedor, a obrigação pode extinguir-se pela mera conformidade objectiva do acto ao dever, independentemente de qualquer vontade (nomeadamente nas obrigações negativas), afirma que tais hipóteses não podem ser consideradas como casos de pagamento, vindo depois a tirar daí a conclusão da necessária relevância da vontade neste. *"Na verdade, a menos que se assuma um conceito de* "adempimento" *tão vasto que permita incluir qualquer forma de realização do direito do credor – e por isso cientificamente inutilizável – não é possível reconhecer* "adempimento" *neste caso.Um comportamento humano desacompanhado de consciência e vontade não pode ser considerado actuação do conteúdo da obrigação, se momento constitutivo essencial da obrigação é um vínculo de vontade* (Moment der Bindung des Willen). *Assim justamente considera uma autorizada doutrina que seja prestação, não somente o ter- -se um certo comportamento, mas também tensão de vontade* (Geistes und Willensanspannung)"[206].

Ora, ainda que se venha a admitir que um conceito rigoroso de cumprimento implica a característica da voluntariedade (nós preferíamos a da liberdade), isso nada nos diz, nem nada tem que ver com a função da vontade em relação ao efeito extintivo.

Uma coisa é saber em que medida a extinção da obrigação depende da vontade do devedor – e é isso que nos interessa – outra é saber como se há-de delimitar o conceito rigoroso de cumprimento ou pagamento dentre todas as formas de realização de fim. Tirar conclusões de uma posição assumida no segundo problema para o primeiro representa manifesto salto lógico. Seria o mesmo que partir, mais ou menos arbitrariamente, de um conceito de negócio jurídico que caracterizasse este pela existência de uma vontade real "perfeita" para se tirar a conclusão de que, nos casos geralmente considerados de negócio jurídico, sem vontade real "perfeita" não pode haver produção de efeitos jurídicos!

---

[206] *Contributo ... cit.*, pp. 19 e 20 e nota 13 e pp. 32-33.

OBRIGAÇÃO DE EMITIR DECLARAÇÃO NEGOCIAL

5. O tipo de vontade que se pode pretender exigir para a produção do efeito extintivo é susceptível de variar. Convém, pois, para maior clareza, seriar as várias formas possíveis.

Partindo do menos complexo para o mais complexo, temos um primeiro grau constituído pela simples vontade do acto, a sua *mera voluntariedade*.

Seguidamente, apresenta-se-nos a *vontade de produção do resultado objectivo da prestação*, no sentido que já indicámos.

Coloca-se depois a *vontade de realizar o interesse de uma pessoa*. O resultado objectivo da prestação consiste num bem, em algo que é útil para uma ou mais pessoas. Aquele que presta pode por isso querer realizar o interesse de uma ou várias pessoas.

Depois, ainda, surge-nos a *vontade de pagar*, o *"animus solvendi"*, que é a vontade de realizar o interesse de uma pessoa *como credora*. O *animus solvendi* pode ser *genérico* – vontade de pagar a uma pessoa como credora – ou *específico* (grau mais complexo): vontade de pagar uma determinada dívida.

Finalmente, aparece a *vontade do efeito extintivo* (ou o intento prático correspondente – o de liberar-se do encargo que a obrigação representa).

6. Procuraremos agora determinar o quadro das possibilidades de relevância da vontade no pagamento, isto é, os termos e fundamentos de um possível valor seu.

Atendendo à localização da vontade que se venha porventura a exigir, podemos distinguir a relevância de uma vontade *intrínseca* e a de uma vontade *extrínseca* relativamente ao pagamento. Haverá relevância de uma vontade intrínseca quando se entenda ser necessária uma vontade do devedor que juridicamente apareça como integrante do próprio acto de pagamento. Teremos relevância de uma vontade extrínseca quando se atribua relevo à vontade do devedor, não surgindo, porém, juridicamente tal vontade como verdadeiramente integrante do acto de pagamento, ainda que naturalisticamente o seja, antes como realidade logicamente exterior, que o qualifique.

7. A relevância de uma vontade intrínseca pode ser *directa* ou *indirecta*. Será directa quando a vontade seja requisito imediato do efeito extintivo; indirecta, quando requisito de algo que por sua vez o venha a ser daquele efeito.

Uma relevância directa da vontade impõe que o tipo de vontade exigido seja o da vontade dirigida ao efeito extintivo (ou intento prático correspon-

CONFIGURAÇÃO DA OBRIGAÇÃO DE DECLARAÇÃO NEGOCIAL

dente). A exigência da vontade de efeito extintivo corresponde à *clássica concepção negocial do pagamento*[207]. A extinção da obrigação produzir-se-ia porque querida. Se faltasse a vontade necessária, o negócio seria nulo e o devedor poderia repetir o que houvesse prestado.

8. Podemos dizer que a concepção clássica negocial do pagamento está hoje praticamente abandonada[208]. Mesmo em França, onde a falta de estudo do tema aliado a um tradicional voluntarismo da doutrina jurídica permitiu a sua perduração, começa a ser atacada[209]. Reconheceu-se, com efeito, que a extinção da obrigação não se produzia por ser querida mas porque a obrigação esgotava a sua função com o cumprimento. A obrigação existe para ser cumprida, para que se realize o interesse do credor. Uma vez cumprida, uma vez realizado o interesse do credor, deixa de ter sentido – e é por isso que se extingue. A relevância da vontade teria assim de ser deslocada de requisito directo para requisito indirecto, para requisito da realização do interesse. Requisito da realização do interesse, porém, como? Através da irrepetibilidade da prestação. Requisito indirecto do efeito extintivo, portanto, e, mais do que isso, requisito apenas de definitividade do efeito extintivo.

Repare-se agora num aspecto que queremos desde já assinalar. O problema da vontade no pagamento vem a tornar-se assim, antes de tudo, um problema de realização e subsistência da atribuição patrimonial e só indirecta e reflexamente um problema de eficácia extintiva. A vontade susceptível de ser tida

---

[207] BELTRAN DE HEREDIA, *El cumplimiento ... cit.*, 1958, pp. 47 ss., NICOLE CATALA, *Nature ... cit.*, pp. 159 ss. Para uma indicação bibliográfica, ANDREOLI, *Contributo ... cit.*, pp. 13 a 15.

[208] Vejam-se, além dos autores citados em ANDREOLI, *Contributo ... cit.*, p. 15, notas 3 e 4, SCUTO, *Sulla natura giuridica ... cit.*, I, pp. 353 ss.; OPPO, *ob. cit.*, pp. 325 ss. e 385 ss.; BELTRAN DE HEREDIA, *ob. cit.*, pp. 47 ss. Entre nós negam expressamente a qualificação negocial do pagamento, por exemplo, o Prof. GALVÃO TELLES, *Manual ... cit.*, p. 105, que o considera um *acto de execução, uma operação jurídica*, e o Doutor PESSOA JORGE, *ob. cit.*, p. 168, que o caracteriza como *acto executivo*. O Prof. MANUEL DE ANDRADE não se pronuncia - *Teoria geral das obrigações ..., cit.*, pp. 279-280. Uma orientação não negocial foi também seguida, *de jure constituendo*, pelo Prof. VAZ SERRA, "Do cumprimento como modo de extinção das obrigações", Separata do *Bol. Min. Just.*, nº 34, 1953.
O próprio ANDREOLI, *Contributo ... cit.*, pp. 23 e 24, reconhece que a vontade do efeito extintivo é desnecessária no pagamento. Qualifica, apesar disso, o pagamento como negócio, apenas porque, considerando necessário o *animus solvendi*, atribui uma extensão latíssima ao conceito de negócio jurídico, de modo a abranger pelo menos aqueles casos normalmente considerados de acto jurídico em sentido estrito – pp. 49 ss.

[209] Veja-se a monografia de NICOLE CATALA citada.

OBRIGAÇÃO DE EMITIR DECLARAÇÃO NEGOCIAL

como necessária para a subsistência da atribuição poderá assumir qualquer um dos graus que se colocam do *"animus solvendi"* específico, inclusive, para baixo. Apenas fica excluída necessariamente a vontade do efeito extintivo.

9. Aquilo que pode levar à relevância de uma vontade juridicamente extrínseca é a necessidade de individualização dos actos, aqui precisamente a necessidade de individualização de um acto como pagamento.

O interesse do credor pode estar definido de modo genérico ou específico. Se está definido de modo genérico, existe uma pluralidade de interesses de conteúdo semelhante, realizáveis por actos semelhantes. A obrigação protege apenas um que se define pela razão de protecção. Quando, por conseguinte, há realização de interesse com aquele conteúdo é necessário determinar qual deles foi realizado. A obrigação só se extinguirá se o interesse realizado tiver sido aquele que protege.

Quando o interesse se definir de forma específica não existe possibilidade da pluralidade referida. Nem por isso, contudo a obrigação deixa de o proteger em função de uma determinada razão justificativa. Ora, nada impede que o interesse se venha a realizar fora do esquema dessa razão de protecção, que venha a realizar-se a outro título. Ainda que, porventura, a obrigação se extinga, não será por "realização do fim", por pagamento, antes por "desaparecimento do fim".

É necessária assim a determinação de que um acto que realizou um interesse o realizou como pagamento, é necessária a individualização do acto como pagamento.

Para além desta individualização de um acto como pagamento em relação a outros tipos possíveis de atribuição patrimonial, uma outra necessidade de individualização se vai suscitar quando exista uma pluralidade de obrigações com idêntico conteúdo para com o mesmo credor – a da individualização do acto como pagamento de determinada dívida. É a chamada questão da imputação do pagamento.

O problema da individualização de um acto surge assim, em última análise, como problema de determinação de qual de várias potencialidades foi efectivamente actuada. A questão levanta-se no domínio do pagamento, na medida em que as meras características objectivas do comportamento efectivo não são suficientes para determinar que o comportamento potencial actualizado foi aquele que constitui o conteúdo de uma obrigação ou de uma

CONFIGURAÇÃO DA OBRIGAÇÃO DE DECLARAÇÃO NEGOCIAL

determinada obrigação, isto é, na medida em que vários comportamentos potenciais possuem as características objectivas relevantes do comportamento conteúdo da obrigação.

Se bem se virem as coisas, no entanto, desde que se requeira no cumprimento, independentemente da problemática da individualização, um conteúdo de vontade na modalidade de, pelo menos, *animus solvendi* específico, a questão da individualização não se abre com autonomia (no caso de se exigir mero *animus solvendi* genérico, autonomia existirá, mas apenas na zona da imputação do pagamento). Se os vários comportamentos potenciais não se distinguem pelos seus elementos objectivos, distinguir-se-iam pelos seus *elementos subjectivos*, que como aqueles definem a sua configuração.

O tema da individualização no pagamento só aparece assim como autêntica autonomia enquanto as características relevantes da estrutura do comportamento potencial conteúdo da obrigação não são dele exclusivas. Então, vários comportamentos com uma estrutura idêntica (na medida em que é relevante no cumprimento) possuem significados diversos. Há, por isso, perante uma efectivação, que determinar, recorrendo a um qualquer critério, qual dos vários comportamentos potenciais foi o efectivado. Ora, na medida em que se exigir que o elemento individualizador venha a ser a vontade do devedor, aqui teremos uma forma de relevância desta. A vontade indispensável, nesse caso, seria, no campo da individualização do acto como pagamento, o *animus solvendi* genérico e no da imputação do pagamento o *animus solvendi* específico.

Uma tal relevância da vontade consistirá em relevância de uma vontade juridicamente extrínseca em relação ao cumprimento. A vontade não integra os termos juridicamente significativos do conteúdo do comportamento potencial ou da sua actualização, antes, em relação a este, funciona logicamente como um *prius* que, de fora, indica a potencialidade efectivada. Por isto, ainda que se viesse a requerer a vontade do devedor como elemento de individualização, não poderia falar-se de verdadeira relevância da vontade no cumprimento, antes de relevância da vontade *relativamente ao cumprimento*. A vontade individualizadora funcionaria então, ainda que extrinsecamente, como *requisito indirecto* do efeito extintivo, enquanto requisito de que o interesse realizado tenha sido o integrante do crédito, diferentemente da relevância de uma vontade juridicamente intrínseca como requisito indirecto, requisito da própria realização *daquele interesse* e não da sua mera definitividade.

OBRIGAÇÃO DE EMITIR DECLARAÇÃO NEGOCIAL

10. Um ponto, quanto ao valor da vontade, importa desde já salientar: será de todo inaceitável exigir-se vontade no cumprimento das obrigações de prestação de facto, seja em que termos for.

Envolvendo a relevância da vontade uma possibilidade de repetição do prestado – e devido –, porque não é possível a restituição em espécie, trate-se de prestação de facto positivo ou negativo, mas só em valor, a exigência de vontade no pagamento acabaria por traduzir-se numa duplicidade de prestações de facto que, em si mesmas, subsistiriam, o que sem dúvida não teria qualquer justificação. A segunda prestação, ao menos dentro do esquema da protecção própria daquela obrigação, em nada interessaria ao credor, e seria por isso absurdo impor-se-lhe a necessidade de prestar ao devedor o valor da primeira[210]. Suponhamos um exemplo, em que se procure simplificar o mais possível a situação. A, mecânico de automóveis, danifica o automóvel de B. Fica para com ele constituído na obrigação de obter a reparação da avaria. Em estado de demência momentânea, A repara a avaria. Se fosse autorizado a obter a repetição do prestado, porque esta não poderia ser feita pelo regresso à situação anterior, B teria de lhe prestar o valor da reparação. A continuaria obrigado a proceder a ela, mas qual seria agora o seu valor para B, se a avaria já não existe? Acabaria por se frustrar o crédito de B fundado na responsabilidade civil. A situação é de desaparecimento do fim.

Parece, assim, que o problema do valor da vontade no pagamento há que reduzir-se, a não ser que venha a encontrar-se disposição indiscutível de lei em contrário, às obrigações de prestação de coisa.

11. Antes de apreciar o valor da vontade no cumprimento das obrigações de prestação de coisa seguindo o quadro de possibilidades de formas de relevância que expusemos, convirá procurar saber se existe na lei algum preceito que, seja sob que forma for, imponha uma qualquer relevância da vontade. As disposições em que nos parece que seria, à primeira vista, possível encontrar uma estatuição de valor da vontade são os arts. 758º, 224º, nº 10, e 805º do Cód. Civ. e 1 202º, al. b), do Cód. de Proc. Civ. Analisá-los-emos sucessivamente.

---

[210] Cfr. Prof. VAZ SERRA, *O cumprimento .... cit.*, p. 11, transcrevendo ENNECCERUS-LEHMAN. Parece que, atendendo ao contexto, o agir independente com que os autores restringem a referência às prestações de serviços se liga já à colaboração do credor. Veja-se ENNECCERUS-LEHMAN, *Tratado de Derecho Civil de ENNECCERUS-KIPP-WOLF, t. II, Derecho de Obligaciones*, I, trad. espanhola, 2ª ed., 1950, pp. 303-304.

CONFIGURAÇÃO DA OBRIGAÇÃO DE DECLARAÇÃO NEGOCIAL

12. Estabelece o art. 758º do Cód. Civ., no seu corpo:

"Quando, por erro de facto ou de direito, nos termos dos arts. 657º e seguintes, alguém paga o que realmente não deve, pode recobrar o que houver dado, nos seguintes termos: ...". Pode-se procurar fundar neste preceito a relevância da vontade a partir desde logo do facto de a lei falar de pagamento, e não de mera prestação, quando efectivamente dívida não existe. Para que seja lícito falar de pagamento para além dos limites da correspondência objectiva à prestação devida, não se vê outro fundamento que não seja o de um acto ser praticado com *intenção* de pagar[211]. Parece, consequentemente, que a lei, quando diz pagamento, pressupõe a intenção de pagar.

Um argumento desta ordem é manifestamente de afastar, por estritamente literal. O mais que se pode fazer é perguntar se quando a lei e a doutrina falam de pagamento do indevido utilizam a palavra pagamento em sentido rigoroso.

Onde o art. 758º parece dar apoio à relevância da vontade é ao afirmar: *"quando, por erro de facto ou de direito nos termos dos arts. 657º e seguintes, ..."*. O recurso à teoria do erro, e à teoria do erro nos contratos, parece implicar, se não mesmo uma consideração negocial do pagamento, quanto mais não seja um qualquer valor da vontade nele.

Afigura-se-nos, porém, que sejam quais forem as dificuldades de interpretação que o passo referido levante[212], a disposição do art. 758º, se alguma coisa pode impor, é exactamente a *irrelevância da vontade* no cumprimento, ao menos a irrelevância da vontade do efeito extintivo e do *animus solvendi*.

Para que o art. 758º atribuísse valor à vontade do devedor no pagamento, teria de dizer apenas: *"quando, por erro de facto ou de direito, nos termos dos artigos 657º e seguintes, alguém paga, pode recobrar o que houver dado, ..."*. O que a disposição afirma, porém, é: *"quando por erro de facto ou de direito, nos termos aos artigos 657º e seguintes, alguém paga o que realmente não deve, pode recobrar o que houver dado ..."*.

Parece, assim, que tem de se inferir que quem por erro de facto ou de direito *paga o que deve* não pode recobrar o que houver dado. Se alguém realiza uma atribuição que não é devida, parece que saber se pode ou não repetir há-de resultar da existência ou inexistência de erro quanto à dívida. E, no

[211] ANDREOLI, *Contributo ... cit.*, pp. 41 ss.
[212] O problema liga-se à clássica discussão acerca da relevância do erro na repetição do indevido. A questão entre os autores é, no entanto, muitas vezes mais de construção do que de solução (vejam-se, sobre o assunto, Prof. VAZ SERRA, "Enriquecimento sem causa", Separata dos *Bol. Min. Just.*, nºs. 81-82, 1959, e ANDREOLI, *La ripetizione... cit.*, pp. 81 ss.).

OBRIGAÇÃO DE EMITIR DECLARAÇÃO NEGOCIAL

fundo, isto, explícita ou implicitamente, de um modo ou de outro, todos acabam por reconhecer. A primeira explicação (não construção), e mais simples, de disposições como a do art. 758º residirá em que, sendo a atribuição feita na errónea convicção da existência de dívida, não havendo *causa solvendi*, o erro exclui desde logo a possibilidade de outra causa e, por isso, não se tornará necessária qualquer ulterior investigação no sentido de saber se a atribuição é repetível. Se a atribuição, por outro lado, é realizada na consciência de inexistência de dívida, nenhuma questão de pagamento se poderá colocar, já que nem sequer de vontade de pagar será lícito falar-se. Nessa altura, ou se considera que, a não existir outra, se verifica necessariamente a *causa donandi*[213], ou se põe o problema da averiguação da existência ou inexistência de outra causa, seja *donandi*, seja qual for, o que se nos afiguraria preferível.Uma explicação desta ordem encontra, no entanto, a dificuldade de a referência do art. 758º aos termos dos arts. 657º e segs. inculcar que o próprio regime de relevância do erro neles estabelecido haverá de vir a jogo.

Quererá, contudo, isso dizer que, quando não exista pagamento verdadeiro e próprio, por não existir dívida, não se configurando, porém, outra causa de atribuição, se o erro não for relevante nos termos dos arts. 657º e segs. a atribuição não poderá ser repetida? Parece evidente que não. Tanto seria impor um enriquecimento sem causa. A referência aos termos do regime do erro parece-nos ser justificada pelo facto de ser possível encontrar uma causa de atribuição patrimonial, apesar de não haver dívida e não haver ao mesmo tempo consciência da inexistência de dívida. Essa causa de atribuição patrimonial refere-se precisamente à hipótese de pagamento por terceiro. O pagamento por terceiro haverá, ao contrário do pagamento em sentido estrito, de consistir num negócio jurídico[214].

Nesses termos, a atribuição feita a um credor com a intenção de lhe realizar o crédito existente mas na convicção da existência, da parte do atribuinte, de dívida, convicção que não corresponde a realidade, tornando-se cumprimento por terceiro, só poderá ser repetida se o erro assumir as características necessárias à sua relevância negocial, nos termos dos arts. 657º e segs. Repare-se, aliás, que a referência do art. 758º ao cumprimento por terceiro resulta até do facto

---

[213] POTHIER, *cit.* por ANDREOLI, *La ripetizione ... cit.*, p. 91, GUILHERME MOREIRA, *Instituições ..., II, cit.*, p. 247, ANDREOLI, *Contributo ... cit.*, pp. 84 ss. - para quem a chamada atribuição *causa donandi* é atribuição acausal.
[214] NICOLÒ, *L'adempimento dell'obbligo altrui*, 1936, pp. 156 ss..

de a disposição se integrar numa secção que tem por epígrafe: *"Das pessoas que podem fazer a prestação, e das pessoas a quem deve ser feita"*, e como, por outro lado, essa referência pode justificar o regime excepcional do § 1º do art. 758º.

Parece-nos, em conclusão, que o regime resultante do art. 758º, quanto às hipóteses em que o atribuinte não é devedor, é o seguinte:

a) O atribuinte tem consciência de que não é devedor – há que averiguar da existência de qualquer fundamento da atribuição patrimonial, outro que o da existência de dívida. Há que averiguar, nomeadamente, se se verifica doação ou cumprimento por terceiro.

b) O atribuinte julga que é devedor – há que distinguir duas hipóteses:

1 – O destinatário da atribuição não é credor de uma prestação com aquele conteúdo – não pode haver qualquer causa de atribuição patrimonial, e o atribuinte pode, por isso, pedir a restituição;

2 – O destinatário da atribuição é credor de uma prestação com aquele conteúdo – estamos perante um caso de cumprimento por terceiro (o atribuinte teve intenção de realizar o crédito do credor) por erro e há que averiguar se, nos termos gerais da doutrina do erro, o negócio de cumprimento por terceiro pode ser anulado.

É interessante notar, finalmente, que enquanto o art. 1146º do antigo Código Italiano continha uma disposição até certo ponto semelhante à nossa – fazendo referência ao erro, mas não ao erro nos termos gerais do contrato – *"chi per errore si credeva debitore, quando abbia pagato il debito, ha il diritto delia ripetizione contro il creditore"*– o novo código contém duas disposições, uma relativa ao indébito obrigatório – *"chi ha eseguito un pagamento non dovuto ha diritto di ripetere cio che ha pagato..."* (art. 2 033º) – que não refere o erro, e outra relativa ao indébito subjectivo – *"chi a pagato un debito altrui, credendose debitore in base a un errore scusabile, può ripetere cio che ha pagato...* (art. 2 036º) – já com referência ao erro e ao erro desculpável.

Também o Projecto do Código Civil (Livro II, 1ª versão ministerial) contém idêntica dualidade e em termos semelhantes – art s. 451º e 453º (com as diferenças de, no art. 453º, se exigir erro desculpável e reconhecível pela outra parte e de, no art. 451º, se referir a intenção de cumprir, apenas, porém, para se obter uma delimitação da repetição do indevido dentro do enriquecimento sem causa[215].

---

[215] Cfr. Prof. VAZ SERRA, *Enriquecimento sem causa ... cit.*, pp. 245-246 da separata).

OBRIGAÇÃO DE EMITIR DECLARAÇÃO NEGOCIAL

13. Nos termos do art. 224º do Cód. Civ., *"pertence ao conselho de família:*
(...)
10 – Verificar a legalidade das dívidas passivas do menor, e autorizar e regular o seu
pagamento, não havendo oposição dos interessados".

Parece assim que sem vontade manifestada pelo conselho de família não pode o tutor pagar e que, portanto, o preceito implica relevância da vontade no pagamento. Isto aparenta ser confirmado pelos arts. 298º e 699º, dos quais resulta, a "atacabilidade" dos actos e contratos celebrados pelo devedor sem a devida autorização.

Para além da questão de saber se não há que restringir o âmbito do nº 10 do art. 224º, como, por exemplo, parece fazer CUNHA GONÇALVES[216], limitando-o à hipótese de existência de inventário, o que aliás não cremos justificado, há logo que atentar na parte final da disposição – *"não havendo oposição dos interessados"* – a qual imediatamente parece limitar o alcance do preceito, mostrando que no pagamento a vontade do devedor não pode prevalecer.

Por outro lado, fora já dos momentos jurídicos de opção que ao devedor competem – onde não se pode excluir de todo uma relevância da vontade –, apresentam-se no pagamento *momentos práticos de escolha* que nada têm a ver com a relevância da vontade relativamente ao efeito extintivo. O devedor tem nomeadamente que averiguar se há ou não efectivamente dívida. Compreende-se, por isso, que se exija autorização do conselho de família mesmo para o cumprimento de dívidas em que não surja qualquer liberdade juridicamente relevante, uma vez que, no plano prático, há que começar logo por tomar posição quanto à existência ou inexistência da dívida. A referência a este momento prático de escolha resulta bem do início do preceito – *"verificar a legalidade das dívidas passivas do menor".* Isto, porém, não significa de modo algum que a vontade seja requisito do pagamento. Significa que o tutor *deve* obter autorização do conselho de família, mas não que, pagando sem autorização, a atribuição seja repetível.

O problema de saber se a vontade é ou não relevante resultará da determinação de se a hipótese do pagamento cabe ou não, nos arts. 298º e 699º, nos *"actos e contratos"* referidos no primeiro. Quanto a isto, nada nos diz o nº 10 do art. 224º, de um lado, e, doutro, parece o conteúdo do art. 699º excluí-lo. Deste último deriva, independentemente agora da questão da boa ou má-fé do destinatário, que um acto praticado pelo tutor sem autorização só poderá

---

[216] CUNHA GONÇALVES, *Tratado ... cit.,* II, pp. 532 ss.

CONFIGURAÇÃO DA OBRIGAÇÃO DE DECLARAÇÃO NEGOCIAL

ser atacado se dele *puder* resultar prejuízo atendível, isto é prejuízo indemnizável para o menor. Se porém, o tutor pagar o que realmente deve, e se não estiver em jogo um momento juridicamente relevante de liberdade, não se vê como pode o menor ser prejudicado de forma atendível. O interesse lesado do menor só poderia ser o de não pagar o que deve – interesse que a ordem jurídica certamente não pode proteger. As consequências da falta de autorização, no caso do nº 10 do art. 224º, serão apenas as da porventura possível repetição do prestado quando houver um momento jurídico de opção a as da possibilidade de o tutor ser responsável quando tal liberdade exista ou quando preste o indevido.

As disposições conjugadas dos arts. 224º, nº 10, 298º e 699º assim, não só não impõem uma relevância da vontade no pagamento, como parecem mesmo excluí-la.

14. Segundo o art . 805º do Cód. Civ., *"o credor que exonerar pela novação o antigo devedor, aceitando outro em seu lugar, não terá regresso contra aquele, se o novo devedor se achar insolvente ou for incapaz, salvo se outra coisa for estipulada"*.

Parece que esta disposição pressupõe a necessidade de *capacidade* do devedor para o pagamento. E a necessidade de capacidade envolve, sem dúvida, relevância da vontade.

Uma análise mais detida do preceito logo mostra, porém, que o seu alcance não abrange necessariamente pagamento.

A palavra capacidade pode estar referida a um de dois momentos: ao do negócio novatório ou ao do pagamento. Só se estivesse referida ao momento do pagamento é que se poderia pôr um problema de relevância da vontade neste. Ora, parece, desde logo, que é ao negócio novatório que a capacidade respeita. Em primeiro lugar, o art. 805º quis manifestamente, com a expressão *"se achar insolvente"*, abranger não só a insolvência posterior ao acto de novação como a anterior ou contemporânea. No sentido de exceptuarem expressamente a hipótese de já estar o devedor insolvente ao tempo da novação orientavam-se, efectivamente, o Código de Napoleão (art. 1 276º), principal fonte do nosso, e o Código Comercial de 1833 (art. 893°)[217]. Sendo assim, a expressão "for inca-

---

[217] GUILHERME MOREIRA, *Instituições ... cit.*, II, p. 293, e CUNHA GONÇALVES, *Tratado ... cit.*, V, p. 119.

OBRIGAÇÃO DE EMITIR DECLARAÇÃO NEGOCIAL

paz", conectada ao início do preceito, não pode significar outra coisa que não seja ligar a incapacidade ao próprio momento do acto de novação.

Por outro lado, não se compreenderia de modo algum que, quanto ao pagamento, a protecção do credor na novação pudesse ser diversa da do cessionário na cessão de créditos. Ora, o art. 794º não se refere, na cessão, à capacidade do devedor, tão só à sua insolvência, estabelecendo para esta o mesmo regime que o art. 805º, o que mostra também que a capacidade do devedor no art. 805º se refere ao acto de novação e não ao pagamento.

Aliás, seria pouco justificado que a lei colocasse sequer o problema da possibilidade de regresso contra o antigo devedor por incapacidade do novo devedor para pagar, pois enquanto na insolvência o credor nunca poderá vir a receber ao menos a totalidade do crédito, no caso de incapacidade para o pagamento, ainda que esta fosse relevante, podê-lo-ia sempre. O que o art. 805º faz é impôr ao credor o ónus de averiguar a capacidade do novo devedor[218].

Em contrário de que a incapacidade se refira ao acto de novação pode argumentar-se, é certo, com o disposto no art. 813º: *"se a novação for nula, subsistirá a antiga obrigação"*. Nada impede, porém – os argumentos apresentados justificam-no e a razão referida explica-o – que o art. 805º represente um desvio ao art. 813º e represente mesmo uma das excepções que pessoalmente o devedor tenha contra o credor, no termos do art. 814º. E o facto de a incapacidade do devedor não implicar subsistência da dívida primitiva torna compreensível a referência do art. 805º a *"regresso contra o antigo devedor"*.[219]

Ainda, porém, que se entendesse que o art. 805° respeitava à incapacidade relativamente ao momento do pagamento, ainda que se entendesse que a simples maior dificuldade possível para o credor em obter o cumprimento justificava a previsão feita pelo art. 805°, ainda então isso não implicaria necessariamente e por si só uma relevância da vontade no cumprimento, pois maior dificuldade em obter a prestação pode existir ainda mesmo que a capacidade não seja requisito do pagamento. Normalmente, com efeito, o incapaz não dispõe *de facto* dos seus bens e o credor, por conseguinte, sempre acabará, em regra, por ter de se dirigir ao representante.

---

[218] CUNHA GONÇALVES, *lug. cit.*
[219] GUILHERME MOREIRA, *Instituições ... cit.*, II, p. 295; CUNHA GONÇALVES, *Tratado ... cit.*, V. p.120.

O art. 805º não seria, consequentemente, ainda que interpretado no sentido de referir a capacidade ao cumprimento, por si só suficiente para justificar uma relevância da vontade neste.

15. Nos termos do art. 1 201º do cód. de Proc. Civ., *"são rescindíveis até à reabilitação do falido os actos por ele celebrados, nos casos dos artigos 1 030º e seguintes do Código Civil".* O art. 1 202º vem-nos depois dizer:

"Presumem-se celebrados de má-fé pelos interessados que neles intervieram:

(...)

b) Os pagamentos ou compensações convencionais de dívidas não vencidas e os das dívidas vencidas, quando tiverem tido lugar dentro do ano anterior à data da sentença de declaração de falência e o forem em valores que usualmente a isso não sejam destinados; ...".

Parece, assim, que a al. b) do art. 1 202º considera o pagamento sujeito à acção pauliana. Ora, dificilmente se compreende que, sem qualquer relevância da vontade, um acto possa ser objecto de tal acção.

O art. 1 202º, al. b), tem por sujeito à acção pauliana o pagamento de dívidas não vencidas. E isso está, aliás, expressamente estabelecido no art. 1 039º do Cód. Civ.. Aqui, porém, nenhuma questão se levanta. O devedor tem o direito de escolher o momento em que oferece a prestação, até o limite do vencimento. Uma relevância da vontade nesta zona de liberdade não juridicamente indiferente nada implica, como vimos, quanto à relevância da vontade propriamente no pagamento.

Ora, a al. b) do art. 1 202º, ao contrário do que poderia parecer, não considera de modo algum o pagamento de dívida vencida sujeito à acção pauliana. Do art. 1 039º do Cód. Civ. resulta, sem margem para dúvidas, que o pagamento de dívida vencida não pode ser objecto da pauliana. E se o art. 1 202º do Cód. de Proc. Civ., referindo-se aos actos que se presumem celebrados de má-fé, quisesse sujeitá-lo a essa acção, alterando o disposto no Código Civil, tê-lo-ia certamente afirmado de forma expressa. Por outro lado, não pode ser objecto de acção pauliana a compensação legal. Não só o art. 1 202º se lhe não refere, como o art. 1 220º, nº 1, mostra iniludivelmente que assim é. Ora, se o pagamento de dívida vencida estivesse sujeito à acção pauliana, haveria que está-lo também a compensação legal.

Aquilo a que se refere a al. b) do art. 1 202º, quanto às dívidas vencidas, é, não ao pagamento, mas à *dação em pagamento*. Resulta isso não só da referência paralela à compensação convencional, que é a forma de compensação que pode corresponder à dação em pagamento, como dos termos da parte final do preceito: *"... e forem em valores que usualmente a isso não sejam destinados."*

A lei utilizou o termo "pagamento" porque relativamente às dívidas não vencidas não só a dação em pagamento como o pagamento verdadeiro e próprio podem ser objecto da pauliana. A palavra encontra-se assim empregue num sentido lato, capaz de abranger pagamento verdadeiro e próprio e dação em pagamento, estando tanto o pagamento como a dação em pagamento sujeitos à acção pauliana nas dívidas não vencidas, e apenas a dação em pagamento podendo ser objecto desta nas dívidas vencidas.

A dação em pagamento envolve um negócio jurídico em que se modifica objectivamente a obrigação. É indiscutível, consequentemente, que há aí relevância da vontade. Tal valor da vontade, porém, como é evidente, nada diz quanto ao problema no pagamento.

16. Podemos concluir não haver na nossa lei qualquer preceito que imponha que a vontade seja requisito do pagamento. Há por isso que passar a apreciar o problema por via positiva, seguindo o quadro de possibilidades de valor da vontade no pagamento que deixámos indicado. Começaremos, assim, por saber se a vontade pode funcionar como requisito directo do efeito extintivo, se é lícito exigir uma vontade a este dirigida.

Afigura-se-nos de todo insustentável uma concepção negocial, em sentido próprio, do pagamento, de todo insustentável, portanto, qualquer exigência de uma vontade do efeito extintivo. Alias, como assinalámos, tal ideia encontra-se hoje praticamente abandonada. A obrigação existe como meio da realização do interesse do credor. Só tem razão de ser, por conseguinte, enquanto esse interesse se não realizar. O cumprimento extingue a obrigação única e exclusivamente *porque realiza o interesse do credor*, porque actua a protecção que o crédito representa. A obrigação extingue-se porque deixa de ter razão de ser, porque se esgotou a sua função, não porque o devedor queira que se extinga.

Para além de todas as disposições legais que iremos citando e que, excluindo tipos de vontade inferiores à vontade do efeito extintivo, *a fortiori* excluem esta, basta atentar na extinção da obrigação por cumprimento por terceiro e por execução para se ver que não é a vontade do devedor, mas a realização do interesse, que origina a extinção do crédito.

CONFIGURAÇÃO DA OBRIGAÇÃO DE DECLARAÇÃO NEGOCIAL

17. Um argumento que se usa muitas vezes no sentido de sustentar a exigência de uma vontade intrínseca do devedor como requisito indirecto do efeito extintivo é o de que toda a atribuição patrimonial necessita de uma causa e que essa causa é dada, no pagamento, precisamente pela vontade do devedor. *"Causa da atribuição patrimonial em geral – na palavra de* ANDREOLI *– e ainda também da atribuição patrimonial não negocial é, subjectivamente, segundo a mais autorizada doutrina, o escopo, isto é, a vontade final do atribuinte: a causa* (causa solvendi) *da atribuição patrimonial, na qual a prestação solutória consiste, coincide precisamente com a vontade (vontade final relativamente à vontade de realizar a prestação) de cumprir com tal atribuição patrimonial aquela dada obrigação"*[220].

Em primeiro lugar, no entanto, uma consideração desta ordem não poderia adequar-se à nossa lei. Efectivamente, além de tudo o mais, não estando aqui em jogo ainda qualquer questão de individualização, a finalidade exigida teria de partir de um *animus solvendi* específico, pois que só assim estaria plenamente determinado o fim da atribuição (e isso reconhece-o ANDREOLI)[221]. Ora, o art. 729º do Cód. Civ. é claro em mostrar que o cumprimento não depende de um *animus solvendi* específico.

Quanto ao aspecto substancial da questão da finalidade subjectiva como causa do pagamento enquanto atribuição patrimonial, e sem prejuízo de uma análise mais detida do problema que se fará adiante, desde já se poderá assinalar que o pagamento representa a realização de uma atribuição patrimonial *previamente justificada*. A obrigação constitui precisamente a organização dessa justificação. Se a atribuição patrimonial em que o pagamento consiste se não encontrasse previamente justificada, nunca a prestação poderia ser devida. O ser devido de uma prestação pressupõe estarem justificados a realização do interesse do credor e o sacrifício do do devedor. Nestes termos, não se vendo em geral, e particularmente no domínio do pagamento, outro conceito de causa da atribuição que não seja o de aquilo que a justifique, o de *causa de justificação* da atribuição, o recurso à finalidade subjectiva para definir a causa da atribuição solutória aparece de todo descabido[222].

---

[220] *Contributo ... cit.*, pp. 37-38.

[221] O autor fala, no passo referido no texto, de *"vontade de cumprir com tal atribuição patrimonial aquela dada obrigação"*.

[222] O Prof. ANTUNES VARELA, *Ensaio sobre o conceito de modo*, 1955, p. 139, nota 1 da p. 135, considera o pagamento como atribuição *substitutiva*: *"A obrigação ... contém já uma atribuição* inchoacta; *o cumprimento traduz, em certo sentido, o mero* implementum *dela"*. Por isso mesmo, pare-

OBRIGAÇÃO DE EMITIR DECLARAÇÃO NEGOCIAL

18. A realização e o sacrifício do interesse do credor e do devedor estão justificados. A actualização da situação da vida apresenta-se para o devedor como necessidade. Parece assim que qualquer exigência de vontade no pagamento não tem sentido. Se se verifica a atribuição, realiza-se aquilo que a lei queria que se realizasse. Sacrifica-se o interesse do devedor que a lei queria que se sacrificasse. O devedor não tem de se queixar, não há qualquer razão que justifique a repetição do prestado[223].

O único ponto onde se poderia ir buscar um fundamento para que a vontade funcionasse como requisito da subsistência do pagamento estaria naquela ideia, que atrás assinalámos, de respeito pela esfera de vida. Notámos, com efeito, que uma das razões por que se recorria ao acto do devedor como meio de realização do interesse do credor era precisamente a de respeitar a esfera de vida deste. Não atribuir qualquer valor à vontade no pagamento não significará negar precisamente esse respeito pela esfera de vida?

Certamente que não. O respeito pela esfera da vida justifica que o meio *predisposto* pela lei seja o acto do devedor. Não implica já que, se eventualmente, de facto, o interesse se realizar por acto involuntário ou mesmo por outro meio, se torne fundada a restituição da prestação, salvo porventura como reacção contra a ilicitude ou particular ilicitude do meio. Tal respeito justifica que na organização dos elementos jurídicos para a realização do fim a lei recorra ao devedor, já não que um interesse deste sem qualquer fundamento – reacção contra um sacrifício justificado – possa destruir uma situação coberta pela lei.

Repare-se só em que, a partir do vencimento da dívida, cessa o respeito pela esfera de vida do devedor. A partir dele, precisamente, a lei permite a execução forçada da dívida, a realização do interesse do credor e o sacrifício do devedor, não só independentemente da vontade deste, como mesmo, porventura, contra ela.

Aliás, perante a eventualidade de um pedido de restituição de prestação devida, ainda quando se aceita um qualquer valor da vontade no pagamento,

---

ce que haverá de ser à atribuição *inchoacta* que a justificação haverá de ser referida, até porque só assim se poderá compreender que seja objecto de dívida. Já possuímos, todavia, dúvidas quanto ao pleno carácter substitutivo do cumprimento por terceiro. Veja-se *infra* no texto.
[223] Veja-se, por exemplo, OPPO, *ob. cit.*, p. 328.

CONFIGURAÇÃO DA OBRIGAÇÃO DE DECLARAÇÃO NEGOCIAL

reconhece-se que, se o devedor não tiver interesse legítimo na repetição, pode o credor opor uma *exceptio doli* porque *"dolo facit qui petit quod redditurus est"*[224].

Repare-se, no entanto, que ou está em jogo um daqueles momentos de liberdade do devedor juridicamente relevantes, podendo então haver interesse legítimo na restituição, mas nesse caso a questão extravasa do estrito problema do valor da vontade no pagamento, ou não se está perante um qualquer desses momentos de liberdade, e não poderá existir qualquer interesse legítimo do devedor na restituição. Então, porém, se sempre ao pedido de restituição feito com invocação da exigência de vontade no pagamento o credor pode opôr uma *exceptio doli*, é certamente porque a vontade não é relevante[225] e porque o recurso à *exceptio doli* não passa de expediente. Estranho direito seria esse de repetir a prestação cujo exercício envolveria sempre "dolo".

Para além da *exceptio doli*, atente-se ainda em que o credor sempre poderá recusar a repetição operando a compensação legal[226]. Não se trata, note-se ainda, de uma possibilidade eventual, mas necessária. Qual seria então o significado de uma relevância da vontade do pagamento que, por força do mecanismo da compensação legal, nenhum valor prático teria? Para quê a duplicação de todo inútil que o recurso à compensação representaria? A possibilidade que surgiria de compensação legal não significará – já que a compensação opera independentemente da vontade do devedor – que a vontade deste nenhum valor tem?

Esta conclusão de que uma vontade intrínseca, ainda que sob a forma de mera voluntariedade, é de todo irrelevante como requisito de irrepetibilidade da prestação é confirmada – e imposta – por vários preceitos da lei, alguns já referidos.

Temos em primeiro lugar o art. 758º do Cód. Civ. enquanto interpretado, como se nos afigurou mais curial – e tudo o que se tem dito o vem confirmar –, no sentido de que erro significa qualquer erro e não apenas aquele que se

---

[224] Cfr. Prof. MANUEL DE ANDRADE, *Teoria geral das obrigações ... cit.,,* p. 284, e VAZ SERRA, *Do cumprimento ... cit.,* pp. 22-23.

[225] Cfr. OPPO, *ob. cit.,* p. 330.

[226] O Prof. MANUEL DE ANDRADE (*Teoria geral das obrigações ... cit.,* p. 284, nota 2) afirma que *"por vezes será cabida a própria excepção de compensação. Afigura-se-nos que desde que excluamos todos os momentos juridicamente relevantes de liberdade, a excepção haverá sempre de ser procedente salvo, claro, o caso de renúncia antecipada ao direito de compensação (e, também, salvo o caso do nº 5 do art. 767º que está fora do domínio das nossas preocupações). De um lado, os aspectos da iliquidez e da exigibilidade não levantam dúvidas, desde que se ultrapassem os momentos de liberdade, dado que se está perante a compensação de uma dívida com a pretensão de repetição do prestado que representaria seu cumprimento".*

OBRIGAÇÃO DE EMITIR DECLARAÇÃO NEGOCIAL

traduz em alguém julgar que deve quando efectivamente assim não suceda. Na hipótese de tal interpretação a disposição impõe a irrelevância do erro no pagamento do devido. Neste sentido da irrelevância da vontade militam também, como vimos, as disposições conjugadas dos arts. 224º, nº 10, 298º e 669º do Cód. Civ. Há, em seguida, o art. 2º do Cód. de Proc. Civ., que, conectado com o art. 802º, mostra que uma obrigação vencida pode ser executada e que, portanto, se torna indiferente para a realização do interesse do credor qualquer vontade do devedor. Vêm depois os arts. 765º e ss. do Cód. Civ. que permitem a compensação legal de obrigações vencidas quando entre elas houver efectiva equivalência[227]. Construa-se como se construir a compensação legal, ela significa a realização do interesse de cada um dos credores e o sacrifício do interesse de cada um dos devedores por força da vontade de um só dos sujeitos. A realização do interesse de cada um dos sujeitos traduz-se em liberá-los dos seus débitos, por equivalência dos seus interesses protegido e sacrificado. A possibilidade de um só dos sujeitos impor o efectivo sacrifício do interesse do outro demonstra a irrelevância da vontade deste para a actuação desse sacrifício.

19. Em relação à individualização de um acto como pagamento – e é o argumento mais usado a favor da relevância da vontade – tem-se dito que aquela não pode deixar de ser feita pela vontade e que todas as tentativas de individualização objectiva, através de uma referência de carácter objectivo do acto ao credor enquanto tal, não passam de meras transposições menos felizes de uma realidade de natureza subjectiva para um plano objectivo[228].

Há que começar por notar que, como se assinalou, a necessidade de individualização se põe não só em relação a outros possíveis títulos da atribuição patrimonial, mas mesmo dentro de várias hipóteses possíveis de pagamento, no caso de pluralidade de créditos com o mesmo conteúdo e os mesmos sujeitos.

Quanto a este segundo problema, chamado da imputação do pagamento, há disposição expressa na nossa lei. Nos termos do art. 728º do Cód. Civ., *"se o devedor, por diversas dívidas ao mesmo credor, se propuser pagar algumas dessas dívidas, fica à escolha dele devedor designar, a qual delas deve referir-se o pagamento"*. Afirma depois o art. 729º: *"Se o devedor não declarar qual é a sua intenção, enten-*

---

[227] Veja-se, quanto ao direito francês, NICOLE CATALA, *ob. cit.*, p. 243.
[228] ANDREOLI, *Contributo ... cit.*, pp. 25 ss..

der-se-á que o pagamento é por conta da mais onerosa; em igualdade de circunstâncias, que é por conta da mais antiga; e, sendo todas da mesma data, que é por conta de todas elas rateadamente".

Embora, assim, o art. 728º permita ao devedor imputar o pagamento, logo o art. 729º vem mostrar que a vontade do devedor não é necessária para essa imputação.

A disposição do art. 729º não tem certamente natureza interpretativa. Esta última pressupõe a existência de uma declaração e o art. 729º visa expressamente o caso de falta de declaração.

Tem-se defendido, no entanto, perante normas de conteúdo semelhante, que se trata de uma disposição que visa construir uma vontade hipotética, uma vontade presumida do devedor, procurando-se, através disso, manter um carácter acentuadamente subjectivo à imputação[229].

Repare-se que, desde logo, se trataria de uma vontade hipotética em abstracto e não em concreto. Para além disso, se a primeira estatuição – pagamento por conta da dívida mais onerosa – pode facilmente reconduzir-se a uma vontade hipotética (em abstracto), já o mesmo é mais difícil na segunda – pagamento por conta da dívida mais antiga – e, sobretudo, na terceira – pagamento por conta de todas, rateadamente. De qualquer modo, porém, o que é indiscutível é que uma imputação através de uma vontade presumida, e de uma vontade presumida *in abstracto*, é uma imputação de *natureza objectiva* que prescinde da existência de uma vontade do devedor, embora procure aproximar-se quanto possível do seu interesse.

A respeito agora da individualização de um acto como pagamento em relação a outros possíveis títulos de atribuição patrimonial, aceitamos que não é viável a definição de um critério objectivo que localize um acto perante o credor como tal. O que se nos não afigura, no entanto, necessário, também, é o recurso à vontade do devedor. Isso pressupõe, com efeito, a necessidade de uma *individualização positiva*, que é precisamente o que não se deixa demonstrado. Se é verdade que é indispensável uma individualização, nada, porém, impede que se exija apenas uma individualização negativa. Nos termos de tal individualização negativa, uma atribuição será considerada como pagamento sempre que, sendo capaz de constituir realização de um crédito existente, não haja qualquer elemento que a individualize diferentemente. Será,

---

[229] ANDREOLI, *ob. cit.*, p. 40, nota 61.

OBRIGAÇÃO DE EMITIR DECLARAÇÃO NEGOCIAL

pois, uma individualização por exclusão – um acto será pagamento quando não for qualquer outra coisa[230].

Ressalve-se desde já que individualização negativa não quer dizer individualização por vontade presumida do devedor. É antes uma individualização que não faz referência a uma vontade ou a qualquer outro elemento positivo directo. Uma individualização negativa corresponde plenamente, primeiro, às exigências práticas que se reflectem no problema da individualização e, depois, à específica função do pagamento. O ponto prático que levanta o problema da individualização do acto como pagamento é, já se referiu, a necessidade de possibilitar atribuições com idêntico conteúdo a outro título, o que envolve que tenha de se determinar qual das várias potencialidades se actuou. Essas outras atribuições, porém, porque não representam realização de dívida, porque não se encontram, portanto, previamente justificadas, têm de trazer consigo a sua justificação. Se esta se traduz em elementos integrantes da própria atribuição, nem sequer verdadeira questão autónoma de individualização se coloca, uma vez que as potencialidades não possuem estrutura idêntica. Se se traduz em elementos em si estranhos à atribuição, de qualquer modo para a justificarem terão de se lhe referir e essa referência a individualizará. Por isto, a necessidade de possibilitar atribuições a outro título não exige a individualização positiva de um acto como pagamento.

Doutro lado, a dívida exprime a justificação prévia da atribuição patrimonial, da atribuição nos seus aspectos de realização do interesse do credor e de sacrifício do do devedor. Está justificada a atribuição patrimonial independentemente de qualquer vontade ou finalidade do devedor. A dívida terá, por isso, pelo próprio facto de exprimir justificação prévia, uma *capacidade de absorção* das atribuições efectivas que só pode ser limitada pela existência de outros títulos de justificação. A própria função de pagamento, de realização de atribuição justificada, consequentemente, vai obrigar à sua mera individualização negativa.

Isto é, aliás, imposto pela própria lei. Não havendo qualquer razão prática que fundamente a individualização positiva, esta só poderia justificar-se por uma exigência estrutural que partisse da consideração de que uma atribuição, da qual quem a faz não diga o que representa, não tem no mundo do direito

---

[230] No sentido de uma individualização negativa, embora fundamentada de modo um pouco diferente do indicado no texto, OPPO, *ob. cit.*, p. 387.

CONFIGURAÇÃO DA OBRIGAÇÃO DE DECLARAÇÃO NEGOCIAL

qualquer significado, procurando negar-se assim aquela capacidade de absorção que se atribuiu à dívida. Para além do facto de se afigurar que uma tal ideia esqueceria a específica função do pagamento e o particular sentido da dívida, para além do facto de um argumento como este se aproximar muito, quase com ele se confundindo, daquele que partia da exigência de uma vontade final como causa de toda a atribuição patrimonial, e que já criticámos, o certo é que uma consideração dessa ordem requereria, da parte do devedor, um *animus solvendi* específico. A suficiência do *animus solvendi* genérico poderia fundamentar-se, se a individualização houvesse de ser positiva, enquanto se atribuísse a esta uma função meramente prática de permitir atribuições a outro título. Enquanto se considerasse a individualização positiva já uma exigência substancial, nos termos referidos, só um *animus solvendi* específico seria suficiente, pois só ele daria em termos precisos o significado da atribuição. Pense-se apenas, já mesmo para além da pluralidade de dívidas ao mesmo credor, na possibilidade de o devedor, embora sendo sujeito só de uma dívida para com aquele credor, julgar que o é de mais. Ora, a necessidade de um *animus solvendi* específico é expressamente negada pelo já citado art. 729º do Cód. Civ.

Atente-se, finalmente, repetindo um argumento já a outro respeito indicado, em que a exigência de uma individualização positiva acabaria por ser frustrada pelo mecanismo da compensação legal. Ao devedor que quisesse repetir a prestação com o fundamento de que esta não havia sido individualizada poderia sempre o credor opor a compensação. Não será, então, mais razoável reconhecer a suficiência da individualização negativa?

20. É lícito, assim, afirmar que, em face do direito positivo português, *no pagamento de obrigações que protejam um interesse natural ou substancial a vontade, seja sob que forma for, não é requisito do efeito extintivo* [231].

---

[231] Este regime de irrelevância da vontade do devedor parece-nos que se encontra expressamente consagrado no Projecto do Código Civil.
Lê-se no texto da primeira revisão ministerial do Livro II – Das obrigações –, no art. 758º, nºs. 1 e 2 (o nº 3 refere-se à aceitação da prestação pelo credor):
"1. O devedor realiza a prestação a que se encontra vinculado.
2. O devedor há-de ser capaz, se a prestação representar acto de disposição; mas o credor, que haja recebido do devedor incapaz a prestação devida, pode opor-se ao pedido de anulação e de restituição, se o devedor não houver sofrido prejuízo com a prestação efectuada".

OBRIGAÇÃO DE EMITIR DECLARAÇÃO NEGOCIAL

O único caso era que a vontade do devedor é relevante, mas não como requisito, é o da imputação do pagamento que, nos termos do art. 728º, pode ser feito pelo devedor, não havendo necessária conformidade entre a imputação feita por este e a que a lei viria a fazer, de acordo com o art. 729º. Mesmo, porém, esta relevância da vontade, não o é de uma vontade no pagamento, mas *relativamente* ao pagamento.

21. De há muito se vem reconhecendo que a obrigação se pode extinguir por realização do fim[232], independentemente de esta ser operada por acto do devedor. O que temos vindo a dizer acerca do pagamento, aliás, logo mostra que, em última análise, o que importa é a realização do interesse do credor. Uma vez obtida esta, a obrigação perde razão de ser, esgota a sua função e por isso se extingue. Basta, aliás, que se pense na execução forçada e no cumprimento por terceiro para se ver que todo o crédito tende para a realização do interesse do credor e que, alcançado este, seja ou não através do acto do devedor, se extingue.

Uma distinção se nos afigura, porém, desde logo se dever fazer dentro da figura geral da realização do fim da obrigação. Tal realização do fim, em sentido lato, pode consistir em *realização da atribuição* ou em *realização do fim em sentido restrito*. A obrigação não se limita a proteger o interesse do credor. Protege-o através da preterição de um determinado interesse do devedor. Há que distinguir, assim, a realização da atribuição, que é realização do fim através da efectivação do sacrifício do interesse do devedor negado pela obrigação, e a realização do fim em sentido estrito, que é realização do fim através do sacrifício de um interesse diverso do preterido pela obrigação. Caso típico de

---

Em primeiro lugar, que o realizar a prestação a que se refere o nº 1 é um mero realizar objectivamente a prestação mostra-o o nº 2, quando diz que o devedor há-de ser capaz se a prestação representar um acto de disposição.

Por outro lado, venha-se como se vier a entender o conceito de "acto de disposição" contido no nº 2, o certo é que, mesmo nesse caso, a vontade é irrelevante. Com efeito, o preceito do nº 2 apenas permite a restituição quando o devedor houver sofrido prejuízo. Ora, só dentro dos momentos de liberdade no cumprimento se pode verificar prejuízo.

[232] Vejam-se indicações doutrinárias em ANDREOLI, *Contributo ... cit.*, pp. 9 ss. Expressamente sobre o tema surgiu, já depois do livro de ANDREOLI, uma monografia de SCUTO ORLANDO CASCIO – *Estinzione dell'obbligazione per conseguimento dello scopo* (1938) –, a qual nos não foi de todo possível consultar.

CONFIGURAÇÃO DA OBRIGAÇÃO DE DECLARAÇÃO NEGOCIAL

realização do fim em sentido estrito é o cumprimento por terceiro[233]. A particularidade que a realização do fim em sentido estrito implica está na necessidade de concorrer com a realização do interesse do credor uma justificação do sacrifício do outro interesse. Por isso, justamente, se tem de reconhecer o carácter negocial do cumprimento por terceiro[234].

A amplitude da possibilidade de aceitação de modos de realização da atribuição outros que o pagamento depende, porém, da posição que quanto à relevância da vontade neste se tenha assumido. Desde que se reconheceu ser a vontade do devedor de todo irrelevante, claro se torna que, para além do caso indiscutível da execução forçada, nada obsta a que se reconheça a extinção da obrigação por qualquer modo de realizarão da atribuição, seja através de facto natural, de acto do credor ou de acto de terceiro. Um limite apenas se poderá pôr, aliás, quer quando o acto seja de devedor ou de terceiro: o da ilicitude de qualquer elemento que se introduza no *iter* da realização da atribuição. Esse será problema que adiante referiremos.

Outra questão é já a da delimitação conceitual do pagamento dentre os modos de realização da atribuição. Reconhece-se, com efeito, que a palavra pagamento não deve, rigorosamente, abranger todos esses casos.

Para se falar de pagamento em sentido estrito, está-se fundamentalmente de acordo em que é necessário que a atribuição se tenha realizado através de acto, ao menos material, do devedor. Enquanto porém, uns exigem acto voluntário (o acto involuntário será, no fundo, um facto)[235], outros contentam-se com um acto meramente material do devedor. Quer-nos parecer que nem sempre o acto material do devedor é suficiente. Ao mesmo tempo, porem, não

---

[233] Será talvez difícil encontrar uma hipótese de realização do fim em sentido estrito que não consista em cumprimento por terceiro. Para além dele, poderá, porém, imaginar-se uma situação em que o interesse sacrificado (efectivamente) seja do devedor, mas não consista naquele negado pela obrigação. Ora, não sabemos até que ponto a isto se não reconduzirá a realização da obrigação através do exercício de faculdade alternativa. Por outro lado, não deixaria de ter interesse averiguar em que medida o cumprimento de obrigação natural se aproxima da figura da realização do fim em sentido estrito. Há, pelo menos, atribuição justificada.

[234] NICOLÒ, *L'adempimento ... cit.*, pp. 156 ss.

[235] Repare-se que exigir-se a vontade do devedor ou, como se dirá, a liberdade, para que pagamento em sentido rigoroso possa existir, não significa que a vontade ou a liberdade funcionem como requisitos do efeito extintivo ou da subsistência da atribuição. Já atrás se teve ocasião de referir a diversidade dos problemas da relevância da vontade para a produção do efeito extintivo (ou para a subsistência da atribuição) e da relevância da vontade para a conceituação do pagamento.

OBRIGAÇÃO DE EMITIR DECLARAÇÃO NEGOCIAL

cremos que seja necessária a vontade do acto. Julgamos que o que importa para delimitar o conceito de pagamento dentro dos modos de realização da atribuição é saber quando é que a atribuição se realiza por *actuação do dever*, por *cumprimento* consequentemente. Como se vê o problema é dos mais difíceis e põe em jogo, no fundo, toda a teoria geral do direito. Limitamo-nos, aqui, a afirmar que nos parece que o critério delimitador do pagamento ou cumprimento será o da *liberdade*. O dever, como vimos, refere-se sempre à liberdade humana. Enquanto, consequentemente, a atribuição se não realizar através da liberdade do devedor, de actuação do dever não se pode falar e, portanto, também não de cumprimento ou pagamento, em sentido rigoroso. Nem se diga que assim se vem a exigir sempre a voluntariedade do acto porque e vontade é a única faculdade livre. A liberdade não terá que referir-se directamente àquele acto, mas a qualquer opção de que ele, directa ou indirectamente, venha a fazer parte. Caberão ainda, por conseguinte, no conceito de pagamento, ou cumprimento, os comportamentos que se possam reconduzir, segundo um conceito bem conhecido dos penalistas, a *"actiones liberae in causa"*.

22. Referimos que uma questão se levantará quanto à subsistência da atribuição patrimonial e, consequentemente, à definitividade do efeito extintivo, quando no *iter* da realização da atribuição se introduzir um elemento de *ilicitude*. O problema põe-se quer no caso de pagamento, quer para além dele. Um pagamento poderá, por exemplo, ser extorquido por coacção psicológica.

Este problema liga-se com a questão do respeito pela esfera de vida do devedor. É esse respeito, precisamente, que vai tornar ilícitos todos aqueles actos – a lei predispõe apenas, além do dever, o meio da execução judicial –, apesar de eles, para além, claro, da hipótese de envolverem, lateralmente, danos injustos, visarem a realização de uma atribuição devida.

A questão de respeito pela esfera de vida coloca-se na lei, como já notámos, diversamente antes e depois da realização da atribuição. Antes da realização, o devedor dispõe dos meios gerais de defesa, pessoal ou através da força pública. Depois da realização, a questão é de solução de um jogo contrário de "forças" – a *força destruidora*, resultante da ilicitude do meio, e a *força conservadora* da situação de facto, resultante de esta exprimir uma atribuição devida.

O problema, repare-se, não é de vontade. Ainda quando se trate de uma hipótese de coacção psicológica, não é o vício da vontade do devedor, mas a ilicitude do acto de coacção que pode justificar a repetição. Do mesmo modo, não é a falta de vontade do devedor na realização por acto do credor ou do terceiro que releva, mas a ilicitude destes. A questão é, no fundo, de sanção da ilicitude. O que se passa, em última análise, é que, realizando-se embora o interesse que merecia realização e sacrificando-se o que merecia sacrifício, se viola um terceiro interesse que o não merecia[236].

A lei, na solução deste problema, cremos que assume uma posição intermédia. Parece-nos – parece-nos apenas – que o regime que dela resulta é o seguinte:

1 – Obrigações de prestação de coisa:

a) – Momento imediatamente subsequente à criação da situação de facto – prevalece a "força" destruidora da ilicitude, podendo o devedor restabelecer a situação anterior;

---

[236] O Prof. ANTUNES VARELA ("Natureza jurídica das obrigações naturais", *in Rev. de Leg. e Jur.*, ano 90º, 1958, p. 36) hesita quanto ao regime a atribuir aos vícios e ausência de vontade e à incapacidade do *solvens*. Afirma:

"Por um lado, no sentido da tese da irrelevância dos vícios referidos, é possível dizer que o credor recebe apenas a prestação a que tinha direito e que mal se compreende ainda a concessão ao solvens da faculdade de exigir, através da acção anulatória, a coisa que pode ser imediatamente condenado a entregar logo a seguir à pessoa de quem a reclama. "Dolo facit qui petit quod mox redditurus est", *diziam os romanos, a propósito de situações desta espécie.*

Por outro lado, porém, repugna que o Direito possa aceitar, sem reacção, o dolo, a coacção, a extorsão directa praticados pelo credor, quando esses actos representam a negação dos meios predispostos pelas ordens jurídicas civilizadas para a realização da justiça e da paz social. Encarada sob esse prisma, não representará a tese da irrelevância dos vícios apontados quanto ao pagamento um autêntico retorno ao sistema da justiça privada, contra a qual depõem muitos séculos de civilização e de progresso das instituições jurídicas? A este argumento poderá porventura responder-se, dizendo ser ao direito criminal que incumbe reagir, com as formas específicas de sanção de que dispõe, contra os processos ilícitos de fazer justiça pelas próprias mãos e que o Direito Civil o não deve fazer, pela contradição em que, doutra forma, se colocaria com os seus próprios comandos.

A resposta não será talvez decisiva".

Afigura-se-nos que o Prof. ANTUNES VARELA tem razão quando pergunta se será razoável que, em casos de dolo, de coacção, de extorsão directa, o devedor não seja autorizado a repetir a prestação, para além das sanções criminais a que possa estar sujeito o credor, se será razoável sobretudo quando aqueles casos assumam uma gravidade particular. Parece-nos, contudo, que a distinção que se deixa feita no texto, entre o problema do relevo da vontade e o problema do relevo de um momento de ilicitude introduzido no *iter* da realização do interesse, permite superar a contradição que o Prof. ANTUNES VARELA parece encontrar entre uma irrelevância da vontade e uma reacção contra o dolo, a coacção ou a extorsão directa. Ainda que se autorize a repetição nestes casos ou em alguns deles não será por relevo da vontade no pagamento mas por reacção contra a ilicitude, por sanção. O que depois há que averiguar é a medida em que o Direito positivo permite a repetição como sanção contra a ilicitude – ao que faremos uma breve referência, – e a medida em que, porventura, *de jure constituendo* devam ser modificados nesse ponto os termos do Direito vigente – do que já não trataremos.

OBRIGAÇÃO DE EMITIR DECLARAÇÃO NEGOCIAL

b) – Momentos subsequentes – a "força" conservadora prevalece, em princípio; afigura-se, no entanto, embora o ponto não seja líquido, que deixará de prevalecer quando a ilicitude se qualificar por violência[237] [238].

2 – Obrigações de prestação de facto – prevalece a "força" conservadora.

---

[237] Repare-se na referência de OPPO às normas sobre a tutela possessória contra o esbulho violento ou clandestino – *ob. cit.*, p. 329.

[238] A ideia do art. 487º do Código Civil, quando dispunha a restituição da posse no caso de esbulho violento independentemente de qualquer questão de melhor posse ou de propriedade, parecia ser nitidamente a de estabelecer uma sanção contra a ilicitude. As dificuldades de caracterização como tal da restituição de posse por esbulho violento referidas no texto resultam do modo como se encontra processualmente regulamentada. Não se pode dizer que a regulamentação processual de que tem sido objecto se adeque plenamente à função substantiva de reacção contra a ilicitude ou que, ao menos, seja a preferível.

Logo a disposição do Código Civil, ao dizer que *"nem o esbulhador será ouvido em juízo, sem que a dita restituição se tenha efectuado"*, embora pudesse ser objecto de mais do que uma interpretação, orientou, pela interpretação que se lhe veio a dar, em mau sentido. No Código de Processo de 76, a restituição provisória por esbulho violento aparece como mero preliminar da acção de restituição (art. 494º). No Código de 39, apesar de o Prof. ALBERTO DOS REIS expressamente declarar que "o benefício da providência é concedido, não em atenção a um perigo de dano iminente, mas como compensação da violência de que o possuidor foi vítima" (*Código de Processo Civil Anotado*, I, 1948, p. 670), a restituição de posse por esbulho violento (arts. 400º ss.) surge enquadrada no amálgama dos processos preventivos e conservatórios. Para além do aspecto de o pretenso esbulhado não ser citado nem ouvido, a integração nos processos preventivos e conservatórios parece levar à aplicação das regras gerais, segundo as quais, em primeiro lugar, a acção de restituição provisória de posse há-de ser decidida por um juízo de mera probabilidade e, em segundo lugar, a providência poderá caducar por inactividade subsequente do esbulhado (art. 387º). No Código de 61 a restituição provisória de posse, apesar da afirmação do Prof. ALBERTO DOS REIS de que não constitui um processo cautelar (*lug. cit.*), vem a ser integrada no domínio destes processos. Se as regras gerais que, por tal enquadramento, poderão ser aplicáveis, são as mesmas (salvo ligeiros pormenores) a que a integração nos processos preventivos e conservatórios do Código de 39 levava, a qualificação de processo cautelar agrava a questão.

A regulamentação processual preferível da restituição de posse por esbulho violento, enquanto o seu fundamento se encontre numa reacção contra a reprovabilidade da violência, parece-nos que seria a seguinte:

O pretenso esbulhado violentamente poderia propor acção de restituição de posse por esbulho violento. Para essa acção seria citado nos termos normais o pretenso esbulhador. A decisão da restituição haveria de resultar da prova, nos termos normais, da posse, do esbulho e da violência. Se o autor obtivesse decisão favorável, o réu seria obrigado a restitui-lo à posse e essa restituição manter-se-ia independente da necessidade de qualquer ulterior atitude do esbulhado. Seria o esbulhador que, se quisesse, poderia propor nova acção ou continuar a anterior (o que se nos afiguraria melhor), invertendo-se nessa altura as posições processuais. O esbulhador só poderia propor a nova acção ou continuar a anterior, no entanto, depois de ter restituído a coisa. A nova acção ou a continuação da anterior haveria de ser decidida nos termos gerais.

CONFIGURAÇÃO DA OBRIGAÇÃO DE DECLARAÇÃO NEGOCIAL

Quanto às obrigações de prestação de coisa, o regime *sub* a) resulta do disposto no art. 436º do Cód. Civ.; o regime *sub* b) resultará dos arts. 1 033º e ss. e 393º e ss. do Cód. de Proc. Civ. (cfr. 487º do Cód. Civ.) A prevalência da força conservadora nas obrigações de prestação de facto decorrerá, não só da inexistência de qualquer disposição legal que autorize outra solução, como da circunstância, já referida, de, não sendo possível a restituição em espécie ao estado anterior, não assumir qualquer justificação uma dupla prestação.

23. Importa, em último lugar, assinalar o facto de o regime do cumprimento assumir especialidades nos casos de liquidação de patrimónios[239].

Sem entrar numa análise do problema, que nos levaria muito para além dos limites que a função meramente auxiliar da indagação impõe, afigura-se-nos poder dizer que o que se passa nesses casos, construa-se depois a situação como se construir, é que o pagamento pressupõe, além da conformidade objectiva ao devido, outros requisitos de natureza objectiva, impostos pela afectação global da massade bens à satisfação de um conjunto de dívidas.

As diferenças em relação ao regime vigente, ou ao que parece sê-lo, estariam nestes três pontos:
1º – o pretenso esbulhador seria citado para a acção de restituição da posse por esbulho violento;
2º – a decisão desta não seria fundada em juízo de mera probabilidade;
3º – o esbulhado não teria, para que a decisão de restituição não caducasse, que propor acção principal no prazo de trinta dias, nem que manter o andamento dessa acção (art. 382º, 1, a)).
A razão deste tipo de regime está sempre em que, se a função da restituição é a de sancionar, a de castigar (Prof. ALBERTO DOS REIS, *ob. cit.*, p. 668) a violência, a de reagir contra o facto de o esbulhador, ainda que tendo direito, ter feito justiça por suas mãos, e tê-la feito violentamente, o que importa é que se coloquem as coisas no estado em que se encontravam anteriormente ao esbulho.
Quererá isto significar que o modo como o Código de Processo regula a restituição provisória de posse preclude uma qualquer consideração desta como sanção da ilicitude? Cremos que não.
O facto de se ter mesclado a restituição provisória de posse com aspectos de providência cautelar não impede que o aspecto de sanção de ilicitude actue também. E que actua mostra-o o facto de o processo conduzir à restituição da posse. Se de pura e simples providência cautelar se tratasse, se a lei tivesse tão só em conta o perigo de a coisa continuar na livre disponibilidade de facto do esbulhador, teria recorrido apenas ao depósito, como faz no arrolamento (art. 424º). E mostra-o ainda o facto de o decretamento da providência não depender sequer da prova da probabilidade de ausência pelo menos de melhor posse do esbulhador.
[239] Vejam-se, por exemplo, os arts. 1 206º e 1 258º, nº 1, quanto à falência, o art. 1 128º, quanto à liquidação de sociedades, os arts. 1 354º ss., quanto ao inventário, o art. 1 134º, nº 5, quanto à liquidação em benefício do Estado, todos do Código de Processo Civil.

OBRIGAÇÃO DE EMITIR DECLARAÇÃO NEGOCIAL

Cremos que mesmo neste campo não se pode falar de uma relevância da vontade no pagamento. Ainda quando um pagamento sem vontade ou sem uma determinada vontade puder vir a ser repetido, não o será propriamente pela falta de vontade mas antes pela falta dos requisitos objectivos que o possibilitassem.

Secção II
Aspectos do Regime da Obrigação de Declaração Negocial

1. Uma das consequências mais negativas de não se abordar directamente a obrigação de declaração negocial está na falta de um estudo sistemático do seu regime. A doutrina, tendo em consideração o contrato-promessa, tem aludido a alguns aspectos do regime geral da obrigação de declaração negocial respeitantes a esta sua fonte. Assim largamente debatida tem sido a questão dos requisitos da promessa. Por outro lado, têm-se considerado algumas matérias que já extravasam do estrito limite do regime da fonte. O mais importante, pelo seu significado prático, e por isso mais estudado, é o problema do regime da execução. Outros incidentalmente têm surgido: nomeadamente, os das condições de transmissão da obrigação de declaração negocial e o da impossibilidade do seu cumprimento. Desde logo, porém, no próprio campo da execução se pode perguntar se a doutrina não tem sido em parte viciada por uma falta de perspectiva global. E, de qualquer modo, os estudos aparecem sempre de forma incidental, atendo-se a este ou àquele ponto apenas.

Tem-se, em última análise, partido da ideia de que a obrigação de declaração negocial é essencialmente uma obrigação como qualquer outra e de que o negócio devido é um negócio como qualquer outro, limitando-se a doutrina, por conseguinte, a assinalar esta ou aquela particularidade do regime.

Uma análise sistemática da disciplina da obrigação de declaração negocial é, assim, algo que se encontra praticamente por fazer. Não seremos nós certamente quem, de um momento para o outro, o fará. Basta que se pense em que um estudo dessa ordem envolve a revisão, na obrigação de declaração negocial, de toda a disciplina das obrigações e de toda a disciplina do negócio jurídico. De qualquer forma, alguma coisa cremos que poderemos fazer – e isso é colocarmo-nos na perspectiva de considerara obrigação de declaração negocial em si mesma, directamente. Julgamos que tanto já possuirá utilidade.

200

CONFIGURAÇÃO DA OBRIGAÇÃO DE DECLARAÇÃO NEGOCIAL

Desta sorte, tentaremos indicar, ainda que por forma muito imperfeita, os pontos e os modos fundamentais por que isso se pode exprimir e em que os regimes gerais das obrigações e do negócio poderão alterar-se na obrigação de declaração negocial. E assinalaremos e estudaremos, com maior ou menor desenvolvimento dentro das possibilidades e consoante as necessidades, alguns aspectos em que, nesses pontos e por esses modos, julgamos haver particularidades de disciplina. Ao mesmo tempo, essas particularidades poderão servir de ponto de partida, mais ou menos seguro, para a construção jurídica da figura da obrigação de declaração negocial. Apenas se impõe referir que não teremos era conta, como já se indicou, a execução, por exigir um estudo desenvolvido que o tempo não permite.

2. O nosso ponto de partida estará em nos não vincularmos ao preconceito de que a obrigação de declaração negocial é uma obrigação como qualquer outra e de que o negócio devido é um negócio como qualquer outro. Cremos que tudo o que se viu no Capítulo I autoriza já essa atitude.

Aquilo que de específico existe na obrigação de declaração negocial traduz-se em dois aspectos: – a obrigação protege um *interesse na produção de efeitos jurídicos* e o objecto do dever consiste em um *negócio jurídico*. Por outro lado, no regime da obrigação de declaração negocial entram em jogo duas disciplinas: a disciplina das obrigações e a disciplina negocial (no duplo aspecto dos requisitos do acto e dos efeitos). Interessa pois averiguar as possibilidades de modelação do regime das obrigações pelo facto de a obrigação proteger um interesse em uma regulamentação jurídica, do regime dos efeitos jurídicos pelo facto de previamente constituírem objecto de um interesse protegido, do regime dos requisitos do negócio pelo facto de o negócio ser devido e do regime do cumprimento pelo facto de o objecto do dever consistir num acto negocial. Nessa ordem surgirão as quatro alíneas que se seguem. A elas acrescentaremos uma quinta em que brevemente se fará referência à disciplina do direito potestativo constituído por substituição.

Por outro lado, só teremos em conta directamente, por facilidade, a hipótese de obrigação de declaração negocial para com a outra parte, excluindo assim a obrigação de declaração negocial para com terceiro. No entanto, o essencial dos resultados a que naquela se chegar pode ser transposto, *mutatis mutandis*, para esta. E, além disso, ver-se-á o fenómeno da obrigação de declaração negocial na sua simplicidade, prescindindo-se, por isso, das particularidades que a conexão entre duas ou várias obrigações de declaração negocial possa envolver.

A) A protecção do interesse na produção de efeitos jurídicos e o regime das obrigações na obrigação de declaração negocial

3. A particularidade da obrigação de declaração negocial que aqui se tem em vista consiste em o interesse protegido ser um interesse na produção de efeitos. E a particularidade virá a cifrar-se nisto: *o interesse na produção dos efeitos (ou na não-produção dos efeitos) só tem sentido por referência aos interesses finais que a regulamentação jurídica beneficie ou prejudique (directa ou indirectamente)*, uma vez que a regulamentação potencial consiste ela própria numa ordenação de interesses.

Já se viu no capítulo anterior que esta circunstância poderia dar lugar ao problema da própria utilidade da obrigação de declaração negocial. Se o interesse na produção dos efeitos só terá sentido por referência aos interesses finais que a regulamentação beneficia e prejudica, pergunta-se se tem alguma utilidade perante a imediata orientação no sentido da produção dos efeitos finais. Reconheceu-se que utilidade existia e que radicava na protecção do interesse ser protecção como possibilidade para o credor. Esse facto, envolvendo que a produção dos efeitos, que o benefício e o prejuízo dos interesses finais não seja inelutável, fundamenta a utilidade da tutela do interesse na produção dos efeitos e justifica nesse aspecto a obrigação de declaração negocial. Nem por isso, no entanto, o interesse na produção (e na não-produção) deixa de ter sentido apenas por referência aos interesses finais – e que a regulamentação, em si, só vale enquanto é determinação das possibilidades de realização de interesses substanciais.

A obrigação de declaração negocial, referindo-se assim directamente ao interesse na produção (e na não-produção) dos efeitos jurídicos, possui necessariamente uma referência indirecta, por via do objecto daquele interesse – a regulamentação –, aos interesses finais.

Tal referência aos interesses finais, convém desde já marcá-lo, é indispensavelmente global, é uma referência à totalidade da regulamentação, pois que o objecto do interesse na produção dos efeitos é a regulamentação na sua integralidade, embora sob um ponto de vista diverso da parte do credor e da parte do devedor, já que um e outro estão na obrigação de declaração

CONFIGURAÇÃO DA OBRIGAÇÃO DE DECLARAÇÃO NEGOCIAL

negocial em posição diferente, o credor com um interesse formal protegido, o devedor com um interesse formal preterido. Do ponto de vista do credor a regulamentação tem de ser primordialmente encarada enquanto benefícia interesses seus – o credor aparece na obrigação de declaração negocial como titular do interesse formal protegido. O possível prejuízo de interesses seus operado pela regulamentação surge apenas como contrapeso, como custo, como oneração do benefício. Do ponto de vista do devedor, a regulamentação há-de ser primordialmente encarada enquanto prejudica interesses seus. Aí é o possível benefício de interesses que se apresenta como contrapeso do prejuízo.

4. Esta particular configuração do interesse tutelado (e do preterido) na obrigação de declaração negocial, o facto de ter por conteúdo uma regulamentação e de por isso só assumir sentido por referência aos interesses finais, cremos que pode colocar, no que respeita ao regime das obrigações, problemas de duas ordens.

O primeiro traduz-se na circunstância de a obrigação de declaração negocial representar, em última análise, apenas um *meio indirecto para situações em si mesmas valiosas (ou desvaliosas)*. Em geral as obrigações representam meios directos referidos a situações valiosas, que se obtêm pela sua realização. A obrigação de declaração negocial é meio apenas para a produção de uma regulamentação, que, ela, será meio de situações em si mesmas valiosas ou desvaliosas. Tal circunstância pode levar a uma *aplicação especial das regras das obrigações*, enquanto a matéria a que se dirigem possui particular maneira de ser.

Depois, garantindo o interesse numa regulamentação (e sacrificando o interesse contrário), a obrigação de declaração negocial representa um *princípio dessa regulamentação*, até certo ponto uma sua antecipação, *um princípio de justificação da realização e do sacrifício dos interesses finais*. Não significa, naturalmente, já a tutela e o sacrifício destes, que isso seria retirar razão de ser à obrigação de declaração negocial. Mas o facto de estar tutelado especificamente o interesse na regulamentação, o facto de parte das condições para o seu nascimento serem devidas, representa, segundo os pontos de vista próprios do credor e devedor, um princípio da justificação das situações finais. Nessa medida pode verificar-se uma integração no regime da obrigação de declaração negocial de aspectos da disciplina das situações jurídicas finais.

OBRIGAÇÃO DE EMITIR DECLARAÇÃO NEGOCIAL

5. Alguns aspectos onde se nos afigura aparecerem especialidades de regime da obrigação de declaração negocial, resultantes de esta ser apenas meio indirecto de uma situação de realização e sacrifício de interesses em si mesmos valiosos, ligam-se ao cumprimento por terceiro e às condições de transmissão.

É, em regra, negada a possibilidade de cumprimento por terceiro da obrigação de declaração negocial, particularmente quando se analisa a susceptibilidade de, em execução, o credor obter a prestação de terceiro à custa do devedor[240]. O terceiro, com efeito, não possui legitimidade para produzir os *mesmos* efeitos jurídicos a que o acto do devedor daria origem.

Enquanto assim fosse, nada de particular se passaria na obrigação de declaração negocial. Seria tão somente uma obrigação que teria por objecto uma prestação infungível.

Há, no entanto, que ver que, do mesmo modo que nunca a prestação é definida em todos os seus pormenores, não o é também o resultado protegido. Não se torna desse modo indispensável, em qualquer hipótese de cumprimento por terceiro, uma total identidade do resultado produzido. O que há que determinar é se o resultado que se obtém possui ou não as características capazes de concederem ao credor a utilidade requerida. Assim postas as coisas, não é lícito negar liminarmente a possibilidade do cumprimento por terceiro na obrigação de declaração negocial. A prestação pelo devedor pode ser subjectivamente fungível ou infungível, só sendo admissível, nos termos gerais, o cumprimento por terceiro independentemente do consentimento do credor no primeiro caso. O que há que averiguar é se em particular uma prestação é fungível ou infungível.

Embora o terceiro não possa produzir os efeitos jurídicos encabeçados no mesmo titular, o que importa saber é se a pessoa do devedor como titular das situações jurídicas definitivas é ou não indispensável para que o resultado possua as características em função das quais é protegido. O mesmo é dizer, o que há que saber é se a pessoa do devedor como titular das situações jurídicas resultantes do cumprimento da obrigação de declaração negocial é ou não uma das características essenciais do resultado.

Aqui precisamente vêm a surgir as particularidades do cumprimento por terceiro na obrigação de declaração negocial. E a primeira está nisto: que *só através da determinação das características definidoras dos interesses finais a realizar*

---

[240] Cfr. L. COVIELLO, *est. cit.*, p. 132; ASCENSÃO BARBOSA, *ob. cit.*, pp. 174-175.

CONFIGURAÇÃO DA OBRIGAÇÃO DE DECLARAÇÃO NEGOCIAL

e a sacrificar se podem determinar as do interesse na produção dos efeitos jurídicos – pois este não vale por si mesmo mas apenas enquanto meio para a realização (e sacrifício) daqueles.

Não é só isto, porém. Porque a obrigação de declaração negocial constitui meio indirecto, porque pode, consequentemente, haver um desfasamento temporal entre a produção dos efeitos e a realização e sacrifício (efectivo) dos interesses finais, é necessário ainda que as situações jurídicas que o terceiro produza dêem quanto à realização dos interesses finais garantia idêntica àquela que ofereceriam as situações jurídicas originadas por acto do devedor. E assim é que se torna necessário o consentimento do credor para o cumprimento por terceiro de obrigação que proteja a produção de efeitos jurídicos que contenham obrigações do devedor do negócio para com o credor deste, pois que a pessoa do devedor não é para a lei indiferente enquanto garantia do credor (art. 804º do Cód. Civ.).

O cumprimento por terceiro de obrigação de declaração negocial só é assim possível (sem o consentimento do credor, claro) desde que:

1º – a realização e o sacrifício dos interesses finais do credor não seja indissociável da pessoa do devedor;

2º – o devedor não assuma, na situação jurídica definitiva, obrigações para com o credor.

Em suma: porque a obrigação de declaração negocial vale enquanto meio indirecto da realização e sacrifício dos interesses finais, é também em relação a estes que a fungibilidade da prestação negocial tem de ser definida. *O princípio – possibilidade de cumprimento por terceiro de um crédito desde que o acto do terceiro realize o interesse protegido – é o mesmo que vale em geral; mas muda a matéria.*

6. Um ponto do regime da obrigação de declaração negocial estudado com certo desenvolvimento é o das condições da sua transmissibilidade ou, mais rigorosamente, da legitimidade para a transmissão, das declarações de vontade necessárias para que a transmissão se opere.

Nas transmissões entre vivos será sempre indispensável o acordo do transmitente e do transmissário e nas *mortis causa* a aceitação do sucessor. A questão que se coloca, no entanto, é esta: em que medida se torna necessário o acordo do credor se se tratar de transmissão de dívida e o do devedor se se tratar de transmissão de crédito.

OBRIGAÇÃO DE EMITIR DECLARAÇÃO NEGOCIAL

Um ponto prévio há já que referir: se a natureza dos interesses finais (a não ser quando gere intransmissibilidade objectiva) ou a intenção das partes (negócio praticado *intuitu personae*)[241] tornar essencial a pessoa do credor ou do devedor, a obrigação de declaração negocial não pode ser transmitida sem acordo do devedor ou credor, respectivamente. Trata-se de mera aplicação das regras gerais de transmissibilidade das obrigações com a particularidade, que já a propósito do cumprimento por terceiro referimos, de ter de se atender, para a determinação da essencialidade da pessoa, aos interesses finais.

Para além deste limite, em que condições é transmissível a obrigação de declaração negocial?

Comecemos pela transmissibilidade entre vivos.

Quanto à possibilidade de transmissão da dívida, a questão está logo dependente da solução geral que no regime das obrigações se adopte. Entre nós, desde o estudo do PROF. CARNEIRO PACHECO[242], reconhece-se a transmissibilidade objectiva das dívidas, embora só mediante o assentimento do credor (por aplicação do princípio revelado no art. 804º).

Se a dívida de declaração negocial não for exclusivamente pessoal, nada se vê que impeça a sua assunção. Afigura-se, no entanto, que, do mesmo modo que nos créditos comuns, haverá que obter o consentimento do credor: a este, na obrigação de declaração negocial como em qualquer outra, não é indiferente a pessoa do devedor[243]. Por outro lado, impondo a própria assunção da dívida, em si mesma, o assentimento do credor, não se encontra, neste plano, qualquer outro requisito necessário para a transmissão entre vivos do débito de negócio. Parece, assim, que o regime de sucessão entre vivos nas dívidas de declaração negocial é o geral.

A transmissão *inter-vivos* de créditos que não sejam exclusivamente pessoais depende, nas obrigações comuns, apenas do acordo do credor e do transmissário. Entende-se, porém, que as coisas não se passam necessariamente desse modo na cessão de crédito a declaração negocial. Se na situação jurídica final o credor do negócio não assume quaisquer obrigações, o regime da cessão será o geral, porque o devedor não pode ter qualquer interesse legítimo que obste à cessão.

---

[241] Quanto a este último ponto, cfr. ASCENÇÃO BARBOSA, *ob. cit.*, por exemplo p. 177 (*in fine*).

[242] *Da sucessão singular nas dívidas*, 1912.

[243] ASCENÇÃO BARBOSA, ob. cit., pp. 183ss. Cfr. Prof. VAZ SERRA, "Do contrato-promessa" *cit.*, p. 100.

CONFIGURAÇÃO DA OBRIGAÇÃO DE DECLARAÇÃO NEGOCIAL

Se, porém, o credor da obrigação de declaração negocial ficar na situação jurídica final constituído em obrigações, já o devedor terá legítimo interesse em que o credor não mude. O seu sacrifício final terá como contrapeso o benefício que as dívidas do credor representam. Ora, não sendo indiferente a pessoa do devedor, esse benefício pode ver-se sensivelmente diminuído com a cessão de crédito ao negócio. Como diz ASCENÇÃO BARBOSA, *se se cede o direito à conclusão de um contrato em que se havia de assumir obrigações, faz-se indirectamente uma transmissão de obrigações*. Por isso se tem reconhecido que, quando o credor da obrigação de declaração negocial haja de ficar constituído em dívidas, não pode ceder o seu crédito sem assentimento do devedor[244]. Resulta assim que o regime da cessão de crédito a negócio se afasta parcialmente da disciplina geral das obrigações.

Na transmissão por morte (a título universal) não parece oferecer dúvidas a transmissibilidade da dívida de negócio[245]. Não é no regime geral exigido o consentimento do credor, uma vez que aqui a alternativa não se situa entre a permanência do devedor ou a sucessão de outrem no seu lugar, mas entre a sucessão de outrém e a extinção da obrigação. Embora o novo devedor não venha a oferecer as mesmas garantias que o anterior, sempre a sua vinculação é para o credor preferível à extinção do crédito. E isso que se passa nas obrigações comuns passa-se na obrigação de declaração negocial. Ainda mesmo que o devedor de declaração negocial haja de assumir dívidas na situação final, a questão é sempre idêntica. Na transmissão *mortis-causa* de dívida de declaração negocial o regime é, assim, semelhante ao das dívidas comuns.

Já no que se refere à transmissão por morte de créditos a negócio graves dificuldades se suscitam[246].

Se o credor não tem de se ver constituído em dívidas na situação final, a solução é ainda simples: vale o regime geral segundo o qual os direitos são transmissíveis *mortis causa* mediante a simples aceitação do transmissário.

Se, pelo contrário, o credor há-de assumir dívidas, o jogo dos interesses que se levanta torna-se difícil de resolver. A complexidade da questão resulta precisamente da circunstância já assinalada de a alternativa não se colocar entre permanência da obrigação nos mesmos sujeitos ou modificação subjec-

---

[244] ASCENÇÃO BARBOSA, *ob. cit.*, pp. 180 ss.; cfr. Prof. VAZ SERRA, *est. cit.* por último, p. 99.
[245] ASCENÇÃO BARBOSA, *ob. cit.*, pp. 177-178; cfr. Prof. VAZ SERRA, *est. cit.*, p. 97.
[246] Veja-se ASCENÇÃO BARBOSA, *ob. cit.*, pp. 178-180; cfr. Prof. VAZ SERRA, *est. cit.*, p. 98.

tiva, mas entre modificação subjectiva e extinção do crédito. Tal circunstância leva a que, na transmissão por morte de direito a negócio em que o credor haja, na situação final, de ficar constituído em dívidas, se venham a contrapor dois interesses em si mesmos legítimos: o interesse do devedor em não ficar vinculado perante o sucessor do *de cujus*, por isso poder agravar o seu sacrifício, e o interesse do sucessor em não ver extinto um direito que existia no património do *de cujus*.

Antes de sugerir uma solução para o problema, queremos salientar que, ainda que em última análise se venha a dar prevalência ao interesse do herdeiro e se venha a atribuir assim à transmissão do direito a negócio regime em tudo semelhante ao da transmissão de qualquer outro direito de crédito, não deixará nunca de na obrigação de declaração negocial existir uma especialidade potencial, na medida em que o conflito de interesses a resolver é nela sensivelmente diferente do comum, tornando compreensível (ainda que não necessária) uma solução particular. Ao conflito de um interesse valioso do herdeiro com outro desvalioso (interesse em ver a obrigação extinta) do devedor, que se apresenta na transmissão por morte de créditos comuns, contrapõe-se, na de obrigação de declaração negocial, um conflito entre dois interesses em si mesmos valiosos (quando, claro, o credor haja de assumir dívidas na situação final). Tem-se tendido a dar prevalência ao interesse do herdeiro, permitindo-se assim a transmissão do crédito independentemente de qualquer assentimento do devedor. E tem-se, em favor de tal solução, argumentado que, se a cessão envolve prejuízo para o devedor de negócio (que venha a ser credor na situação definitiva) por nela mudar a pessoa do credor (devedor na situação definitiva) e o património, o mesmo não sucede na transmissão a título universal porque, mudando a pessoa, não muda o património. Nem mesmo haverá o perigo de concurso de credores do herdeiro, uma vez que o art. 897º do Cód. Civ. garante sempre a preferência dos credores do autor da herança[247].

Poderia logo objectar-se que a pessoa do devedor importa para o credor não só enquanto garantia patrimonial, mas também enquanto garantia pessoal, garantia de "honestidade". Para além disso, porém, a identidade de garantia patrimonial parece ilusória. É que o *devedor de negócio não é credor do autor da herança*. Da prestação negocial a que o autor da herança tem direito é que há-de resultar um crédito do para o devedor (do negócio). Se a questão em

---

[247] ASCENÇÃO BARBOSA, *lug. cit.*; cfr. Prof. VAZ SERRA, *lug. cit.*

CONFIGURAÇÃO DA OBRIGAÇÃO DE DECLARAÇÃO NEGOCIAL

jogo é de transmissão do crédito ao negócio, por definição o *crédito do devedor (do negócio) ainda não surgiu*[248].

Cremos que, por muito fundamentado que seja o interesse do herdeiro, *nunca ele poderá prevalecer sobre o do devedor na medida em que agrave o sacrifício*. Está justificado um determinado sacrifício do devedor e apenas esse. Não se pode aceitar que, por fenómeno de transmissão, este seja agravado[249].

A solução em abstracto justa seria a de permitir a transmissão dentro da medida do sacrifício pré-estabelecido, seria, portanto, a de uma redução do direito aos limites da justificação do sacrifício. É bem de ver, contudo, que a obrigação de declaração negocial não é, nesses termos, partível. Torna-se, deste modo, indispensável utilizar uma via indirecta. O devedor não pode ver o seu sacrifício agravado; uma vez que a obrigação de declaração negocial não é divisível nos termos que seriam necessários, não há outra solução que não seja a de negar a possibilidade de transmissão por morte do crédito a negócio, se o devedor não consentir. Na medida, porém, em que o crédito se não transmite, extingue-se e dessa extinção vai resultar para o devedor um enriquecimento sem causa (nos limites do sacrifício pré-estabelecido) à custa do herdeiro. Este ficará então a dispor de uma pretensão de enriquecimento sem causa contra o devedor, delimitada, como é de regra, pelo enriquecimento que tenha obtido com a extinção da obrigação e pelo empobrecimento da outra parte[250].

Se se fizer o ponto das conclusões a que temos chegado a respeito dos requisitos de transmissibilidade da obrigação de declaração negocial nas várias hipótese colocadas, verificar-se-á que, sejam as transmissões entre vivos ou por morte, o regime é idêntico ao das obrigações comuns nos casos de transmissão de dívida e de transmissão de crédito quando da celebração do negócio

---

[248] O valor do argumento indicado no texto, que à primeira vista parece decisivo, pode ser posto em dúvida. É que, se é indiscutível que o crédito do devedor só nasce depois do cumprimento da obrigação de declaração negocial, pode perguntar-se se, por um mecanismo de antecipação, esse crédito do devedor, que é posterior à morte do *de cujus*, não poderá vir a ser tratado como crédito a ela anterior e, consequentemente, se a separação de patrimónios não poderá funcionar a favor do devedor do negócio. Se assim for, tornar-se-á lícito reabrir a questão da transmissibilidade por morte do crédito a negócio quando do seu cumprimento resultem dívidas para o credor.

[249] Isto pode fundamentar-se até no art. 14º do Cód. Civil (colisão de direitos).

[250] Repare-se que se analisa, como logo de início se indicou, apenas a transmissão de créditos e débitos em si. A circunstância de dois sujeitos serem simultaneamente credores e devedores em relação aos mesmos efeitos pode trazer, no domínio da transmissão *mortis causa*, alterações ou limitações ao regime indicado.

OBRIGAÇÃO DE EMITIR DECLARAÇÃO NEGOCIAL

não venham a resultar para o credor dívidas; e que é diverso quando se trate de sucessão de um direito a declaração negocial de cuja efectivação hajam de decorrer dívidas para o credor.

O que há agora que procurar determinar são as razões que levam a estes resultados.

Se quiséssemos definir a regra que domina (quanto à legitimidade) a transmissibilidade entre vivos das relações jurídicas, poderíamos formulá-la assim: *o sujeito activo ou passivo não transmitente não pode ver diminuído o seu benefício ou agravado o seu sacrifício sem o seu consentimento.*

Nas obrigações comuns o consentimento do devedor na transmissão de crédito não é exigido; é-o só o do credor na transmissão de dívida. É que nelas a mudança de sujeito activo não pode agravar o sacrifício do devedor; pode, sim, diminuir o benefício do credor a mudança de sujeito passivo.

Nas obrigações de declaração negocial já a mudança do credor pode afectar o devedor, na medida em que aquele deva vir a assumir dívidas na situação final. E, por isso, nessa hipótese é preciso o consentimento do devedor para a transmissão do crédito.

O princípio é sempre o mesmo. Simplesmente, a particular natureza da obrigação de declaração negocial envolve especialidades na aplicação desse princípio, na medida em que torna necessário que se atenda aos requisitos de transmissão das posições na situação final.

A consequência que a específica natureza da obrigação de declaração negocial impõe na aplicação do princípio geral de transmissibilidade entre vivos pode formular-se assim: *aos requisitos de transmissibilidade próprios da obrigação acrescem os da transmissibilidade de posição que o possível transmitente haverá de assumir na situação jurídica que do negócio devido resulte.*

Os resultados a que conduz a aplicação daquele princípio não são sempre diversos dos do regime geral de transmissão dos créditos porque a solução só poderá ser diferente quando os requisitos de transmissão da posição que da celebração do negócio haja de resultar ultrapassem os exigidos para a transmissão da obrigação em si mesma. No entanto, ainda que o efeito seja idêntico, o regime de transmissão entre vivos da obrigação de declaração negocial é sempre definido a partir da regra específica que referimos, resultante da aplicação do princípio geral de transmissibilidade às características próprias da obrigação de declaração negocial.

CONFIGURAÇÃO DA OBRIGAÇÃO DE DECLARAÇÃO NEGOCIAL

No que respeita à transmissão *por morte*, pode dizer-se que o princípio fundamental da transmissibilidade das relações jurídicas é o *mesmo que na transmissão entre vivos, limitado pela circunstância de a solução alternativa à transmissão ser, não a permanência da relação jurídica nos mesmos sujeitos, mas a sua extinção.*

Tanto no domínio do cumprimento por terceiro, como neste da transmissibilidade, se encontra, assim, um particular regime da obrigação de declaração negocial resultante da especificidade da matéria que oferece aos princípios – especificidade que se traduz em ser mero meio indirecto de uma situação final em si mesma valiosa (e desvaliosa).

7. A obrigação de declaração negocial é ainda um princípio da regulamentação definitiva, um princípio de justificação da realização e do sacrifício dos interesses finais. Esta circunstância pode ter consequências no regime da obrigação de declaração negocial e precisamente através, mais uma vez, da integração nesta de aspectos de regime relativos às situações finais.

O problema põe-se fundamentalmente no aspecto da *aplicação dos requisitos do negócio definitivo ao negócio fonte da obrigação de declaração negocial.* Já à questão nos referimos e não importa voltar a ela. Convém apenas assinalar que a circunstância de a obrigação de declaração negocial representar um princípio de situações finais é uma "força" no sentido de tal aplicação. Força dessa ordem manifesta-se de pleno no caso de constituição de direito potestativo por substituição. No campo da obrigação de declaração negocial há, porém, uma "força" contrária, resultante da necessidade de uma nova declaração de vontade do devedor. Na medida em que se venha a admitir a aplicação dos requisitos do negócio definitivo à promessa, aí estará aquela primeira "força" a manifestar-se. De qualquer modo, assinale-se que há pelo menos um aspecto em que esse carácter de princípio de regulamentação próprio da obrigação de declaração negocial se manifesta: o da forma da promessa de venda de imobiliários. Nos termos do § único do art. 1 548º, ainda que a promessa não haja de ser celebrada por escritura pública, tem de sê-lo por forma escrita – o que constitui uma aplicação mitigada das particulares exigências de forma do contrato definitivo à promessa.

8. Um outro aspecto em que se nos afigura que a circunstância de a obrigação de declaração negocial ser princípio da regulamentação final pode vir a revelar-se reporta-se à *sujeição do negócio que a constitui à acção pauliana.*

OBRIGAÇÃO DE EMITIR DECLARAÇÃO NEGOCIAL

Se a celebração do negócio final vier a colocar o devedor em situação de insolvência, não deverão os seus credores, independentemente do valor de uma eventual indemnização por incumprimento, poder atacar o acto constitutivo da própria obrigação de declaração negocial?

Cremos que sim. O significado para o património do devedor da obrigação de declaração negocial é dado pelo significado patrimonial do negócio final. Os benefícios e sacrifícios finais, enquanto aparecem para o devedor como necessidade, têm já sentido no seu património. E se o têm, não se justifica que se espere pela celebração do negócio definitivo – que seria um negócio devido para ser "rescindido" – para que se possa atacá-lo.

É certo que a isso se poderia objectar que, no caso de o devedor se tornar insolvente antes da celebração do negócio final, o dever de praticar este deixaria de prejudicar os outros credores, uma vez que os créditos que de tal prática resultassem seriam créditos posteriores à insolvência. Há que ver, porém, de um lado, que o negócio devido pode ter efeitos translativos. E, por outro lado, parece-nos – referi-lo-emos adiante – que os créditos resultantes do cumprimento, posterior à falência ou insolvência, de dever de declaração negocial anterior deverão ser tratados como créditos anteriores à falência ou insolvência – e isso precisamente por a obrigação de declaração negocial representar princípio da regulamentação final.

Também aqui se verifica uma integração da disciplina da situação definitiva na obrigação de declaração negocial. Ainda que esta não justifique por si o sacrifício dos interesses finais – tal justificação haverá de ser dada pelo negócio definitivo – na medida em que é princípio dessa justificação fundamenta a sujeição do acto que a constitui à acção pauliana, se o negócio definitivo vier a colocar o devedor na situação de insolvência.

B) A protecção do interesse na produção dos efeitos jurídicos e o regime destes.

9. Dissemos que a obrigação de declaração negocial representava um princípio da situação final. A questão que agora se coloca é esta: existir um princípio da situação final não envolverá que, quando esta se efective, o seu regime seja em alguns pontos diverso do geral?

Referiremos de seguida dois aspectos em que cremos que haverá ou poderá haver alteração do regime próprio da situação final: o da *concorrência do credor*

CONFIGURAÇÃO DA OBRIGAÇÃO DE DECLARAÇÃO NEGOCIAL

de negócio à falência e insolvência e o da inversão de risco por mora no cumprimento do dever de declaração negociar.

Suponhamos que A se obriga para com B a celebrar um qualquer negócio, do cumprimento do qual resultará para B um crédito. Antes do cumprimento, é declarada a falência de A. Consideremos, ainda, que o contrato-promessa se mantém, ou porque, sendo gratuito, foi celebrado há mais de dois anos, ou porque, sendo oneroso, o administrador não se decidiu pela sua rescisão.

Pergunta-se agora: tendo o administrador de celebrar o negócio definitivo, é este tomado como acto do administrador relativo à massa falida, de tal modo que o credor do negócio deverá ser pago por inteiro pelo crédito que da prática do negócio resulte? Isso seria manifestamente injusto, prejudicando ilegitimamente os outros credores. Os credores por actos de administração da massa falida são integralmente pagos, sem que tal ofenda os direitos dos credores anteriores à declaração de falência, porque tais actos se destinam a tornar a massa o mais adequada possível à satisfação dos credores concorrentes à falência. Se, porém, se trata de um acto que é cumprimento de um dever de declaração negocial constituído anteriormente à declaração de falência, de um acto que o administrador é obrigado a praticar, que consequentemente nada tem a ver com uma maior adequação da massa à satisfação dos débitos do falido, nenhuma razão justifica que o credor seja pago por inteiro.

Dever-se-á, deste modo, considerar que o negócio em cumprimento da obrigação é ineficaz relativamente à massa, que o credor por crédito que dele resulte nada poderá receber? Certamente que se trata também de solução claramente injusta. Isso significa praticamente retirar valor ao crédito a negócio. E pense-se apenas em que o credor pode ter cedido como correspectivo da constituição da obrigação de declaração negocial qualquer valor que agora, directa ou indirectamente, irá servir para satisfazer outros credores e em que, por outro lado, se o administrador tivesse decidido a rescisão da promessa onerosa, o credor poderia concorrer à massa pelo direito que lhe ficaria de ser indemnizado (art. 1197º, nº 1, do Cód. de Processo Civil). Pense-se ainda em que, se o negócio devido for oneroso, o credor que exija o cumprimento ao falido irá beneficiar a massa.

A única forma aceitável de resolver o problema está em permitir ao credor de negócio que, concluído este, concorra à massa em igualdade com os outros credores. E compreende-se que assim seja; o crédito ao negócio representa já o princípio da regulamentação definitiva.

OBRIGAÇÃO DE EMITIR DECLARAÇÃO NEGOCIAL

Se, porém, a solução é esta, então aqui encontramos uma hipótese em que o regime dos efeitos de negócio devido se afasta do regime geral, na medida em que são referidos a um momento anterior àquele em que efectivamente se produziram.

10. Um outro caso em que cremos que será possível encontrar um fenómeno da mesma ordem reporta-se à inversão do risco por mora.

Suponha-se que A se obriga para com B a celebrar um negócio no qual, por sua vez, ficará constituído em outra obrigação. Suponha-se, ainda, que o negócio devido contém uma cláusula segundo a qual esta última obrigação se vencerá num prazo X. Vencida a obrigação de declaração negocial, seja por que modo for, A não cumpre imediatamente. Uma vez cumprido, ainda que tardiamente, esse dever, começa a correr o prazo para o cumprimento da obrigação final. Durante o decurso desse prazo, mas passado já o tempo equivalente ao atraso no cumprimento do dever de negociar, a prestação torna-se impossível por caso fortuito. Quem deve suportar o risco?

A pura e simples aplicação das regras gerais das obrigações levaria à conclusão de que o risco corre pelo credor, extinguindo-se a obrigação. A inversão do risco, com a consequente *perpetuatio obligationis*, operar-se-ia apenas no caso de mora do devedor. Ora, o devedor não estava em mora, ainda não havia decorrido o prazo de vencimento da obrigação.

A razão da inversão do risco parece, porém, assentar em que, se a obrigação tivesse sido cumprida em tempo, ou o credor já teria obtido a utilidade, se de utilidade instantânea se tratar, ou a coisa não teria provavelmente perecido, presumindo-se, portanto, neste caso, que o retardamento é causa indirecta da perda ou deterioração da coisa[251].

Se, porém, a razão da *perpetuatio obligationis* for esta, então parece que vale mesmo para o caso de o retardamento se referir à declaração negocial. De duas, uma: ou o devedor, no momento em que a prestação se torne impossível, já teria cumprido e o credor já teria recebido a utilidade ou provavelmente o objecto não se teria perdido ou deteriorado; ou o devedor não teria cumprido,

---

[251] Prof. GALVÃO TELLES, *Manual ... cit.*, p. 164. O Prof. GALVÃO TELLES refere apenas a segunda hipótese. Mas o raciocínio parece ser plenamente válido para a primeira.

CONFIGURAÇÃO DA OBRIGAÇÃO DE DECLARAÇÃO NEGOCIAL

estaria em mora quanto ao cumprimento da obrigação final, a qual envolveria directamente a inversão do risco[252].

Parece assim que a mora no cumprimento da obrigação de declaração negocial pode vir, apesar de essa obrigação se ter já extinguido, a produzir a inversão do risco, o que significa definir o tempo de cumprimento da obrigação final para efeitos da *perpetuatio obligationis* não apenas pelo momento do vencimento desta, mas também pelo da obrigação de declaração negocial – o que significa, numa palavra, uma possível antecipação do momento da inversão do risco[253]. Esta especialidade, como é de ver, só pode ter por base o facto de a obrigação de declaração negocial representar já um princípio da regulamentação final.

C) O negócio como objecto do dever e o seu regime.

11. Constitui afirmação praticamente constante, explícita ou implícita, a de que os termos do negócio jurídico não são alterados pelo facto de ser devido, a de que os seus requisitos se mantêm íntegros[254]. Por via de regra, o

---

[252] No texto, por simplicidade, só se prevê a hipótese de prestação final se tornar impossível apenas depois do cumprimento da obrigação de declaração negocial. Mas a questão colocada pode levantar-se mesmo no caso de a prestação se tornar impossível antes do cumprimento daquela. Isso não sucede se a impossibilidade for objectiva, já que, tornando-se o negócio inválido (art. 670º), se torna impossível o cumprimento da própria obrigação de declaração negocial e a questão da inversão do risco vem a resolver-se por referência directa a esta, nos termos gerais. Se, no entanto, a impossibilidade for subjectiva, o negócio não é por isso inválido (art. 670º); cfr. Prof. GALVÃO TELLES, *Dos contratos ... cit.*, pp. 295-297 e *Manual ... cit.*, p. 199). O devedor continua, desse modo, obrigado a celebrá-lo. E se, cumprida a obrigação de declaração negocial e chegado o momento do cumprimento da obrigação final, esta continuar a ser impossível, o problema colocado no texto assume plena razão de ser.

[253] Se o vencimento da obrigação final estiver dependente de interpelação, a questão torna-se menos clara, pois se não pode saber com certeza o momento em que a interpelação teria sido feita, se a obrigação de declaração negocial houvesse sido cumprida em tempo. Deverá entender-se, porque se não pode saber o momento em que a interpelação teria sido feita e em que, consequentemente, a obrigação final se teria vencido, que a inversão do risco se não opera? Ou deverá formular-se um juízo de probabilidade. Parece que este segundo caminho seria o preferível. No entanto, só se a impossibilidade for, nos termos indicados na nota anterior, prévia ao cumprimento da obrigação de declaração negocial é que em regra um juízo de probabilidade positivo poderá ser formulado.

[254] Dentre os muitos autores que percorremos apenas encontrámos duas breves indicações, uma em FREDERICO DE CASTRO, aliás não em relação à obrigação de declaração negocial mas em relação à opção, e outra, mais interessante mas estranha, em CARIOTA-FERRARA. Na altura própria se lhes fará referência.

OBRIGAÇÃO DE EMITIR DECLARAÇÃO NEGOCIAL

negócio jurídico assumido como objecto do dever é tomado como um *dado* e não como uma possível variável. Será o acto negocial, tal como existe, que ficará sendo conteúdo da obrigação. Do mesmo modo que as obrigações em geral não alteram os actos a que se referem e de que partem – não alteram, nem podem alterar – a obrigação de declaração negocial não alteraria o negócio, o qual representaria um dado, uma realidade pré-existente à obrigação e sobre o qual esta apenas se apoiaria.

Assumir dogmaticamente este ponto de partida é esquecer tudo o que de particular tem o negócio jurídico no mundo dos actos que interessam ao Direito e tudo o que de particular, por isso, terá o negócio jurídico enquanto objecto de dever.

Que o negócio enquanto objecto de obrigação não é um facto como outro qualquer viu-se já no plano do fundamento da obrigação de declaração negocial.

O negócio não é um acto material, de tal modo que as condições de produção do resultado valioso estejam previamente definidas e sejam, por isso, externas e anteriores à Ordem Jurídica, inalteráveis por esta. O negócio é um acto jurídico, um acto que produz efeitos e é nessa sua utilidade de produzir efeitos que é tomado pela obrigação. A relação aqui entre o acto e o resultado, o acto e a sua utilidade, o acto e a produção dos efeitos é uma relação que compete ao Direito soberanamente definir. Por isso mesmo, nada impõe, desde logo, que, assumido o acto como objecto de obrigação, as condições de produção dos efeitos não possam ser alteradas. Mas não só isso: o negócio não é um qualquer acto jurídico, antes um *acto de regulamentação*. Relativamente aos meros actos jurídicos compreende-se e justifica-se uma franca autonomia, pelo menos, das condições de produção dos efeitos perante o valor dos interesses que os efeitos põem em jogo. Já no domínio dos actos de regulamentação, dos actos que valem porque e enquanto os particulares querem a regulamentação, não se pode deixar de reconhecer uma muito íntima conexão entre as condições de produção dos efeitos e o valor dos interesses que estes ponham em jogo.

Viram-se mesmo as dúvidas que quanto ao próprio fundamento da obrigação de declaração negocial essa circunstância levanta, na medida em que era lícito perguntar se a determinação das condições de produção dos efeitos, das declarações de vontade necessárias e suficientes, da legitimidade, em suma, não estaria exclusivamente dependente do valor dos interesses coloca-

CONFIGURAÇÃO DA OBRIGAÇÃO DE DECLARAÇÃO NEGOCIAL

dos em jogo pela regulamentação. E inquiriu-se sobre se aspectos como o do regime dos vícios de vontade não estariam ligados a uma exclusiva definição de legitimidade pelo valor dos interesses.

Reconheceu-se que, apesar de tudo, a obrigação de declaração negocial tinha fundamento, que era justificado o recurso ao dever como meio, e isso por virtude de a lei introduzir na definição de legitimidade um elemento outro que o valor dos interesses – a proximidade –, o qual tinha mesmo particular sentido nestes casos em que se protege especificamente um interesse na produção (negocial) de efeitos jurídicos ou interesse formal.

Se assim é, porém, o negócio devido não é um negócio como qualquer outro: é um negócio em que existe desadaptação entre a definição da legitimidade e o valor dos interesses, desadaptação que não se verifica na generalidade dos negócios. Se assim é, ainda, lícita se torna a questão de saber em que medida o regime geral do negócio assenta no pressuposto da conformidade entre a legitimidade e o valor dos interesses; e admissível se torna, consequentemente, a não aplicação ao negócio devido dos aspectos do regime geral que assentem em um pressuposto dessa ordem.

Convém agora separar vários aspectos em que o negócio cumprimento de obrigação se distingue do negócio comum e geral. Todos esses aspectos são faces da mesma realidade, não é demais acentuá-lo, e nunca se podem cindir totalmente – nem na exposição que se segue isso se fará. Mas importa distingui-los para efeitos de análise.

O negócio em cumprimento de obrigação é logo, ao contrário da modalidade geral e comum de negócio, um negócio que não é juridicamente *livre*, é um negócio que a pessoa *deve* praticar. Doutro lado, o negócio devido é um negócio que não está afectado só à realização de um interesse do autor na produção dos efeitos, mas um negócio que está também afectado à realização de um interesse na produção dos efeitos de outrém – o credor. Finalmente, enquanto no negócio comum e geral o autor não vê preterido o interesse na não-produção dos efeitos, esse interesse encontra-se preterido no caso de negócio em cumprimento de obrigação.

12. O facto de o negócio não ser livre põe o problema da aplicação ao negócio devido de certos requisitos específicos que parecem exactamente, na razão da sua constituição, pressupor a liberdade jurídica do autor do negócio.

OBRIGAÇÃO DE EMITIR DECLARAÇÃO NEGOCIAL

A questão coloca-se antes de mais no campo das incompatibilidades. Não podemos abordá-la com um mínimo de pormenor, quer por algum casuísmo que na doutrina legal das incompatibilidades se encontra, quer pela ausência de um estudo sistemático destas. Cremos, porém, que talvez se pudesse formular uma distinção entre incompatibilidades[255] estabelecidas por objectiva imoralidade do negócio[256] e incompatibilidades estabelecidas por suspeita da lei – quer por suspeita quanto à formação da vontade, quer por suspeita de dolo ou coacção, quer por suspeita de injustiça por influência psíquica de uma parte sobre a outra, ou por suspeita de fraude em prejuízo de terceiros[257].

No domínio das incompatibilidades por objectiva imoralidade parece que, pelo menos em princípio, o negócio devido haverá de continuar a elas sujeito[258]. Já na zona de incompatibilidades por suspeita não se vê fundamento para tal aplicação. No que se refere à suspeita de injustiça ou à suspeita de fraude, estas, porque o negócio é devido, só têm sido enquanto se reportem ao momento da constituição da obrigação e não ao do seu cumprimento. No que refira a suspeita de dolo e coacção, desde logo a questão está dependente do relevo geral do dolo e da coacção no negócio devido. De qualquer modo, porém, porque a parte está juridicamente vinculada, não se vê razão para uma suspeita da lei – que seria de dolo ou de coacção no sentido de se obter o cumprimento. E esta solução que se segue quanto às incompatibilidades

---

[255] Só se referem na classificação subsequente as incompatibilidades entre duas pessoas, não entre duas posições de uma pessoa. Destas hipóteses não tratamos.

[256] O caso típico é o do art. 1 480º do Código Civil.

[257] Por exemplo, arts. 244º; 1 562º a 1 564º, 1 767º a 1 769º. Nos preceitos indicados encontram-se hipóteses de contrato consigo mesmo. Afigura-se-nos, no entanto, que aqui, mais do que incompatibilidade entre duas pessoas, há incompatibilidade entre duas qualidades da mesma pessoa. Por outro lado, quando os preceitos se referem a funcionários públicos (veja-se ainda o § único do art. 785º) pode-se ficar em dúvida quanto à plena possibilidade de inclusão desses casos no grupo das incompatibilidades por suspeita. Haverá esta, mas parece que também conta uma outra exigência de prestígio da função pública. Será um aspecto a considerar ao lado da objectiva imoralidade.

[258] Nessa altura o cumprimento tornar-se-á ou poderá tornar-se impossível.

Parece ainda que o crédito devido continuará sujeito à incompatibilidade que possa considerar-se estabelecida por razão de prestígio da função pública.

CONFIGURAÇÃO DA OBRIGAÇÃO DE DECLARAÇÃO NEGOCIAL

por suspeita pode mesmo apoiar-se no disposto no § único do art. 1 564º e no nº 1 do art. 1 770º do Cód. Civil.[259] [260].

13. O negócio jurídico geral e comum está apenas ordenado à realização de um interesse na produção dos efeitos do seu autor, o qual é protegido como expressão da própria definição das condições de existência do poder. Daí vem a resultar que o negócio represente um meio que a lei concede ao particular para que ele o actue como, quando e se quiser, um meio concedido ao particular para *satisfação óptima das suas conveniências*[261]. Pelo contrário, o negócio devido está afectado não só à realização do interesse na produção de efeitos jurídicos do autor, como principalmente à do interesse formal de um terceiro – o credor. Deixa, assim, de ser um meio que o autor possa utilizar como, quando e se quiser, para ser um meio que tem de utilizar, e tem de utilizar de forma determinada, para a realização do interesse do credor. O negócio *deixa, por conseguinte, de valer como um meio de satisfação óptima das conveniências do seu autor.*

O negócio jurídico exprime essencialmente a decisão de um determinado sujeito (ou vários) sobre uma regulamentação, decisão que a Ordem Jurídica assume e a que atribui validade objectiva. Pressupõe por isso, na sua raiz, uma questão de legitimidade. Se a definição de legitimidade estiver de acordo com o valor dos interesses, o negócio vale como um meio de satisfação óptima das conveniências do seu autor ou autores. Se, ao invés, a definição de legitimidade não corresponder ao valor dos interesses, o negócio, sem deixar de ser negócio, não vale como um meio de satisfação óptima das conveniências do seu autor.

---

[259] Estas incompatibilidades por suspeita poderão nos casos gerais dar origem a nulidade e não a mera anulabilidade – veja-se, por exemplo o art. 244º. Se o princípio é mesmo o da nulidade, isso já o não podemos afirmar com alguma segurança. Mas inclinamo-nos em tal sentido. Já referimos que a hipótese de contrato consigo mesmo nos parecia ser uma hipótese de incompatibilidade entre duas posições de uma pessoa. De qualquer modo, mesmo no caso de o negócio ser devido, não parece, embora a solução não seja evidente, que o representante possa celebrá-lo consigo próprio.

[260] FREDERICO DE CASTRO, a propósito da opção, afirma: "... *parece que proibições como a do art. 1459º não jogam aqui, pois não se trata de contrair a obrigação, mas de pedir o cumprimento de uma relação jurídica preparada já antes de nascer a causa da proibição*" (*est. cit.*, p. 53). O art. 1 459º Código Civil Espanhol corresponde fundamentalmente ao nosso 1 562º.

[261] Veja-se sobre a satisfação óptima das necessidades num sentido de algum modo diferente e dentro de uma problemática diversa, ORLANDO DE CARVALHO, "Contrato administrativo e acto jurídico público", *Suplemento nº 11 ao Bol. Fac. Dir. Univ. Coimbra*, 1953, pp. 39 ss.

OBRIGAÇÃO DE EMITIR DECLARAÇÃO NEGOCIAL

Referiu-se atrás, a propósito da questão do fundamento da escolha do dever de negociar como meio, que uma das razões que contra ela se poderia invocar radicava no facto de aspectos do regime legal dos negócios, nomeadamente o regime dos vícios da vontade, parecerem vinculados à ideia de que o negócio representa meio de satisfação óptima dos interesses do seu autor. Já agora se sabe que o negócio devido não vale essencialmente como meio de satisfação óptima das conveniências do agente. E já se sabe, por isso, que o argumento não procede. Mas não deixa de vir à luz um outro aspecto: se há efectivamente pontos da disciplina legal do negócio que pressupõem que ele represente meio de satisfação óptima das conveniências do seu autor – o que se compreende pelo facto de o negócio livre ser a modalidade comum e geral de negócio –, tal disciplina não se poderá aplicar ao negócio devido.

A estes aspectos dedicaremos agora a nossa atenção. E começaremos pela questão da relevância do *erro-vício* no negócio jurídico devido.

14. Afastemos desde já uma objecção prévia que poderia levantar-se e que consistiria em afirmar que o erro acabaria por envolver necessariamente a própria anulabilidade da fonte da obrigação de declaração negocial.

É evidente que, se o falso juízo sobre a realidade puder, nos termos gerais, levar à extinção retroactiva do próprio crédito, de negócio devido deixa de se poder falar e, consequentemente, qualquer especificidade relativamente ao erro deixa de se encontrar em causa. O que contudo não é imperativo é que, para haver erro que, se se aplicassem os termos gerais, seria relevante a respeito do negócio devido, tenha de existir possibilidade de extinção retroactiva da obrigação de declaração negocial.

Pense-se, desde logo, nos créditos a negócio *ex lege*, em que a fonte da obrigação de declaração negocial é ou pode ser insensível a qualquer questão de erro. E pense-se nas obrigações de negociar *ex testamentu*, uma vez que, nos termos do art. 2 036º do Cód. Civil, só excepcionalmente (nº 3) o erro na aceitação é relevante.

E mesmo no caso de obrigação de declaração negocial com fonte em negócio entre-vivos é possível um erro só referido ao negócio devido ou que só em relação a este possua os requisitos gerais de relevância.

Suponha-se que A celebra com B um contrato pelo qual se obriga a vender-lhe o prédio X por um determinado preço. Em cumprimento da sua obrigação conclui o contrato de venda. Sucede, no entanto, que no tempo que medeia

CONFIGURAÇÃO DA OBRIGAÇÃO DE DECLARAÇÃO NEGOCIAL

entre um e outro negócio surge uma pessoa – C – que pretende oferecer a A um preço superior, embora A o não chegue a saber. Reconhece-se que, se A tivesse conhecido o intento de C, teria preferido vender-lhe, não cumprindo a sua obrigação para com B. Aqui temos uma hipótese, em que há erro (na causa) quanto ao negócio definitivo mas não quanto ao preliminar.

Outro exemplo: A celebra com B um contrato promessa de compra e venda pelo qual se obriga a adquirir a moradia X, edificada em dois andares, o que, no momento, é de A sabido. Entre a promessa e o cumprimento, A convence-se, por qualquer razão, que o prédio possui apenas um andar. No mesmo entretempo, ainda, A torna-se partidário decidido das casas de um só piso. Naquela convicção, celebra o negócio definitivo, embora seja certo que, se se lembrasse de que a casa possuía dois pisos, teria preferido violar a sua obrigação. É esta outra situação em que existe erro no contrato definitivo mas não no contrato-promessa.

Modifiquemos um pouco este último exemplo, A celebra o contrato-promessa convencido de que o prédio é de um só andar, embora, ainda que soubesse que era de dois, o houvesse concluído do mesmo modo. Já no que se refere ao negócio final, A, agora firme partidário das moradias de um só piso, teria optado, se soubesse que a casa estava edificada em dois, pelo não-cumprimento. Nesta hipótese há erro tanto relativamente ao contrato definitivo quanto relativamente ao preliminar, mas só a respeito daquele ele é essencial.

Admitamos agora que A já não teria concluído o próprio contrato promessa se soubesse que os pisos eram dois, sucedendo, no entanto, que no momento do preliminar isso era de todo irreconhecível para B, enquanto o não era ao tempo do definitivo por, por exemplo, A ter tido com ele uma conversa em que se declarara defensor acérrimo das casas térreas e lhe afirmara o seu contentamento por ser desse tipo a moradia que se obrigara a comprar. E suponhamos, para que a hipótese não caia no domínio do dolo, que B não sabia que o prédio era de dois andares, ou mesmo que estava convicto também que era de um só. É este um caso em que, havendo erro essencial relativamente a ambos os negócios, só no que respeita ao segundo o erro sobre as qualidades do objecto era reconhecível pela outra parte.

Finalmente, para quem exija a desculpabilidade do erro, imagine-se que A não tinha desculpa no erro praticado quando da promessa – não se tinha informado e assentava a sua convicção em uma vaga ideia resultante de um momento em que passara pelo local onde estava situada a casa –, mas já a tinha relativamente ao contrato definitivo por, entretanto, ter procurado confirmar a sua ideia junto da Secção de Finanças, onde porém, o informaram também erradamente.

Pode-se ainda pensar em erro na promessa, relativamente ao qual se haja deixado passar o prazo para requerer a anulação. Pode-se, porém, perguntar se o art. 693º Cód. Civil, ao permitir arguição da anulabilidade por excepção a todo o tempo, não cobre o caso. Tenho muitas dúvidas quanto a que o faça. De qualquer modo, sempre valeria a hipótese de confirmação da promessa.

Vê-se assim bem que é perfeitamente configurável uma série de situações em que pode existir erro com as condições gerais de relevo relativamente ao negócio definitivo, sem que por isso deixe de subsistir a obrigação.

E, deste modo, há que averiguar se o erro no negócio devido é relevante.

15. Queríamos começar por notar que no Direito Administrativo é de forma praticamente unânime reconhecido que, ainda quando se deva atribuir relevância ao erro no acto discricionário ou, mais rigorosamente, nos limites da discricionariedade, não se pode atribuir valor ao erro nos limites da vinculação. E isso precisamente porque o agente, fosse ou não por erro, praticou o acto, produziu os efeitos que a lei queria que praticasse e produzisse[262].

Não vamos daqui certamente tirar a conclusão de que o mesmo tenha de suceder no negócio privado vinculado (ou devido), nem sequer um argumento favorável em tal sentido. A análise da possibilidade de um argumento dessa ordem obrigaria a um estudo daquilo que há de comum e de diverso no negócio privado e no acto administrativo e bem assim do fundamento do dever de praticar um determinado acto administrativo e um determinado negócio privado, que exorbita manifestamente do âmbito deste trabalho.

Parece-nos, porém, que a circunstância de aquele ser o regime no Direito Administrativo autoriza a suspeita de que a afirmação apodítica de que o negócio privado devido está sujeito precisamente aos mesmos requisitos que o negócio livre é fruto de uma menos cuidadosa indagação.

[262] Cfr. Doutor GONÇALVES PEREIRA, *Erro ... cit.*, pp. 198 ss.

CONFIGURAÇÃO DA OBRIGAÇÃO DE DECLARAÇÃO NEGOCIAL

16. Interessa antes de tudo ver, ainda que muito brevemente – que o problema é dos mais delicados –, a questão do fundamento da relevância do erro no negócio jurídico privado.

A relevância do erro não se baseia certamente em uma falta de vontade do declarante. O declarante, embora apoiando a formação da sua vontade na falsa representação de uma circunstancia ou na ausência de representação (ignorância), quis efectivamente a regulamentação em causa.

Não é suficiente, também, para explicar o valor do erro, dizer-se que envolve um *vício da vontade*, um vício na formação da vontade. A formação de vontade, enquanto mero processo psíquico, enquanto mero *processo de facto*, não é em si viciada nem deixa de o ser. O simples reconhecimento de que as representações sobre as quais o processo volitivo se desenvolve não são conformes à realidade é ainda um mero *juízo de ciência*, que nada nos diz sobre a viciação da vontade, a qual é um *conceito de valor*, sobre o significado que no mundo dos valores a falta de conformidade das representações à realidade possua. Para que se possa afirmar que a vontade foi viciada por erro é preciso previamente poder-se dizer que a vontade *devia* formar-se a partir de uma representação correcta ou, mais rigorosamente, que é um *bem* que a vontade se forme sobre o conhecimento correcto da realidade. E isso de ser um bem que a vontade se forme a partir da representação correcta não no-lo diz a asserção de que o erro vicia a vontade, exactamente porque o pressupõe[263].

Não serve ainda para justificar a relevância do erro afirmar que sem ele a vontade da parte teria sido diferente, que é diferente a *vontade conjectural*. Embora isso represente um progresso, não só enquanto dá conta do aspecto da essencialidade do erro, como enquanto permite o enquadramento do erro num plano mais geral que abranja a própria defeituosa ou ausente previsão das circunstâncias futuras[264], dizer que a vontade conjectural teria sido diversa se erro não interviesse é ainda um mero *juízo de facto* que verifica que determinado elemento – a representação falsa ou ausência de representação – foi decisivo na formação da vontade num determinado sentido. Que a vontade hipotética, construída a partir de uma representação correcta, seja diversa da

---

[263] O Prof. MANUEL DE ANDRADE (*Teoria geral da relação jurídica*, II, p. 227) diz que há vício da vontade *"quando... o processo de formação da vontade negocial sofreu qualquer desvio em confronto com o modo julgado normal e são"* (o sublinhado é seu).

[264] Prof. ANTUNES VARELA, *Ineficácia ... cit.*, pp. 318 ss.

OBRIGAÇÃO DE EMITIR DECLARAÇÃO NEGOCIAL

vontade real pouco importa desde que não se justifique porque é que é valioso que a vontade se forme a partir do conhecimento exacto da realidade. Se a vontade real se houver construído sobre esse conhecimento exacto, também sempre poderemos elaborar uma vontade conjecturai a partir de representações falsas. E continuaremos apenas a verificar um facto: que o conhecimento exacto de determinadas circunstâncias foi decisivo no sentido da formação daquele conteúdo de vontade.

A lei, enquanto concede em tese geral relevância ao erro, reconhece a atendibilidade do interesse do declarante que errou em que os efeitos não se produzam (ou não se produzam nos precisos termos que foram estabelecidos), reconhece que o erro é digno de consideração. Evidentemente que a relevância do erro não se mostra incondicional porque a ela se podem opôr outros interesses também merecedores de atenção. Mas isso não implica a negação da legitimidade em si do interesse do declarante que errou. Ora, que a lei tenha tal interesse por merecedor de atenção pressupõe duas coisas: que possa ser um *mal* para o declarante a produção dos efeitos em função de determinadas circunstâncias efectivas e que esse mal tenha, quando haja erro, *significado objectivo perante os valores* pelos quais a Ordem Jurídica se determina. O que há que perguntar, por conseguinte, é por que razão a produção dos efeitos pode ser um mal para o declarante e por que razão esse mal pode ter significado objectivo perante os valores da Ordem Jurídica.

O valor para um sujeito de uma regulamentação jurídica depende do valor positivo ou negativo que as situações de vida, a que esses efeitos se referem e em função do modo como se referem, tenham para o sujeito. Ora, o valor positivo ou negativo da actualização das situações de vida depende das circunstâncias que *efectivamente* se verifiquem, porque é em função das circunstâncias efectivamente verificadas que se determina a possibilidade ou impossibilidade de realização dos fins do sujeito. Desse modo, o facto de as circunstâncias verificadas serem umas determinadas, pela incidência que isso possui no valor das situações de vida e consequentemente no dos efeitos, pode levar a que a regulamentação em causa seja menos valiosa (ou mais desvaliosa) do que a regulamentação que existiria se os efeitos se não produzissem. É, por isso, em função de determinadas circunstâncias efectivamente verificadas que a produção dos efeitos pode constituir um *mal* para o sujeito.

O ser um mal para o sujeito ainda não justifica, porém, que a Ordem Jurídica a esse facto atenda. Tal justificação só pode encontrar-se na circunstân-

CONFIGURAÇÃO DA OBRIGAÇÃO DE DECLARAÇÃO NEGOCIAL

cia de o ser mal para o sujeito ter repercussão nos valores da Ordem Jurídica em matéria negocial.

Por nós, não vemos outra razão capaz de fundamentar o significado objectivo do mal para o sujeito que não seja a de o negócio assumir na Ordem Jurídica o sentido de *instrumento de satisfação óptima dos interesses do seu autor, de harmonia com o critério deste*. O poder de produzir os efeitos é concedido ao sujeito para que este escolha, segundo o seu critério de valoração, a solução que para si for mais favorável.

A decisão negocial, pela qual o sujeito quer uma regulamentação, resulta de duas determinantes: o critério de valoração do sujeito e as representações da realidade de que o sujeito parte e que, no quadro do critério de valoração, definem o valor pensado das situações de vida e, por isso, dos efeitos.

Num determinado momento que se tome, o negócio pode não representar a satisfação óptima dos interesses do sujeito, segundo o seu critério de valoração, logo por este se ter alterado. Tal aspecto não é contudo tido em consideração pela lei ou não o é, pelo menos, como vício do negócio, pois que o negócio é um instrumento de satisfação óptima dos interesses do declarante *segundo a sua valoração no momento da prática do negócio*. A consideração pela lei da satisfação óptima dos interesses tem assim de ser referida ao momento da prática do negócio e ao critério de valoração que nesse momento era o do declarante[265].

O valor dos efeitos para o sujeito depende, já se viu, dentro dos quadros do critério de valoração, das circunstâncias efectivamente verificadas, visto que são elas que determinam a possibilidade ou impossibilidade de realização dos fins do sujeito. Por conseguinte, nos quadros do seu critério de valoração, é possível que os efeitos não representem a satisfação óptima por as suas representações se não encontrarem de acordo com a realidade, seja pretérita, presente ou futura, e seja por representação falsa ou por falta de representação.

É precisamente por o erro poder assim conduzir a que o negócio não represente a satisfação óptima dos interesses do sujeito segundo a sua valoração que o interesse do declarante na não-produção dos efeitos é atendível. O fundamento da relevância do erro encontra-se desta forma em uma desadaptação

---

[265] O que não quer dizer que não se possa atender também ao momento em que se pede a anulação – não, porém, para determinar se o negócio representou ou não a satisfação óptima, mas para determinar o valor do remédio.

OBRIGAÇÃO DE EMITIR DECLARAÇÃO NEGOCIAL

entre os resultados efectivos do negócio e a sua função de instrumento de satisfação óptima dos interesses do seu autor. É por isso, aliás, que se exige a essencialidade do erro; não importa que os efeitos não sejam para o sujeito tão valiosos como ele os julgava, mas sim que a sua produção não represente a melhor solução que, no quadro de valoração de sujeito, se lhe oferecia no momento da prática do negócio.

17. Se isto que se disse corresponde à verdade, parece que não pode deixar de se entender que o *erro é irrelevante no negócio devido* ou, mais rigorosamente, que o *erro do devedor é irrelevante perante o credor.*

Atente-se desde logo em que conceder relevo ao erro significaria, em última análise, conceder relevo a uma vontade conjectural ilícita. Para além disso, há, primeiro, que assinalar que o mínimo essencial ao negócio jurídico de modo algum fundamenta a relevância do erro. No seu mínimo, o negócio exprime uma decisão de um sujeito que a Ordem Jurídica assume e a que atribui validade objectiva na base da competência – da legitimidade – do mesmo sujeito. Nesse mínimo o que importa é que, existindo poder, a declaração obedeça às condições necessárias para a lei a ter em conta e que o significado de vontade da declaração possa ser imputado ao sujeito, não já que os efeitos representem para o mesmo sujeito um bem ou um mal.

Por outro lado, e é o essencial, se o fundamento do valor do erro se encontra em uma desadaptação entre a função do negócio de satisfação óptima dos interesses do sujeito, segundo o seu critério da valoração, e os resultados efectivamente verificados, tal fundamento não vale para o negócio devido, em relação ao devedor e perante o credor, na medida em que aquele deixou de representar para o devedor um meio de satisfação óptima dos seus interesses, antes se encontrando afectado à realização do interesse do credor numa determinada regulamentação.

Ainda que a produção dos efeitos constitua um mal para o sujeito, é um mal inatendível, pois que é um mal que a preterição do interesse na não-produção dos efeitos, operada pela obrigação de declaração negocial, impõe.

Dir-se-á, a lei, ao estabelecer uma obrigação de declaração negocial, sujeitou o credor a todas vicissitudes próprias do negócio. Será correcto? Será incorrecto? Pouco importa. Tratar-se-á dum risco inerente ao específico modo de protecção que a obrigação de declaração negocial representa. Acrescentar-se-á: a anulação por erro de um negócio devido representa relevância de

CONFIGURAÇÃO DA OBRIGAÇÃO DE DECLARAÇÃO NEGOCIAL

uma vontade conjectural ilícita – mas não bastará pensar nos casos de negócios ilícitos e válidos para se ver que não é absurdo atribuir-se valor a uma vontade conjectural ilícita?

Nenhum dos argumentos, ao que cremos, procede.

O primeiro parte do errado pressuposto de que o negócio jurídico é uma realidade fixa, uma realidade que não pode ser modelada de acordo com as funções que exerça. O sentido da obrigação de declaração negocial não é o de – diríamos à maneira do que se passa no negócio indirecto – recorrer a um meio que em si mesmo tem um significado diferente daquele em que vai ser utilizado. O sentido da obrigação de declaração negocial é o de tomar o negócio na sua função essencial de decisão de um sujeito sobre uma regulamentação que a Ordem Jurídica assume e a que atribui validade objectiva na base da legitimidade do sujeito. E é o de o tomar nessa função essencial exactamente por respeito do valor da legitimidade autónoma. O que sucede é que, dentro desta função genérica, o negócio assume funções específicas diferentes, consoante integre um direito do seu titular ou um direito de terceiro. E não se podem, por isso, aplicar as regras que se justificam pela primeira função (ou pela sua exclusividade) aos casos em que o negócio exerce a segunda (ou também a segunda).

Não tem maior valor a outra objecção possível. Certo que há negócios ilícitos e válidos. Certo, mesmo, que isso pode surgir no campo da obrigação de declaração negocial pela prática, por parte do devedor, de negócios impossibilitadores. E tudo isto assenta no respeito pela legitimidade, no respeito pela proximidade. Mesmo, porém, que não seja possível a execução específica, uma coisa é o que se passa ou se pode passar antes do cumprimento da obrigação de declaração negocial, outra é o que se passa ou se pode passar depois. O respeito da legitimidade define o meio pelo qual se protege o interesse na produção dos efeitos. Coloca o sujeito cuja posição é tutelada na situação de a produção dos efeitos e, por isso, de a realização de um interesse seu ficar dependente do cumprimento pelo devedor. Desde que, porém, os efeitos se produzam, – e produzem-se através da legitimidade respeitada –, a significação do respeito pela legitimidade cessou. Esta envolve que os efeitos se possam apenas produzir através de negócio do devedor, não já que, mesmo depois de produzidos, o devedor deles continue a dispor.

Atente-se ainda – já foi indicado, aliás – em que a solução formulada da irrelevância do erro no negócio devido não está dependente da posição que

OBRIGAÇÃO DE EMITIR DECLARAÇÃO NEGOCIAL

se venha a adoptar quanto ao regime de execução da obrigação de declaração negocial, não depende de saber se a execução pode ser específica ou apenas indirecta.

Se a execução for apenas indirecta, nunca o credor poderá substituir-se ao devedor, nunca uma legitimidade daquele poderá sobrepor-se à deste. Isto quer dizer que a produção dos efeitos ficará *ad eternum* dependente da actuação da legitimidade do devedor. Não significa já de modo algum que, uma vez produzidos os efeitos, o devedor continue a dispor deles.

Se a execução puder ser específica, o que se passa é que a partir do vencimento da obrigação o credor se pode substituir ao devedor. Significa que o respeito da legitimidade cessa a partir de um determinado momento – aquele em que o devedor se coloca em situação de incumprimento. O regime, segundo haja execução indirecta ou específica, é diverso antes da efectiva produção dos efeitos (e após a colocação do devedor em mora); mas é em tudo idêntico a partir daí, porque a partir daí basta que o negócio seja devido, tanto importando que possa como que não possa obter-se a execução em espécie.

Parece assim autorizada, por todas as vias, a solução da irrelevância do erro do devedor perante o credor no negócio jurídico devido[266].

---

[266] Falou-se atrás de uma um pouco estranha indicação de CARIOTA-FERRARA no sentido de uma modelação do negócio devido. Vamos transcrever o passo desde o início e em italiano. CARIOTA-FERRARA referira o problema da forma do contrato preliminar que, segundo a lei italiana, tem de ser a exigida para o negócio definitivo. Diz depois:

"Cosi si rivela il nesso del profilo formale con quello causale della questione. Il tema, sotto l'aspetto causale, si fa più delicato, come tutti quelli che hanno riferimento al problema della causa. Esaminiamo le varie specie. Se l'obbligo deriva da un contratto preliminare, scaturisce, esso, da un contratto causale obbligatorio ed ha per oggetto la prestazione del consenso al compimento di un dato negozio definitivo, causale e traslativo (ad.es. dalla promessa di vendita deriva l'obbligo di vendere), non quello di un qualunque negozio di trasferimento o di un mero trasferimento astratto o incolore. D'altro canto, il negozio definitivo, col cui compimento si adempie all'obbligo preesistente, sarà, appunto, causale (ad. es. vendita).

Questa considerazione dà modo di impostare su più larghe basi, di quanto si sia fatto finora, un esame dei rapporti e delle reciproche influenze tra contratti preliminari e contratti definitivi. Ora ci limitiamo a dire: avendo l'obbligo il contenuto specifico di porre in essere un dato contratto causale, è necessario che ne contenga gli estremi (prezzo ecc.); la determinazione di tali elementi, contenuta nel contrato preliminare, esclude che si possa agire per annullamento o rescissione di quello definitivo, in base a vizi degli stessi elementi, ove la legge li consideri nel loro valore volitivo o soggettivo".

E diz em nota: *"Intendiamo riferirce, ad. es. all'annullamento per errore-vizio sulla cosa e alla rescissione per lesione, per cui nel nuovo codice, oltre la sproporzione fra le prestazioni, si richiede lo stato di bisogno di una parte e il profitto trattone dell'altra (art. 1 448º Cod. Civ.)"* – est. cit., pp. 211-212.

Há aqui dois aspectos estranhos, aliás dentro do teor geral do estudo – ao lado de intuições cheias de interesse, esquecimento dessas intuições ou formulações com elas contraditórias.

CONFIGURAÇÃO DA OBRIGAÇÃO DE DECLARAÇÃO NEGOCIAL

18. A situação do declarante é no *dolo* idêntica à que se verifica no erro. O dolo não é senão um erro que se qualifica por estar causalmente ligado, no seu nascimento ou na sua permanência, a uma actividade a isso dirigida do declaratário ou de terceiros.

Na coacção, embora aí o problema seja delicado, afigura-se-nos que a posição do declarante é ainda essencialmente semelhante. O que de característico há na coacção encontra-se na intervenção na motivação de um *motivo* injusto, o medo. É verdade que aqui o negócio pode ter representado, contando com a circunstância da coacção, a satisfação óptima dos interesses do declarante. No entanto, não se trata daquela satisfação óptima para que a lei concede o instrumento negocial, que é uma satisfação dentro dum quadro de possibilidades em que não haverá que intervir o motivo injusto do medo provocado em certos termos, uma satisfação óptima justa para o sujeito (com um mínimo de justiça).

O dolo e a coacção, contudo, ademais do valor em si do interesse do agente, semelhante ao que tem no caso de erro, trazem a circunstância de representarem factos ilícitos ou, ao menos, reprováveis.

É essa circunstância, aliás, que explica a diversidade dos regimes de relevância entre dolo e coacção, de um lado, e erro, do outro, e mesmo, ao que cremos, entre dolo e coacção, aqui pela maior reprovabilidade que *in abstracto* a lei entende existir na coacção. A anulabilidade do negócio celebrado por dolo ou coacção exprime, ademais do valor do interesse do declarante, o valor de representar sanção contra a atitude daquele que cometeu dolo ou que coagiu[267].

O primeiro aspecto estranho está nisto: CARIOTA-FERRARA vê que o problema do erro tem de ser colocado no negócio devido de modo diferente do geral (o ponto da lesão não tem correspondência entre nós). Mas liga isso exclusivamente ao aspecto da determinação dos elementos do negócio definitivo e vem a referir tão só o erro sobre a coisa. Não se compreende como CARIOTA-FERRARA não se apercebe de que o problema do erro não está ligado à mera determinação, mas à vinculação, vinculação que integra em si a determinação dos elementos objectivos – são termos da vinculação – e a ultrapassa.

O outro aspecto estranho, talvez ainda mais estranho, está em que de seguida CARIOTA-FERRARA nunca mais se lembra deste aspecto e vem a concluir, fixando a sua atenção no caso de cumprimento de preliminar inválido, que a causa do negócio definitivo é de todo independente do preliminar – o cumprimento da obrigação será mera causa acidental, sem qualquer influência. O que até certo ponto se poderá explicar por não ter chegado a compreender o verdadeiro significado do problema do erro no negócio devido.

[267] A orientação seguida no texto é bastante discutível mas parece-nos a melhor.

Os Profs. MANUEL DE ANDRADE e ANTUNES VARELA negam que na invalidade por dolo ou coacção se encontre qualquer ideia repressiva. Os termos particulares da anulabilidade por dolo resultariam tão só de uma diminuição de valor ético dos interesses que se con-

OBRIGAÇÃO DE EMITIR DECLARAÇÃO NEGOCIAL

Na hipótese de negócio devido, o interesse do declarante na não-produção dos efeitos jurídicos, havendo dolo ou coacção, não terá em si mesmo valor. O que expusemos para o erro vale plenamente aqui. Isso não impede, porém, que a anulabilidade não continue a poder apresentar valor enquanto *sanção*. A questão que agora se põe é esta: dado o valor da anulabilidade como sanção, mas excluído o valor do interesse do declarante em si próprio, qual deve ser o regime a atribuir ao dolo e à coacção no negócio devido?

É logo de notar que o facto de o interesse do declarante não ser em si atendível não preclude liminarmente que o negócio seja anulável em atenção à ilicitude do facto doloso ou coagente. Já no pagamento de obrigações que protegem um interesse substancial se deparou com uma situação fundamentalmente semelhante. Aí o interesse do devedor na repetição do prestado,

trapõem ao interesse do declarante fundado na viciação da vontade. Os termos particulares da anulabilidade por coacção ligar-se-iam à especial gravidade da coartação da liberdade que a coacção impõe. (*Teoria geral da relação jurídica, cit.*, II, pp. 265 e 277, e *Ineficácia ... cit.*, p. 320, nota 1 e p. 321, nota 1).

No caso de dolo e coacção da outra parte, a simples diminuição do valor ou seus interesses é suficiente para justificar o regime dos arts. 663º e 666º. É suficiente a simples reprovabilidade, sem necessidade de recurso à ideia de sanção contra essa reprovabilidade. O que não quer dizer que a ideia de sanção não possa estar também presente – não é indispensável que esteja para que o regime se justifique, mas pode está-lo. Se o está ou não tem de ver-se noutras hipóteses.

Já não cremos que se explique a disciplina do dolo de terceiro directamente interessado e da coacção de terceiro sem utilização da ideia de sanção.

Delimite-se como se delimitar o terceiro directamente interessado e entenda-se que o dolo de terceiro directamente interessado produz por si a invalidade de todo o negócio ou só a das cláusulas em seu favor, o certo é que esta invalidade ainda que parcial poderá ir prejudicar o declaratário.

Por outro lado, quanto à coacção, não se vê que o interesse do declarante na invalidade seja maior do que no caso de dolo. Se o negócio não representar a satisfação óptima, mais amplamente, se não representar a satisfação óptima justa, tanto importa que tenha sido por simples erro, por dolo, por coacção ou por estado de necessidade. A única dúvida que pode ficar estará em saber por que razão no dolo só é relevante o dolo de terceiro directamente interessado e na coacção é relevante a de qualquer terceiro. A razão parece estar em que a lei considera em abstracto a coacção mais reprovável do que o dolo e por isso mais intenso aí o valor de sanção. E que a orientação da lei é essa vê-se com relativa facilidade se se atentar no regime estabelecido para o esbulho violento, sendo certa a grande proximidade que se encontra entre a violência, fora do mundo dos negócios jurídicos, e a coacção, no mundo destes. O valor de sanção da invalidade estará em impedir aquele que praticou o facto ilícito de obter o resultado pretendido. Porque a lei considera menor a reprovabilidade no dolo, entende que só vale a pena impedir o resultado, atendendo aos interesses do declaratório, quando o interesse do terceiro for directo. Já na coacção não será necessário o carácter directo do interesse (não se vê coacção sem qualquer interesse no negócio).

CONFIGURAÇÃO DA OBRIGAÇÃO DE DECLARAÇÃO NEGOCIAL

como aqui o interesse do devedor declarante na não-produção dos efeitos, não tinha valor em si mesmo. Isso não impediu, porém, que a lei reconhecesse, segundo nos pareceu, a possibilidade de o devedor repetir em razão da intervenção de um elemento de ilicitude no *iter* conducente ao cumprimento.

Se, porém, é assim possível atribuir relevância ao dolo e à coacção no negócio devido, relevância *deve efectivamente* ser-lhes dada? E, se deve, em que termos? Nomeadamente, nos preceituados nos arts. 663º e 666º do Cód. Civil?

Antes de tudo, os arts. 663º e 666º não podem, sem mais, ser aplicados ao negócio devido. Um e outro visam a hipótese de negócio que não é devido (mostra-o, até, o facto de as disposições sobre o erro não terem feito qualquer restrição relativamente ao negócio objecto de obrigação). No negócio que não é devido, ao valor da anulabilidade como sanção acresce o valor autónomo do interesse do declarante na não-produção dos efeitos. E isso poderá, sem dúvida, levar a uma mais intensa relevância dos vícios em causa. Nada nos diz que o simples valor como sanção justificaria um regime dessa ordem.

Bem vistas as coisas, não parece haver fundamental diferença no particular que agora nos ocupa entre o que se passa no cumprimento de obrigações que protegem um interesse na produção de efeitos jurídicos e outras. Num e noutro caso, o interesse do devedor na não-permanência da realização do interesse do credor não merece em si, autonomamente, qualquer protecção. O problema está, em ambas as hipóteses, em saber a medida em que o interesse justificado do credor em ver mantida a realização do crédito deve ser preterido por força da actuação de uma sanção contra a ilicitude. E por isso as soluções deverão ser paralelas.

No cumprimento de obrigações comuns pareceu-nos que a lei permitia a repetição nas obrigações de prestação de coisa, para além dos momentos imediatamente subsequentes à privação desta, quando tivesse havido violência. Dado que na obrigação de declaração negocial não se verifica o mesmo condicionalismo que nas obrigações de prestação de facto em protecção de interesse natural ou substancial e dado o básico paralelismo entre a violência, no cumprimento de obrigações que tutelam um interesse substancial, e a coacção, no cumprimento de obrigações de declaração negocial[268], parece

---

[268] Não há plena identidade. Mas a comparação dos regimes do esbulho violento e da coacção parece autorizar, para além da proximidade de facto que se encontra, a afirmação de um paralelismo na ideia da lei.

OBRIGAÇÃO DE EMITIR DECLARAÇÃO NEGOCIAL

que a melhor solução será a de admitir a anulação do negócio devido quando tenha existido coacção – isto está aliás de acordo com a circunstância assinalada de a lei considerar, no plano geral, o valor de sanção da anulação mais intenso quanto à coacção do que quanto ao dolo.

Doutro lado, afigurou-se-nos, no cumprimento de obrigações comuns, que só a violência provinda do próprio credor ou de que este de algum modo fosse compartícipe justificaria a repetição. Identidade de razão levará aqui a entender que só a coacção provinda do credor ou em que ele participe relevará.

19. Conviria agora alargar a indagação, procurando determinar se outros requisitos do negócio há, além daqueles cuja omissão se traduz nos chamados vícios da vontade, que se conduzem pela ideia de satisfação óptima dos interesses do autor. Não está isso, porém, que exigiria uma investigação detida em toda a doutrina geral do negócio, nas nossas possibilidades. Faremos, por consequência, tão só uma breve referência ao erro na declaração e à incapacidade.

Quanto ao erro na declaração, o problema reside no fundo em saber se a ausência de erro é condição de imputação do sentido de declaração ao declarante. Se o não for, não vemos outra razão capaz de fundamentar o seu relevo que não seja ainda a de permitir uma desadaptação entre os resultados efectivos do negócio e a função de satisfação óptima. A questão, aliás, parece vir a resolver-se na de saber se o erro na declaração é fundamento de nulidade ou de mera anulabilidade. Por nossa parte, temos como melhor a solução que não considera o erro na declaração condição de imputação do sentido da declaração ao declarante e que, por isso, entende que o erro gera mera anulabilidade[269]. Nessa ordem de ideias, enquanto o fundamento do seu relevo se encontrará na função do negócio de satisfação óptima dos interesses do declarante, o erro do devedor na declaração será irrelevante perante o credor de declaração negocial.

No que respeita à capacidade, o problema apresenta-se-nos com maior complexidade.

Desde logo, é evidente que a recondução do relevo da capacidade à ideia de função de satisfação óptima dos interesses não se poderá fazer na modalidade de satisfação óptima segundo o critério de valoração do agente, pelo

---

[269] Embora com limites, aceitamos no geral a orientação do Prof. Ferrer Correia, em *Erro e interpretação na teoria do negócio jurídico*, 1939.

CONFIGURAÇÃO DA OBRIGAÇÃO DE DECLARAÇÃO NEGOCIAL

menos segundo o seu critério no momento da prática do negócio. É antes de tudo a bondade desse critério que a lei põe em questão. Isso, por si, no entanto, não impede que seja ainda na ideia de satisfação óptima dos interesses que esteja o fundamento do valor da incapacidade. A lei parte em regra da satisfação óptima segundo o critério de valoração do agente por considerar que é este quem melhor pode hierarquizar o valor dos próprios interesses. Se, contudo, a incapacidade assenta precisamente em que o critério do agente não é o mais adequado em relação aos seus próprios interesses, o carácter óptimo deixa de ser por ele definido, e, por isso, o negócio praticado pode, independentemente de qualquer vício da vontade ou erro na declaração, não exprimir a satisfação óptima dos interesses do seu autor. O que temos por duvidoso é que seja ou que seja sempre na ideia da satisfação óptima dos interesses do titular do negócio que se encontre o fundamento do relevo da incapacidade[270]. De qualquer modo, se essa for efectivamente a base do valor da incapacidade ou, ao menos, na medida em que o for, tudo o que atrás se disse servirá para justificar a irrelevância da incapacidade do devedor perante o credor no negócio devido[271].

[270] É fácil apresentar uma hipótese extrema. Uma criança de 5 ou 6 anos vende um colar – que lhe pertence – no valor de centenas ou milhares de contos. Estará em jogo uma pura questão de satisfação óptima de interesses? Ou estarão em jogo as próprias condições de imputação da declaração ao incapaz? Por nossa parte, inclinamo-nos no sentido de que a capacidade se não liga à ideia de satisfação óptima.

[271] Podem, no entanto, levantar-se dúvidas em conexão com o problema de saber se as partes, na promessa, haverão de possuir a capacidade exigida para o negócio definitivo. Com efeito, se as partes puderem, independentemente da capacidade exigida para o negócio definitivo, celebrar validamente a promessa, a irrelevância da capacidade naquele viria a frustrar a finalidade da lei ao exigir aquela determinada capacidade.

O facto de não termos abordado detidamente o problema ou requisitos da promessa impede-nos de tratar esta questão. Parece-nos apenas, para além de saber se a capacidade se relaciona efectivamente com a ideia de satisfação óptima dos interesses, que, se há requisito específico do negócio definitivo que deva aplicar-se ao preliminar, esse requisito é o da capacidade (entendendo que deve exigir-se a capacidade, Prof. VAZ SERRA, "Contrato-promessa" *cit.*, pp. 59-60). De qualquer maneira, o princípio da irrelevância no negócio devido dos vícios ligados à ideia de satisfação óptima obrigará, pelo menos, a recolocar, de um ponto de vista mais amplo, o problema da capacidade (enquanto se considere baseada na ideia de satisfação óptima). O que haverá que perguntar então é onde se deverá exigir a capacidade: na promessa, que é livre, ou no negócio definitivo, que é vinculado? Cremos que tudo orientaria no primeiro sentido.

Seja como for, o problema da capacidade não pode ter-se por solucionado e sempre será possível, ao fim e ao cabo, ter de se vir a admitir uma limitação ao que se diz no texto.

OBRIGAÇÃO DE EMITIR DECLARAÇÃO NEGOCIAL

20. A indagação que se conduziu, se foi correctamente orientada, cremos que possuirá um valor como ponto de partida: o de quebrar o preconceito de que o negócio devido é um negócio como qualquer outro, mostrando antes que o negócio assume uma particular disciplina em razão da função em que se integra.

Levar a indagação mais longe exigiria que se analisasse, caso por caso, toda a disciplina do negócio jurídico, o que aqui não se torna viável.

Pode, no entanto, retirar-se de tudo o que se disse uma ideia geral que temos por acertada: os requisitos que correspondam à função geral do negócio, à sua função de decisão sobre uma regulamentação que a Ordem Jurídica assume e a que confere validade objectiva, terão de valer no negócio devido; aqueles requisitos que dependam da circunstância de a declaração de vontade ser livre, ou, o que é o mesmo, que pressuponham a afectação exclusiva do poder negocial ao interesse formal do autor não poderão valer.

Viram-se, neste último campo, certos aspectos relativos aos específicos requisitos de compatibilidade que não pareciam poder ser integralmente aplicados ao negócio devido; e viu-se que todos aqueles vícios negociais que se ligassem à função de satisfação óptima dos interesses do autor não eram também relevantes. No entanto, não ficou demonstrado, apesar de parecer bem que o grande contingente de vícios irrelevantes estará ligado à ideia de satisfação óptima, que sejam estes os únicos requisitos inoperantes no negócio devido. Poder-se-á, em todo o caso, partindo dos quadros gerais a que a doutrina chegou na teoria do negócio jurídico, tentar formular provisoriamente um critério expressador, ao menos tendencialmente, daquela distinção fundamental entre tipos de requisitos, sempre sujeito embora a revisão por uma mais cuidada análise.

Mantendo-nos dentro do âmbito da invalidade, a distinção útil parece que será aquela que se faz entre vícios que conduzem a *nulidade* e vícios que conduzem a *anulabilidade.*

Logo a própria distinção entre nulidade e anulabilidade dá margem a muitas dúvidas. No entanto, julgamos ser a melhor doutrina aquela que entende ser nulo o negócio que *ab initio* não produz os seus efeitos próprios e anulável aquele que os produz, podendo, contudo, a causalidade ser destruída por especial acto de vontade de um sujeito (ou vários)[272].

---

[272] A dúvida residirá sobretudo em saber se as hipóteses que, nesta distinção, se tomam normalmente como de anulabilidade são de verdadeira anulabilidade ou antes de nulidade re-

CONFIGURAÇÃO DA OBRIGAÇÃO DE DECLARAÇÃO NEGOCIAL

Se a anulabilidade assim configurada corresponde a situações efectivas da realidade jurídica, se o conceito é correcto, parece que a seu respeito se podem afirmar duas coisas. A primeira é a de que o negócio possui as condições exigidas pela sua função genérica, pois que, embora podendo os efeitos ser retroactivamente destruídos, é capaz, por si, de originá-los. O segundo ponto reside em que a anulabilidade assenta no *relevo de um interesse contrário à produção dos efeitos* – o mesmo é dizer, um interesse na não-produção dos efeitos –, e que se apoia directa e imediatamente no relevo desse interesse, já que pela anulação o sujeito não está directamente a regulamentar, ainda que por forma primariamente extintiva, mas directamente está a retirar a causalidade, a força determinante a um negócio que a possuía.

Por ambos estes aspectos se fundamenta a irrelevância dos vícios geradores da anulabilidade no negócio devido (para além dos limites do seu valor como sanção). De um lado o negócio há-de ter, para ser só anulável, as condições suficientes para que seja reconhecido na sua função geral. De outro lado, *o interesse do devedor na não-produção dos efeitos é um interesse preterido pela obrigação de declaração negocial*. A escolha da via do dever de declaração negocial, por respeito pela legitimidade, permite que de facto o devedor se determine por esse interesse na não-produção e ilicitamente não pratique o negócio. Mas, uma vez este praticado, dentro do respeito pela legitimidade, com as condições necessárias ao seu reconhecimento na sua função geral, a circunstância de estar preterido o interesse na não-produção dos efeitos impede uma qualquer relevância de fundamentos de anulabilidade.

Aqui, como no pagamento de obrigações que protegem um interesse substancial, poderia dizer-se que *dolus facit qui petit quod redditurus est*. A circunstância de se recorrer a um negócio do devedor exige que o negócio, para que

---

solúvel (veja-se a distinção em Prof. GALVÃO TELLES, *Dos Contratos... cit.*, p. 330). Afigura-se-nos que casos como os do erro, do dolo e da coacção são de anulabilidade verdadeira e própria. Já temos dúvidas sobre se a incapacidade não deverá antes ser qualificada como nulidade resolúvel. De qualquer modo, desde que haja hipóteses de verdadeira anulabilidade – e, como dissemos, cremos que as há – a distinção corresponde à realidade.

Por outro lado, temos por correcta a distinção entre as classificações da invalidade em absoluta e relativa e em nulidade e anulabilidade, embora não se veja que a anulabilidade não haja de ser relativa (BETTI, *ob. cit.*, pp. 351 ss.; Prof. GALVÃO TELLES, *Dos Contratos ... cit.*, p. 334; Prof. DIAS MARQUES, *ob. cit.*, II, pp. 227 ss.; o Prof. MANUEL DE ANDRADE, utilizando a distinção entre nulidade absoluta e relativa, admite, no entanto, nulidades mistas – *Teoria geral da relação jurídica cit.*, p. 416).

OBRIGAÇÃO DE EMITIR DECLARAÇÃO NEGOCIAL

produza efeitos, possua as condições de validade próprias da sua função geral de negócio. Isso não autoriza, porém, a que um interesse injustificado do devedor prevaleça sobre um interesse justificado do credor.

Se se atentar, ainda, em que a preterição do interesse do devedor na não--produção dos efeitos não é senão uma outra face da afectação do poder negocial ao interesse formal de outro sujeito, parece não poderem restar muitas dúvidas sobre que não se pode conceder relevância, da parte do devedor e perante o credor, às circunstâncias que em geral constituam rigorosamente fundamento de anulabilidade, no sentido da distinção atrás indicada.

Afigura-se, assim, ser lícito afirmar que *os vícios que gerem anulabilidade*, no sentido referido, *não são relevantes, da parte do devedor e perante o credor, no negócio devido* (salvo o aspecto do valor de sanção). Ainda que o grande contingente dos casos de anulabilidade seja constituída por vícios radicados na função do negócio de satisfação óptima dos interesses do autor, a irrelevância, em geral, das anulabilidades não deixa de representar um alargamento pelo menos potencial.

Igual segurança não se pode possuir no domínio dos vícios que fundamentam a nulidade. Se a anulabilidade, porque envolve um relevo de um interesse na não-produção dos efeitos, pressupõe que o negócio seja livre, já não pode dizer-se que a nulidade não assente por vezes também nesse pressuposto, que a nulidade tenha de ser sistematicamente indiferente à liberdade ou vinculação do negócio. Nos requisitos originadores de nulidade estão todos os que correspondem à função geral do negócio; mas podem também encontrar-se alguns que se liguem à sua exclusiva afectação a um interesse formal do autor.

Desde logo, por isso, convém afastar do domínio de um critério geral os casos de requisitos específicos de certos negócios (como eram os de compatibilidade), que até pelo seu carácter especial dificilmente se coadunam com um critério dessa ordem.

Não é de todo desrazoável que a lei, a requisitos que se conectam apenas com a liberdade do negócio, à afectação exclusiva do negócio ao interesse formal do autor, a requisitos que em última análise se justificam em atenção ao interesse do autor, conceda o valor de fundamentos de nulidade. Mas não é também natural, sobretudo numa Ordem Jurídica de cunho, neste aspecto, individualista e disposta a salvar enquanto puder os negócios, que o faça. Aliás, nesse sentido indica o disposto no art. 10º do Cód. Civil. Por isso se

CONFIGURAÇÃO DA OBRIGAÇÃO DE DECLARAÇÃO NEGOCIAL

poderá afirmar que os requisitos gerais fundantes de nulidade tendem a ser requisitos conectados com a função geral do negócio e, consequentemente, indiferentes ao carácter livre ou devido do mesmo negócio.

Deste modo, parece ser lícito formular provisoriamente, no plano de *requisitos gerais de validade, um critério expressador da distinção fundamental entre requisitos correspondentes à função geral do negócio e requisitos correspondentes à sua afectação exclusiva a um interesse na produção dos efeitos do autor, segundo o qual a falta dos primeiros requisitos gerará nulidade e a dos segundos anulabilidade,* entendidas uma e outra nos termos que se indicaram, *critério que haverá de tomar-se no sentido de os requisitos geradores de anulabilidade não valerem, salvo o aspecto de sanção, no negócio devido (da parte do devedor e perante o credor) e de os requisitos geradores de nulidade valerem pelo menos em princípio.*

21. Referiu-se já que o dever de negociar não era incompatível com uma margem de discricionariedade, mesmo juridicamente não indiferente. Impõe-se, por força disso, assinalar que tudo o que se vem dizendo vale no negócio devido na medida da vinculação. Fora desse limite, o problema do tratamento negocial não deixa de ter interesse e dificuldade e estará em saber se se aplica pura e simplesmente o regime geral do negócio ou se têm de entrar em jogo limitações que o aproximem mais ou menos do dos momentos de liberdade no cumprimento de obrigações que tutelam um interesse substancial, enquanto este deva ser diferente da genérica disciplina negocial. De qualquer maneira, os aspectos que nesta alínea se trataram dizem respeito apenas ao negócio devido nos limites da vinculação.

D) O negócio como objecto do dever e o regime do cumprimento da obrigação de declaração negocial.

22. A obrigação de declaração negocial tem por objecto um negócio jurídico, precisamente uma declaração negocial. O objecto da obrigação que protege um interesse substancial é, ao contrário, um acto material ou, em qualquer caso, não é um negócio jurídico. Aqui vai apoiar-se uma fundamental divergência dos dois tipos de obrigação. O segundo, pelo menos nos casos típicos, assenta em uma causalidade, uma aptidão para produzir a utilidade de base *naturalística.* O primeiro tem na base uma causalidade, uma aptidão *jurídica* e, mais precisamente, uma *aptidão jurídica negocial.* É a partir desta diversidade

OBRIGAÇÃO DE EMITIR DECLARAÇÃO NEGOCIAL

que todo o regime de cumprimento de obrigação de declaração negocial tem de ser compreendido.

23. No que respeita à questão dos requisitos do cumprimento *não* parece de exigir, mesmo na obrigação de declaração negocial, uma *vontade do efeito extintivo*. As razões que se apresentaram no estudo do regime do pagamento valem aqui, sendo indiferente que a causalidade ou aptidão que a obrigação envolva seja naturalística ou jurídica. A obrigação extingue-se porque se realiza o interesse do credor, porque se esgota a sua função. Trate-se de aptidão de um acto para realizar o fim, de carácter naturalístico ou jurídico o que importa é o que fim se realize. Não tem sentido, num caso como noutro, a exigência de vontade do efeito extintivo.

24. Já quanto aos *requisitos intrínsecos indirectos* a situação é distinta.

Enquanto na obrigação que protege um interesse substancial, os requisitos são, em princípio, tão só naturalísticos, aqui, porque a causalidade é jurídica, compete à lei defini-los. Se o objecto da obrigação é um negócio, são os requisitos do negócio que passam a ser requisitos da realização do interesse. Esta só se operará enquanto o negócio possuir as condições necessárias à produção dos efeitos. Verifica-se, deste modo, uma integração do regime do negócio no do cumprimento. E, assim, também a vontade, na medida maior ou menor em que funcionar como requisito negocial relevante, funcionará como requisito do cumprimento.

Do mesmo passo, no entanto, segundo se viu, o facto de o negócio ser devido e, portanto, de constituir modo de cumprimento delimita os próprios requisitos negociais. Desta sorte, *o facto de o negócio vir a ser modo de cumprimento, ao mesmo tempo que leva a uma integração do regime do negócio no do cumprimento, conduz a uma modelação do regime do negócio que e enquanto representa cumprimento.*

25. No aspecto da individualização do acto, não se vê nada que afaste as regras dos arts. 728º e 729º do Cód. Civ. quanto à imputação do pagamento, a não ser que se venha a exigir para a individualização do negócio como cumprimento o *animus solvendi* específico, pois que então o art. 729º nunca terá oportunidade de se aplicar.

Já este último problema da individualização como cumprimento é mais delicado. Tem sido defendido por vezes, com efeito, que o *animus solvendi*, não

CONFIGURAÇÃO DA OBRIGAÇÃO DE DECLARAÇÃO NEGOCIAL

sendo embora necessário para a individualização do cumprimento de obrigações que protegem um interesse substancial, o é nas que tem por objecto um negócio jurídico[273].

Mesmo dentro dos termos em que colocámos o problema nas obrigações que garantem um interesse substancial a dúvida foi suscitada. Afirmámos que a individualização se realizaria por forma negativa, apresentando-se uma atribuição como pagamento ou cumprimento se não trouxesse consigo um título que, justificando-a doutro modo, a individualizasse diversamente.

Há que reconhecer que na obrigação de declaração negocial as coisas se não põem exactamente do mesmo modo. Ali, o interesse realiza-se por um acto "material" que em si não tem juridicamente qualquer razão de ser. Essa razão de ser só lhe pode ser dada ou pela dívida, que previamente exprima a sua justificação, ou por um qualquer título que se lhe refira e o justifique. O negócio jurídico, ao contrário, tem em si mesmo a sua razão de ser jurídica. O servir de cumprimento de uma dívida é apenas um *plus* que se lhe acrescenta. Não tem, relativamente a ele, qualquer sentido a exigência de um outro título que lhe dê razão justificativa, e não pode, portanto, ser a partir da existência ou inexistência desse título que a individualização se há-de fazer.

Deste modo, a individualização do negócio como cumprimento de dívida tem de se operar através de uma vontade com a individualização especificamente relacionada.

Isto, porém, não envolve ainda necessariamente a exigência de uma *animus solvendi*, seja genérico ou específico, e não preclude a possibilidade de uma individualização negativa. A individualização tem de ser feita a partir duma vontade a ela dirigida; mas tanto se pode exigir, para que o negócio funcione como cumprimento, a existência de uma vontade de cumprir como a ausência de uma vontade de não cumprir. Parece-nos que a boa solução é a última, que a individualização deverá continuar a ser negativa, embora definida não a partir da ausência de outro título mas da ausência de uma vontade contrária ao cumprimento.

---

[273] Veja-se VON TUHR, *Tratado de las obligaciones*, II-2, 1947, pp. 4 e 5. Atente-se em que o autor tem em vista a obrigação de celebrar negócio abstracto. Segue-o o Prof. VAZ SERRA, "Do cumprimento" ... *cit.*, pp. 18 e 30-31. Mas a sua posição parece não ter passado para o Projecto, na versão dada pela 1ª revisão ministerial – compare-se o art. 1º, nº 1 do seu articulado sobre o cumprimento com o nº 1 do art. 758º do Projecto.

OBRIGAÇÃO DE EMITIR DECLARAÇÃO NEGOCIAL

É curioso notar que aqueles mesmos que vêm exigir aqui um *animus solvendi* acabam muitas vezes por considerar que, na falta de vontade contrária ao cumprimento, se deve presumir que o negócio foi praticado com a intenção de pagar[274].

Tanto uma individualização positiva como uma negativa respondem à necessidade prática que levanta o problema de individualização – aqui, a de possibilitar a prática de negócios com a mesma configuração dos devidos sem ser a título de cumprimento. Para que esta necessidade prática seja satisfeita, é necessário um critério de individualização, não este ou aquele critério. Sendo assim, a individualização negativa tem a seu favor a circunstância já assinalada da *capacidade de absorção própria das dívidas*. Trate-se de acto natural ou substancial ou de negócio jurídico, sempre a dívida exprime uma justificação prévia. Enquanto o acto não traga nada que neutralize essa capacidade – e aqui, porque de negócio se trata, só pode ser uma vontade contrária ao cumprimento – deverá ser imputado à obrigação.

Por outro lado, a individualização negativa pode ainda, neste campo dos negócios jurídicos, apoiar-se em uma ideia da lei expressa na regulamentação da imputação do pagamento. Nos termos do art. 729º do Cód. Civ., faltando uma declaração de vontade do devedor, a lei escolhe antes de tudo a individualização que para ele represente maior benefício, imputando o pagamento à dívida mais onerosa. Ora, tendo o devedor celebrado um negócio que assume a configuração do devido, mas não tendo declarado se pretende ou não cumprir, parece também que se deve procurar a individualização que lhe seja mais favorável – e essa é aquela que considera o acto como cumprimento, pois que assim se liberará o devedor do ónus que a dívida para ele representa. Em conclusão, o negócio jurídico deverá ser individualizado como cumprimento desde que o devedor não manifeste a vontade de que assim não seja.

Isto representa uma aplicação do mesmo princípio – de individualização negativa – que domina também o cumprimento de obrigações que protegeram um interesse substancial. Apenas que a particular natureza da questão nas obrigações de declaração negocial envolve que a aplicação desse princípio não dê exactamente o mesmo resultado que dá no pagamento de obrigações que protegem um interesse substancial – enquanto nestas um acto é pagamento desde que não tenha a si referido um título que, justificando-o, o indi-

---

[274] Cfr. VON TUHR, *lug. cit.*

CONFIGURAÇÃO DA OBRIGAÇÃO DE DECLARAÇÃO NEGOCIAL

vidualize diversamente, naquelas o acto é cumprimento desde que o devedor não manifeste uma vontade especificamente dirigida a negar essa imputação.

26. A circunstância de o objecto do dever consistir num negócio jurídico, de a obrigação assentar sobre uma causalidade jurídica, vai ainda ter consequências nos aspectos do incumprimento e da impossibilidade de cumprir.

Incumprimento existirá não só quando falte a prática do acto, como quando ele seja inválido. A validade da declaração negocial é elemento da conformidade à prestação devida.

Por outro lado, a impossibilidade das prestações objecto do negócio devido releva apenas, da perspectiva do cumprimento da obrigação de declaração negocial, enquanto envolva nulidade do negócio a que a obrigação se refere[275].

Um e outro ponto representam, uma específica modelação das regras relativas às obrigações por incidirem sobre uma prestação de conteúdo negocial.

27. Finalmente, queríamos abordar uma questão que, não sendo propriamente de cumprimento da obrigação de declaração negocial, com ele se conecta – a do *pagamento do indevido*.

Se alguém que julga ser devedor de negócio, não o sendo efectivamente, emite declaração relativa a negócio (causal) que e porque pensa dever, qual será a consequência jurídica que daí advirá[276]?

A solução seguida pelos raros autores – ao que sabemos – que recentemente tinham estudado o problema era a de entender que a ausência de dívida só poderia relevar através da doutrina da vontade e nos termos gerais dessa doutrina[277].

---

[275] Vejam-se sobre aspectos particulares da impossibilidade de cumprir na obrigação de negócio derivada de contrato-promessa, embora nem sempre possamos concordar, ASCENÇÃO BARBOSA, *ob. cit.*, pp. 200 ss. (e remissão aí feita) e L. COVIELLO, *est. cit.*, pp. 138-139.

[276] O problema põe-se normalmente apenas em relação à hipótese de nulidade do contrato-promessa – CARIOTA-FERRARA, *est. cit.*, p. 212, TAMBURRINO, *ob. cit.*, p. 222, Prof. VAZ SERRA, "Do contrato-promessa ..." *cit.*, p. 114. Não se vê, porém, inconveniente algum em generalizá-lo. Por outro lado, o Prof. VAZ SERRA parece admitir mesmo a questão quando aquele que celebra o negócio saiba da nulidade da promessa e saiba, portanto, que não é devido (p. 118). Aí, porém, é que se não vê que de algum modo se possa duvidar da completa inatacabilidade do negócio, seja por que via for. O que, aliás, será um argumento mais contra a orientação seguida pelo Prof. VAZ SERRA e que no texto brevemente se criticará.

[277] CARIOTA-FERRARA, *est. cit.*, pp. 212 ss.; TAMBURRINO, *ob. cit.*, pp. 222 ss. Para o primeiro poderá relevar através do erro ou através da pressuposição (p. 215), para o segundo só através do erro (pp. 223-224). A divergência é, no entanto, de atitude geral quanto à pressuposição.

OBRIGAÇÃO DE EMITIR DECLARAÇÃO NEGOCIAL

O Prof. VAZ SERRA veio, no entanto, sustentar que se poderia aplicar a *conditio indebiti*[278]. A *conditio indebiti* destina-se a impedir o locupletamento daquele a quem se fez uma prestação indevida. Visto que, no caso de contrato realizado em cumprimento de um contrato-promessa nulo, se faz, segundo o autor, uma prestação (celebração do contrato prometido) indevida, pareceria ser de admitir a *conditio indebiti* contra o outro contraente[279]. E, trabalhando embora de *jure condendo*, o Prof. VAZ SERRA parece entender a solução válida no próprio direito actual[280].

Salvo o devido respeito, não cremos que seja esta a boa doutrina[281]. A *conditio indebiti*, como no próprio texto citado se diz, destina-se a evitar o *locupletamento* daquele a quem se fez a prestação. Ora, embora no caso *sub judice* se faça uma prestação indevida, não se deixa demonstrado que, por isso, locupletamento exista. O negócio jurídico causal, quando possua todos os requisitos de validade, é suficiente para justificar os enriquecimentos que à sua sombra se efectuem; e é suficiente mesmo para justificar a realização dos interesses na produção dos efeitos jurídicos, independentemente de qualquer outro fundamento de justificação. Sendo assim, não parece que a *conditio* possa ser utilizada. A falta de dívida é, em princípio, fundamento de repetibilidade enquanto acarreta a falta de justificação da atribuição. Quando, porém, a prestação consista num negócio causal, porque este é por si só capaz de justificar, desde que possua todos os requisitos de validade, as atribuições que à sua sombra se façam, como a própria atribuição em que consiste, o fundamento da *conditio indebiti* deixa de existir[282].

---

[278] Esta orientação do Prof. VAZ SERRA encontra-se de algum modo na linha da concepção da causa próxima – causa remota, a que adiante faremos referência. Há que notar, no entanto, que essa teoria pretendia explicar a *datio*, embora entendida em termos negociais, e não propriamente a obrigação de declaração negocial. Se ainda não será difícil (embora também não pareça aceitável) tentar alargá-la ao negócio abstracto devido, já se não vê bem essa possibilidade quando o negócio devido seja causal e, sobretudo, possua causa auto-suficiente. Uma aplicação da teoria a estes casos parece, no entanto, ter sido feita por CROME (*cit.* em ANDREOLI, "La ripetizione ..." *cit.*, p. 41). Para ele valerá o que no texto se dirá.

[279] "Contrato-promessa" *cit.*, p. 117.

[280] *Ibidem*, p. 118.

[281] Não pode, no entanto, deixar de se reconhecer verdade na afirmação de que *"o efeito da* conditio *não tem que ser necessariamente uma restituição de dinheiro ou coisa certa"* (ibidem, p. 117), contra um argumento usado por CARIOTA-FERRARA e TAMBURRINO (*lugs. cits.*).

[282] O Prof. VAZ SERRA considerava a sua posição como mera aplicação dos princípios da *conditio*. Não há no Projecto, na primeira revisão (veja-se art. 451º, cfr. art. 450º – Livro das Obrigações), como nada havia no seu articulado que impusessem tal solução.

CONFIGURAÇÃO DA OBRIGAÇÃO DE DECLARAÇÃO NEGOCIAL

Cremos, por conseguinte, que só através da doutrina geral da vontade terá consequências o carácter indevido do negócio. Os termos do relevo do carácter indevido nesse plano podem deixar lugar a dúvidas[283]. O problema já ultrapassa, porém, os limites que para a finalidade que nos propomos directamente interessara.

E) O regime do direito potestativo constituído por substituição.

28. O direito potestativo formado por substituição não constitui o tema do nosso estudo. Não deixará, contudo, de ter interesse uma muito breve referência à medida em que os aspectos de disciplina que se observam na obrigação de declaração negocial lhes são aplicáveis.

Desde logo, todos os aspectos de regime da obrigação de declaração negocial imediatamente vinculados à sua estrutura obrigacional não serão evidentemente transponíveis para o direito potestativo formado por substituição. Assim não o é aquilo que foi referido a propósito do cumprimento por terceiro, a propósito da inversão do risco por mora e a propósito dos requisitos do negócio devido.

Já aqueles aspectos do regime da obrigação de declaração negocial que se apoiam na particular natureza dos interesses – interesses formais – especificamente protegidos e preteridos parece que valem também no direito potestativo constituído por substituição, embora sempre com uma possível modelação radicada na configuração não obrigacional do direito.

Quanto à transmissão poderia pôr-se em dúvida a sua possibilidade, quer activa, quer passiva, no que toca à activa por o poder do titular do direito assentar numa derivação de legitimidade, no que respeita à passiva por estar em jogo uma sujeição. Mas não parece que haja razão nesse sentido. A derivação substitutiva não é uma derivação como a representativa – há sempre tendência em aproximá-las demasiado –, mas uma derivação que representa

---

[283] Põe-se particularmente a questão dos termos de relevância do erro sobre a existência do dever na doutrina geral do erro. O Prof. ANTUNES VARELA, nomeadamente, entende que este caso de erro teria sido um dos que haveria inspirado o art. 659º do Cód. Civil (*Ineficácia ... cit.*, p. 333 e nota (2)). O problema liga-se a toda a torturada questão da interpretação dos arts. 659º ss. que exorbita, manifestamente, dos limites deste estudo. Diremos apenas que, por nossa parte, integraríamos o erro sobre a existência da dívida no art. 660º. Parece-nos, com efeito, ser a melhor doutrina aquela que entende quo o erro de direito sobre a causa se refere ao erro sobre os efeitos essenciais do negócio.

OBRIGAÇÃO DE EMITIR DECLARAÇÃO NEGOCIAL

o modo de tutela específica de um interesse. E nada se vê que, em princípio, impeça a transmissão da protecção específica de interesses. Além disso, a derivação substitutiva que aqui se tem em conta não representa sequer a protecção de um interesse-meio, ao contrário do que sucede nos casos geralmente considerados na substituição. Por outro lado, também a sujeição não traduz, como normalmente, a simples consequência da existência de uma legitimidade autónoma, acompanhada dos outros requisitos de constituição de poder, antes representa o modo de preterição específica de um interesse. E também nada se vê que, em princípio, afaste a transmissibilidade da preterição específica de interesses.

Desta forma, fora do caso de a protecção ou a preterição serem estabelecidas *intuitu personae*, ou do de intransmissibilidade por natureza, parece que o direito potestativo formado por substituição será transmissível, tanto activa como passivamente. Quanto às condições da transmissão, tudo o que se disse para a transmissão do crédito a negócio valerá aqui. No que respeita à transmissão da situação passiva é que terá de haver diferença, atendendo a que ela se não estrutura num dever. As razões que exigem o consentimento do credor para a transmissão da dívida não são aplicáveis. No entanto, haverá ainda aqui que atender ao facto de do exercício do direito potestativo resultarem ou não dívidas para o sujeito passivo. Desse modo, a situação passiva será transmissível (fora dos Imites, repete-se, da constituição *intuitu personae*) independentemente de consentimento do titular do direito se do exercício deste não resultarem para o sujeito passivo dívidas; será transmissível só com o consentimento do titular do direito se dívidas resultarem.

No que se reporta aos requisitos do negócio entre-vivos fonte do direito potestativo, já se viu que aí actua a mesma "força" que na obrigação de declaração negocial no sentido da aplicação dos requisitos específicos do negócio base em causa. Não se verificando, porém, a "força" neutralizadora da nova declaração de vontade do sujeito passivo, a aplicação desses requisitos, como também se observou, será plena.

As razões que levam à sujeição do negócio fonte de obrigação de declaração negocial à acção pauliana valem integralmente para o direito potestativo, e integralmente valem também as razões que fundamentam que o credor de negócio (aqui o titular do direito potestativo) concorra à massa falida pelo crédito que do negócio (do exercício do direito) resulte.

CONFIGURAÇÃO DA OBRIGAÇÃO DE DECLARAÇÃO NEGOCIAL

Finalmente, o que atrás se disse quanto ao regime do cumprimento na obrigação de declaração negocial, poderá transpor-se para o regime do exercício do direito, com todas as modificações que a diversidade da problemática do cumprimento de obrigação e do exercício de direito envolve.

Estas semelhanças e diversidades dos regimes da obrigação de declaração negocial e do direito potestativo formado por substituição traduzem o que de semelhante e diverso há no significado prático de um e de outro e na correspondente estruturação jurídica. Em um e outro se visa a protecção específica de um interesse na produção de efeitos jurídicos (com a consequente preterição específica de um interesse na sua não-produção). Enquanto, porém, na obrigação de declaração negocial a escolha do meio se determina por um respeito da proximidade, por um respeito da legitimidade, surgindo assim o dever de declaração negocial, no outro determina-se imediatamente pelo valor dos interesses e pela correspondente eficácia, surgindo desse modo o poder de configuração jurídica radicado numa derivação substitutiva de legitimidade.

Secção III
Construção Jurídica da Obrigação de Declaração Negocial

§ 1º. – Posição doutrinária dominante.

1. Assinalou-se já que pouca preocupação tem havido com a obrigação de declaração negocial em si mesma. Daí resulta que praticamente não existam nesta matéria verdadeiras formulações elaboradas, antes ideias mais ou menos vagas, pouco precisas e, por isso, difíceis de apreender. Procuraremos, no entanto, começar aqui por definir o que se nos afigura serem os traços fundamentais das posições doutrinárias possíveis quanto à obrigação de declaração negocial.

Os problemas básicos que a construção jurídica da obrigação de declaração negocial envolve são o da sua estrutura e os do enquadramento dogmático seu e do acto por que se cumpre. Os resultados a que se pode chegar na solução destes problemas são susceptíveis de se integrarem em dois grandes grupos.

Num, a obrigação de declaração negocial acabará por ser construída como qualquer outra obrigação, sem nenhuma diferença marcante que lhe dê qualquer autonomia verdadeiramente significativa. A sua estrutura será a mesma de todas as outras obrigações, um direito a uma prestação a que corresponde

OBRIGAÇÃO DE EMITIR DECLARAÇÃO NEGOCIAL

um dever de prestar, nada mais. No seu enquadramento, aparecerá estritamente integrada nos termos gerais dos direitos de crédito, e dentro destes consistirá numa obrigação de prestação de facto, sem especialidade digna de relevo. Quanto ao enquadramento do acto de cumprimento, conceba-se o pagamento em geral como negócio jurídico ou acto devido, sempre o cumprimento da obrigação de declaração negocial aparecerá localizado em termos semelhantes.

No outro grupo de soluções, a obrigação de declaração negocial surgirá como obrigação com elementos autonomizadores marcantes, ou, ao menos, integrada num tipo de obrigações com tais elementos autonomizadores. A sua estrutura não será em tudo idêntica ao geral dos direitos de crédito porque dela virá a fazer parte, seja de que modo for, a estrutura do negócio, com as suas características próprias. Será ainda, no que se refere ao seu enquadramento, um direito de crédito, mas um direito de crédito com intersecções do mundo do negócio jurídico, porventura com traços dos direitos potestativos. O seu cumprimento constituirá um acto de cumprimento susceptível de integração num conceito geral de cumprimento, mas, ao mesmo tempo, com elementos nitidamente especificadores, derivados da natureza negocial da prestação.

Destes dois grupos de soluções, tem por regra sido seguido, que saibamos, o primeiro, salvo, porventura uma qualquer referência assistemática, num ou noutro ponto[284].

---

[284] Quanto à caracterização da obrigação de declaração negocial como um direito a que corresponde um mero dever de prestação de facto seria ocioso fazer citações. Este direito é normalmente configurado como um direito à cooperação na conclusão do futuro contrato – por exemplo, DEGENKOLB, *est. cit.*, p. 17 (justificação desde a p. 9); L. COVIELLO, *est. cit.*, p. 71; CARIOTA-FERRARA, *"L'obbligo ..." cit.*, p. 195. No entanto, alguns autores alemães parecem ter abandonado uma consideração global, como era esta, da obrigação de declaração negocial. Assim, ENNECCERUS-NIPPERDEY (*Derecho Civil*, Trad. esp., Tomo I, Parte Geral, II, 1950, pp. 170-171) e LEHMANN (*Tratado do Derecho Civil*, trad. esp., vol. I, 1956, pp. 351-352) (em sentido diferente, no entanto, por exemplo, LARENZ, *ob. cit.*, I, pp. 98-100) falam apenas da obrigação de aceitar. Isto mostra de algum modo as dúvidas que a figura da obrigação de declaração negocial deixa.

Neste aspecto saliente-se, por dar já uma indicação útil, a posição de TAMBURRINO. TAMBURRINO é um dos autores mais rigorosos na cisão entre o momento negocial e o obrigacional, no que se refere à posição do devedor. No entanto, ao estudar as situações jurídicas que derivam da promessa unilateralmente vinculante, TAMBURRINO chama a atenção para o aspecto de *potestas* da posição do sujeito activo referente à sua participação no contrato

CONFIGURAÇÃO DA OBRIGAÇÃO DE DECLARAÇÃO NEGOCIAL

Compreende-se aliás com facilidade que assim seja, e já se disse porquê. A obrigação de declaração negocial não tem sido objecto de grande preocupação dos estudiosos. O seu tratamento tão só incidental leva naturalmente

final. E por isso entende que se encontra, ao lado do crédito, uma *potestas* do sujeito activo, enquanto ele é livre de se determinar na conclusão do contrato definitivo (*ob. cit.*, pp. 192 ss.). No que respeita ao enquadramento da obrigação de declaração negocial como obrigação de *prestação de facto*, também será ocioso fazer citações, de tal modo ela é constante nos países latinos (enquanto se aceite a obrigação de declaração negocial). Assinale-se, no entanto, o facto de um autor como FORCHIELLI ("Contratto preliminare", *in Novissimo Digesto Italiano*, IV), embora qualificando a obrigação de negociar como uma obrigação de *facere* (p. 689), fala de um reconhecimento da tipicidade estrutural e funcional da promessa pelo art. 2 932º do Cód. Civil (execução específica), enquanto marca a peculiariedade do *contrahere*.

Os autores alemães concretizavam também a obrigação de negociar como mera espécie da obrigação de fazer (v.g. DEGENKOLB, *est. cit.*, por exemplo p. 44; GÖPPERT, *cit.* em ALGUER, *est. cit.*, p. 378). No entanto, de há tempos para cá parece ter-se abandonado na Alemanha a distinção entre obrigações de prestação de coisa e de prestação de facto, naturalmente pela extrema importância do negócio real abstracto. E, ou deixam de se classificar as prestações, para além da distinção entre acção e omissão, indicando-se apenas exemplos de prestação (cfr. ENNECCERUS-LEHMANN, t. II, *Derecho de Obligaciones*, I, 1954, pp. 4 ss.; HEDEMANN, *Tratado de Derecho Civil*, trad. esp., vol. III, *Derecho de Obligaciones*, 1956, pp. 37 ss. ; LARENZ, *ob. cit.*, p. 20), ou se substitui à classificação entre prestações de coisa e prestações de facto uma outra entre prestações reais e pessoais (VON TUHR, *Derecho Civil* ..., vol. I, 1, 1946, p. 132 e *Tratado de las Obligaciones*, I, 1934, p. 33 – na primeira obra a distinção é feita relativamente a todas as prestações, na segunda só relativamente às prestações positivas). De qualquer modo, e é o que importa, a prestação consistente em declaração negocial, ou, ao menos, em celebrar um negócio causal, não é nunca tratada sistematicamente como um tipo de prestação autónoma.

Dentro da teoria do acto devido procurou-se salvaguardar a unidade do cumprimento. CARNELUTTI, em resposta a LONGO, reconhece a possibilidade de interferência entre as noções de acto devido e negócio jurídico, que o mesmo será dizer entre obrigação e direito subjectivo. No entanto, não entende que isso altere a unitária concepção do acto devido, embora notoriamente não seja satisfatória a sua justificação e seja hoje, ademais, insustentável perante o Direito Italiano, que expressamente admite a execução específica ("Negócio jurídico, acto ilícito y acto debido", *in Estudios de Derecho Procesal*, trad. esp., I, pp. 511-512). A mera justaposição entre negócio jurídico e acto devido resultaria, em última análise, no pensamento de Carnelutti, da diferente natureza do negócio jurídico e do acto devido, o primeiro acto transitivo, o segundo acto intransitivo (sobre a distinção entre actos transitivos e actos intransitivos, *Teoria Geral...*, 1.ª ed., *cit.*, pp. 23 ss. e *Teoria Generale...*, 3.ª ed., *cit.*, pp. 218 ss.). Veja-se uma crítica a CARNELUTTI, embora no sentido de justificar a impossibilidade da obrigação de declaração negocial, em MONTESANO, *ob. cit.*, pp. 43-44, nota (18). Também NICOLÒ e PUGLIATTI, seguidores da teoria do acto devido, marcam a unidade da concepção do cumprimento, de modo ainda mais incisivo que o de CARNELUTTI .

No sentido de uma consideração unitária do cumprimento, por distinção entre o aspecto de cumprimento e o aspecto de negócio, parece expressamente orientar-se entre nós o Prof. GALVÃO TELLES, *Manual ... cit.*, p. 105, nota (1).

OBRIGAÇÃO DE EMITIR DECLARAÇÃO NEGOCIAL

a procurar não a autonomizar, mas a assimilá-la às demais obrigações, aplicando-lhe os esquemas dogmáticos correntes.

2. A opção entre um ou outro daqueles grupos de soluções depende, no entanto, da posição que se assuma perante um problema fundamental, prévio em relação a todos aqueles, ou talvez melhor, que representa como que a sua cobertura: *o das relações entre o momento obrigacional e o momento negocial*, que a obrigação de declaração negocial põe necessariamente em contacto.

Aqui as atitudes possíveis são ainda essencialmente duas: a da *cisão* entre os momentos obrigacional e negocial e a da *integração* dos dois momentos.

A primeira das atitudes conduz naturalmente ao primeiro dos grupos de soluções dos problemas da estrutura e do enquadramento dogmático referidos; a segunda, também naturalmente, ao outro desses grupos. Se se retira do domínio da obrigação o que é especificamente negocial, fica aberta a porta para uma estruturação e um enquadramento sem traços marcantes de autonomia; se, pelo contrário, se integra no domínio da obrigação a realidade especificamente negocial, as particularidades da obrigação de declaração negocial logo terão de aparecer com intensidade.

A doutrina nem sempre se apercebe muito claramente do real sentido do pressuposto que assume a respeito da obrigação de declaração negocial. É sobretudo depois do estudo de CARIOTA-FERRARA sobre a obrigação de transferir que o corte entre os momentos negocial e obrigacional aparece com mais clara consciência. Torna-se, assim, difícil, fora da formulação de CARIOTA-FERRARA – e mesmo essa está longe de ser nítida –, determinar com alguma precisão os termos da cisão que se opera – até porque ela nunca pode ser completa, absoluta, já que a obrigação de declaração negocial perderia toda a sua razão de ser enquanto deixasse de todo de se referir ao momento negocial.

O ponto onde a cisão se revela com maior clareza é na separação entre a *função de cumprimento* e a *função negocial* do acto. O acto aparece bifronte: de um lado produz efeitos negociais, de outro cumpre a obrigação. Ora, esta autonomia, ao menos relativa, da função de cumprimento tem na base a ideia de que o acto é assumido pela obrigação como mera prestação de facto, igual a qualquer outra, não na sua específica referência aos efeitos jurídicos, não na sua específica causalidade perante estes. Estabelece-se uma referência do acto ao credor – dever de prestá-lo – em via directa e não através de via indirecta

CONFIGURAÇÃO DA OBRIGAÇÃO DE DECLARAÇÃO NEGOCIAL

da referência à produção dos efeitos. O nexo de causalidade com os efeitos tem influência sobre o acto, enquanto objecto da obrigação. Mas é uma influência que se processa de fora, na medida em que determina os termos desse objecto. A cisão entre o momento obrigacional e negocial traduz-se assim em a obrigação assumir o acto em si mesmo como prestação, orientando-o directamente para o credor e não através da referência do acto aos efeitos. Esta referência fica fora dos limites da obrigação[285].

CARIOTA – FERRARA leva o corte mais longe. A duplicidade que se reportava ao significado do acto – significado de prestação e significado de negócio – procura transmutá-la em uma cisão estrutural. E assim distingue a emissão da declaração de vontade, que se liga à obrigação, do contrato que,

---

[285] Neste sentido vem desde logo toda a concepção que se referiu anteriormente e que distingue o efeito próprio do negócio do efeito extintivo. Dentro da doutrina do contrato-promessa é usual a repetição da afirmação de BECHMANN segundo o qual o contrato definitivo opera numa dupla direcção: opera simultaneamente como extintivo e como constitutivo – vejam-se COVIELLO, *est. cit.*, p. 71, que cita BECHMANN; CAPORALI, "Contrato preliminare", *in Dizionario prático di Diritto Privato*, p. 448; MOSCHELLA, "Contrato preliminare", *in Nuovo Digesto Italiano*, p. 24 .

Por outro lado, é sugestivo o que NICOLÒ afirma, depois de ter criticado brevemente a justificação de CARNELUTTI dos actos devidos referidos a uma declaração de vontade:

"Invece se piú semplicemente si pensi che contenuto dell'obbligo è, nelle ipotesi considerate, una dichiarazione di volontà di per sé negoziale, si può facilmente ritenere che l'atto dovuto e il negozio giuridico siano in relazione di contenente e contenuto. Nel momento in cui la dechiarazione viene emessa, si attua il contenuto dell'obbligo ossia si pone in essere l'atto dovuto, mas nello stesso momento la dechiarazione di volontà, esaurita la sua funzione solutoria, se libera, per dir cosi, dall'invólucro dell'atto dovuto, e diventa entità autónoma, capace di vita própria, destinata a realizzare di per sé una nuova funzione che è tipicamente negoziale.

Como si vede, le obbiezioni mosse contro la concezione non negoziale dell'adempimento del debitore non sono per nulla insuperabili. Onde è legitima la conclusione che l'attivita del debitore, in quanto attua il contenuto dell'obbligo, debba qualificarsi dal punto di vista della sua struttura, come un atto dovuto, non avente caractere negoziale" – ob. cit., p. 156.

Mais nítidas serão ainda as palavras de PUGLIATTI. Referindo-se à distinção entre direito subjectivo e poder, afirma:

"La nozione del diritto subbiettivo è più piena di quella di potere, perchè non implica necessariamente l'idea di dovere; per quanto, può talvolta il diritto subbiettivo essere stimolato da un obbligo, che però rimare autonomo e agisce come una forza che preme dall'esterno. Ciò avienne, ad es., nei casi in cui esista un obbligo legale a contrattare; e in questi casi appunto la pressione dell'obbligo opera dall'esterno, come limite estraneo alla intima struttura del diritto" (Esecuzione forzata e diritto sostanziale, 1935, pp. 24; V. ainda pp. 125-126).

Às posições de CARIOTA-FERRARA e de TAMBURRINO referir-nos-emos mais tarde.

OBRIGAÇÃO DE EMITIR DECLARAÇÃO NEGOCIAL

quando menos, ultrapassa a emissão da declaração e, portanto, na sua inteireza, da obrigação se liberta[286].

3. Os pontos em que se tem apoiado esta atitude dualista nas relações entre o momento obrigacional e o negocial, assuma ela a forma de pura autonomização de significados do acto – significados de prestação e de negócio – ou a mais intensa de corte estrutural, referem-se aos aspectos do cumprimento, das relações entre declaração de vontade e negócio, das relações temporais entre obrigação e negócio e da celebração do negócio na intenção de cumprir dívida inexistente.

Tomando primordialmente seja a perspectiva do lado obrigacional seja a do lado negocial, tudo visa mostrar o mesmo: a autonomia dos dois momentos. Uns aspectos parecem provar que o momento obrigacional se constrói independentemente do negocial; os outros que o negocial fica de fora do obrigacional – o que é ver a independência dos dois momentos pelas duas faces.

O problema do cumprimento tem sido definido em função do efeito extintivo da obrigação. Desde logo aqui aparece uma diferenciação entre o efeito extintivo e o efeito próprio do negócio que parece auxiliar a distinção entre os aspectos de prestação e de negócio.

Além disso, a problemática do cumprimento da obrigação de declaração negocial aparenta colocar-se em termos fundamentalmente semelhantes aos do cumprimento das outras obrigações. Pergunta-se sobretudo se é ou não necessária uma vontade do efeito extintivo, se o cumprimento extingue porque há intenção de extinguir ou apenas porque se actua a obrigação – e não se vê razão para que a resposta haja de ser diferente na obrigação de declaração negocial. Pergunta-se pela exigência de um *animus solvendi* e em regra a solução que se dá é ainda idêntica em todas as hipóteses. É certo que, tratando-se de obrigação de declaração negocial, os requisitos do negócio vêm a ser requisitos do cumprimento. Isto, porém, enquadra-se na conformidade objectiva do acto (efectivo) ao dever, sem a qual o cumprimento não poderá existir. Assumir como objecto da obrigação um acto que é negocio pressupõe, ainda que se deixe de fora a sua específica referência aos efeitos, assumi-

---

[286] *"L'obbligo ..." cit., passim*, sobretudo pp. 213-214 e 220-221. Parece segui-lo fundamentalmente TAMBURRINO – *ob. cit.*, pp. 221-222.

250

-lo na e por causa da utilidade do negócio, por isso objectivamente definido pelos requisitos negociais.

Por outro lado, tendo-se em conta fundamentalmente a obrigação de contratar, repara-se que a obrigação ou cada obrigação se refere não ao negócio propriamente dito – que é fruto de duas ou mais declarações de vontade – mas a cada declaração de vontade de per si – o que parece mostrar que o negócio em si mesmo, na sua unidade, fica fora da obrigação[287].

Além disso, há que reconhecer que a realidade negocial permanece para além da extinção da obrigação, que tem uma virtualidade que a supera. E isto seria mais uma indicação no sentido de que o especificamente negocial se não encontra nos limites do crédito[288].

Finalmente, observa-se que, no caso de negócio na intenção de cumprir dívida inexistente, não se pode recorrer à repetição do indevido ou a uma pretensão genérica de enriquecimento, nem considerar por esse simples facto o negócio nulo. A inexistência de obrigação só poderá funcionar através da doutrina da vontade. Deste modo, parece demonstrada a independência do negócio em relação a uma *causa solvendi* e, por isso, que o negócio se encontra para além das fronteiras da obrigação[289].

4. Desde o início do trabalho temos marcado uma atitude de suspeita relativamente ao simplismo de, sem mais, justapor negócio e obrigação. Já nos foi possível acentuar como ele não permitia sequer prever as gravíssimas dificuldades que o tema da admissibilidade da obrigação de declaração negocial suscitava.

Só agora, no entanto, depois de um estudo, ainda que muito incompleto, do regime da obrigação de declaração negocial, cremos estar habilitados a proceder à apreciação da concepção que configura a obrigação de declaração negocial a partir de uma cisão entre os momentos obrigacional e negocial.

---

[287] Vejam-se CARIOTA-FERRARA, *"L'obbligo ..." cit.*, particularmente p. 220, *in fine*, e TAMBURRINO, *ob. cit.*, no início da p. 222.

[288] *Vide* NICOLÒ, *est. cit.*, p. 156, e ainda CARIOTA-FERRARA, *"L'obbligo ..." cit.*, especialmente pp. 213-214 e TAMBURRINO, pp. 221-222; cfr. a afirmação de ROTH de que a obrigação esgota a sua função no momento em que se conclui o negócio definitivo – *cit.* em MONTESANO, *ob. cit.*, p. 24.

[289] CARIOTA-FERRARA, *"L'obbligo ..." cit.*, pp. 212 ss., especialmente p. 215, e TAMBURRINO, *ob. cit.*, pp. 222 ss., especialmente p. 224.

OBRIGAÇÃO DE EMITIR DECLARAÇÃO NEGOCIAL

§ 2º. – Relação entre os momentos obrigacional e negocial.

A) Integração dos momentos obrigacional e negocial

1. Referimos já que o problema a resolver como ponto de partida para toda a construção da obrigação de declaração negocial é o da relação entre os momentos obrigacional e negocial. Conforme se viu, tem sido adoptada, nesta matéria uma atitude dualista, cindindo os dois momentos, mantendo o momento negocial, na sua especificidade, fora da obrigação. O que interessa de seguida é averiguar do bem-fundado de uma posição dessa ordem. Convém assim ver sucessivamente em que medida se pode dizer que o momento obrigacional depende do negocial e em que medida, inversamente, o negocial é condicionado pelo obrigacional. Comecemos, no entanto, por rever e apreciar as razões em que se procura basear a cisão.

2. Vimos que um dos pontos de apoio da autonomização do significado da prestação em relação ao de negócio se encontrava na análise do cumprimento. E desde logo assentava nisto: a função de cumprimento do acto define-se perante o efeito extintivo; a de negócio perante o efeito negocial.

É bem de ver que a simples distinção entre efeito extintivo e negocial não chega ainda para cindir os momentos negocial e obrigacional, uma vez que distinção não significa separação. É que nada impede que se chegue ao efeito extintivo através da orientação do acto para o efeito negocial.

E nem basta dizer que a questão da vontade do efeito extintivo se tem de pôr e resolver do mesmo modo, trate-se ou não de obrigação de declaração negocial, e que o mesmo se passa no que se refere ao problema da individualização do acto como pagamento.

Ainda que o facto de haver que resolver exactamente nos mesmos termos a questão da individualização do acto como cumprimento nas obrigações de declaração negocial e nas outras fosse verdadeiro – e já vimos que o não é totalmente –, seria assignificativo para o problema das relações entre o momento obrigacional e o negocial. É que o tema da individualização surge num momento anterior àquele em que se vai colocar o da relação entre os aspectos negocial e obrigacional, pois que a individualização é pressuposto da própria existência da função de cumprimento.

CONFIGURAÇÃO DA OBRIGAÇÃO DE DECLARAÇÃO NEGOCIAL

Quanto à circunstância de se colocar em termos idênticos a questão da vontade do efeito extintivo, também ela não constitui melhor auxílio à posição dualista. Nunca se negou, ainda quando se exigiu a vontade do efeito extintivo, a necessidade de actuação da obrigação. Ora, se se reconhece que a actuação da obrigação se realiza através da via da causalidade negocial do acto, pouco importa que tanto na obrigação de declaração negocial como nas outras se exija ou deixe de exigir nos mesmos termos a vontade de extinção. O problema reduz-se a saber como a obrigação de declaração negocial é actuada. E para isso não dá qualquer elemento o modo como se resolvem as questões da individualização e da vontade do efeito extintivo.

Cremos mesmo que há mais. A função do cumprimento tem sido definida por referência ao efeito extintivo. Nós próprios, ao estudarmos o regime do pagamento, tomámos como ponto de partida o efeito extintivo, exactamente por de um ponto de partida para sistematizar a disciplina necessitarmos e, ao mesmo tempo, por nessa função servir. É agora, no entanto, a altura de rever a importância que ao efeito de extinção se tem concedido na definição e construção do cumprimento.

Não julgamos andar longe da verdade se dissermos que o tratamento sistemático do cumprimento em função do efeito extintivo é um traço que ainda resta da concepção negocial do pagamento e que tem de ser revisto se seriamente se quiser compreender este. A superação do entendimento negocial do pagamento resultou precisamente de se haver reconhecido o facto fundamental de que o crédito se extingue através de pagamento, não por essa extinção ser querida, mas porque a obrigação se actua e, actuando--se, se esgota. Isto tem de levar, quando menos, à conclusão de que o efeito extintivo é um efeito tão só reflexo, reflexo e automático, da realização do crédito. Ora, se a extinção da obrigação é tão só um reflexo automático da sua actuação, então isso significa iniludivelmente que o ponto fundamental de referência na determinação do significado do cumprimento *é a realização do crédito e não a sua extinção*.

Há ainda que ir mais além. Em primeiro lugar, não temos por líquido, sequer, que o efeito extintivo seja um efeito necessário do cumprimento[290].

---

[290] Pense-se no caso extremo de uma obrigação *ad aeternum* que se refira a uma situação não divisível, por exemplo, na obrigação que um proprietário assuma perante um vizinho de não construir em determinado local do seu prédio. O devedor, enquanto não construir, a todo o momento estará a cumprir e nem por isso a obrigação deixará de subsistir.

OBRIGAÇÃO DE EMITIR DECLARAÇÃO NEGOCIAL

Para além disso, o chamado efeito extintivo não é mesmo um verdadeiro efeito jurídico intrínseco do cumprimento, no sentido de efeito de que o cumprimento seja antecedente, mas um *seu aspecto extrínseco. A extinção da obrigação é apenas uma consequência da sua actuação.*

A obrigação é constituída no seu substrato por um conjunto de realidades potenciais – das quais faz parte uma que é assumida como bem para uma pessoa e na qual as outras convergem – e possui como sentido a orientação para a efectividade e, a partir dela, a orientação também para a efectividade das outras realidades. O cumprimento da obrigação, ou, em geral, a chamada realização do fim representa a passagem à efectividade do bem, ao menos do bem, significando essa passagem a realização do sentido em que a obrigação orienta o seu substracto. A obrigação extingue-se na medida pelo menos em que aquilo que constitui o essencial do seu substracto se efectiva e se efectiva através da orientação que constitui o seu sentido. A obrigação extingue-se enquanto aquilo em que consiste se actualiza, passa do mundo da potencialidade ao da efectividade. O substracto da obrigação, ao realizar a sua própria forma de obrigação, actualizando-se, esgota essa mesma forma. A extinção da obrigação é a sua própria realização, a sua própria actuação, um ponto de vista exterior sobre a actuação, o seu aspecto extrínseco.

É certo que este modo de compreender a extinção da obrigação vem a criar dificuldades no enquadramento dogmático do cumprimento, na medida em que parece não poder aí funcionar o esquema geral do facto jurídico, ao menos nos seus termos normais de antecedente-consequente. Mas, se os conceitos se devem adaptar à realidade e não a realidade aos conceitos, isso não pode constituir óbice.

Se, porém, o efeito extintivo assim aparece, assim também, mais do que de qualquer outro modo, fica à vista que o que confere sentido ao cumprimento é não o aspecto parcelar e exterior da extinção do crédito, mas o ser a actuação deste.

Não são, desta sorte, convincentes nenhumas das razões em que, a partir do cumprimento, se procurava fundar a autonomia dos momentos negocial e obrigacional. Não a justificam nem a circunstância de ao lado dos efeitos negociais aparecer a extinção da obrigação, compreenda-se mesmo esta como se compreender, nem a temática do *animus solvendi* e da vontade da extinção.

Por outro lado, a questão da relação da função de cumprimento, que é uma função de actuação, com a função negocial fica de todo integrada no problema

254

CONFIGURAÇÃO DA OBRIGAÇÃO DE DECLARAÇÃO NEGOCIAL

mais geral da relação do momento negocial com o obrigacional. Saber se o cumprimento actua a obrigação através da específica referência aos efeitos negociais ou não é o mesmo que saber se a prestação devida – que o cumprimento efectiva – é ou não assumida pela obrigação na específica referência aos efeitos negociais.

3. Nada prova, também, o facto de a obrigação se referir não ao negócio na sua integralidade, mas à declaração de vontade. Para além dos negócios unilaterais, em que negócio e declaração de vontade coincidem, não se pode negar que a declaração de vontade, como elemento integrante de um negócio, não tenha um significado negocial, uma referência aos efeitos. O problema estará em saber se é na função negocial ou não que a declaração de vontade é assumida pela obrigação. Maior valor não tem a circunstância de o negócio perdurar para além da extinção da obrigação. Note-se, antes de tudo, que rigorosamente não é o acto negocial que perdura, mas os seus efeitos. De perduração do acto negocial só se pode falar incorrectamente, no sentido de o acto, ficando no passado, influir no futuro.

Nenhum dos aspectos, perdurarem os efeitos e perdurar o acto, no sentido de influenciar o futuro, tem significado para o problema das relações entre o momento negocial e obrigacional. O que se passa na obrigação de declaração negocial passa-se em outras obrigações. Ninguém dirá que nas obrigações de entrega de coisa o acto é assumido independentemente da sua função de criar a detenção de outra pessoa porque a detenção da coisa permanece para além da obrigação e porque o acto perdura, no sentido de influenciar o futuro. É certo que o resultado que permanece e o modo como o acto perdura são diversos na obrigação de declaração negocial. Mas isso revela tão só que esta obrigação assenta em um substracto de natureza diferente do que se encontra nas obrigações que tutelam um interesse substancial. A função da obrigação é precisamente a de fazer passar o seu substracto da potência à efectividade. Naturalmente, por isso, se extingue quando a actualização se opera. Mas, por isso, também perdurarem o acto e o resultado em nada impede que o acto tenha sido assumido na função de provocar o resultado duradoiro e no seu significado de influir no futuro.

Não é mais convincente o argumento derivado da circunstância de o negócio celebrado em cumprimento de dívida inexistente não ser por isso inválido – só podendo ser atacado através da doutrina da vontade – e de não funcionar

OBRIGAÇÃO DE EMITIR DECLARAÇÃO NEGOCIAL

a *conditio indebiti*. Primeiro, não demonstra, consoante se pretenderia, que a função de cumprimento não possa ter qualquer significado no plano da causa do negócio. O facto de, não existindo a dívida, não ser o negócio inválido prova tão só que o negócio tem uma causa auto-suficiente; e o facto de não valer a *conditio indebiti* demonstra apenas que o negócio, possuindo os requisitos de validade, justifica as atribuições que à sua sombra se façam e a própria atribuição em que consiste. Nem um nem outro provam que, *existindo dívida*, o negócio não seja por ela modelado. E ainda mesmo que se viesse a reconhecer que o modo de produção dos efeitos negociais era o mesmo, existisse ou não dívida, isso ainda não seria bastante para uma cisão dos momentos negocial e obrigacional. A uma integração do momento negocial no obrigacional é suficiente que o acto seja assumido pela obrigação na sua específica função de negócio, independentemente de esta em si mesma ser afectada pela integração. Havendo integração, esta manifestar-se-á necessariamente ao menos numa coisa: o facto de a função de negócio do acto ficar qualificada pela de cumprimento, melhor, de a função negocial, enquanto tal, ser função de cumprimento.

4. Afastadas assim as razões que, à primeira vista, poderiam parecer justificar uma cisão dos momentos obrigacional e negocial, cumpre abordar a questão das relações entre um e outro de modo mais profundo.

Logo directamente olhada, a cisão surge destituída de fundamento, aparece como puramente artificial. O acto está na obrigação com os seus requisitos negociais, e nem podia ser doutro modo. O acto está na obrigação na sua utilidade – porque sem e fora da sua utilidade um acto não pode ser objecto de obrigações – e essa utilidade consiste em ser negócio. Como justificar então, observando a realidade sem preconceitos, que se retire do acto enquanto assumido pela obrigação aquilo que lhe dá a utilidade, que é o seu ser especificamente negocial, a sua referência aos efeitos, aquilo que fundamenta os seus requisitos?

Em nada adianta a isto a cisão estrutural que CARIOTA – FERRARA pretende operar. Reconhecendo, cremos, que uma mera distinção de significados era de todo insubsistente, o autor italiano tentou localizar o corte na própria estrutura, deixando o negócio verdadeiro e próprio fora da obrigação. E assim distingue o contrato da emissão declaração de vontade. Seria a esta que a obrigação se referiria.

CONFIGURAÇÃO DA OBRIGAÇÃO DE DECLARAÇÃO NEGOCIAL

As dificuldades com que CARIOTA – FERRARA se debate sentem-se logo no facto de, vendo-se embora com alguma nitidez que quer tornar a cisão estrutural, nunca ter chegado a definir com rigor aquilo em que se distinguiriam emissão da declaração de vontade e contrato e de, mesmo, nunca se vir bem a perceber o que efectivamente com a distinção pretende significar. Tão depressa parece que se distingue a declaração de vontade, como parte, do contrato, como todo[291], como que se distingue a declaração dos efeitos negociais ou do preceito que os exprime[292], como ainda que a distinção é entre a emissão da declaração e a declaração que em si mesma integraria o contrato[293].

Para além da incerteza que isto revela, em nenhum dos sentidos a distinção serve. Nos dois primeiros deixa o problema como se encontrava. No último é inaceitável[294].

Cada declaração de vontade não é todo o contrato. Mas, pondo já de parte o negócio unilateral, o certo é que a declaração de vontade, como elemento integrante do contrato, só tem sentido em função negocial, só tem sentido enquanto contribui para a produção dos efeitos – na sua referência a estes, portanto.

Pode-se falar de negócio com o significado de efeitos ou de preceito. Mas o negócio é também, e por excelência, a declaração causa daqueles. E o negócio só tem sentido e utilidade enquanto na sua referência aos efeitos.

Finalmente, quanto à distinção entre emissão da declaração e declaração[295], que parece ser aquela em que o autor realmente se pretende basear, ou declaração se entende no significado de "declarado" (o que se declara) e continua a nada se adiantar, ou a distinção é puramente verbal. A declaração é um comportamento, um acto e, por isso, emitir a declaração e comportar-se declarativamente, emitir a declaração e declarar são uma e a mesma coisa,

---

[291] *"L'obbligo ..." cit.*, especialmente p. 220, *in fine*.

[292] *Ibidem*, pp. 213-214.

[293] *Ibidem*, pp. 215 e 221.

[294] Uma crítica breve, mas não com um sentido fundamentalmente diverso daquele que se fará, pode ver-se em MONTESANO, *ob. cit.*, pp. 24-25; MONTESANO naturalmente, no entanto, não põe a questão como de relações entre os momentos negocial e obrigacional, antes procura demonstrar a impossibilidade da obrigação de declaração negocial.

[295] Esta distinção parece ser aceite por TAMBURRINO, *ob. cit.*, pp. 221-222. Não nos referimos no texto a este autor por ele não colocar directamente a questão do objecto da obrigação de declaração negocial, referindo-se antes ao problema da causa do negócio definitivo. No entanto, parece indirectamente resolver aquele problema no sentido que se indica.

OBRIGAÇÃO DE EMITIR DECLARAÇÃO NEGOCIAL

não se podem diferenciar a emissão e a declaração como se não podem diferenciar prática do acto e acto, porque a declaração está no próprio declarar, como a prática está no próprio agir. O que se podem distinguir são pontos de vista sobre a declaração e sobre o agir (agir e agido, por exemplo). Mas então, sejam quais forem os outros pontos de vista que se tenham em conta, o certo é que o significado (e o ponto de vista) obrigacional não parece compreensível sem referência ao significado (e ponto de vista) negocial.

De qualquer modo, atribua-se o sentido que se atribuir à distinção de CARIOTA- FERRARA, que ela não justifica a autonomização dos momentos obrigacional e negocial é o próprio autor que o acaba por revelar.

Assim o mostra logo quando procura definir o significado da *causa solvendi* em relação ao negócio. *"Num caso –* diz *– a preexistência da obrigação justifica o acto e a prestação que constitui o seu objecto; no outro caso, a mera* emissão da declaração *negocial de vontade (e só esta como tal, não a prestação que ela contém ou importa,* pretium)*, se pode reportar à preexistência da obrigação de declarar, com o valor antes esclarecido"*[296]. E afirma que isso explica que no primeiro caso seja possível a execução forçada sobre os bens do devedor, na falta de cumprimento espontâneo, enquanto no segundo só é possível imediatamente uma execução específica para substituir a declaração (art. 2 832º Cod. Civ. italiano) e não para conseguir a coisa ou o preço, *"para o que será necessário depois utilizar a sentença"*[297].

Há aqui um manifesto vício lógico. Os sentidos de prestação que num e noutro caso CARIOTA – FERRARA utiliza são diversos. No caso de cumprimento de obrigação comum, prestação é a prestação em que o acto consiste (acto de entrega e prestação de entrega, por exemplo); no caso de cumprimento de obrigação de declaração negocial prestação não é, segundo ele, aquela que consiste na declaração de vontade, o negócio, mas a prestação que o negócio justifica (mesmo na hipótese de negócio real, a prestação em que o negócio em si consiste e a prestação de entrega de coisa, embora ligadas, são realidades diversas). Ora, é evidente que a obrigação de vender não pode, pelo menos directa e plenamente, justificar a prestação de preço, porque, se o justificasse, não era obrigação de vender, não era obrigação de declaração negocial. O que tinha de se dizer para se fundar a autonomização de negócio e obrigação seria que a obrigação, justificando embora a emissão da declara-

---

[296] *"L'obbligo ..." cit.*, pp. 220-221.
[297] *Ibidem*, p. 221.

258

ção de vontade, não justificaria em si o negócio, a produção dos efeitos jurídicos. Mas que o justifica vem a reconhecê-lo o próprio autor, logo a seguir, quando se refere à execução específica.

Por outro lado, ao mesmo tempo que distingue o contrato da emissão da declaração de vontade (entenda-se a distinção como se entender), referindo a obrigação apenas a esta, CARIOTA – FERRARA vem a considerar que a *causa solvendi* é causa do contrato, embora causa acidental e em relação à qual o contrato é abstracto[298] (isso, no aspecto que se tem em consideração, pouco importa). Tudo parece bem significar, afinal, que verdadeiramente é ao negócio enquanto tal que a obrigação se reporta[299].

Finalmente – e aqui focando, embora contraditoriamente com a sua posição, um aspecto de muito relevo – afirma a propósito da noção de Carnelutti de acto devido: *"A noção de acto devido (interessante e útil para outros fins) no seu carácter genérico, pode conter situações diversas: "devido" é o pagamento; "devida" é a venda prometida por contrato preliminar ou imposta por testamento. Mas quanta diferença entre um e outra! Enquanto ambos, sob a perspectiva de serem "actos devidos" e portanto sob o ponto de vista da relação com a preexistente situação, não se deixam diferenciar, profunda diferença revelam sob o ponto de vista da relação entre causa e acto, com os consequentes reflexos sobre a natureza deste"*[300]. Mas, no fim de contas, qual é o objecto da obrigação: a "mera emissão da declaração de vontade" ou o negócio como tal e enquanto tal?

5. Alguns aspectos do regime da obrigação de declaração negocial que apontámos vêm trazer plena confirmação ao mal – fundado da autonomização do momento obrigacional relativamente ao negocial, uma vez que exigem, para se tornarem tecnicamente explicáveis, a integração da função negocial na obrigação. Referimo-nos a todos aqueles casos que designámos de alterações do regime das obrigações em atenção à específica natureza do interesse protegido (e do preterido) pela obrigação de declaração negocial.

A autonomização do momento obrigacional em relação ao negocial pressupõe que os interesses do credor e do devedor que estão em jogo na obrigação

---

[298] *"L'obbligo ..." cit.*, p. 213, nota (51); *Il negozio giuridico nel Diritto Privato Italiano cit.*, pp. 591 e 592. Mas parece que mais do que abstracto é indiferente.

[299] Neste sentido parece ser muito mais rigoroso TAMBURRINO que nega que a *causa solvendi* seja de qualquer modo causa do negócio – *ob. cit.*, pp. 219 ss.a

[300] *"L'obbligo ..." cit.*, p. 220.

de declaração negocial se estruturem tecnicamente como meros interesses no acto e nada mais. Ora, pelo contrário, o regime da obrigação de declaração negocial exige que os interesses se estruturem tecnicamente como interesses no acto na sua função negocial, na função negocial do acto ou na produção dos efeitos jurídicos – agora pouco importa qual destas modalidades é prioritária.

Temos, com particular importância, todos os casos de específica modelação das regras das obrigações na obrigação de declaração negocial enquanto aplicações dos princípios gerais a uma matéria particular. Assinalámos aí, exactamente, as hipóteses de cumprimento por terceiro e de transmissão. A ideia que domina todo o regime é a de que a obrigação de declaração negocial só vale como meio indirecto. Este valer como meio indirecto – meio para uma situação final representando a efectivação da regulamentação jurídica – apenas se pode compreender na medida em que o acto seja assumido pela obrigação na sua específica referência aos efeitos. Basta aliás notar como nestes casos – cumprimento por terceiro, transmissão – é preciso atender à configuração da situação jurídica final para definir o regime da obrigação de declaração negocial – no cumprimento por terceiros há que saber se o devedor de negócio há-de ou não ficar investido em dívidas e na transmissão se o há-de ou não ficar o credor – para se ver bem que se não pode prescindir na obrigação da referência do acto aos efeitos.

Aparecem finalmente aquelas hipóteses em que o regime da obrigação de declaração negocial é marcado pelo facto de representar, na sua utilidade para credor e devedor, um princípio da regulamentação definitiva, uma como que sua antecipação. Temos a circunstância de os requisitos do negócio definitivo se reflectirem – mais ou menos, pouco importa, porque isso depende da força de neutralização da nova manifestação de vontade – nos do negócio fonte da obrigação de declaração negocial. Temos, por outro lado, o facto de a constituição de crédito a negócio poder ser objecto de acção pauliana. Nenhum destes aspectos de regime é tecnicamente enquadrável sem uma integração da função especificamente negocial na obrigação, já que eles representam, em ultima análise, a aplicação à obrigação de declaração negocial de regras próprias do negócio definitivo.

Aliás, se se atender à razão última das coisas, à razão última do próprio regime referido da obrigação de declaração negocial, logo se vê que a específica referência aos efeitos não pode deixar de ser assumida pelo crédito. Aquilo que determina a constituição de uma obrigação de declaração negocial é necessariamente a utilidade do acto objecto da obrigação. Essa utilidade, porém, está em ser negócio, em ser um acto produtor de efeitos. É sobre essa utilidade que o regime da obrigação de declaração negocial tem de ser moldado. Por aqui, imediatamente se vê o absurdo de uma autonomização do momento obrigacional em relação ao negocial: significa assumir o acto retirando aquilo que lhe confere a utilidade em razão da qual é assumido. E, por isso mesmo, o regime a que o crédito fica sujeito mostra que a autonomização não é possível – é que o regime, que corresponde às exigências da realidade e não às das construções, tem de apoiar-se sobre a utilidade do acto.

E assim que se reconheça que o acto é tomado pela obrigação na sua específica função negocial, logo se torna claramente compreensível também a dependência do cumprimento em relação aos requisitos negociais, bem como, consequentemente, o modo particular como se colocam as questões do incumprimento e da impossibilidade de cumprir. Enquanto se cindisse o momento obrigacional do negocial, os requisitos negociais enquadrados no cumprimento apareceriam sempre desgarrados do seu verdadeiro sentido, da sua razão de ser – que é a causalidade do acto em relação aos efeitos negociais. Agora, porém, esses requisitos surgem na sua justificação, na sua conexão com a produção dos efeitos.

Parece, assim, poder concluir-se que *o momento obrigacional não é autonomizável em relação ao negocial*, que, portanto, a *obrigação assume o acto na sua função negocial, na sua específica referência aos efeitos jurídicos.*

6. Tanto basta para afastar a cisão entre momentos obrigacional e negocial. Desde de que o momento obrigacional não tem autonomia em relação ao negocial, impõe-se reconhecer que o negócio se integra, enquanto tal, na obrigação. Pouco importa, para este específico efeito, que a integração tenha ou não tenha reflexo sobre o modo de ser do negócio. Ainda que o negócio se mantenha ou mantivesse precisamente nos mesmos termos em que surge fora da obrigação, não deixaria por isso de estar nela integrado.

Tal, porém, não impede que se verifique agora se o próprio modo de ser do negócio é em si mesmo afectado pela circunstância de constituir objecto da obrigação. Isso pode constituir uma corroboração do que até agora observámos; e depois define a intensidade da própria integração.

Vimos que o regime do negócio sofria alterações pelo facto de ser devido: não eram relevantes da parte do devedor e perante o credor os vícios que nos

OBRIGAÇÃO DE EMITIR DECLARAÇÃO NEGOCIAL

termos gerais fundassem mera anulabilidade; e, quando o fossem (coacção do credor), era por reacção contra a ilicitude.

Isto é prova indiscutível da integração do negócio, enquanto tal, na obrigação. Se a circunstância de o acto ser devido afecta a sua própria função negocial é sem dúvida porque o acto é devido na sua específica função de negócio, na sua específica referência aos efeitos jurídicos. E exprime por outro lado uma particular intensidade da integração, que modela o próprio negócio em si mesmo.

Prova da integração e expressão de uma sua particular intensidade resulta ainda da circunstância de os próprios efeitos negociais que perdurarem para além da obrigação ficarem marcados pelo facto de terem surgido por cumprimento desta. Essa marca pode verificar-se nas questões da concorrência do credor de negócio à falência ou insolvência – em que o crédito que da obrigação de declaração negocial resulta há-de ser tratado como crédito anterior à falência – e da inversão do risco por mora – em que há que atender, além da mora no cumprimento da dívida final, à que se tenha verificado no da obrigação de declaração negocial. Um e outro destes fenómenos representam uma especial modelação do negócio e pressupõem que a obrigação assume o acto na sua específica referência aos efeitos – aqui mais do que nunca, pois que a modelação incide nos próprios efeitos.

É, assim, lícito concluir definitivamente que *entre os momentos obrigacional e negocial se verifica não uma separação mas uma integração – deste naquele*.

7. A obrigação assenta, já o vimos, em substractos do mundo da potencialidade, da possibilidade (ontológica). O negócio, em potência, com a sua forma própria de negócio, vem a constituir *matéria da forma obrigacional*. A produção dos efeitos, a causalidade do acto relativamente aos efeitos ou o acto na sua função causal (determinante) dos efeitos, não importa por agora precisar, é assumido como bem para uma determinada pessoa e constituída em objecto de um interesse protegido. O acto, na sua função causal, na sua função determinante dos efeitos fica a representar *conteúdo* (ou objecto, como se queira) *de um dever*.

Por outro lado, a circunstância de o negócio assumir forma obrigacional, reflecte-se no seu próprio *modo especificamente negocial*, que, sem ser destruído, *é pela forma obrigacional modelado*.

CONFIGURAÇÃO DA OBRIGAÇÃO DE DECLARAÇÃO NEGOCIAL

Desta integração do negócio na obrigação resulta que a *função de prestação do acto* aparece não como função autónoma mas como *modo da função de negócio*, modo aliás que conforma interiormente e não apenas exteriormente a função de negócio. E resulta ainda, consequentemente, que a *função de cumprimento do acto*, porque o cumprimento não é senão a actuação, a efectivação da prestação (potencial) devida, é *modo da função de negócio (efectivada)*, externa e internamente modelador.

8. Alcançou-se já aquilo com que fundamentalmente se crê poder contribuir-se para o tema da construção da obrigação de declaração negocial: a fundamentação da integração do momento negocial no obrigacional, modeladora externa e internamente da função negocial do acto. O que se adquiriu representa, ao que julgamos, o ponto de partida de toda a construção da figura da obrigação de declaração negocial.

Daqui para diante, os problemas que se abrem serão de reajustamento dos quadros dogmáticos, a fim de neles encontrar um lugar para o crédito a negócio como realidade que integra o dado negociai na sua específica natureza. Todo o caminho em que isto se traduz se torna, não só difícil, como extremamente inseguro. Vem a surgir a necessidade de tomar posição em questões das mais delicadas e que transcendem os limites restritos daquilo que de imediato se apresenta no tema da obrigação de declaração negocial e que não podem, desse modo, ser estudadas com o pormenor e a cautela que imporiam.

No entanto, se parássemos aqui, neste reconhecimento que temos por basilar da integração do negócio no crédito, nunca as implicações gerais de um tal reconhecimento se tornariam nítidas. Por isso, tentaremos de seguida uma série de reajustamentos de quadros, o que, quando mais não seja, terá o valor de mostrar o significado que num plano de teoria geral à questão da obrigação de declaração negocial compete.

B) *Causa negotii* e causa da atribuição

9. A integração do negócio enquanto tal na obrigação exige uma explicação dogmática, reportada ao negócio devido. Essa explicação procurá-la-emos agora. E o estudo será dividido em duas fases: numa primeira, haverá que explicar a modelação do regime do negócio como tal, que se encontra no negócio devido; numa segunda, haverá que procurar enquadrar essa

OBRIGAÇÃO DE EMITIR DECLARAÇÃO NEGOCIAL

explicação no plano geral da explicação da assunção do negócio como objecto de crédito.

Os temas que em seguida se referem ligam-se intimamente com o problema causal e em particular com o problema das relações entre a *causa do negócio* e a chamada *causa solvendi*. Convém, no entanto, fazer uma prevenção que de certo modo explica a ordem do estudo que se segue. Poderia à primeira vista parecer que a integração do negócio na obrigação se haveria de traduzir numa mera e simples unificação da *causa negotii*, conectada com a função de negócio do acto, e da *causa solvendi*, conectada com a sua função de cumprimento. No entanto, encarar assim o assunto traduziria um simplismo incompatível com a complexidade do problema. É que não está demonstrado que a palavra causa, na *causa negotii* e na *causa solvendi*, signifique a mesma coisa e ainda, e por isso, que a conexão da *causa solvendi* com a função de cumprimento e da *causa negotii* com a função de negócio sejam da mesma ordem.

10. Um dos pontos de apoio da existência e dos termos da causalidade (eficiente) de um acto, da sua aptidão para produzir negocialmente efeitos jurídicos, encontra-se na causa (negocial). Ora, desde logo se não vê outra realidade em que possa assentar a modelação da disciplina do negócio devido que não seja a causa. Por isso, a integração internamente modeladora do negócio na obrigação imediatamente abre o problema da caracterização da *causa negotii* no negócio devido.

A falta de segurança que se nota na doutrina quanto às relações entre os momentos obrigacional e negocial vem a reflectir-se neste plano da causa do negócio devido. A consequência rigorosa do dualismo consiste em manter inalterada a causa do negócio. E esta rigorosa consequência não deixou de ser tirada. Assim o fez, por exemplo, TAMBURRINO, para quem a causa do negócio se mantém imutável, continua sendo a causa típica: o contrato preparatório apenas se reflectiria externamente sobre as declarações, assumindo uma função negativa: a parte deve declarar e, se declarar, é indiferente que tenha ou não sido em cumprimento de obrigação – trata-se de motivos subjectivos, irrelevantes; se não a declarar é que entra em acção o crédito[301].

Este rigor, contudo, nem sempre é mantido. E assim surgem formulações que, não exprimindo embora uma integração do negócio na obrigação, já

---

[301] *Ob. cit.*, pp. 221-222.

CONFIGURAÇÃO DA OBRIGAÇÃO DE DECLARAÇÃO NEGOCIAL

tendem a reconhecer, umas muito ténuamente, outras menos, um reflexo do dado obrigacional sobre o negocial. São as concepções da dupla causa (negocial) que, embora através de uma duplicidade causal do negócio, reconhecem, ainda que num plano secundário, uma intervenção do dado obrigacional na zona da causa negocial.

Neste sentido se apresenta logo a concepção francesa da dupla causa. CAPITANT assinala que no contrato sinalagmático pode haver *double cause* – a *causa normal* da obrigação (a vontade de obter a prestação prometida pela outra parte)[302] e uma *causa secundaria*, que pode consistir na intenção de cumprir uma obrigação (o autor refere-se à obrigação *ex testamentu*), a qual não é em princípio verdadeira causa, pois fica fora do "campo contratual", mas o pode ser desde que conhecida da outra parte (com o que entra no "campo contratual")[303]. JOSSERAND parece incluir o motivo de cumprimento na causa impulsiva e determinante (através de um alargamento da causa para além do fim imediato), quando seja relevante (quando entre no "campo contratual"), embora, pela sua normal irrelevância, não o considere um exemplo típico[304].

CARIOTA – FERRARA, por seu turno, considera, aliás com certa contradição, a *causa solvendi* em relação ao negócio como *causa acidental* (por oposição à causa natural). Mas logo observa que nenhuma influência a causa acidental tem no negócio.

Finalmente, nesta ordem de ideias se enquadra a distinção entre *causa próxima* e *causa remota*, a partir da qual a causa própria do negócio aparece como causa próxima e o fim de cumprimento como causa remota[305].

11. A consequência rigorosa de uma cisão entre os momentos negocial e obrigacional consiste na autonomia da *causa negotii* em relação a qualquer elemento conectado com o momento obrigacional. Ainda se justificaria a manutenção da autonomia plena da *causa negotii* enquanto, reconhecendo-se uma inte-

---

[302] *De la cause des obligations*, 3ª ed., 1928, p. 43.
[303] *Ob. cit.*, pp. 55-56.
[304] *Les mobiles dans les actes juridiques du Droit Privé*, 1928, pp. 192-193.
[305] Veja-se ANDREOLI, *"La ripetizione ..." cit.*, pp. 40 ss. BETTI, (*ob. cit.*, p. 139) utiliza a distinção em sentido diferente, que não interessa aqui. Negando que, dentro dessa distinção de BETTI haja verdadeiramente duas causas, CARIOTA-FERRARA, *Negozio giuridico... cit.*, p. 591.

OBRIGAÇÃO DE EMITIR DECLARAÇÃO NEGOCIAL

gração do negócio na obrigação, não se admitisse uma modelação da própria causalidade negocial (eficiente). Desde que, porém, os termos da causalidade (eficiente) são diversos no negócio devido, parece não poder deixar de se entender que um qualquer elemento novo se introduz na *causa negotii*, fundamentando esses particulares termos. Por isso, se uma concepção como a de TAMBURRINO é rigorosamente coerente com as premissas de que parte, não é aceitável, exactamente por as premissas não corresponderem à realidade.

A teoria francesa da *double cause* não traz, no seu ponto de partida subjectivista e de um subjectivismo determinante, nenhuma verdadeira contribuição para a explicação da modelação do negócio devido. Essa só pode ser encontrada na base de uma consideração objectivista da causa. Basta que se pense, para além da questão geral do objectivismo e do subjectivismo causal, em que o particular regime do negócio devido é independente da intenção de actuar o crédito ou de realizar o interesse do credor. A doutrina francesa não faz mais do que procurar explicar, através da causa, o relevo, no plano da teoria da vontade, da intenção de cumprir dívida inexistente. E desse modo se pode perguntar mesmo se em alguma coisa a doutrina verdadeiramente se afasta de uma rigorosa cisão negócio-obrigação.

Da consideração da problemática causal no negócio devido na modalidade causa natural – causa acidental (CARIOTA-FERRARA), embora já se coloque de algum modo num plano objectivista, o único elemento útil que se pode retirar é o do carácter não essencial da intervenção do dado que fundamenta a modelação do regime do negócio devido – carácter não essencial nos dois sentidos, de a intervenção não ser indispensável para que o negócio possua o requisito de causa e para que o negócio se integre num determinado tipo causal. Fora disso, a doutrina nada mais traz, na medida em que nada nos diz sobre o modo de conexão dos vários elementos causais e em que nega todo e qualquer relevo à causa acidental – isto para além do próprio problema de configurar uma dualidade causal.

Não é também aceitável a construção da causa do negócio devido a partir do esquema causa próxima – causa remota. Neste esquema o negócio possuiria, além da sua causa própria, uma causa remota, uma finalidade subsequente que através daquela se procuraria alcançar e que consistiria precisamente na finalidade de cumprimento. O negócio seria abstracto em relação à causa remota, de modo que a inexistência da dívida não determinaria a sua invalidade, mas fundaria uma *conditio*.

CONFIGURAÇÃO DA OBRIGAÇÃO DE DECLARAÇÃO NEGOCIAL

Para além sempre da questão da dualidade causal, desde logo há que apontar o facto de esta doutrina arrancar de uma consideração subjectivista da causa – ainda que de um subjectivismo a que poderíamos chamar justificante, mais do que determinante, e por isso mais próximo de uma perspectiva objectivista –, a qual, como já se referiu, nunca poderá explicar a particular configuração da disciplina do negócio devido. Por outro lado, mais uma vez se parte, na definição do relevo da causa remota, da inexistência de dívida e não da sua existência. Finalmente, não é admissível sequer, como se indicou já, a conclusão de que, no caso de inexistir a dívida, fique o pretenso devedor a dispor de uma *conditio*.

Apesar de tudo isso, a doutrina da causa próxima-causa remota contribui de algum modo para a configuração da causa do negócio devido. De todas as concepções da dupla causa, é a única que aborda o problema da localização dos vários elementos causais. E não deixa de ser curioso assinalar que a concepção surgiu durante a primeira fase da história da obrigação de declaração negocial, não para explicar um verdadeiro negócio devido, mas a *datio*.

12. O problema da causa do negócio jurídico é dos mais complexos e dos mais movediços que na ciência jurídica se encontram. Torna-se, dessa sorte, extremamente difícil abordar questões relativas a formas particulares do fenómeno causal, não tanto pelo que respeita à ideia que fundamentalmente se pretenda formular, mas pelo que toca a sua localização na genérica temática causal. Procuraremos, por isso, indicar alguns pontos da consideração objectivista da causa necessários para assegurarem o correr da exposição sobre a causa do negócio devido[306].

---

[306] Sobre a orientação objectivista por todos Prof. GALVÃO TELLES, *Dos Contratos ... cit.*, pp. 249 ss. Segue-se essa orientação e no texto apenas se fixam alguns pontos que interessam para a nossa finalidade. É possível que nem sempre estejam rigorosamente de acordo com as formulações mais seguidas, mas não é possível num estudo desta ordem uma justificação pormenorizada. Apenas se dedicarão algumas palavras ao problema da tipicidade, não só por ter imediato interesse, como por constituir, juntamente com a relação causa-legitimidade, de que já se falou brevemente no capítulo I, a fonte das divergências que se possam encontrar. Por outro lado, é vulgar uma consideração mista, objectivista-subjectivista (Prof. GALVÃO TELLES, *Dos Contratos cit.*, pp. 253 ss.; BETTI, *ob. cit.*, p. 140). Temos sinceras dúvidas sobre o valor de uma tal orientação, e o que se diz no texto até certo ponto o fundamentará. Seja como for, aqui apenas interessa a consideração objectivista.

OBRIGAÇÃO DE EMITIR DECLARAÇÃO NEGOCIAL

A causa do negócio aparece, numa consideração objectivista, definida como a função económico-social do negócio ou, mais amplamente, como a *função prático-social do negócio*[307].

Assim caracterizada a *causa negotii*, logo há que chamar a atenção para a diferença que medeia entre a função prático-social e a função de negócio de um acto.

A função de negócio de um acto traduz a referência de causalidade eficiente, de determinação, de um acto em relação a determinados efeitos jurídicos. A função prático-social do acto é exactamente um dos pontos de apoio da existência daquela causalidade e dos seus termos. Por isso com ela não se pode confundir.

Mas se não se podem confundir, não deixa de existir entre a função prático-social e a função de negócio alguma relação. De um lado, a função prático-social representa um dos dados em que se apoia a existência e os termos da função de causalidade (eficiente). Nesse sentido a função prático-social é determinante da função de negócio. Doutro lado, a função prático-social pressupõe, e sobre ela se constrói, a função de negócio, mas, repare-se, função de negócio que pode ser apenas hipotética e que de início necessariamente há-de ser hipotética.

A função prático-social do acto vem a traduzir não a função real ou hipotética de produzir determinados efeitos, mas a função real ou hipotética que o acto, produzindo efeitos, realiza ou realizará. A função prático-social do acto exprime, não a relação do acto com os efeitos, mas a relação do acto com o *significado prático-social dos efeitos*. Deste modo, aliás, se vê que a *causa negotii* se pode considerar como (da perspectiva da) função prático-social de um determinado acto ou antes como (da perspectiva do) significado prático-social de determinada regulamentação, enquanto actuável (hipotética ou realmente) através de um certo acto.

A função prático-social (ou o significado prático-social) aparecerá, num primeiro momento, necessariamente de forma hipotética, pois se não sabe se o acto a poderá ou não realizar, uma vez que não se sabe se virá ou não a ser estabelecida a causalidade eficiente do acto que exprima um poder. Num segundo momento, surgirá ainda como parcialmente hipotética, na medida em que, definida já a existência de um poder, ainda se não definiram os ter-

---

[307] CARIOTA-FERRARA, *Il negozio giuridico ... cit.*, p. 586.

CONFIGURAÇÃO DA OBRIGAÇÃO DE DECLARAÇÃO NEGOCIAL

mos em que o poder pode ser exercido ou, mais rigorosamente, os termos do acto que assente no poder. Num terceiro momento, surgirá como função real, mas agora já como função que foi valorada.

A função prático-social como causa do negócio contém em si a ideia de ser objecto de apreciação, e de um determinado modo de apreciação. Trata-se daquilo que BONFANTE traduziu, muito sugestivamente, na ideia de que a causa corresponde à vontade da lei, por oposição à vontade dos particulares. O que vem a consistir fundamentalmente em a função prático-social ser apreciada perante e em função da legitimidade definida e como modo de controlo da idoneidade que a legitimidade fundamenta, tanto no aspecto do desenvolvimento ou não dessa idoneidade em poder de produzir efeitos jurídicos, como no dos termos em que a idoneidade assim desenvolvida haverá de se actuar.

Para além deste aspecto da legitimidade, a referência da função prático-social a um acto, que é necessária, não impõe que um acto seja assumido em todas as suas possíveis características. Importarão apenas aquelas que terão reflexo no significado prático-social da regulamentação. Isto implica que, no acto que venha a ser capaz de produzir os efeitos, se distinga, dentro das características ligadas à apreciação causal, aquelas que foram pressuposto da apreciação e aquelas outras que representam exigência da mesma apreciação, isto é aquelas que, em função da apreciação causal, o acto tem de possuir para produzir os efeitos ou para os produzir em determinados termos. Neste ponto de vista se terão de compreender os elementos subjectivos, nomeadamente as finalidades, conectadas com a causa. Uns poderão ser determinantes da própria maneira de ser da função prático-social, outros representarão exigências da função prático-social.

A função prático-social que um acto, definido embora só pelas características capazes de nela influírem, realizará ou realiza em particular (perante determinadas circunstancias), apresenta-se determinada por uma infinidade de aspectos. Desses, uns serão relevantes na apreciação causal, outros indiferentes. Por isso se pode construir um conceito mais restrito de causa que tome da função prático-social apenas os aspectos relevantes na apreciação causal.

Finalmente, há que referir a diferença que entre a causa e o requisito de causa medeia. A causa representa a função prático-social objecto de apreciação pela lei. O requisito de causa traduz as características que a causa há-de possuir – podendo, aliás, variar, nomeadamente consoante o valor da legitimidade – para que o poder exista. Por isso, em primeiro lugar, há causa

OBRIGAÇÃO DE EMITIR DECLARAÇÃO NEGOCIAL

independentemente de ela preencher ou não o requisito de causa, independentemente de possuir ou não as características necessárias à existência de poder. Em segundo lugar, a apreciação causal ultrapassa a simples questão de saber se a causa preenche ou não o requisito de causa, havendo ainda que determinar a influência sobre os termos do nexo de determinação entre o acto negocial e os efeitos.

13. Qualquer regulamentação jurídica beneficia e prejudica directa ou indirectamente *interesses substanciais* vários, por forma determinada pela estrutura da regulamentação e pelas circunstâncias e com sentido determinado tanto por isso como pela referência à legitimidade e a elementos que importem do acto. Ao mesmo tempo, porém, e a partir já desse significado prático-social de base, a regulamentação é objecto de *interesses formais* (isto é, na produção de efeitos jurídicos) que, enquanto se actue, actuará. E na medida em que a regulamentação se liga aos interesses formais, não pode negar-se que tal conexão se introduza na função prático-social do negócio num sentido amplo, independentemente ainda, portanto, do relevo que esses elementos causais possam assumir. O significado prático-social do negócio, enquanto se tome a regulamentação no plano da potencialidade, vem a caracterizar-se pela incidência dos interesses formais na regulamentação. Enquanto se veja a regulamentação no momento da sua actuação, o significado prático-social e, por conseguinte, a função prático-social vêm a ser marcados pelo facto de a produção dos efeitos realizar ou sacrificar esses interesses formais.

O problema que então se coloca é o de saber se tal aspecto tem ou não relevo na apreciação causal e se se integra, por isso, no âmbito do conceito restrito de causa, como função prático-social definida pelos aspectos relevantes na apreciação.

Quando não haja valor específico de um interesse formal, não se vê que o aspecto da função prático-social referente aos interesses formais assuma relevo. É que aí toda a apreciação que se pudesse fazer no plano dos interesses formais tem primariamente de ser feita no dos interesses substanciais. Nos casos em que exista valor específico de um interesse na não produção dos efeitos ou de um interesse na produção dos efeitos, mas que gere uma própria legitimidade (por substituição), não podemos afirmar categoricamente se o aspecto da função prático-social que a esses interesses formais se liga assume

CONFIGURAÇÃO DA OBRIGAÇÃO DE DECLARAÇÃO NEGOCIAL

ou não relevo causal, nem a medida e os termos em que porventura a assuma. Para se poder dizer com segurança alguma coisa neste ponto a respeito desses casos, seria necessário um estudo detido deles que não se fez.

Nas hipóteses em que se encontra valor específico de um interesse na produção dos efeitos por referência a uma legitimidade de outrem é que parece, se é verdade o que atrás se disse quanto ao regime do negócio devido, que não se pode duvidar do relevo causal do aspecto da função prático-social do negócio que à realização desse interesse se refere.

O relevo causal da realização do interesse na produção dos efeitos (e do sacrifício do interesse na não-produção) parece logo poder referir-se à própria existência de poder, não enquanto venha a preencher o requisito de causa, já que se está agora a trabalhar com um negócio que por definição tem preenchido o requisito de causa independentemente da protecção específica de um interesse formal, mas enquanto venha a tornar ineficazes situações de incompatibilidade que, na medida em que gerassem nulidade, impediriam a existência do poder. Passada essa primeira fase, e tornando-se já o valor do interesse formal objecto de tutela específica, a significação causal da sua realização traduzir-se-á na irrelevância, da parte do devedor e perante o credor, dos vícios da vontade e, em geral, das anulabilidades (fora do caso restrito da coacção do credor) e mesmo porventura de alguma hipótese de vício gerador de nulidade (que não respeite à existência de poder).

Da causa (em sentido restrito) do negócio devido (ou do negócio que virá a ser devido) faz parte, pois, a realização do interesse na produção dos efeitos especificamente protegido (especificamente valioso).

Trata-se, repare-se, de uma *única causa*, de um unitário significado prático-social, já que se não pode desgarrar a realização dos interesses formais da referência da regulamentação aos interesses substanciais. É porque e enquanto a regulamentação tem um significado prático-social reportado aos interesses substanciais que o tem a respeito dos interesses formais.

Sendo embora unitária a função prático-social do negócio, pode-se procurar a localização que nela assume a realização do interesse formal. E, nesse sentido, se revela a utilidade da teoria da causa próxima-causa remota. Apesar de todos os pontos em que se apresentava inaceitável, apesar de tomar uma perspectiva subjectivista, apesar mesmo de configurar uma duplicidade causal, não deixa de ter interesse enquanto relaciona em sequência (lógica) as duas causas.

Pode-se distinguir na função prático-social do negócio (em sentido amplo) o *momento substancial* e o *momento formal,* na acepção de momentos da referência aos interesses substanciais e aos interesses formais. O momento substancial aparece como *imediato,* surgindo o momento formal como *mediato,* com o significado de a referência aos interesses formais se realizar através da referência aos interesses substanciais.

A hipótese de negócio devido constitui precisamente uma hipótese de relevo do momento formal.

A esta configuração da causa do negócio devido como causa em que releva o momento formal da realização e sacrifício de interesses na produção e não-produção dos efeitos, especificamente protegidos e preteridos, poderão opor-se duas dificuldades, uma directamente ligada à tipicidade causal, outra, também com ela conectada, referente à circunstância de a realização e sacrifício dos interesses, para desenvolverem a sua influência, não terem de ser queridos pelas partes.

Dos tipos causais, e portanto das causas típicas, no modo como são construídos, não faz parte a realização dos interesses na produção dos efeitos, não faz parte o momento formal. Assim, por exemplo, uma compra e venda, pelo facto de ser devida, não deixa de ser compra e venda, de possuir a causa de compra e venda. Pode então perguntar-se se isso não envolverá que o momento formal não faça parte da causa, ou que, ao menos, não constitua por si um dado causal autónomo, não se integrando numa unitária função prático-social do negócio.

A tipificação causal possui toda a utilidade. Mas há que ser prudente na compreensão do seu significado.

Em primeiro lugar, se a causa do negócio é recondutível a tipos[308], cada acto, efectivo ou potencial, real ou hipoteticamente negocial, é um indivíduo e possui uma causa real ou hipotética que será individual. Os próprios aspectos relevantes assumem em cada acto uma maneira de ser específica, embora possa ser desprezível essa específica maneira de ser e, sobretudo, o modo como tais aspectos estão nesse ou perante esse particular acto. A causa típica não é a causa de um negócio, mas um *tipo de causa,* que poderá ser preenchido, no sentido de as manifestações particulares a esse tipo corresponderem, isto é, possuírem em concreto características que concordam com as que em abstracto definem o tipo. A causa típica não é por si uma causa, mas um *conceito,*

---

[308] Prof. GALVÃO TELLES, *Dos Contratos ... cit.,* p. 252; BETTI, *ob. cit.,* p. 142.

CONFIGURAÇÃO DA OBRIGAÇÃO DE DECLARAÇÃO NEGOCIAL

uma *ideia geral e abstracta* de causa, definida por determinados traços. Quer dizer: uma causa particular é típica enquanto corresponde ao tipo; não é o tipo que constitui a causa. Noutras palavras, a causa é tipificável, mas não é o tipo.

Para além disto, os tipos negociais apresentam-se normalmente construídos por um critério que, se toma aquilo que é básico, se toma a raiz da função prático-social do negócio, não é absoluto no sentido de a unitária função prático-social (*lato sensu*) não poder em concreto estender-se para fora dos limites abrangidos pelo critério de tipificação e de não poder fora desses limites ter relevância.

Os elementos fundamentalmente utilizados, em regra, na definição dos tipos são aqueles que na função prático-social imediatamente se conectam com a própria contextura dos efeitos essenciais, não se abrangendo assim, não só o momento formal da função prático-social, como mesmo aspectos e sentidos menos próximos do momento substancial[309]. Isso não impede que elementos que naquele critério ficam fora do tipo se apresentem com relevância e que se integrem unitariamente na função prático-social de que a raiz, a base, corresponde ao tipo, pois que só a partir da unidade com essa raiz assumem sentido. O que haverá que fazer é conceder uma maior maleabilidade à tipificação. A esse ponto dentro em breve faremos uma referência[310].

Isto de algum modo nos dá os elementos para a questão que poderia levantar o facto de a realização do interesse formal não ter, para desenvolver a sua influência no negócio, de ser querida, não ter de se apresentar como finalidade das partes.

De um lado, as razões que justificam a modelação do regime do negócio devido, pelo facto de realizar o interesse do credor na produção dos efeitos, não pressupõem que a realização seja pretendida. E, por isso, a intenção de

---

[309] CARIOTA-FERRARA, no entanto, afirma que referir-se à função prático-social significa ter em atenção o complexo das situações que vêm a determinar-se e devem ser determinadas por virtude do negócio e, portanto, todas as suas repercussões definitivas, e para dizer assim, finais na esfera jurídica concreta das partes ou de terceiros e não só a formal produção dos efeitos jurídicos (*Il negozio ... cit.*, p. 587).

[310] Naturalmente, as possibilidades de tipificação não estão limitadas às hipóteses em que o tipo é nominado ou em que há, como se diz, uma tipicidade social, pela constância na vida prática das hipóteses que o tipo abrange. O intérprete, através da sua actividade integradora, haverá de elaborar tipos – que são conceitos – atendendo à configuração da função prático--social e ao relevo dos elementos causais que por integração da lei se determine. De resto, esta ideia encontra-se pressuposta por toda a teoria da causa típica.

OBRIGAÇÃO DE EMITIR DECLARAÇÃO NEGOCIAL

realizar o interesse em nada altera a função prático-social, não sendo, conseguintemente, um elemento subjectivo definidor desta. Por outro lado, no que se refere aos aspectos da causa imediatamente conectados com a contextura dos efeitos essenciais, compreende-se que a função prático-social exija uma intenção a eles dirigida (ou, pelo menos, a aparência dessa intenção). Mas, para além desses limites, nada impõe que assim as coisas tenham de se passar. Haverá de ser a natureza do particular elemento da função prático-social em jogo que determinará se essa exigência se fundamenta ou não. Ora, tudo o que se viu quanto à realização do interesse formal no plano do negócio devido mostra que não há fundamento para a exigência de uma vontade relativa à realização do interesse, que a realização do interesse, para operar a modelação da disciplina do negócio, dispensa de todo uma intenção a ela dirigida.

14. A tipificação negocial há-de abranger, para ser completa, todos os elementos relevantes da função prático-social dos negócios que refere. No negócio devido assume relevância na causa um aspecto do momento formal. Por isso, não é lícito deixar de considerar esse aspecto na tipificação.

Por outro lado, o negócio devido não corresponde a um único tipo. Os elementos relevantes das funções prático-sociais dos possíveis negócios devidos não são necessariamente idênticos. Um negócio devido pode ser uma compra e venda devida, como pode ser um mútuo devido, etc ... Os vários negócios devidos possuem já como aspectos relevantes os contidos era um determinado tipo. Apenas que neles, além desses, um outro aspecto – a realização do interesse formal protegido –, não contido naqueles tipos, aparece. Os tipos dos negócios devidos hão-de ser, assim, tipos que integrem os elementos de um outro tipo e, além deles, a realização do interesse do credor na produção dos efeitos (e o sacrifício do devedor na não-produção). Numa palavra, os tipos correspondentes aos negócios devidos hão-de ser tipos compostos.

São bem conhecidas hipóteses em que na própria raiz da função prático-social de um negócio se apresentam elementos relevantes correspondentes a vários tipos. Trata-se das hipóteses de negócio misto[311]. Os tipos causais ade-

---

[311] Veja-se, por todos, Prof. GALVÃO TELLES, *Dos Contratos ... cit.*, pp. 382 ss. Se se quiser uma consideração rigorosa dos tipos compostos, terá de se tomar o tipo misto independentemente do aspecto de ser ou não nominado (Prof. GALVÃO TELLES, *ob. cit.*, p. 382).

CONFIGURAÇÃO DA OBRIGAÇÃO DE DECLARAÇÃO NEGOCIAL

quados aos negócios mistos serão tipos causais compostos. E aí o novo tipo que se forma é essencialmente diverso dos tipos simples utilizados.

Outros casos de tipos compostos essencialmente diversos do tipo simples a que se refiram são aqueles em que, partindo-se de um tipo simples, se introduzem, retirando ou não elementos desse tipo simples, aspectos novos integrantes da própria raiz, da própria essência da função prático-social. É o que se passa, por exemplo, com os tipos do aluguer e da usura (em relação aos do comodato e do mútuo – art. 1 508º do Cód. Civil).

No negócio devido, sem que os tipos deixem de ser compostos, as coisas parecem passar-se de maneira diversa. Não se vê, com efeito, que a introdução do aspecto da realização do interesse formal altere a própria essência da função prático-social. Parece antes que a função prático-social continuará a ser essencialmente idêntica à que seria sem a introdução desse elemento, vindo esta apenas a dar-lhe um *particular modo de ser*. Uma compra e venda devida continuará a ser essencialmente uma compra e venda, apenas que modelada pelo ser devida. Os tipos do negócio devido, sendo tipos compostos, não serão essencialmente diversos dos tipos simples de que partem. E tipos compostos desta ordem não são privativos do negócio devido. Para além porventura das outras hipóteses de tutela específica do interesse formal, casos há em que cremos que a própria lei directamente configura tipos dessa natureza. É o que se passa nomeadamente, a nosso ver, com a doação remuneratória (art. 1 454º, § 4º, do Cód. Civil).

Se se recorrer, aliás, aos resultados adquiridos pela ciência do Direito Penal, logo se vê que isto que aqui se diz é já nesse domínio bem conhecido e que a distinção de tipos compostos que aqui se faz consoante são ou não essencialmente diversos do tipo ou dos tipos simples utilizados e, consequentemente, a distinção de causas compostas conforme a sua tipificação, corresponde em certa medida – embora, como seria natural, não totalmente – à distinção entre crimes complexos e crimes qualificados (tipos complexos e tipos qualificados)[312].

Evidentemente que o paralelismo não será total. Nomeadamente, tende a considerar-se crime complexo apenas aquele que integra os elementos típi-

---

[312] Em sentido amplo, abrangendo os crimes privilegiados e os crimes *sui generis*, que substancialmente não se autonomizam dos qualificados.

OBRIGAÇÃO DE EMITIR DECLARAÇÃO NEGOCIAL

cos de dois tipos simples e que integra todos esses elementos[313]; e, por outro lado, para a existência de crime qualificado exige-se uma medida legal extraordinária da pena[314]. Mas, para além das diferenças, a ideia básica parece ser semelhante: distinção dos tipos compostos consoante haja ou não alteração essencial em relação a um tipo (aos tipos) simples. E isso, não só confirma o que se disse, como justifica uma transposição de terminologia.

Afigura-se assim possível distinguir, nos *tipos causais compostos*, de um lado os *tipos complexos* – em que o tipo composto é essencialmente diverso do tipo ou dos tipos simples utilizados –, os quais se poderão ainda subdividir em *tipos mistos e tipos complexos em sentido estrito*, consoante na construção do tipo complexo se utilizem elementos próprios de dois ou mais tipos ou elementos próprios apenas de um tipo e outros não especificamente ligados a nenhum –, e de outro lado os *tipos qualificados* – em que o tipo composto não é essencialmente diverso do tipo simples de que se parte. De acordo com tal distinção, poderão dividir-se as causas negociais compostas, segundo a natureza do tipo a que correspondam, em *causas complexas*, que se subdistinguirão em mistas e complexas em sentido estrito, e em *causas qualificadas*. Finalmente, segundo esta categorização causal, poderão classificar-se os negócios compostos em *negócios complexos* (mistos ou complexos em sentido estrito) e *negócios qualificados*[315].

Os tipos correspondentes aos negócios devidos serão tipos qualificados, as causas dos negócios devidos causas qualificadas, e os negócios devidos negócios qualificados.

15. Parece ser assim na intervenção da realização do interesse na produção dos efeitos na *causa negotii*, a qual virá a ser uma causa qualificada, que se encontra

---

[313] CARMINDO FERREIRA e HENRIQUE LACERDA, *Lições de Direito Penal* de harmonia com as prelecções do Prof. CAVALEIRO DE FERREIRA, 1940-41, pp. 224-225; Prof. MARCELLO CAETANO, *Lições de Direito Penal*, 1939, p. 215; Prof. GOMES DA SILVA, *Direito Penal*, apontamentos das Lições coligidos por FORTES ROCHA, 1953-54, pp. 284-285.

[314] Prof. Cavaleiro de Ferreira, *Lições... cit.*, pp. 511 ss.; Prof. CAVALEIRO DE FERREIRA, *Direito Penal*, II, 1961, pp. 230 ss.

[315] À ideia de negócio qualificado parece deverem reconduzir-se aqueles contratos a que o Prof. GALVÃO TELLES chama "contratos complementares" (*Dos Contratos ... cit.*, pp. 388-389). O Prof. GALVÃO TELLES considera-os negócios mistos, mas, desde que se não alargue o conceito de negócio misto a ponto de o fazer coincidir com o de negócio composto, não há razão para isso. Deste modo se poderá superar a dificuldade que ENNECERUS, criticado pelo Prof. GALVÃO TELLES (p. 389, nota 1), sente e que o leva a não considerar esses contratos como contratos mistos. À ideia de negócio qualificado se reconduzirá., porventura, também o negócio indirecto, designado pelo Prof. GALVÃO TELLES de cumulativo (cfr. nota indicada).

CONFIGURAÇÃO DA OBRIGAÇÃO DE DECLARAÇÃO NEGOCIAL

o fundamento da explicação da modelação interna dos termos da função de negócio do acto objecto da obrigação, a modelação da causalidade eficiente, a particular disciplina do negócio devido. Ficou desse modo concluída, tão bem quanto se pôde, a primeira fase da explicação da integração ao negócio no crédito, a qual se referia precisamente à explicação da modelação interna da função de negócio.

Há agora que passar à segunda fase, procurando definir a maneira como essa modelação se enquadra no geral fenómeno da assunção do negócio como objecto da obrigação.

A ideia que se procurará desenvolver é em si mesma bastante simples. Mas, ainda outra vez, ela exige, para ser enquadrada, que se abordem temas dos mais complexos. Por isso se repete a advertência quanto ao significado e aos termos do que se segue. A exposição será conduzida por via fundamentalmente positiva e muito sintética – mesmo quando haja alguma crítica a fazer ela apresentar-se-á o mais sumariamente que for possível – e, por outro lado, não representa senão uma primeira aproximação, com o sentido que a uma primeira aproximação compete.

16. A obrigação de declaração negocial põe em jogo a chamada *causa solvendi*. É agora o momento de sobre esta tecer algumas considerações, E, como é natural, de início abstrair-se-á da hipótese de existir obrigação de declaração negocial e, em geral, de obrigação que tutele especificamente um interesse na produção dos efeitos jurídicos. Só assim se tornará compreensível o que de específico nesse domínio possa vir a passar-se.

A *causa solvendi* não se pode definir em termos rigorosamente idênticos aos da *causa negotii*. Isto pela simples razão de que o pagamento ou, em geral, as formas de realização da obrigação (por sacrifício de interesse preterido) não constituem negócios. Dessa sorte, a *causa solvendi* é referida à *atribuição*, constituindo a sua causa (ou, pelo menos, algo que da causa da atribuição se aproxima), no sentido de *causa de justificação da atribuição*.

Tomada a *causa solvendi* como causa da atribuição ou como noção próxima desta, imediatamente vem a lume toda a complexíssima problemática ligada à definição de atribuição[316].

---

[316] Vejam-se VON TUHR, *Derecho ...*, *cit.*, III-1, pp. 57 ss.; ANDREOLI, "Revisione delle dottrine sulla soppravenienza contrattuale", *in Rivista di Diritto Civile*, 1938, pp. 133 ss.; MOSCO,

OBRIGAÇÃO DE EMITIR DECLARAÇÃO NEGOCIAL

A ideia de atribuição pressupõe como mínimo a de benefício para uma pessoa. E como no Direito não há benefício para alguém sem sacrifício (entendido em estrita objectividade) para outro ou outros, a ideia de atribuição exije benefício e sacrifício interdependentes (o sacrifício implicado pelo benefício). Para além disto, diversos problemas surgem. Poderemos sintetizar os mais importantes nos seguintes termos:

a) Será lícito configurar para lá das fronteiras da patrimonialidade um conceito geral de atribuição, ou deverá ele restringir-se necessariamente à atribuição patrimonial? E, neste último caso, pressupõe uma autêntica deslocação patrimonial?

b) O conceito de atribuição impõe limites quanto às características do facto que opera o benefício-sacrifício? Nomeadamente, deverá tratar-se de um acto intencional do sacrificado?

c) O conceito de atribuição deverá imediatamente referir-se ao benefício--sacrifício ou antes ao facto que os opera?

Procuraremos na sequência da exposição ir indicando brevemente como julgamos deverem resolver-se aquelas questões, na medida em que isso se tornar indispensável. Apenas queremos já salientar um aspecto importante do ponto de vista metodológico. Atribuição é uma palavra. É muito provável que por detrás dela se encontre mais do que um sentido. A nós o que nos interessa é procurar o conceito de atribuição que importe para o tema da causa da atribuição, enquanto esta seja capaz de explicar o que se passa no pagamento ou cumprimento.

17. Ora bem: não se poderá, referida a *causa solvendi* à atribuição, configurar um conceito de causa da atribuição que de algum modo abranja a própria causa dos negócios jurídicos (ou, ao menos, de um sector deles, os chamados negócios de atribuição)?

Desde logo a isso se poderia objectar que, no campo do negócio, uma referência da causa à atribuição envolveria um ponto de vista parcelar, como o era o da clássica doutrina francesa da *cause de l'obligation*, que, como tal, não pode dar conta de toda a realidade[317]. Se, porém, isso envolve que uma con-

---

Onerosità e gratuità degli atti giuridici, 1942, pp. 16 ss.; ANDREOLI, *La ripetizione ... cit.*, pp. 8 ss.; Prof. ANTUNES VARELA, *Ensaio ... cit.*, nota (2) da pág. 141.

[317] BETTI, *ob. cit.*, pp. 136-137; CARIOTA-FERRARA, *Il negozio ... cit.*, pp. 588-589; repare-se, no entanto, que CARIOTA-FERRARA admite uma consideração autónoma da

CONFIGURAÇÃO DA OBRIGAÇÃO DE DECLARAÇÃO NEGOCIAL

sideração da causa negocial como causa da atribuição não esgote o tema da causa no negócio, nem tome em conta algo de, como se viu, fundamental – a unitária função prático-social do negócio –, não está demonstrado que uma consideração causal parcelada não venha, sob determinados pontos de vista, a ter utilidade.

Para que se pudessem abranger num mesmo género causa negocial, ainda que parcelarmente considerada, e *causa solvendi*, causa da atribuição em que se traduz a realização do interesse do credor e o sacrifício do devedor, a causa da atribuição teria de ser entendida ou como finalidade prosseguida com a atribuição[318] ou como função do acto ou facto por que a atribuição se opera.

Para além dos problemas que possa levantar uma consideração causal subjectivista no plano do negócio, o certo é que os resultados a que se chegou no estudo do regime do pagamento mostram que a causa da atribuição em que aquele se traduz ou, mais amplamente, a causa da atribuição em que se traduz a realização do interesse do credor e o sacrifício do do devedor é de todo independente, não só de uma intencionalidade, como mesmo de qualquer elemento de vontade, já que a permanência da atribuição é aí independente de qualquer realidade dessa ordem. Por isso, um conceito de causa de atribuição capaz de abranger a própria atribuição solutória não pode ser definido como finalidade.

A circunstância de as coisas se passarem assim na realização do crédito impõe, do mesmo passo, uma determinada solução de um daqueles problemas que referimos quanto à conceituação de atribuição, enquanto se queira um conceito de atribuição útil no tema da causa da atribuição e enquanto esta haja de explicar o que se passa na realização da obrigação. Uma das questões que se levantavam era a de saber se o conceito de atribuição envolvia limitações a partir de determinadas características do facto operante do benefício--sacrifício, nomeadamente se, para haver atribuição, se tornava necessário um acto intencional do sacrificado. Sendo a permanência da realização e do sacrifício dos interesses do credor e do devedor independente das caracte-

---

causa da atribuição patrimonial quando esta não seja actuada por negócio jurídico (p. 219, nota 4).

[318] É a orientação da doutrina alemã. Veja-se, por todos, VON TUHR, *lug. cit.*, pp. 73 ss. Apesar de não seguirmos uma concepção subjectivista, nem no domínio da *causa negotii*, nem no domínio da causa da atribuição, não deixa de ter de reconhecer-se a particular importância que o elemento subjectivo (sem ter que constituir a causa) assume nos negócios abstractos.

OBRIGAÇÃO DE EMITIR DECLARAÇÃO NEGOCIAL

rísticas do facto que opera a atribuição e sendo necessária uma ideia de causa da atribuição explicativa dessa permanência, o conceito útil de atribuição haverá de ser definido independentemente de quaisquer características do facto operante do benefício-sacrifício, *maxime* independentemente da característica da intencionalidade[319].

Não será ainda a função de um facto, a função de realizar e sacrificar os interesses, que haverá de constituir a causa da atribuição patrimonial. Tomando mais uma vez a atribuição solutória, e vendo as coisas de um lado, aquilo contra que a lei reage na hipótese de falta de causa – através da repetição do indevido – é, não o facto que operou o benefício-sacrifício, mas o próprio benefício-sacrifício. Vendo as coisas doutro lado, a função do facto que se pretendesse fosse capaz de justificar a atribuição seria a de realizar um interesse protegido e sacrificar outro preterido. Mas para que um interesse se encontre protegido e outro preterido, é necessário que previamente o benefício-sacrifício, a realização e o sacrifício dos interesses se encontrem justificados.

Disto se pode retirar a consequência de que o conceito de atribuição que importa para o problema da sua causa é aquele que a concebe como o próprio benefício-sacrifício e não como o facto que o opera .

A circunstância de a ideia de uma causa da atribuição que abrangesse a causa da atribuição solutória se não poder constituir nem como finalidade nem como função de um acto ou facto preclude já a formação de um genérico conceito em que se enquadrasse, ao lado da causa da atribuição solutória, a causa negocial ainda que considerada parcelarmente e ainda que subjectivamente concebida. Para além daqueles aspectos, há que reconhecer que a isso levaria por si o sentido na origem essencialmente diverso que possuem o negócio e o pagamento.

O negócio, como um largo sector de factos relevantes no Direito, tem sentido enquanto gera uma regulamentação de interesses, enquanto define o valor jurídico de interesses, tutelando uns, preterindo outros. O pagamento, pelo contrário, tem sentido enquanto actua a regulamentação, enquanto realiza e sacrifica os interesses em jogo. O negócio, na sua generalidade, não é um

---

[319] Repare-se que o próprio VON TUHR, que define a atribuição como negócio, admite que *"as atribuições também se podem realizar de maneira diferente que por meio de negócio jurídico" (ob. cit.* por último, p. 57 e nota (2)).

CONFIGURAÇÃO DA OBRIGAÇÃO DE DECLARAÇÃO NEGOCIAL

modo de realizar e sacrificar interesses mas, sim, de lhes definir o valor. Por isso, no negócio, a causa, como foi entendida – a função prático-social –, é um dos pontos de apoio para a lei reconhecer a aptidão de um acto para criar uma regulamentação, para definir o valor de interesses, e para a lei determinar os termos dessa aptidão; no pagamento, a causa é o ponto de apoio para que a lei não reaja contra a situação de facto que se criou. Esta a razão por que, pelo menos em princípio, as vicissitudes da *causa negotii* se reflectem na validade do negócio, enquanto as vicissitudes da causa da atribuição se reflectem apenas na existência de pretensões obrigacionais – nomeadamente a pretensão de enriquecimento sem causa – tendentes a criar uma situação de facto que, na medida do possível, exclua os injustos inconvenientes daquela que se encontra.

A causa da atribuição solutória e a *causa negotii* aparecem assim com sentidos muito diversos enquanto o negócio, na sua raiz, não surge como atribuição, mas como facto de regulamentação, melhor *como facto determinante de justificação (e injustificação) de atribuições*. Quando, por um negócio, se transmite a propriedade de A para B ou quando se constitui um crédito de B sobre A, não se está na raiz a fazer uma atribuição, a realizar o interesse de B e a sacrificar o de A, mas antes a justificar atribuições: a justificar que B obtenha a utilidade que o uso da coisa lhe pode proporcionar, negando isso a A, a justificar que B obtenha a disponibilidade do bem objecto da obrigação, perdendo-a A.

A causa negocial refere-se, assim não à atribuição, mas ao facto, que antes dela se coloca, justificando-a (ou injustificando-a). A causa da atribuição solutória, pelo contrário, é verdadeira causa da atribuição, no sentido de exprimir a justificação da atribuição (*rectius*, conceder a justificação à atribuição), a justificação da realização e do sacrifício de determinados interesses, de exprimir o acordo da Ordem Jurídica a uma situação de facto benéfica para uns, prejudicial para outros, não se verificando, por isso, da parte dela, qualquer reacção.

No que respeita à conceituação da atribuição, o problema de ter ou não de ser patrimonial não nos interessa particularmente, dado que trabalhamos nos limites da patrimonialidade. No entanto, não só nada se vê que logicamente impeça um alargamento do conceito de atribuição para além dos limites da patrimonialidade, como as considerações que se acabaram de fazer parece fundamentarem, num plano de teoria geral, esse alargamento. É natural, no entanto, que, fora das fronteiras da patrimonialidade, as coisas se passem de um modo especial e haverá, quando se faça o alargamento, que ter bem em

OBRIGAÇÃO DE EMITIR DECLARAÇÃO NEGOCIAL

conta isso. Para além deste aspecto, que, repetimos, nos não interessa directamente, o que não vemos de modo algum fundamentado é a exigência de uma deslocação patrimonial.

18. Referiu-se brevemente a possibilidade de a *causa solvendi* não constituir verdadeiramente a causa da atribuição solutória ou, melhor, de a causa da atribuição solutória não ser propriamente *causa solvendi*. E por isso se falou de preferência apenas era causa da atribuição solutória.

Em primeiro lugar, a expressão *causa solvendi* está vinculada à ideia de que a causa consistirá ou em uma finalidade ou em uma função de um acto (ou de um facto). E já se viu que a causa da atribuição patrimonial não estava nem numa finalidade, nem numa função.

Poder-se-ia então, ainda em ligação com a ideia de *causa solvendi*, dizer que a causa da atribuição se encontra no crédito. Nem sequer, contudo, é correcta – e aqui as coisas assumem maior importância – a afirmação de que o crédito, a obrigação é a causa da atribuição solutória.

A causa da atribuição pode entender-se em dois sentidos, aliás intimamente ligados: pode significar a *justificação* da atribuição, o seu ser justificada portanto, ou *aquilo que justifica* a atribuição, aquilo que lhe dá justificação. A segunda acepção parece ser a mais correcta, tanto porque se adequa melhor ao termo "causa", quanto porque é o originário – não há justificação sem algo que justifique –, quanto ainda porque permite apreender a variedade de causas. Mas a segunda, como derivada, não é inaceitável.

Ora, a obrigação – e, em geral, qualquer direito subjectivo – não é nem a justificação da atribuição, nem aquilo que concede, que dá justificação a atribuição[320].

Para melhor compreensão disto, uma vez mais se torna necessário recorrer à distinção entre duas categorias fundamentais da realidade jurídica que

---

[320] Neste sentido haverá de entender-se a afirmação do Prof. ANTUNES VARELA de que *"para justificar, por exemplo, a transmissão (supondo que esta funciona como negócio jurídico a se stante) realizada pelo vendedor em benefício do comprador, não basta dizer que ela foi efectuada* causa solvendi; *há-de dizer-se antes, com todas as ilacções correlativas, que foi operada* causa solvendi ex emptione obligationem" (*Ineficácia ... cit.*, p. 308, nota 1). No mesmo sentido também haverá de entender-se a sua afirmação de que *"a obrigação contém já uma atribuição* inchoacta; *o cumprimento traduz, em certo sentido, o mero* implementum *dela" Ensaio ... cit.*, p. 139, nota (1) da p. 135; cfr. *supra*, nota 222. Será a atribuição *inchoacta* que deverá ser justificada para ser contida pela obrigação.

CONFIGURAÇÃO DA OBRIGAÇÃO DE DECLARAÇÃO NEGOCIAL

tantas vezes temos utilizado – a da possibilidade (potencialidade) e a da efectividade.

Tomemos um exemplo. O automóvel de A, que segue na estrada, sofre uma avaria. B, que passava perto, pára e pergunta a A se necessita de ajuda. A diz que agradeceria, uma vez que é leigo em mecânica de automóveis. B dirige-se ao automóvel de A e facilmente repara a avaria. A agradece, pergunta porventura a B se pode ser-lhe útil de algum modo, B afirma que não é necessário nada, que foi um prazer auxiliá-lo, que se se encontrasse nas mesmas condições também gostaria que outros o auxiliassem, despedem-se muito cordialmente, etc ...

Outro exemplo, A e B são vizinhos e mantêm entre si as melhores relações. B encontra-se fora e A recebe nesse dia uns amigos. Em determinado momento da festa, esgota-se o vinho. A, que não tem possibilidade de comprar mais, lembra-se de que B possui uma bela garrafeira. Dirige-se a casa deste – porventura uma empregada abre-lhe a porta – e "toma a liberdade" de retirar algumas garrafas, que são consumidas. No dia seguinte, estando B de regresso, A conta-lhe o que se passou, pede-lhe desculpa e declara-lhe que lhe restituirá as garrafas retiradas, mas B afirma que de modo algum aceita, que tem o maior prazer em lhas oferecer. E A termina por aceder.

Um terceiro exemplo. A tem o seu automóvel avariado e, por isso, dirige-se a B, mecânico e seu conhecido. B compromete-se a reparar a avaria no dia X, estipulando-se ou não, esse aspecto não interessa, uma retribuição. Efectivamente, no dia aprazado B procede à reparação.

Em todas estas hipóteses há uma atribuição e uma atribuição a favor de A e à custa de B. E em todos os casos a atribuição vem a aparecer justificada[321]. No entanto, as coisas não se passam sempre da mesma maneira. No primeiro e no segundo exemplos, A não tem qualquer direito a atribuição. No primeiro, nunca se insinuou no espírito de nenhum que B não pudesse, se quisesse, ir-se embora e não fazer a reparação. No segundo, B nem sequer sabia que A retirara as garrafas e o acto de A é mesmo ilícito – o direito que existia era o de B de que A as não retirasse. No terceiro A já tem direito, já é titular de um crédito de prestação de serviços contra B.

---

[321] Mesmo no primeiro caso, se não tivesse havido justificação pela vontade de B, este ficaria investido pelo menos numa pretensão de enriquecimento sem causa, ou mesmo de responsabilidade civil, se esse fosse o caso.

OBRIGAÇÃO DE EMITIR DECLARAÇÃO NEGOCIAL

A raíz da diferença reside claramente em que, no terceiro exemplo, a justificação surge antes da efectivação da atribuição, ao passo que no primeiro é contemporânea dela e no segundo posterior.Em todos os casos há justificação. E em todos a causa da justificação se encontra na vontade das partes. No entanto, só no terceiro se gera um direito porque o direito subjectivo, como obrigação, o poder, o dever, o não-poder, o poder de produzir efeitos de direito, a sujeição, são realidades próprias da zona da potencialidade.

O crédito, como qualquer direito subjectivo, não é a justificação nem aquilo que dá a justificação: é uma *consequência* da justificação de uma atribuição potencial. A justificação consiste no *valor* do benefício – sacrifício. A causa da justificação é o facto ou conjunto de factos que determinam esse valor, que lhe dão origem. O direito subjectivo, como os poderes, deveres, etc ..., são consequências *do valor da atribuição potencial, que representam a organização do sentido dessa atribuição para efectividade em função do seu valor.* Havendo crédito, há justificação. Mas o crédito não é nem justificação, nem aquilo que a origina.

19. Estas considerações que se têm vindo a fazer permitem, em primeiro lugar, fixar aquilo em que, no nosso modo de ver, se traduz a causa da atribuição. A causa da atribuição será o facto ou conjunto de factos – antes de mais, os que exprimem o exercício da autonomia privada – que determinam o valor – a justificação – de uma atribuição[322]. Num sentido derivado, será a própria

---

[322] Neste sentido parece estar fundamentalmente D'ONOFRIO que indica a sua doutrina como a tradicional, citado pelo Prof. VAZ SERRA, "Enriquecimento sem causa" *cit.*, nota 325 (pp. 171 e 172).
Poderá parecer que os conceitos de atribuição patrimonial e de causa da atribuição patrimonial que se obtiveram limitam o seu campo de actuação, excluindo aspectos do maior interesse. A isso logo se poderia objectar que o que se procurou foi um conceito de atribuição e um conceito de causa da atribuição capaz de explicar a atribuição solutória, e que, portanto, o mais que se poderá dizer é que, ao lado destes, se devem construir outros conceitos para explicar os outros aspectos. No entanto, ver-se-á adiante que, através da introdução de um elemento com que até agora não temos contado, se pode nomeadamente recuperar o conceito de atribuição para a problemática da onerosidade e da gratuitidade e os conceitos de atribuição e de causa da atribuição para a problemática do negócio abstracto e da legitimidade aparente. Apenas ficarão em dúvida certas hipóteses, como as que se verificam, por exemplo, em matéria de benfeitorias ou de acessão. Também essas, através da introdução do elemento referido, poderiam ser recuperáveis. Mas não sabemos até que ponto deverão sê-lo.
Por outro lado, parece que o conceito de causa de atribuição que se alcançou formaliza demasiado as coisas. Não se pode esquecer, contudo, que o problema da justificação da atribuição

284

CONFIGURAÇÃO DA OBRIGAÇÃO DE DECLARAÇÃO NEGOCIAL

justificação da atribuição. E assim se vê com clareza a diferença que medeia entre a causa da atribuição e a *causa negotii*. Quase poderíamos dizer, se não fosse diverso o sentido do termo "causa" numa e noutra hipótese, que a *causa negotii* era a causa da causa da atribuição. O negócio é causa da atribuição. A causa do negócio é um dos pontos de apoio da aptidão e dos termos da aptidão do acto negocial para ser causa de atribuições.

Além disso, aqueles considerações permitem trazer à luz *o modo de actuação da justificação* da atribuição patrimonial e, consequentemente, também da causa dessa justificação.

A justificação pode actuar num duplo sentido – como *fundamento de actualização* e como *fundamento de subsistência*.

Como fundamento de actualização, a justificação reporta-se à passagem à efectividade de uma atribuição potencial. Como fundamento de subsistência, a justificação fundamenta a permanência de uma atribuição que se efectivou.

Em relação a uma dada justificação, um destes modos de actuação há-de necessariamente verificar-se, porque, quando aquela surja, a atribuição tem de ser ou potencial ou efectiva, nas não é indispensável que actue dos dois modos. Se a atribuição já se efectivou, a justificação funciona apenas como fundamento de subsistência. Se a atribuição é ainda potencial, funciona imediatamente como fundamento de actualização, e virá ou não a actuar como fundamento de subsistência consoante a atribuição se efective ou não.

O que há agora que assinalar é o modo extrínseco perante a relação potencialidade – efectividade por que a justificação de qualquer dos modos actua. Enquanto fundamento de actualização, a justificação vem apenas a traduzir--se em sentidos éticos de comportamentos e seus derivados. Enquanto fundamento de subsistência a justificação fundamenta apenas a não-justificação de uma outra atribuição que compensaria o significado prático da primeira (nas formas fundamentalmente de restituição de coisa, de equivalente patrimonial, ou (e) de responsabilidade, delimitada basicamente pelo prejuízo, ou de enriquecimento sem causa, delimitado pelo benefício e sacrifício).

Finalmente, o que se veio dizendo dá a base para se estabelecerem as relações entre a justificação da atribuição e a função de prestação (obrigacional)

---

patrimonial se tem de ver pelos olhos do sistema jurídico. Por outro lado, uma maior maleabilidade – que não é perda dessa perspectiva – poderá vir a encontrar-se em casos não tidos aqui em conta.

OBRIGAÇÃO DE EMITIR DECLARAÇÃO NEGOCIAL

de um acto. O acto que irá surgir como prestação encontra-se numa relação com a situação da vida pela qual é capaz de actualizá-la ou de contribuir para a sua actualização. Nisso consiste a *função de actualização*. Enquanto a situação da vida é objecto de interesses o acto vem a assumir perante tais interesses, como modo da função de actualização, uma *função de realização* (e sacrifício). A atribuição (potencial) que, assim, o acto é capaz de realizar pode ser justificada. Se o for, por actuação da justificação enquanto fundamento de actualização, poderá sobre o acto, na sua função de realização, incidir um dever. A função de realização convola-se em *função de prestação*. E, no momento da efectivação, a função de prestação traduzir-se-á em *função de cumprimento*.

20. Obtiveram-se atrás os elementos fundamentais para determinar a conexão que, na obrigação de declaração negocial, se estabelece entre a modelação interna do negócio e a sua assunção como objecto do dever. Convirá, todavia, agora integrar os resultados que no tema da causa da atribuição se têm vindo a adquirir num quadro mais amplo, para que melhor se compreenda o lugar que compete à obrigação de declaração negocial Toda a realidade jurídica só tem significado enquanto se refere a fins humanos (que também a integram). Conforme mencionado, os fins humanos são tomados no Direito na sua relação inter-subjectiva, enquanto a realização de uns, de umas pessoas, impede ou, pelo menos, dificulta, a dos de outras pessoas, e inversamente. Esta incompatibilidade de fins localiza-se em situações da vida. Umas situações, actuando-se, realizam ou permitem ou facilitam a realização de fins de uma pessoa, dificultam, impedem ou impossibilitam a actualização de outras que realizariam ou permitiriam ou facilitariam a realização de fins de outras pessoas.

Os interesses de uma pessoa (ou várias) são incompatíveis com os de outra (ou outras). A actualização de uma situação da vida, realizando uns interesses, sacrifica outros. O benefício para um ou uns interesses à custa de outro ou outros ou, se se quiser, a situação da vida enquanto e na medida em que é benefício para determinados interesses e sacrifícios para outros constitui a atribuição, atribuição a favor de uma pessoa ou várias e à custa de outra ou outras.

Além das incompatibilidades inter-subjectivas de interesses existem as incompatibilidades intra-subjectivas. Estas não são tomadas directamente em conta pela Ordem Jurídica, no sentido de as resolver, mas não deixam de se manifestar. A realização de um interesse de uma pessoa acaba sempre por ser impeditivo da realização de outro interesse (ou outros) da mesma pessoa. Por isso, uma situação da vida, se se traduz em atribuição a favor de uma pessoa, traduz-se também em atribuição à sua custa e a favor de outra ou outras. Quer isto dizer que o significado de bem ou de mal de uma situação da vida para uma pessoa é relativo. É bem enquanto beneficia um interesse, é mal enquanto prejudica outro. Quer isto dizer ainda que o próprio conceito de atribuição é relativo. Depende, perante as pessoas sobre as quais a situação da vida tem incidência, de qual dos interesses se tome. Pode assim encontrar--se a atribuição em favor de uma pessoa à custa de todas as outras, a atribuição em favor de outra pessoa à custa de todas as outras, entre as quais aquela primeira, a atribuição em favor de umas pessoas à custa de outras, etc.. Quer isto dizer, finalmente, que uma situação da vida se traduz numa pluralidade de atribuições.

A atribuição, por outro lado, pode ser *potencial* -enquanto potencial é a situação da vida – ou *efectiva* – enquanto a situação da vida se efectivou.

O Direito implica a valoração dos interesses – valoração que é sempre relativa (e inter-subjectiva) – de uns interesses (de uma ou umas pessoas) em relação a outras (de outra ou outras pessoas). Os interesses possuem, assim, um *valor jurídico relativo* que exprime a predominância de um (ou uns) de uma pessoa (ou de umas) sobre outros de outras. O valor jurídico dos Interesses define o *valor jurídico das atribuições*. Uma atribuição possui valor *jurídico positivo* ou *negativo*, enquanto consiste no benefício ou no sacrifício dos interesses predominantes. O valor jurídico positivo constitui a *justificação* da atribuição; o valor jurídico negativo a sua *injustificação*. O valor positivo de uma atribuição implica que as contrárias possuam valor negativo. O valor negativo de uma atribuição implica que pelo menos uma das contrárias tenha valor positivo.

O valor jurídico (determinado valor jurídico) das atribuições, por sua vez, pode também ser *potencial* ou *efectivo*.

A realidade jurídica, só tem sentido por referência a interesses, a fins localizados em função de situações da vida, a atribuições (substanciais). E só tem sentido por relação a atribuições suportes de valores. Surgem assim, na realidade jurídica, dois *estratos*, o do *substracto* e o do *valor*, por referência aos quais assumem significado os outros elementos integrantes dessa realidade.

A esta distinção entre os dois estratos corresponde uma distinção entre dois tipos de dinamismo, que se traduz na actualização: *dinamismo do substrato e dinamismo do valor*.

OBRIGAÇÃO DE EMITIR DECLARAÇÃO NEGOCIAL

Ainda que consideradas estaticamente, as realidades do substrato e do valor têm sempre uma referência dinâmica: ou são potenciais e apontam para a actualização, ou são efectivas e encontram-se reportadas à actualização em que se tornaram efectivas.

Todo o dinamismo, e também toda a referência dinâmica, se liga à ideia de *facto*. A palavra facto significa por si aquilo que se efectivou, enquanto se efectivou. Pode alargar-se, e usualmente alarga-se, à própria actualização e mesmo à potencialidade, que possui sempre um sentido dinâmico. Por outro lado, os próprios valor e atribuição, em qualquer dos seus momentos, são factos. No entanto, a noção de facto pode restringir-se – e convém restringi-la – às realidades que *influem* na actualização do valor ou da situação da vida, não abrangendo, assim, esta própria actualização (por mais ténue que seja a diferença que se encontre entre o facto e a situação da vida).

A distinção entre valor e substracto e dinamismo do valor e do substracto permite a distinção entre dois grandes grupos de factos no Direito: *factos relativos ao valor e factos relativos ao substracto*[323].

---

[323] A distinção destes dois grupos de factos não é, numa modalidade ou noutra, de forma alguma nova. O que aqui apenas se faz é dar-lhe um carácter sistemático, transformando-a em distinção básica dos factos (no domínio do Direito Privado patrimonial). Indicação neste sentido pode ver-se, por exemplo, na distinção que por vezes se faz entre actos de regulamentação e actos de execução (cfr. Prof. GALVÃO TELLES, *Manual ... cit.*, p. 105; Doutor PESSOA JORGE, *ob. cit.*, p. 168, embora se afigure que dá uma amplitude muito grande ao acto executivo). Por outro lado, a distinção do texto parece corresponder em grande medida à ideia que preside à diferenciação das funções do Estado em funções jurídicas e funções não-jurídicas feita pelo Prof. MARCELLO CAETANO (*Manual de Ciência Política e Direito Constitucional*, 4ª ed., 1963, pp. 128 ss. e *Manual de Direito Administrativo cit.*, pp. 2 ss.).

O Prof. GOMES DA SILVA apresentou, na Cadeira de Direito Civil do Curso complementar, no presente ano lectivo (1962-63), uma distinção de duas formas de dinamismo jurídico da qual a que se apresenta no texto em muitos aspectos se aproxima. Distinguia o Prof. GOMES DA SILVA o dinamismo exógeno e o dinamismo endógeno (em relação aos centros jurídicos). O dinamismo do valor, referido no texto, corresponde até certo ponto ao dinamismo exógeno, o dinamismo do substracto ao dinamismo endógeno. Teria todo o interesse expor a concepção do Prof. GOMES DA SILVA, apreciando ao mesmo tempo os pontos de divergência. No entanto, o facto de ser conhecida apenas por exposições orais impede-nos de fazê-lo, pelo perigo de atraiçoar o pensamento do autor. De qualquer maneira, não queremos deixar de salientar que, embora a distinção feita pelo Prof. GOMES DA SILVA não tenha sido porventura determinante desta, tal como se faz no texto, e que logo no início do curso foi apresentada, as aulas do Prof. GOMES DA SILVA não deixaram de ter larga influência na solidificação e na afinação de muitos aspectos. Dizê-lo é uma questão de mera justiça.

CONFIGURAÇÃO DA OBRIGAÇÃO DE DECLARAÇÃO NEGOCIAL

Os factos relativos ao valor reportam-se à actualização dos valores jurídicos potenciais. E determinados factos, enquanto levem à actualização do valor jurídico positivo de uma atribuição, constituem a causa da atribuição.

O valor jurídico é um valor relativo. Depende por isso do valor que em si mesmos tenham os interesses em questão. Este, por sua vez, depende, em maior ou menor medida, da verificação ou não verificação de circunstâncias. Por outro lado, o valor jurídico resulta da apreciação dos fundamentos de valor dos vários interesses, no quadro de uma hierarquização dos valores era causa. No Direito Positivo essa apreciação tem que ser feita por alguém – uma ou mais pessoas.

Isto permite, em primeiro lugar, estabelecer uma distinção fundamental nos factos relativos ao valor entre *factos condicionantes* e *factos determinantes ou causais*: os factos condicionantes que dão os ingredientes *substanciais* e os factos determinantes que dão os *ingredientes formais* do valor jurídico.

Como bem se vê, os factos determinantes, primeiro, não podem deixar de ser *actos* e, segundo, pressupõem sempre uma questão de *legitimidade*, mais amplamente de *competência*: de saber a quem é atribuída a função de "determinar" o valor. O caso típico de facto determinante é o acto legislativo. Ao lado dele, contudo, aparecem nomeadamente, além do costume, um largo sector, pelo menos, dos actos administrativos e das sentenças, e os negócios jurídicos privados.

Os factos condicionantes actuam sempre em função e dentro do quadro dos actos determinantes. São perfeitamente visíveis quando se reportem a um acto determinante que decide em geral e por modo abstracto, nomeadamente à lei. São-no menos e terão aí um significado particular – perdendo em regra a sua individualização e relevando apenas enquanto delimitem o relevo do acto determinante – quando se referem a um acto determinante que decide em particular. Basta, no entanto, para se compreender a sua função, mesmo nos negócios jurídicos, pensar nas *conditiones facti*, onde parece terem um mínimo de individualidade. E, em geral, podem relevar através de uma série de fenómenos – quais, compete a cada Ordem Jurídica definir – que será possível ligar a uma ideia ampla de "base negocial".

Por outro lado, *nem sempre os factos determinantes ou condicionantes se referem directamente ao valor das atribuições, antes directamente tão só se referem ao valor determinante, à força causal de outros factos e apenas indirectamente, por isso, ao valor atribuições*. Será assim lícito distinguir nos factos relativos ao valor das atri-

OBRIGAÇÃO DE EMITIR DECLARAÇÃO NEGOCIAL

buições aqueles que a ele são *directamente relativos* e aqueles que apenas são *indirectamente relativos.*

O que acima se disse acerca do valor jurídico e da sua formação permite também compreender a função que os factos simples assumem dentro do facto complexo, de um lado, e a função dos factos impeditivos e mesmo de outros – como a retratação – que só num conceito muito amplo de factos impeditivos poderiam integrar-se.

Um determinado valor jurídico de uma atribuição não surge necessariamente apenas por força de um facto. Podem colaborar vários factos, ou condicionantes ou determinantes (pluralidade de declarações de vontade) ou de um e outro tipo. Cada um dos factos trará um ingrediente de valor, ou substancial ou formal, embora, naturalmente, esses ingredientes se conjuguem, não se somem, para dar origem ao valor jurídico final. Quanto aos factos impeditivos são factos que impedem que outros contribuam com ingredientes de valor. Factos como a retratação serão factos que retiram a medida de valor trazido por outros factos.

Uma outra distinção útil no domínio do dinamismo do valor e, por isso, também no dos factos relativos ao valor tem em conta o aspecto de um determinado valor jurídico se constituir na atribuição potencial ou já na atribuição efectiva. A mesma distinção se pode fazer em relação à força determinante de um acto – consoante o acto ainda não ou já se tornou efectivo.

Os factos relativos ao substrato são factos que se reportam à actualização das situações da vida e, por isso, à realização e ao sacrifício dos interesses.

Um primeiro critério de classificação utilizável será o do valor das atribuições a que se referem. Um outro critério separará os factos que consistem em comportamentos livres dos que não consistem. Finalmente, uma classificação ainda útil, dentro dos factos que se traduzem em comportamentos livres, terá em conta o valor e a posição dos interesses do sujeito nas atribuições em questão.

O valor que a atribuição potencial possua tem *sentido perante a actualização da atribuição.* Se o valor jurídico é positivo – justificação da atribuição – é *fundamento de actualização.* Se é negativo – injustificação da atribuição – é *fundamento de não-actualização.* Este sentido traduz-se na organização da potencialidade em função da sua passagem à efectividade, através da utilização daquilo de que o Direito tem o domínio – o livre-arbítrio. Os comportamentos livres potenciais, em função do seu significado naturalístico relativamente à

CONFIGURAÇÃO DA OBRIGAÇÃO DE DECLARAÇÃO NEGOCIAL

actualização e de acordo com o valor da atribuição e com a posição dos interesses dos seus titulares nela, tornam-se suportes de determinados sentidos éticos – poder-ser, dever-ser, não-poder-ser –, daí derivando poderes, deveres, não-poder. Sendo a atribuição justificada, a actualização da situação da vida surgirá para o titular do interesse dominante (ou os titulares dos interesses dominantes) com a significação ética de possibilidade e para os titulares dos interesses subordinados com a de *necessidade*. Sendo a atribuição injustificada, a situação da vida aparece para o titular dos interesses preteridos como *impossibilidade*. Como a justificação de uma atribuição implica a injustificação de outra e esta pressupõe aquela e em função dela existe, todos estes aspectos se coordenarão A protecção dos interesses e a preterição dos interesses em que a organização dos sentidos éticos se traduz exprime-se em direitos subjectivos e obrigações (em sentido lato).

Doutro lado, se os factos indirectamente relativos ao valor definirem a força determinante de um acto potencial, esta força traduz-se em um *poder de determinação jurídica*.

Os factos relativos ao substracto que actualizem as situações da vida serão, em função do valor da atribuição traduzido na organização da potencialidade, *satisfatórios* ou *negatórios* (de que a violação propriamente dita será uma espécie) de direitos subjectivos. Se o direito subjectivo consistir num crédito, a satisfação do direito será satisfação de crédito e se se operar através do comportamento devido será *cumprimento*.

A realização do direito, se este não ultrapassar aquela situação da vida (ou se, ultrapassando, puder parcelar-se), extingue o direito (ou parte do direito) – e extingue enquanto o direito, actuando-se, se esgota.

O valor da atribuição na efectividade, seja aquele que existia na potencialidade, seja outro constituído no próprio momento da efectivação ou posteriormente, tem um *sentido relativamente à subsistência da atribuição*. Se o valor da atribuição é positivo, esse sentido é negatório da constituição de um valor positivo de uma atribuição que compensasse o seu significado prático. Se o valor é negativo, o sentido é o de fundamentação de uma atribuição compensatória nomeadamente por via de responsabilidade, sendo então definida, ou tendendo a sê-lo, pela medida do prejuízo, ou pela via de enriquecimento sem causa, sendo então definido pela medida do benefício e do sacrifício. Apenas há que notar, quanto a estes casos, que, porque se visa eliminar o significado prático da realização da atribuição injustificada, se não podem ter

OBRIGAÇÃO DE EMITIR DECLARAÇÃO NEGOCIAL

em conta os interesses realizado e sacrificado em estrita objectividade (por estrita objectividade dos fins), antes se tem de ver o lugar que aqueles fins assumiriam (provavelmente) nas opções do seu titular. Há, além disso, que salientar que, se o valor negativo da atribuição realizada actua como fundamento de justificação de atribuição compensatória, não quer isso dizer que tal justificação haja necessariamente de surgir. Aquele fundamento, sendo o autêntico fundamento, pode necessitar de condições (positivas ou negativas) para se desenvolver em justificação da atribuição. Para além da possibilidade de significado prático nulo do prejuízo ou do benefício, para além, mesmo, de todos os pressupostos da responsabilidade (pressupostos, pelo menos, de que a atribuição seja definida pelo prejuízo), pense-se na delimitação que se opera quanto ao nexo de interdependência entre benefício e sacrifício para que a pretensão de enriquecimento sem causa surja.

Até agora referimos sistematicamente factos apenas relativos ao substrato e factos apenas relativos ao valor, a que poderemos passar a chamar, por comodidade, *factos de realização e factos de justificação*. Mas a realidade dá conta de inúmeros factos mistos, de factos de realização e justificação. Nestes poderão distinguir-se aqueles que se reportam ao valor da própria atribuição a cuja realização se referem e aqueles que se ligam ao valor de atribuição diversa daquela a cuja efectivação se referem. Caso típico dos primeiros será o negócio real. Casos mais importantes dos segundos, pela íntima conexão existente entre a efectivação e a justificação, são aqueles que se ligam à justificação de atribuição compensatória da atribuição injustificada que se efectiva[324].

---

[324] Estes casos são os de mais íntima conexão entre a realização de uma atribuição e a justificação de outra, enquanto esta justificação se baseia na natureza injustificada da atribuição realizada e enquanto visa compensar os resultados práticos da primeira, enquanto visa conceder ao sujeito do interesse injustificadamente sacrificado um equivalente desse interesse, dentro dos limites aceitáveis (dependentes sobretudo da verificação dos pressupostos da responsabilidade civil ou do enriquecimento sem causa). Outros casos de íntima conexão entre a realização de uma atribuição e a justificação de outra, embora não de tão íntima conexão como estes, se encontram. São hipóteses em que a justificação de uma atribuição se baseia também na realização de outra injustificada, mas em que se não visa propriamente uma compensação de resultados práticos, um equivalente. Trata-se dos casos que se poderiam enquadrar na ideia de sanção em sentido estrito. A hipótese típica será a da sanção penal, ainda que nela se introduza com um lugar muito especial o elemento de culpabilidade (um lugar diverso, ao que cremos, do que assume na responsabilidade civil) e ainda que muitas vezes intervenha um outro elemento que também não temos, naturalmente, tido em conta – o perigo. De qualquer modo, a sanção penal, baseando-se embora no carácter injustificado do sacrifício de um interesse (em medida maior ou menor ou em que termos não se pode dizer), não tem em vista

CONFIGURAÇÃO DA OBRIGAÇÃO DE DECLARAÇÃO NEGOCIAL

Do que se tem vindo a dizer resulta poder dar-se natureza sistemática a um aspecto com que até na pouco neste estudo não se vinha contando: o *carácter, não se dirá secundário, mas derivado e não necessário, da produção de efeitos jurídicos pelos factos relevantes no Direito.*

Temos logo, quanto aos factos relativos ao substrato (enquanto relativos ao substrato) que o único efeito, aqui considerado, que produzem é extintivo e que essa extinção não e indispensável (não se verificará no caso de direito duradouro e não partível). E, demais, essa extinção assume uma configuração muito particular (por desaparecimento da potencialidade), podendo duvidar--se bem, pelo menos no caso de extinção por esgotamento, que de verdadeiro efeito jurídico se trate.

No domínio dos factos relativos ao valor (enquanto relativos ao valor), os efeitos jurídicos são uma consequência da definição do valor no plano da potencialidade. Ainda que então se verifiquem necessariamente, surgem por forma derivada, embora não deixe de haver alguma liberdade na sua configuração. Quando o valor seja definido na efectividade, não só nunca os efeitos jurídicos surgirão directamente da definição do valor dessa atribuição, como não é indispensável que surjam. Surgirão indirectamente efeitos jurídicos se a definição do valor daquela atribuição na efectividade implicar a alteração da definição do valor de uma outra atribuição potencial; não surgirão, se a não implicar – será o caso de injustificação na efectividade sem que se verifiquem as condições para que se gere a justificação de uma atribuição compensatória, será o caso da justificação de uma atribuição no próprio momento da efectivação (e de atribuição que se esgote nesse momento).

propriamente obter um equivalente, uma compensação dos resultados práticos. E ao lado da sanção penal pode colocar-se a sanção administrativa. Mesmo no Direito Privado sanções desta natureza, sanções que não visam obter um equivalente, aparecem. É o que sucede com a restituição provisória de posse por esbulho violento e é ainda o que sucede com o relevo da coacção do credor no negócio devido (e com o particular relevo do dolo e da coacção nos negócios comuns na medida, pelo menos, em que seja necessário o recurso à ideia de sanção para o explicar). Através da restituição da posse ou através da anulabilidade do negócio devido por coacção do credor ou da anulabilidade do negócio comum por coacção de terceiro, por exemplo, não se obtém um equivalente do interesse injustamente sacrificado, do interesse amplamente designável de interesse no respeito pela esfera de vida (é só nessa medida que o aspecto de sanção actua). O que se procura é, por "castigo", evitar que o resultado visado pelo infractor se opere, ainda que esse resultado seja em si mesmo justo, por força do valor de interesses do próprio infractor ou de outrém, valor traduzido ou não num anterior direito.

OBRIGAÇÃO DE EMITIR DECLARAÇÃO NEGOCIAL

Doutro lado, conectando este carácter originário do valor como o seu modo de formação, torna-se possível parcelar ingredientes de valor que, conjugando--se, se irão traduzir no valor jurídico. Isto, aliás, permite, como se referiu, a explicação de factos como os impeditivos e como a retratação que só por manifesto expediente se poderiam enquadrar no facto complexo dirigido aos efeitos jurídicos, não por si mas pela sua ausência[325], e ainda explicar categorias como a do cumprimento por terceiro[326].

[325] Os factos impeditivos e factos como a retratação, sendo factos que, embora actuando por referência a outros, operam com autonomia, enquanto lhes são contrários, também não produzem necessariamente efeitos jurídicos, ainda que, naturalmente, possam produzi-los e possam produzi-los nomeadamente sob um ponto de vista diferente. É o que se passa em regra com a retratação, que é fundamento de responsabilidade. Mas pense-se apenas no caso de se estipular a possibilidade de retractação.

[326] Trata-se de uma figura a que não temos feito referência, no texto, pelo seu carácter particular: o cumprimento por terceiro.
Quando atrás tratámos da realização do fim nos direitos de crédito, distinguimos dois tipos de realização do fim: a realização da atribuição e a realização do fim em sentido estrito. O cumprimento por terceiro constituiria o caso típico de realização do fim em sentido estrito. Depois do que se tem vindo a dizer se vê que é necessário ter cautela com o sentido da terminologia empregada. O cumprimento por terceiro também representa a realização de uma atribuição. A diferença está em que o cumprimento por terceiro, ao contrário, por exemplo, do cumprimento pelo devedor, não realiza a atribuição cuja justificação o crédito exprime. Realiza antes uma atribuição que tem de comum com aquela o interesse preenchido, mas de diferente o interesse sacrificado. Portanto, a distinção feita nos modos de realização do fim, que são os modos de preenchimento do interesse que a obrigação tutela, entre realização do fim por realização da atribuição e realização do fim em sentido estrito, há-de entender-se no sentido de distinção entre realização do interesse do credor por realização da atribuição cuja justificação o crédito exprime e realização do interesse do credor por realização de atribuição diversa daquela cuja justificação o crédito exprime.
O cumprimento por terceiro representa, assim, a realização de uma atribuição que se não encontra previamente justificada (pelo menos perante o credor) de uma atribuição que se justifica contemporaneamente com a sua realização. Ora, o que há de particular no cumprimento por terceiro, em relação às formas gerais de atribuição que simultaneamente se realiza e justifica, resulta precisamente do parcelamento do valor jurídico. É que, embora o interesse do credor não possua um valor suficiente para justificar sem mais o sacrifício do interesse do terceiro, possui algum valor – que leva à justificação do sacrifício do interesse do devedor –, o qual não deixa de ter relevo. Este relevo manifesta-se, para além do mais que se possa encontrar, logo no facto de o negócio que o cumprimento por terceiro envolve não ser em si mesmo, nas relações entre terceiro e credor, nem oneroso nem gratuito, no facto de em si ser um negócio neutro (OPPO, *ob. cit.*, p. 212; vejam-se indicações quanto ao problema do enquadramento do cumprimento por terceiro na distinção entre onerosidade e gratuitidade em Prof. ANTUNES VARELA, *Ensaio ... cit.*, pp. 135 ss., nota (1) da p. 135).
Isto que se diz para o cumprimento por terceiro pode dizer-se *mutatis mutandis* para as outras formas que porventura se encontrem de realização do fim em sentido estrito.

CONFIGURAÇÃO DA OBRIGAÇÃO DE DECLARAÇÃO NEGOCIAL

21. A justificação das atribuições pode escalonar-se. Os interesses envolvidos são, na base, interesses *substanciais* – interesses relativos a coisas, a prestações de facto naturais, positivas ou negativas. Todavia, essas próprias atribuições substanciais, mais exactamente, o seu valor, que fundamenta a sua actualização ou não-actualização, a sua subsistência ou não-subsistência, pode ser objecto de interesses, a que chamámos *formais*. A justificação ou injustificação dessas atribuições, mais exactamente o benefício-sacrifício traduzido no valor, positivo ou negativo, de tais atribuições pode ele próprio traduzir-se em atribuições, que se poderiam dizer de segundo grau e que aqui se designam como *atribuições formais*, por oposição a *atribuições substanciais*.

As atribuições formais podem ser consideradas em relação ao valor ou medida de valor que um facto é capaz de determinar para cada atribuição substancial, ou em relação ao valor ou medida de valor que um facto determina ou determinará para as várias atribuições substanciais que entrem em jogo. A primeira perspectiva pode ter interesse. Mas, evidentemente, é a segunda que nos importa.

As atribuições formais poderão porventura muitas vezes ser de todo irrelevantes e não assumir, por isso, qualquer significado jurídico, *maxime* quando o facto relativo ao valor em causa seja um mero facto e não um acto. Mas têm relevo quando o facto relativo ao valor em causa seja um negócio jurídico. E nos limites do negócio jurídico nos manteremos.

A circunstância de o valor poder ser objecto de atribuições não destrói o significado sistemático da distinção entre substrato e valor. Essa distinção, desde logo corresponde a dois estratos da realidade jurídica. Por outro lado, a própria problemática da atribuição que se vem a colocar no plano do valor tem sempre um significado particular na medida em que, embora interpenetrados, estão em jogo dois aspectos em si mesmos significativos juridicamente – o valor e a atribuição (valorável) – , enquanto que no plano do substracto (substancial) apenas o aspecto da atribuição é juridicamente significativo. Mas se o sentido sistemático da distinção se não anula, atenua-se, na medida em que surgem realidades com traços comuns no plano do valor e no plano do substracto.

Esta configuração do cumprimento por terceiro implica que se alargue o conceito de facto satisfatório usado no texto. Por outro lado, o cumprimento por terceiro representará um facto misto de realização e justificação, em que a atribuição justificada é a que se realiza, com a feição particular indicada.

OBRIGAÇÃO DE EMITIR DECLARAÇÃO NEGOCIAL

Referimos que nos interessa uma perspectiva global, no sentido de se ter em conta todo o valor que um facto concede ou é capaz de conceder e não o valor que concede ou e capaz de conceder a esta ou aquela atribuição. No entanto, importa agora assinalar a possibilidade (e necessidade) de um outro tipo de consideração parcelar. Viu-se que o valor jurídico se pode formar através da conjugação de vários ingredientes de valor. Estes ingredientes, por si, são aptos, cada um, a constituírem objecto de interesses, na medida em que, contribuindo para a definição de um valor jurídico, contribuem para a fundamentação da actualização ou não-actualização, da subsistência ou insubsistência das atribuições substanciais.

Na atribuição substancial a relação potencialidade – efectividade, isto é, as condições de passagem da potencialidade à efectividade e essa própria passagem são, em princípio, para o Direito *dados*, são definidos em termos naturalísticos, dos quais o Direito tem de partir. O Direito não pode obter a efectivação de uma situação da vida objecto de interesses substanciais sem ser pelos meios e dentro dos limites que a Natureza lhe oferece e impõe. E, uma vez efectivada a situação da vida, o Direito não pode destruir a efectivação que se operou; apenas pode organizar os meios para outra efectivação que impeça a continuação dos resultados negativos da primeira e que compense esses resultados.

Diversamente se passam as coisas quando se trate de atribuição formal: porque só estão em jogo valores de atribuições substanciais, o Direito é soberano na definição das condições de actualização da situação da vida (formal), que o mesmo é dizer dos valores; e, por outro lado, através do mecanismo da retroacção, pode destruir uma efectivação operada.

Esta característica fundamental das atribuições formais traz consigo logo uma consequência básica: a possibilidade de o valor da atribuição actuar intrínseca e não apenas extrinsecamente, actuar sobre as próprias condições de passagem da potencialidade à efectividade e sobre essa mesma passagem.

Consequências acessórias derivam ainda, das quais importa agora apontar três.

Nas atribuições substanciais, sempre que a situação da vida é potencial, potenciais serão os meios capazes de a efectivar. Aqui, o valor da atribuição (formal), porque é capaz de alterar as condições de efectivação do valor (da atribuição substancial), pode vir a fundamentar a actualização desta através de factos já efectivados.

CONFIGURAÇÃO DA OBRIGAÇÃO DE DECLARAÇÃO NEGOCIAL

Doutro lado, e é o reverso, a injustificação da atribuição formal efectivada poderá não se traduzir em fundamento de atribuição compensatória, por poder conduzir à destruição da própria efectivação.

Finalmente, nas atribuições substanciais o valor somente enquanto assume a forma de valor jurídico (pleno), positivo ou negativo, de justificação ou injustificação, pode ser fundamento de actualização. Nas atribuições formais, ao contrário, porque uma atribuição só é justificada quando possível a sua efectivação e porque o valor da atribuição é capaz de tornar mesmo possível uma efectivação que o não seria de outro modo, o valor da atribuição formal – a que falte apenas, para se tornar justificação, a possibilidade da efectivação – pode por si actuar como fundamento de actualização.

Os factos capazes de realizarem as atribuições formais são factos relativos ao valor, factos de justificação. Enquanto realizam a atribuição, tornam-se também factos de realização (num sentido amplo). E, por isso, aparecem como *factos mistos*, a que se poderia chamar *de justificação e realização*. No entanto, distinguem-se dos outros factos mistos enquanto neles *a função de realização é mero modo da função de justificação*, ao passo que naqueles, por maior que seja a interdependência, há sempre alguma autonomia entre os dois sentidos do facto, há sempre uma dupla orientação. Por isso, poderíamos chamar-lhes factos unitariamente mistos e será preferível dizer, em vez de factos de justificação e realização, *factos de justificação realizadores*.

O carácter formal das atribuições não impede que o seu valor actue extrinsecamente, apenas que em dependência de circunstâncias já indicadas.

O valor positivo das atribuições formais na efectividade traduz-se em fundamento de não-justificação de atribuições compensatórias e o valor negativo poderá fundar a sua justificação.

O valor da atribuição formal, se pode actuar extrinsecamente, pode também actuar intrinsecamente, modelando as próprias condições da causalidade. As condições da causalidade traduzem-se nas condições para que um valor se actualize (fundamentalmente, condições cuja falta gera nulidade) e nas condições para que, uma vez actualizado o valor, esta actualização não possa ser destruída (fundamentos, em geral, de anulabilidade).

Quando o valor das atribuições formais não seja *específico*, por não corresponder a interesses especificamente protegidos, não age intrínsecamente, porque a determinação do valor das atribuições e os termos da causalidade correm paralelamente. Mesmo quando o negócio seja anulável, o que se vem

OBRIGAÇÃO DE EMITIR DECLARAÇÃO NEGOCIAL

a traduzir num relevo de um interesse de uma das partes contrário ao valor das atribuições substanciais, é paralelamente à definição das condições de causalidade que o valor desse interesse virá a ser definido.

Pelo contrário, já o valor específico pode agir intrinsecamente.

22. Pode-se assim ver bem o que se passa com a obrigação de declaração negocial.

Tomou-se como ponto de partida a tutela específica de um interesse na produção dos efeitos jurídicos e a preterição (específica) de um interesse na não produção. Em última análise isso resulta de um *valor específico (de sentido positivo) de uma atribuição formal.*

Quer isto dizer, em primeiro lugar, que na origem da obrigação de declaração negocial se encontra o valor de um interesse formal, cuja tutela traduz uma organização ética expressadora desse valor.

Quer isto dizer, também, que o interesse formal numa regulamentação jurídica decorre do valor conferido às atribuições substanciais. A regulamentação jurídica, quando surja, será uma expressão desse valor. Quer isto dizer, finalmente, que o valor (das atribuições substanciais) objecto dos interesses formais não tem de consistir necessariamente em plena justificação e injustificação dessas atribuições substanciais. As atribuições formais podem representar tão só ingredientes de valor que, conjugando-se com outros, contribuirão para a definição da justificação e injustificação dessas atribuições.

A obrigação de declaração negocial pressupõe que potencial seja o valor das atribuições substanciais que integra a atribuição formal e que potencial seja o acto capaz de o actualizar.

Os dois aspectos que se viram da modelação interior do negócio e da assunção do negócio como objecto do dever correspondem exactamente aos dois modos de actuação do valor da atribuição formal: o modo intrínseco e o modo extrínseco.

Estando em jogo a actualização negocial de um valor, essa actualização encontrar-se-á necessariamente referida a uma legitimidade. Surgindo o valor específico da atribuição formal, o interesse dominante coloca-se perante essa legitimidade – do titular do interesse subordinado. E a partir de tal colocação se operará a actuação intrínseca do valor da atribuição formal.

Do que se disse acerca do negócio jurídico se vê que os seus dois pontos de apoio fundamentais são a legitimidade e a causa. Um, a legitimidade, é o ponto de apoio primário radical. E, por isso, o valor da atribuição formal actua

CONFIGURAÇÃO DA OBRIGAÇÃO DE DECLARAÇÃO NEGOCIAL

por colocação perante a legitimidade definida. Radical já não é a causa, que só por referência à legitimidade assume sentido. Mas representa, dentro da economia do negócio, a base objectiva do controlo da idoneidade resultante da legitimidade, enquanto a idoneidade do objecto aparecerá apenas como condição prévia, a capacidade como definição de quem é apto e em que termos alguém é apto a responder ao chamamento feito pela legitimidade, a compatibilidade como mero requisito negativo.

A causa, como base objectiva do controlo da idoneidade resultante da legitimidade, actua ou directamente, pelo requisito de causa, ou indirectamente, pela influência tanto na capacidade e na incompatibilidade quanto ainda nos requisitos de exercício do poder.

Ora bem: precisamente por estas duas vias, a legitimidade e a causa, o valor específico da atribuição formal, enquanto colocada perante a legitimidade autónoma, poderá incidir interiormente na relação potencialidade – efectividade do valor das atribuições substanciais.

Viu-se que a causa do negócio constituía a sua função prático-social, a função que um acto exerce enquanto actualize uma regulamentação. Apenas que agora se poderá dizer, com maior propriedade, que a causa consiste na função que o acto exerce enquanto actualize determinado ou determinados valores (embora, porventura, marcados pela regulamentação em que se exprimem). Na medida em que um valor (de atribuições substanciais) seja objecto de uma atribuição formal especificamente valiosa, da causa do negócio fica a fazer parte a realização dessa atribuição formal.

O valor de uma atribuição age como fundamento de actualização e como fundamento de subsistência. Como fundamento de actualização, o valor da atribuição formal introduzido na *causa negotii* poderá levar à irrelevância de vícios geradores de nulidade (que impediriam, por isso, a actualização), nomeadamente poderá conduzir à irrelevância de hipóteses de incompatibilidade. Como fundamento de subsistência, o valor envolverá a irrelevância de vícios geradores de anulabilidade.

E aqui vem a surgir outra particularidade derivada do carácter formal da atribuição. Na medida em que as anulabilidades, através do mecanismo da retroactividade, podem vir a destruir a própria efectivação, neste plano intrínseco o fundamento de subsistência assume sentido logo na potencialidade.

O valor específico da atribuição formal aparece, deste modo, quer enquanto é fundamento de actualização, quer enquanto é fundamento de subsistência,

OBRIGAÇÃO DE EMITIR DECLARAÇÃO NEGOCIAL

a modelar, através da *causa negotii*, as próprias condições e termos da determinação jurídica, da causalidade (eficiente), da relação potencialidade-efectividade do valor das atribuições substanciais.

Mas o facto de o valor específico da atribuição formal agir intrinsecamente não impede que também actue extrinsecamente. Assim, uma vez efectivada a atribuição, a justificação, funcionando como fundamento de subsistência, nega a possibilidade de justificação de outras atribuições, compensatórias dos resultados práticos, no sentido das quais, nomeadamente, se pretendesse convolar a acção dos vícios agora irrelevantes. Enquanto a atribuição for potencial e potencial o acto capaz (ou possivelmente capaz) de a realizar – é a hipótese que agora nos interessa – o seu valor, como fundamento de actualização, vai traduzir-se na organização ética da potencialidade. O comportamento actualizador – que é do titular do interesse subordinado – passará a constituir objecto de um dever, o valor da atribuição convolar-se-á em tutela e preterição dos interesses e aquela exprimir-se-á num direito subjectivo, precisamente num direito de crédito,

O ponto de partida da obrigação de declaração negocial encontra-se, repete-se, no valor específico (de sentido positivo) de uma a atribuição formal potencial. Os interesses, nesse seu específico valor, colocam-se em relação a uma legitimidade com que os conecta a situação da vida (valor das atribuições substanciais) sobre que incidem. Passado o momento prévio da definição ou não de uma nova legitimidade, derivada, e na medida em que os interesses se não desvinculem da legitimidade autónoma, o acto que a expressa, possuindo em relação à situação da vida (valor das atribuições substanciais) uma função de actualização (real ou hipotética), assume, pelo significado dessa situação da vida de ser objecto dos interesses que constituem a atribuição formal, uma função de realização (real ou hipotética). O valor da atribuição vai então agir pelo caminho que lhe oferece a função de realização do acto. Num sentido, essa acção tende a constituir sobre o acto (potencial) um dever e a convolar, por isso, a função de actualização do acto, já com o modo de função de realização, em função de prestação. Noutro sentido, essa acção, na medida em que a função de realização integra a função prático-social do acto, que o mesmo é dizer a sua causa, vai determinar se a função de actualização hipotética se transformará em real e os requisitos que o acto haverá de possuir para a exercer.

Pode-se agora ver com clareza aquilo em que consiste a integração do negócio no crédito. O acto sobre que vem a incidir o dever é sempre assu-

CONFIGURAÇÃO DA OBRIGAÇÃO DE DECLARAÇÃO NEGOCIAL

mido no crédito na sua função de actualização da situação da vida objecto dos interesses. Enquanto sobre a situação incidem interesses que constituam uma atribuição formal, a função de actualização do acto toma o modo de função de realização. Na medida em que sobre o acto recaia um dever e o valor da atribuição formal se exprima em tutela e preterição de interesses, tutela e preterição em termos creditórios, a função de realização ganha o modo de função de prestação. E a função de prestação, quando o acto se efective e se efective a situação da vida, traduz-se em função de cumprimento. Quer dizer: função de prestação e função de cumprimento não vêm a ser senão modos da função de actualização. Ora, na obrigação de declaração negocial, a função de actualização do acto objecto do dever é função de actualização de um valor potencial e função de actualização em termos negociais, é, numa palavra, função de negócio. As funções de prestação e de cumprimento do acto objecto do dever consistem pois em modos da sua função de negócio. O que quer dizer que é como e enquanto negócio que o acto é assumido na obrigação.

Percebe-se também que a modelação interna da função de negócio não é propriamente, como primeiro teve de se dizer, uma consequência da integração, mas um outro aspecto da acção do valor da atribuição formal. Enquanto actua extrinsecamente, o valor determina a integração; enquanto actua intrinsecamente modela internamente a função de negócio. Isto, porém, não impede que a modelação interna do negócio seja uma prova da integração. É que, uma vez que a modelação só se explica pelo facto de a função de negócio se traduzir em função de realização, necessariamente a função de prestação, enquanto modo da função de realização, terá de assentar na função de negócio.

Por outro lado, a modelação interna do negócio não deixa de definir, não propriamente a intensidade, mas os termos da integração. A acção intrínseca do valor da atribuição formal, determinando progressivamente o dado sobre que se exerce a acção extrínseca, determina progressivamente os resultados desta acção e, portanto, os termos da integração.

Num primeiro momento, a função de negócio de um acto definido por ser expressão de uma a legitimidade poderá aparecer como função hipotética. Hipotética será também a função de realização que integra a causa e hipotético será o dever e a função de prestação do acto. A acção intrínseca do valor da atribuição formal através da causa poderá levar a que a função de negócio se torne real, real se tornando o dever e a função de prestação. Num segundo momento, a função de negócio e, por isso, o objecto do dever e a função de

OBRIGAÇÃO DE EMITIR DECLARAÇÃO NEGOCIAL

prestação surgirão como parcialmente hipotéticos, no sentido de ainda se não encontrarem determinados todos os requisitos que o acto há-de possuir para exercer a função de negócio e portanto também as características do acto objecto do dever e os requisitos do exercício da função de prestação, Num terceiro momento, aparecerá integralmente determinado o acto e, consequentemente, o objecto do dever e as funções de negócio e de prestação.

Significa, isto, no fundo, que o curso do processo de integração é determinado não apenas pela acção extrínseca, que actua no sentido de assumir o negócio como dever, como pela acção intrínseca que vai modelando o conteúdo do dever. Internamente modelando o negócio, internamente, no decorrer do processo de integração, o valor específico modela a própria prestação.

23. Em conclusão:

a) – o ponto de partida da obrigação de declaração negocial encontra-se no valor específico de sentido positivo de uma atribuição formal potencial;

b) – o valor específico da atribuição formal, agindo extrinsecamente, determinará a constituição do dever, transformando o valor dos interesses em protecção e preterição e gerando assim um direito de crédito; c) – o valor específico da atribuição formal, actuando intrinsecamente através da *causa negotii*, que passa a apresentar-se como causa qualificada, exerce influência sobre os requisitos do negócio, podendo tornar mesmo possível uma actualização que de outro modo o não seria;

d) – o negócio integra-se na obrigação, na medida em que o acto objecto do dever é assumido na sua particular função de negocio;

e) – no curso do processo de integração, o valor específico da atribuição formal vai modelando mesmo internamente a prestação.

f) Enquanto facto de justificação realizador, o cumprimento de obrigação de declaração negocial justificará ou contribuirá para a justificação de subsequentes atribuições substanciais.

§ 3º. – Estrutura e enquadramento dogmático da obrigação de declaração negocial e do seu cumprimento

1. Conforme decorre do que se disse, o crédito a negócio "organiza" uma *atribuição formal*, com vista à actualização de *atribuições substanciais*, que o cumprimento do dever de declaração negocial justificará ou contribuirá para

CONFIGURAÇÃO DA OBRIGAÇÃO DE DECLARAÇÃO NEGOCIAL

justificar, através da medida de valor que é capaz de conferir às referidas atribuições substanciais.

2. Qualquer direito de crédito é integrado, do chamado lado passivo, por um dever cujo cumprimento é capaz de satisfazer o interesse do credor. A existência do dever pressupõe que, perante o credor (embora porventura não perante terceiros), o comportamento seja lícito. Mas na obrigação de declaração negocial há mais do que isso: a obrigação pressupõe a existência, na titularidade do devedor, de um poder de produzir efeitos jurídicos, de um poder de determinação jurídica. E a obrigação de declaração negocial traduz-se na imposição do exercício desse poder.

Pode-se discutir se o conceito de direito potestativo abrange todos os casos em que há um poder de determinação jurídica, de exercício individual ou colectivo, que, no Direito Privado, correspondam à mera autonomia privada ou se de direito potestativo apenas caberá falar – ou falar numa acepção restrita – quando exista protecção *específica* de um interesse na produção de efeitos jurídicos, como acontece, por exemplo, nos casos de direito de constituir servidão ou de requerer divisão de coisa comum. Tomaremos a expressão neste sentido mais restrito.

Para além disso, a noção de direito potestativo surge, por prática corrente, reservada às situações em que o titular do interesse protegido é igualmente o titular do poder de determinação jurídica em causa. Vimos, porém, que existem traços comuns no regime da obrigação de declaração negocial e no do direito potestativo constituído por substituição, associados à protecção específica de um interesse na produção negocial de efeitos jurídicos, por via de um poder de determinação jurídica. Daí resulta que se torne lícito utilizar um conceito de direito potestativo, amplo de harmonia com um novo critério, definido apenas pela protecção específica de um interesse na produção de efeitos jurídicos.

Há dois modos de proteger especificamente um interesse de produção de efeitos jurídicos: ou envolvendo uma derivação substitutiva de legitimidade, mediante um poder de determinação jurídica atribuído ao titular do interesse protegido, ou afectando o poder de determinação jurídica de outrem, que fica sendo devedor do titular do interesse especificamente protegido.

Os créditos não são por regra potestativos. Os direitos potestativos não são por regra creditórios. Na obrigação de declaração negocial as caracterizações combinam-se.

OBRIGAÇÃO DE EMITIR DECLARAÇÃO NEGOCIAL

Tomando a perspectiva da obrigação, poderemos falar de *direito de crédito potestativo*; tomando a do direito potestativo poderemos falar de *direito potestativo creditório.*

Temos pois que a obrigação da declaração negocial se traduz, conforme as perspectivas, num *direito de crédito potestativo* ou num *direito potestativo creditório.*

3. Os créditos têm por objecto uma prestação (Cód. Civ., art. 710º), que constitui o comportamento a que o devedor se encontra vinculado, considerado no plano da potencialidade.

A efectivação da prestação traduz-se no cumprimento (ou pagamento[327]). Este há-de consistir em *comportamento do devedor*, correspondente à prestação. A dação em pagamento pode ser caracterizada como cumprimento, mas de uma prestação modificada por acordo. O chamado cumprimento por terceiro é uma modalidade de *realização do fim* do crédito, mas não é cumprimento verdadeiro e próprio.

O que há de particular na obrigação da declaração negocial é que a prestação e o cumprimento consistem numa declaração negocial. O objecto da obrigação é um negócio *jurídico* (devido). Viu-se que o regime geral das obrigações se altera por a prestação consistir num negócio e que o regime geral do negócio jurídico sofre modificações por ser devido.

Observou-se que as prestações objecto de obrigações que tutelavam interesses *substanciais* e respectivo cumprimento eram *factos de realização* e que os factos que constituem causa de justificação de atribuições eram *factos de justificação.* No caso da obrigação de declaração negocial, prestação e cumprimento são, respectivamente no plano da potencialidade e no da efectividade, factos de *justificação realizadora.* A declaração negocial justifica atribuições substanciais, ou constitui parte da justificação possível destas. Neste sentido é *facto de justificação.* Mas essa justificação corresponde, por sua vez, ao objecto

---

[327] Na Secção I do Capítulo II falámos de pagamento porque esse é o termo predominantemente usado pelo Código Civil, embora, curiosamente, mais nas epígrafes dos artigos do que na parte dispositiva (por ex., arts. 742º a 752º), onde se usa de preferência o termo "prestação" (art. 739º e arts. citados), e porque aquele era modo de dizer também predominante quando se perguntava sobre a natureza jurídica do acto. Os Profs. Galvão Telles (*Manual...cit*, pp. 104) e Manuel de Andrade (*Teoria geral das obrigações, cit.* p. 277) tomam as palavras pagamento e cumprimento como sinónimas na linguagem jurídica. Vaz Serra prefere o termo cumprimento (*"Do cumprimento...." cit*, p.5). Depois da Secção I, temos, no Cap. II, usado de preferência a palavra cumprimento.

CONFIGURAÇÃO DA OBRIGAÇÃO DE DECLARAÇÃO NEGOCIAL

e cumprimento de uma obrigação resultante de atribuição *formal* justificada e é, assim, simultaneamente, *facto de realização e de justificação – facto de justificação realizadora*.

4. O Cód. Civ. distingue, no art. 710º, prestações de factos e prestações de coisas[328]. E é tradicional a distinção entre obrigações de prestação de facto e prestação de coisa.

O art. 1548º do Cód. Civ. diz que a promessa recíproca de compra e venda constitui uma convenção de prestação de facto. Isso parece implicar que a obrigação de declaração negocial seria uma obrigação de prestação de facto. E nalgum sentido é-o, pelo menos no de não constituir obrigação de prestação de coisa. Mas, em rigor, a obrigação de declaração negocial encontra-se para além da distinção entre prestações de facto e prestações de coisa, enquanto tem por objecto um negócio jurídico e não operações materiais, ou mesmo actos jurídicos, correspondentes a interesses substanciais, e enquanto a circunstância de ter por objecto um negócio jurídico lhe determina um regime particular.

---

[328] Surpreendentemente, o art. 714º do Cód. Civ. inclui na prestação de coisas a *" alienação da propriedade de certa coisa "*. O Prof. GALVÃO TELLES critica a formulação, salientando que *" este artigo não pode ser tomado á letra " – " a prestação de coisa nunca consiste na alienação "* e que a prestação de coisa *" a prestação de coisa não transfere ao credor a propriedade, mas tão só a detenção do objecto (Manual... cit. pp. 24-25)*. *Vide* ainda CUNHA GONÇALVES, *Tratado... cit., IV, p. 567 ss.)*. O equívoco talvez provenha da formulação do início do art. 714º: *" A prestação de coisas, por efeito do contrato, pode consistir... "*. Misturaram-se as obrigações decorrentes do contrato com o efeito translativo deste.

Transcrição dos artigos citados do Código Civil de 1867

ARTIGO 10º
Consequência da violação da lei imperativa

Os actos praticados contra a disposição da lei, quer esta seja proibitiva, quer preceptiva, envolvem nulidade, salvo nos casos em que a mesma lei ordenar o contrário.

§ único. Esta nulidade pode, contudo, sanar-se pelo consentimento dos interessados, se a lei infringida não for de interesse e ordem pública.

ARTIGO 11º
Insusceptibilidade de aplicação analógica das normas excepcionais

A lei, que faz excepção às regras gerais, não pode ser aplicada a nenhuns casos, que não estejam especificados na mesma lei.

ARTIGO 14º
Conflito de direitos

Quem, exercendo o próprio direito, procura interesses, deve, em colisão e na falta de providência especial, ceder a quem pretende evitar prejuízos.

ARTIGO 193º
Nomeação de tutor em testamento

O pai pode nomear em testamento, ou por acto autêntico entre vivos tutor ao filho menor ou interdito, se a mãe é falecida, ou se acha inibida de exercer o poder paternal.

OBRIGAÇÃO DE EMITIR DECLARAÇÃO NEGOCIAL

§ único. Na falta, ou impedimento do pai, tem a mãe a mesma faculdade; mas, se nomear seu segundo marido, ficará a nomeação dependente da aprovação do conselho de família.

ARTIGO 224º
Atribuições do conselho de família

Pertence ao conselho de família:

1.º Confirmar a mãe bínuba na administração dos bens do filho menor e interdito;

2.º Confirmar os tutores legítimos;

3.º Nomear os tutores dativos;

4.º Nomear protutor, nos casos em que deve haver esta nomeação;

5.º Confirmar a tutela confiada pela mãe em testamento ao segundo marido;

6.º Remover o tutor nos casos mencionados nos artigos 236.º e seguintes;

7.º Determinar a profissão, o ofício, ou o serviço, a que o menor há-de dedicar--se, e resolver, quando o pai ou a mãe do menor exercessem alguma indústria ou comércio, se esta indústria ou comércio devem continuar a ser exercidos por ele, não tendo os pais disposto a tal respeito, ou se ocorrerem graves inconvenientes no cumprimento da sua vontade;

8.º Taxar no começo da tutela as quantias, que o tutor poderá despender com o menor, e com a administração dos bens, sem prejuízo do aumento ou da diminuição, que as circunstâncias exigirem;

9.º Especificar o valor da hipoteca, que há-de ficar onerando os bens do tutor, com atenção à importância dos móveis, e rendimentos, que ele houver de receber, e puder acumular até o fim da tutela; designar os bens em relação aos quais deve ser registada, e assinar um prazo razoável, dentro do qual seja feito o registo e, bem assim, quando o julgar conveniente, escusar o tutor da hipoteca, ou só do registo prévio dela, e das mais formalidades, para que possa entrar logo no exercício da tutela;

10.º Verificar a legalidade das dívidas passivas do menor, e autorizar e regular o seu pagamento, não havendo oposição dos interessados;

11.º Designar a aplicação, que devem ter o dinheiro, as jóias, ou quaisquer outros objectos preciosos do menor;

12.º Autorizar o tutor para fazer prender o menor, nos termos do artigo 143.º e seu parágrafo;

13.º Autorizar o tutor para proceder à venda dos móveis, cuja conservação não for conveniente, e deliberar sobre a aplicação que lhes deve dar, não havendo comprador;

14.º Autorizar o tutor para quaisquer benfeitorias extraordinárias, e para dar os imóveis de arrendamento por mais de três anos, contanto que o prazo não exceda a época da maioridade;

15.º Autorizar o tutor para levantar os capitais do menor dados a juros;

TRANSCRIÇÃO DOS ARTIGOS CITADOS DO CÓDIGO CIVIL DE 1867

16.º Autorizar o tutor para contrair empréstimos, emprestar dinheiro do menor, hipotecar ou alienar bens imóveis, em caso de urgente necessidade ou de utilidade reconhecida;

17.º Autorizar o tutor para aceitar doações feitas ao menor, propor acções persecutórias, fazer composições amigáveis transacções ou compromissos, em termos determinados;

18.º Autorizar o casamento, e as convenções antenupciais do menor, não sendo tutor deste o avô;

19.º Arbitrar, quando não haja oposição, as mesadas ou os alimentos, que deverem ser pagos por conta do menor a seus irmãos ou ascendentes;

20.º Examinar e aprovar as contas da tutela nos prazos, que ele próprio designar, os quais não poderão exceder a quatro anos;

21.º Autorizar a substituição ou redução da hipoteca, a que os bens do tutor estejam sujeitos;

22.º Emancipar o menor na falta do pai e da mãe.

ARTIGO 235.º
Causas de remoção do tutor

Podem ser removidos da tutela:

1.º O tutor testamentário ou legítimo, que começar a exercer o seu cargo antes da convocação do conselho de família, e da nomeação do protutor;

2.º Os que não requererem nem promoverem o inventário nos termos da lei;

3.º Os que procederem mal na sua gerência, tanto em relação às pessoas, como em relação aos bens dos tutelados;

4.º Aqueles a quem sobrevier algum dos motivos de exclusão indicados na secção precedente.

ARTIGO 244.º
Actos defesos do tutor

É absolutamente defeso ao tutor:

1.º Dispor, por título gratuito, dos bens do menor;

2.º Arrendar, comprar ou arrematar os bens do menor;

3.º Tornar-se cessionário de direitos, ou de crédito contra o seu pupilo, excepto nos casos de sub-rogação legal;

4.º Receber doações do menor, entre vivos ou por testamento, ou do ex-pupilo emancipado ou maior, salvo depois de ter dado contas da sua administração, e de ter obtido quitação geral;

5.º Fazer contratos em nome do pupilo, que obriguem este pessoalmente a praticar certos actos, excepto no caso, em que essa obrigação for necessária para lhe dar educação, estabelecimento ou ocupação.

ARTIGO 298.º
Actos do menor que são válidos

Os actos e contratos, que o menor pode legalmente praticar, e bem assim os que forem praticados com a devida autorização, tanto pelo menor, como pelo tutor, não podem ser rescindidos pelos menores, senão nos casos em que a lei geralmente, ou alguma disposição especial dela, o permite.

ARTIGO 436.º
Divisão da água entre os prédios fronteiros

Quando as correntes passarem por entre dois ou mais prédios, o uso das águas será regulado pelo modo seguinte:

§ 1.º Se a água for sobeja, cada um dos donos ou possuidores dos prédios adjacentes à corrente, de um e de outro lado, poderá usar da porção dela que lhe convier.

§ 2.º Se a água não for sobeja, cada um dos donos ou possuidores dos prédios fronteiros terá o direito de usar de uma parte das águas, proporcional à extensão e precisões do seu prédio.

§ 3.º Cada um dos donos ou possuidores dos prédios, de que trata o parágrafo antecedente, poderá derivar a porção de água que lhe couber em qualquer ponto da sua linha marginal, sem que o outro, com o pretexto de a derivar superiormente, haja de privá-lo dessa porção, no todo ou em parte.

§ 4.º À saída das águas remanescentes, se as houver, é aplicável o que fica disposto no artigo 434.º.

ARTIGO 487.º
Acção de restituição da posse

Se o possuidor foi esbulhado violentamente, tem direito a ser restituído, sempre que o requeira, dentro do prazo de um ano; nem o esbulhador será ouvido em juízo, sem que a dita restituição se tenha efectuado.

ARTIGO 509.º
Acção subrogatória

Os credores, e todos os que tiverem legítimo interessa em que a prescrição se torne efectiva, podem fazê-la valer, ainda que o devedor ou o proprietário hajam renunciado ao direito adquirido por meio dela.

TRANSCRIÇÃO DOS ARTIGOS CITADOS DO CÓDIGO CIVIL DE 1867

ARTIGO 645.º
Representação convencional

Os contratos podem ser feitos pelos outorgantes pessoalmente, ou por interposta pessoa devidamente autorizada.

ARTIGO 657.º
Categorias do erro relevante

O erro do consentimento pode recair:
1.º Sobre a causa do contrato;
2.º Sobre o objecto, ou as qualidades do objecto do contrato;
3.º Sobre a pessoa com quem se contrata, ou em consideração da qual se contrata.

ARTIGO 658.º
Erro sobre a causa

O erro sobre a causa do contrato pode ser de direito ou de facto.

ARTIGO 659.º
Erro de direito sobre a causa

O erro de direito acerca da causa produz nulidade, salvo nos casos em que a lei ordenar o contrário.

ARTIGO 660.º
Erro de facto sobre a causa

Se o erro acerca da causa for de facto, só produzirá nulidade, se o contraente enganado houver declarado expressamente, que só em razão dessa causa contratara, e esta declaração tiver sido expressamente aceita pela outra parte.

ARTIGO 661.º
Erro sobre o objecto do contrato

O erro sobre o objecto do contrato, ou sobre as qualidades do mesmo objecto, só produz nulidade havendo o enganado declarado, ou provando-se pelas circunstâncias do mesmo contrato, igualmente conhecidas da outra parte, que só por essa razão e não por outra contratara.

OBRIGAÇÃO DE EMITIR DECLARAÇÃO NEGOCIAL

ARTIGO 662.º
Erro sobre o outro contraente

Sendo relativo o erro à pessoa com que se contrata, observar-se-á o que no artigo antecedente fica disposto acerca do objecto do contrato; mas se o erro disser respeito a pessoa que não figure no contrato, observar-se-á o que fica disposto no artigo 660.º.

ARTIGO 663.º
Erro procedente de dolo ou má fé

O erro, que procede de dolo ou de má fé de um dos contraentes, ou de terceiro, que tenha interesse directo no contrato, produz nulidade.

§ único. Entende-se por dolo nos contratos qualquer sugestão ou artifício, que se empregue para induzir em erro, ou manter nele, algum dos contraentes; e por má fé a dissimulação do erro do outro contraente, depois de conhecido.

ARTIGO 666.º
Coacção

É nulo o contrato, sendo o consentimento extorquido por coacção, ou esta provenha de algum dos contraentes ou de terceiro.

§ único. A coacção consiste no emprego da força física, ou de quaisquer meios, que produzam danos, ou fortes receios deles, relativamente à pessoa, honra ou fazenda do contraente ou de terceiros.

ARTIGO 670.º
Impossibilidade física

Nos contratos só se considera como fisicamente impossível, o que o é absolutamente em relação ao objecto do contrato, mas não em relação à pessoa que se obriga.

ARTIGO 672.º
Liberdade contratual

Os contraentes podem ajuntar aos seus contratos as condições ou cláusulas, que bem lhes parecerem. Estas condições e cláusulas formam parte integrante dos mesmos contratos, e governam-se pelas mesmas regras, excepto nos casos em que a lei ordenar o contrário.

§ único. Exceptua-se da regra deste artigo o caso previsto no artigo 1671.º.

TRANSCRIÇÃO DOS ARTIGOS CITADOS DO CÓDIGO CIVIL DE 1867

ARTIGO 693.º
Alegação das nulidades, por via de excepção

A nulidade do contrato pode ser oposta, por via de excepção, a todo o tempo em que o cumprimento do contrato nulo for pedido.

ARTIGO 694.º
Partes legítimas na acção de anulação

Pode ser proposta a acção, ou deduzida a excepção de nulidade, tanto pelos queixosos e seus representantes, como pelos seus fiadores, salvo nos casos em que a lei expressamente ordenar o contrário.

ARTIGO 699.º
Intervenção irregular do representante do incapaz

Se o contrato for rescindido por não estar autorizado para o fazer o representante do incapaz, só haverá recurso contra o contraente de boa fé, quando o incapaz não puder ser indemnizado pelos bens do seu representante; mas, ainda neste caso, poderá o contraente optar pela indemnização, ou pela restituição da coisa.

§ único. Este recurso não se dá contra os ulteriores adquirentes, salvo provando-se a sua má fé.

ARTIGO 710.º
Modalidades da prestação

O contrato resolve-se ou na prestação de factos, ou na prestação de coisas.

ARTIGO 711.º
Inadimplamento da prestação de facto

O que se obrigou a prestar algum facto, e deixou de prestar, ou não o prestou conforme o estipulado, responde pela indemnização de perdas e danos, nos termos seguintes:

1.º Se a obrigação foi com prazo e dia certo, corre a responsabilidade, desde que expira o prazo, ou o dia assinado;

2.º Se a obrigação não depende de prazo certo, a responsabilidade corre só desde o dia em que aquele, que está sujeito à obrigação, é interpelado.

§ 1.º Diz-se interpelação o acto da intimação que o credor faz, ou manda fazer, àquele que está sujeito à obrigação, para que este a cumpra.

OBRIGAÇÃO DE EMITIR DECLARAÇÃO NEGOCIAL

§ 2.º Esta intimação pode ser feita judicialmente, ou pelo próprio credor perante duas testemunhas.

ARTIGO 712.º
Prestação de facto fungível

O credor de prestação de facto pode requerer, em lugar de perdas e danos, que seja autorizado a fazer prestar por outrem o dito facto, à custa daquele que está obrigado a ele, sendo isso possível, salvo se outra coisa tiver sido estipulada.

ARTIGO 713.º
Prestação de facto negativa

O que se houver obrigado a não praticar algum facto, incorre na responsabilidade de perdas e danos, desde o momento da contravenção, e pode o credor exigir, que a obra feita, se obra feita houver, seja demolida à custa do que se obrigou a não a fazer.

ARTIGO 714.º
Modalidades da prestação de coisas

A prestação de coisas por efeito de contrato pode consistir:
1.º Na alienação da propriedade de certa coisa;
2.º Na alienação temporária do uso, ou fruição de certa coisa;
3.º Na restituição de coisa alheia, ou no pagamento de coisa devida.

ARTIGO 715.º
Alienação de coisas certas e determinadas

Nas alienações de coisas certas e determinadas, a transferência da propriedade opera-se entre os contraentes, por mero efeito do contrato, sem dependência de tradição ou de posse, quer material, quer simbólica, salvo havendo acordo das partes em contrário.

ARTIGO 716.º
Alienação de coisas genéricas

Nas alienações de coisas indeterminadas de certa espécie, a propriedade só se transfere, desde o momento em que a coisa se torna certa e determinada, com conhecimento do credor.

§ único. Se a qualidade não foi designada, não é o devedor obrigado a prestar a coisa melhor, nem pode prestar a pior.

TRANSCRIÇÃO DOS ARTIGOS CITADOS DO CÓDIGO CIVIL DE 1867

ARTIGO 717.º
Risco do perecimento da coisa

Se a coisa transferida por efeito de contrato se deteriorar ou perder em poder do alienante, correrá o risco por conta do adquirente, salvo se se houver deteriorado ou perdido por culpa ou negligência do alienante.

§ 1.º A perda pode dar-se:

1.º Perecendo a coisa;

2.º Sendo posta fora do comércio;

3.º Desaparecendo de modo que se não possa recuperar, ou que dela se não saiba.

§ 2.º Dá-se culpa ou negligência, quando o obrigado pratica actos contrários à conservação da coisa.

§ 3.º A qualificação da culpa ou da negligência depende do prudente arbítrio do julgador, conforme as circunstâncias do facto, do contrato, e das pessoas.

ARTIGO 718.º
Alienação sucessiva e ilícita da mesma coisa

Se a coisa, transferida por contrato, for alienada de novo pelo transferente, pode o lesado reivindicá-la, nos termos declarados nos artigos 1578.º, 1579.º e 1580.º.

ARTIGO 719.º
Risco de perecimento da coisa

Nos contratos em que a prestação da coisa não envolve transferência de propriedade, o risco da coisa corre sempre por conta de seu dono, excepto havendo culpa ou negligência da outra parte.

ARTIGO 720.º
Risco de perecimento da coisa

Se a prestação se limitar ao pagamento de certa quantia em dinheiro, as perdas e danos resultantes da falta de cumprimento do contrato não podem exceder os juros convencionados ou estabelecidos por lei, salvo no caso de fiança conforme o ordenado no artigo 838.º.

§ único. O juro legal é de 6 por cento, tanto em dívidas de natureza civil como comercial.

OBRIGAÇÃO DE EMITIR DECLARAÇÃO NEGOCIAL

ARTIGO 721.º
Indivisibilidade da prestação

A prestação deve ser feita integralmente e não por partes, se outra coisa não for estipulada, ou determinada por lei.

ARTIGO 722.º
Prestação composta de partes líquida e ilíquida

Se a prestação for em parte líquida e em parte ilíquida, poderá o credor exigir e receber a parte líquida, enquanto não puder verificar-se a entrega do resto.

ARTIGO 723.º
Regime convencional nas obrigações pecuniárias

As prestações em dinheiro serão feitas na forma convencionada.

ARTIGO 724.º
Obrigações monetárias

Quando se tiver convencionado que o pagamento seja feito em moeda metálica de certa e determinada espécie, será esse pagamento feito em espécie convencionada, existindo ela legalmente, embora tenha variado de valor entre o tempo de contrato e o do pagamento e ainda que essa variação haja resultado de disposição da lei.

§ 1.º Não se encontrando a moeda estipulada na quantidade necessária, poderá ser feito o pagamento em moeda corrente equivalente, segundo a cotação que aquela tiver na Bolsa no dia do vencimento da obrigação.

§ 2.º Tendo-se estipulado que o pagamento deverá ser feito em moedas, de ouro e prata, sem se fixar a proporção de umas e de outras, será esta proporção regulada pela dívida originária, e, não sendo isto possível, pagará o devedor metade em ouro e metade em prata.

§ 3.º O curso forçado da nota bancária não prejudica a validade da convenção de pagamento em moeda metálica nacional ou estrangeira.

ARTIGO 725.º
Inexistência legal da moeda convencionada

Não existindo já legalmente a espécie de moeda, em que se tiver convencionado o pagamento, será este feito em moeda corrente no tempo em que haja de verificar-

-se, calculando-se para esse fim o valor da espécie de moeda estipulada, pelo que tinha na conjuntura em que deixou de correr.

ARTIGO 726.º
Natureza supletiva das disposições anteriores

Não é aplicável o que fica disposto nos dois artigos precedentes, quando sobre os mesmos objectos que eles regulam, os contraentes houverem estipulado outra coisa; porque, neste caso, deve observar-se a estipulação.

ARTIGO 727.º
Princípio do nominalismo monetário

Consistindo a prestação em moeda corrente, satisfaz o devedor pagando a mesma soma numérica, ainda que o valor da moeda tenha sido alterado depois do contrato, salvo convenção em contrário.

§ 1.º Se à estipulação em escudos acrescer a do metal da moeda em que deve ser feito o pagamento, sem que aliás se tenha designado a espécie dela, o devedor fá-lo-á em moeda corrente no tempo do pagamento, contanto que essa moeda seja do metal estipulado.

§ 2.º As prestações estipuladas em quaisquer contratos, como apenas convencionais ou a título de indemnização pelo não cumprimento ou rescisão dos mesmos contratos, serão satisfeitas em harmonia com o coeficiente de valorização ou desvalorização no momento do seu pagamento.

ARTIGO 728.º
Livre escolha da dívida a pagar

Se o devedor, por diversas dívidas ao mesmo credor, se propuser pagar algumas dessas dívidas, fica à escolha dele devedor designar, a qual delas deve referir-se o pagamento.

ARTIGO 729.º
Pagamento não descriminado

Se o devedor não declarar, qual é a sua intenção, entender-se-á, que o pagamento é por conta da mais onerosa; em igualdade de circunstância, que é por conta da mais antiga; e, sendo todas da mesma data, que é por conta de todas elas rateadamente.

OBRIGAÇÃO DE EMITIR DECLARAÇÃO NEGOCIAL

ARTIGO 730.º
Pagamentos por conta de dívida com juros

Não se entenderá, que as quantias prestadas por conta de dívida com juros, são pagas à conta do capital, enquanto houver juros caídos.

ARTIGO 731.º
Regra da conjunção passiva

Sendo vários os obrigados a prestar a mesma coisa, responderá cada um deles proporcionalmente, excepto:

1.º Se cada um deles se responsabilizou solidariamente;

2.º Se a prestação consistir em coisa certa e determinada, que se ache em poder de algum deles, ou se depender de facto que só um deles possa prestar;

3.º Se pelo contrato outra coisa tiver sido determinada.

ARTIGO 732.º
Inadimplamento da prestação de coisas

É aplicável à obrigação de prestação de coisas o que fica disposto no artigo 711.º, salvo no que toca aos pagamentos em dinheiro sem juro nem prazo certo, a que só se acumularão perdas e danos, na forma do artigo 720.º, desde o dia em que o devedor for interpelado.

ARTIGO 739.º
Lugar e tempo de prestação

A prestação será feita no lugar e no tempo designados no contrato, excepto nos casos em que a lei expressamente permitir outra coisa.

ARTIGO 742.º
Falta de pagamento nas dívidas a prestações

Nas dívidas, que têm de ser pagas em prestações, a falta de pagamento de uma destas dá ao credor o direito de exigir o pagamento de todas as que ainda se devem.

ARTIGO 743.º
Obrigações puras

Se o tempo da prestação não for determinado, será esta feita quando o credor a exigir, salvo o lapso do tempo, dependente da natureza do contrato.

TRANSCRIÇÃO DOS ARTIGOS CITADOS DO CÓDIGO CIVIL DE 1867

§ único. Se o tempo da prestação foi deixado na possibilidade do devedor, não pode o credor exigi-la forçadamente, excepto provando a dita possibilidade.

ARTIGO 744.º
Lugar da prestação

Se o lugar da prestação se não achar designado e a dita prestação consistir em objecto móvel determinado, deverá ser feita no lugar onde esse objecto existir no tempo do contrato. Em qualquer outro caso será feita no lugar do domicílio do devedor, no tempo do cumprimento, salvo se este, depois do contrato, se houver ausentado para fora do território continental, pois neste caso será feita no lugar do domicílio do credor.

§ único. Se, depois do contrato, o devedor mudar de domicílio, dentro do território continental, deve indemnizar o credor das despesas que fizer a mais por acusa dessa mudança.

ARTIGO 745.º
Entrega simbólica dos imóveis

A entrega dos imóveis tem-se por feita com a entrega dos respectivos títulos.

ARTIGO 746.º
Despesas da entrega

As despesas da entrega são por conta do devedor, se outra coisa não foi estipulada.

ARTIGO 747.º
Quem pode fazer o pagamento

A prestação pode ser feita pelo próprio devedor e pelos seus representantes, ou por qualquer outra pessoa interessada ou não interessada nela. Mas neste último caso, sendo feita sem o consentimento do devedor, não fica este obrigado a coisa alguma, para com a pessoa que por ele tiver feito a prestação, excepto achando-se ausente e se receber com isso manifesto proveito, salvo o preceituado no título I do livro III.

§ único. O credor não pode, contudo, ser constrangido a receber de terceiro a prestação, havendo no contrato declaração expressa em contrário, ou se com isso for prejudicado.

ARTIGO 748.º
A quem deve ser feito o pagamento

A prestação deve ser feita ao próprio credor, ou ao seu legítimo representante.

OBRIGAÇÃO DE EMITIR DECLARAÇÃO NEGOCIAL

ARTIGO 749.º
Pagamento feito a terceiro

A prestação feita a terceiro não extingue a obrigação, excepto:
1.º Se assim foi estipulado ou é consentido pelo credor;
2.º Nos casos em que a lei o determinar.

ARTIGO 750.º
Solidariedade activa

Sendo diversos os credores, com direito igual a receber a prestação por inteiro, pode o devedor satisfazer a qualquer deles, se já não tiver sido requerida judicialmente por outro.

ARTIGO 751.º
Poderes e responsabilidade do credor solidário

O credor solidário pode livrar o devedor, tanto pelo pagamento, que este lhe faça da dívida, como por compensação, novação ou perdão, salva a sua responsabilidade para com os outros credores.

ARTIGO 752.º
Noção de solidariedade passiva

O credor de uma prestação, a que são obrigados solidariamente vários devedores, pode exigi-la de todos conjuntamente ou só de alguns deles, sem que o demandado possa implorar o benefício da divisão.

ARTIGO 758.º
Pagamento do indevido

Quando, por erro de facto ou de direito, nos termos dos artigos 657.º e seguintes, alguém paga o que realmente não deve, pode recobrar o que houver dado, nos seguintes termos:

§ 1.º O que de má fé receber coisa indevida, deve restituí-la com perdas e danos. Se a transmitiu a outrem, que fosse igualmente de má fé, pode o lesado reivindicá-la. Mas, se o adquirente foi de boa fé, só a pode reivindicar o lesado, tendo sido transferida por título gratuito, e achando-se o alheador insolvente.

§ 2.º Enquanto a benfeitorias, observar-se-á o que fica disposto nos artigos 499.º e seguintes.

TRANSCRIÇÃO DOS ARTIGOS CITADOS DO CÓDIGO CIVIL DE 1867

ARTIGO 761.º
Eficácia do depósito

Se o depósito não for contestado, a coisa ficará a risco do credor, e a obrigação extinta desde a data do mesmo depósito; mas sendo este contestado, aqueles efeitos só principiarão na data da sentença, passada em julgado, que o confirmar.

ARTIGO 764.º
Despesas feitas com o depósito

As despesas feitas com o depósito serão por conta do credor, salvo se, em caso de oposição, for o devedor convencido a final.

ARTIGO 765.º
Compensação legal

O devedor pode desobrigar-se da sua dívida por meio de compensação com outra, que o credor lhe deva, nos termos seguintes:

1.º Se uma e outra dívida forem líquidas;

2.º Se uma e outra dívida forem igualmente exigíveis;

3.º Se as dívidas consistirem em somas de dinheiro, ou em coisas fungíveis, da mesma espécie e qualidade; ou se umas forem somas de dinheiro e outras forem coisas cujo valor possa liquidar-se, conforme o disposto na última parte do § 1.º do presente artigo.

§ 1.º Dívida líquida diz-se aquela cuja importância se acha determinada, ou pode determinar-se dentro do prazo de nove dias.

§ 2.º Diz-se dívida exigível aquela cujo pagamento pode ser pedido em juízo.

ARTIGO 766.º
Compensação parcial

Se as dívidas não forem de igual soma, poderá dar-se a compensação na parte correspondente.

ARTIGO 767.º
Casos em que se não dá a compensação

A compensação não pode dar-se:

1.º Quando alguma das partes houver renunciado de antemão ao direito de compensação;

OBRIGAÇÃO DE EMITIR DECLARAÇÃO NEGOCIAL

2.º Quando a dívida consistir em coisa, de que o proprietário tenha sido esbulhado;

3.º Quando a dívida for de alimentos, ou de outra coisa, que não possa ser penhorada, ou seja por disposição da lei, ou seja pelo título de que procede, salvo se ambas as dívidas forem da mesma natureza;

4.º Quando a dívida proceder de depósito;

5.º Quando as dívidas forem do estado ou municipais, salvo nos casos em que a lei o permitir.

ARTIGO 768.º
Termos em que a compensação opera

A compensação opera de direitos os seus efeitos, e extingue ambas as dívidas com todas as obrigações correlativas, desde o momento em que se realizar.

ARTIGO 769.º
Pagamento de dívida compensável

O que paga uma dívida susceptível de compensação não pode, quando exigir o crédito que podia ser compensado, valer-se, com prejuízo de terceiro, dos privilégios e hipotecas que asseguravam esse crédito, salvo provando ignorância da existência do crédito que a extinguia.

ARTIGO 770.º
Pluralidade de dívidas compensáveis

Se forem várias as dívidas compensáveis, seguir-se-á, na falta de declaração, a ordem indicada no artigo 729.º.

ARTIGO 771.º
Renúncia ao direito de compensação

O direito de compensação pode ser renunciado, não só expressamente, mas também por factos, de que se deduza necessariamente a renúncia.

ARTIGO 772.º
Dívidas relativamente incompensáveis

O fiador não pode fazer compensação do seu crédito, com a dívida do principal devedor; nem o devedor solidário pode pedir compensação, com a dívida do credor, ao seu condevedor.

TRANSCRIÇÃO DOS ARTIGOS CITADOS DO CÓDIGO CIVIL DE 1867

ARTIGO 773.º
Renúncia presumida à compensação

O devedor, que consentiu na cessão feita pelo credor em favor de terceiro, não pode opor ao cessionário a compensação, que poderia opor o cedente.

ARTIGO 774.º
Compensação oponível ao cessionário

Se, porém, o credor lhe der conhecimento da cessão, e o devedor não consentir nessa, poderá este opor ao cessionário a compensação dos créditos, que tiver contra o cedente, e que forem anteriores à cessão.

ARTIGO 775.º
Ressalva dos direitos de terceiro

A compensação não pode admitir-se com prejuízo de direito de terceiro.

ARTIGO 776.º
Dívidas pagáveis em diversos lugares

Não obsta à compensação o serem as dívidas pagáveis em diversos lugares, contanto que se paguem as despesas de mais, que se hajam de fazer para ela se realizar.

ARTIGO 777.º
Compensação no caso de cessão não notificada

Se a cessão se fizer, sem que disso se haja dado notícia ao devedor, poderá este opor ao cessionário a compensação dos créditos, que tiver contra o cedente, quer anteriores, quer posteriores à cessão.

ARTIGO 785.º
Noção de cessão

O credor pode transmitir a outrem, o seu direito ou crédito, por título gratuito ou oneroso, independentemente de consentimento do devedor.

§ único. Mas, se os direitos ou créditos forem litigiosos, não poderão ser cedidos de qualquer forma a juízes singulares ou colectivos, nem a outras autoridades, se esses direitos ou créditos forem disputados nos limites em que elas exercerem as suas atribuições. A cessão feita com quebra do que fica disposto neste parágrafo será de direito nula.

OBRIGAÇÃO DE EMITIR DECLARAÇÃO NEGOCIAL

ARTIGO 794.º
Responsabilidade do cedente

O cedente é obrigado a assegurar a existência, e a legitimidade do crédito ao tempo da cessão, mas não a solvência do devedor, salvo se assim for estipulado.

ARTIGO 804.º
Novação por substituição do devedor

A novação, por substituição do devedor, não pode fazer-se sem consentimento do credor; mas pode fazer-se sem intervenção do devedor antigo, nos termos em que, sem consentimento do devedor, pode ser feito o pagamento.

ARTIGO 805.º
Exoneração do devedor

O credor, que exonerar pela novação o antigo devedor, aceitando outro em seu lugar, não terá regresso contra aquele, se o novo devedor se achar insolvente ou for incapaz, salvo se outra coisa for estipulada.

ARTIGO 813.º
Nulidade de novação

Se a novação for nula, subsistirá a antiga obrigação.

ARTIGO 814.º
Excepções oponíveis pelo devedor substituído

O devedor substituído não pode opor ao credor as excepções, que poderia opor o primeiro devedor; mas pode opor-lhe as que pessoalmente tenha contra o mesmo credor.

ARTIGO 815.º
Perdão e renúncia

É lícito a qualquer renunciar o seu direito ou remitir e perdoar as prestações que lhe são devidas, excepto nos casos em que a lei o proibir.

§ único. A renúncia só pode provar-se por documento escrito e assinado pelo renunciante, devendo, no caso de ele não saber ou não poder escrever, intervir duas testemunhas com reconhecimento notarial.

TRANSCRIÇÃO DOS ARTIGOS CITADOS DO CÓDIGO CIVIL DE 1867

ARTIGO 854.º
Excepções oponíveis ao credor pelo fiador

O fiador pode opor ao credor todas as excepções extintivas da obrigação, que compitam ao devedor principal, e lhe não sejam meramente pessoais.

ARTIGO 858.º
Condições de eficácia do penhor

O contrato de penhor só pode produzir os seus efeitos, entre as partes, pela entrega da coisa empenhada; mas, com relação a terceiros, é necessário que, além disso, conste de auto autêntico ou autenticado a soma devida, e a espécie e natureza do objecto do penhor.

ARTIGO 864.º
Venda extrajudicial ou adjudicação convencional do penhor

O credor não pode ficar com o objecto do penhor, em pagamento da dívida, sem avaliação, ou por avaliação por ele feita; mas podem as partes convencionar, que a venda se faça extrajudicialmente, ou que o credor fique com a coisa empenhada pela avaliação, que fizerem louvados nomeados de comum acordo.

ARTIGO 897.º
Preferência concedida aos credores da herança

Das obrigações próprias do herdeiro por nenhum caso resulta hipoteca sobre os bens da herança, em prejuízo dos credores do autor dela, ainda que estes sejam credores comuns.

§ único. Os credores do autor da herança têm o prazo de um ano, contado desde a data em que tiverem conhecimento da morte deste, para reclamarem os seus créditos pelos bens da mesma herança, com preferência aos credores do herdeiro, ainda que estes tenham obtido hipoteca ou qualquer outra garantia sobre os mesmos bens.

ARTIGO 1 039.º
Rescisão do pagamento antecipado

Pode igualmente rescindir-se o pagamento, feito pelo devedor insolvente, antes do prazo do vencimento da obrigação.

ARTIGO 1 113.º
Dívidas posteriores comunicáveis

As dívidas contraídas na constância do matrimónio por facto ou contrato de ambos os cônjuges, ou pelo marido, com outorga da mulher, ou pela mulher, com autorização do marido, ou pela mulher só, nos casos em que é permitido pelo artigo 1116.º, são comunicáveis.

§ 1.º Se os bens comuns não forem suficientes para o pagamento das dívidas, de que trata este artigo, ficarão a ele sujeitos os bens próprios de qualquer dos cônjuges.

§ 2.º O cônjuge que for obrigado a pagar pelos seus bens próprios qualquer das referidas dívidas, ou a maior parte delas, terá regresso contra o outro, para ser indemnizado pelos bens próprios deste, se os tiver, do que pagou além da metade que lhe pertencia.

ARTIGO 1 127.º
Separação absoluta

Nos casamentos feitos com separação de bens, cada um dos cônjuges conserva o domínio de tudo quanto lhe pertence, podendo dispor dos respectivos bens livremente, salva a restrição imposta no artigo seguinte.

ARTIGO 1 128.º
Bens próprios da mulher

É aplicável à mulher, quanto aos seus bens mobiliários separados da comunhão, e à terça parte dos seus rendimentos, o que no artigo 1118.º fica disposto, relativamente ao marido, acerca dos bens mobiliários comuns.

§ único. Exceptuam-se desta disposição os capitais postos a juros, aos quais, bem como às outras duas terças partes dos rendimentos, e aos bens imobiliários, é aplicável o que fica disposto no artigo 1119.º.

ARTIGO 1 191.º
Poderes do marido sobre os imobiliários

Não é lícito ao marido alienar bens imobiliários, nem estar em juízo por causa de questões de propriedade, ou posse de bens imobiliários, sem outorga da mulher.

§ 1.º Esta outorga pode ser suprimida judicialmente, se a mulher a recusar sem justo motivo, ou se estiver impossibilitada para a dar.

§ 2.º As alienações, porém, dos bens próprios feitas pelo marido, contra a disposição deste artigo, só podem ser anuladas a requerimento da mulher ou de seus

TRANSCRIÇÃO DOS ARTIGOS CITADOS DO CÓDIGO CIVIL DE 1867

herdeiros, achando-se o marido constituído em responsabilidade para com ela, ou para com eles, e não tendo outros bens pelos quais responda.

§ 3.º Se as ditas alienações forem de bens comuns, a mulher, ou os seus herdeiros, ou os herdeiros legitimários do marido, poderão, em todo o caso, requerer que sejam anuladas.

ARTIGO 1 192.º
Capacidade judiciária da mulher

A mulher casada não pode estar em juízo sem autorização do marido, excepto:

1.º Nas causas crimes em que seja ré;

2.º Em quaisquer pleitos com o marido;

3.º Nos actos, que tenham unicamente por objecto a conservação, ou segurança dos seus direitos próprios e exclusivos;

4.º Nos casos em que tenha de exercer, relativamente a seus filhos legítimos, ou aos naturais, que tivesse de outrem, os direitos e deveres inerentes ao poder paternal.

ARTIGO 1 200.º
Quem pode arguir a nulidade dos actos praticados pela mulher

A nulidade, procedida da falta de autorização, só pode ser alegada pelo marido, ou por seus herdeiros e representantes.

ARTIGO 1 201.º
Ratificação da nulidade

A nulidade por falta de autorização pode ser sanada:

1.º Pela confirmação do marido, não se achando proposta em juízo, por terceiro, acção nenhuma a este respeito;

2.º Se não for arguida dentro de um ano, contado desde a dissolução do matrimónio;

3.º Se o acto houver prescrito, conforme as regras gerais.

ARTIGO 1 454.º
Espécies de doações

A doação pode ser pura, condicional, onerosa, ou remuneratória.

§ 1.º Pura é a doação meramente benéfica, e independente de qualquer condição.

§ 2.º Doação condicional é a que depende de certo evento ou circunstância.

§ 3.º Doação onerosa é a que traz consigo certos encargos.

OBRIGAÇÃO DE EMITIR DECLARAÇÃO NEGOCIAL

§ 4.º Doação remuneratória é a que é feita em atenção a serviços recebidos pelo doador, que não tenham a natureza de dívida exigível.

ARTIGO 1 458.º
Forma externa

A doação pode ser feita verbalmente ou por escrito.

§ 1.º A doação verbal só pode ser feita com tradição da coisa doada, sendo esta mobiliária.

2.º A doação de coisas mobiliárias, não sendo acompanhada de tradição, só pode ser feita por escrito.

ARTIGO 1 480.º
Doação feita por homem casado à sua concubina

São nulas as doações feitas por homem casado à sua concubina. Esta nulidade, porém, só pode ser declarada a requerimento da mulher do doador ou dos herdeiros legitimários dela, não podendo todavia a respectiva acção ser intentada senão dentro de dois anos depois de dissolvido o matrimónio.

ARTIGO 1 508.º
Noção de aluguer e de usura

O empréstimo é essencialmente gratuito. Logo que o comodato ou o mútuo é retribuído, toma aquele a natureza de aluguer, e este a de usura.

ARTIGO 1 543.º
Contrato de aposta

As disposições dos artigos antecedentes são aplicáveis às apostas.

ARTIGO 1 548.º
Contrato-promessa de compra e venda

A simples promessa recíproca de compra e venda, sendo acompanhada de determinação de preço e especificação de coisa, constitui uma mera convenção de prestação de facto, que será regulada nos termos gerais dos contratos; com a diferença, porém, de que, se houver sinal passado, considerando-se como tal qualquer quantia recebida pelo promitente vendedor, a perda dele ou a sua restituição em dobro valerá como compensação de perdas e danos.

TRANSCRIÇÃO DOS ARTIGOS CITADOS DO CÓDIGO CIVIL DE 1867

§ único. Tratando-se de bens imobiliários, o contrato deve ser reduzido a escrito e, sendo feito sem outorga da mulher do promitente vendedor, este responde por perdas e danos para com o promitente comprador.

ARTIGO 1 551.º
Vendas a contento

As vendas a contento, ou de coisas que se costumam provar, pesar, medir, ou experimentar antes de serem recebidas, consideram-se sempre como feitas debaixo de condição suspensiva.

ARTIGO 1 555.º
Venda de coisa alheia

Ninguém pode vender senão o que for propriedade sua, ou a que tenha direito; e se vender coisa que pertença a outrem será o contrato nulo, e o vendedor responderá por perdas e danos, tendo procedido com dolo ou má fé.

§ único. O contrato será, contudo, revalidado, e ficará o vendedor quite da responsabilidade penal em que tiver incorrido, se antes que se dê a evicção ou a acusação, o dito vendedor adquirir por qualquer título legítimo a propriedade da coisa vendida.

ARTIGO 1 562.º
Alienação de bens sob administração ou guarda alheia

Não podem ser compradores, nem directamente nem por interposta pessoa:

1.º Os mandatários ou procuradores, ainda que tenham substabelecido os seus poderes, e os estabelecimentos quanto aos bens de cuja venda ou administração se acham encarregados;

2.º Os tutores e os protutores, quanto aos bens dos seus tutelados ou protutelados, durante a tutela ou protutela;

3.º Os testamenteiros, quanto aos bens da herança, enquanto durar a testamentaria;

4.º Os funcionários públicos, quanto aos bens em cuja venda intervêm, como tais, quer esses bens sejam nacionais, municipais ou paroquiais, quer de menores, de interditos ou de quaisquer outras pessoas.

ARTIGO 1 563.º
Alienação de coisas litigiosas

Não podem comprar coisa litigiosa os que não podem ser cessionários, conforme o que fica disposto no § único do artigo 785.º, excepto no caso de venda de acções hereditárias, sendo os compradores co-herdeiros, ou de os compradores possuírem bens hipotecados para segurança do direito litigioso.

ARTIGO 1 564.º
Vendas entre casados

Não podem comprar nem vender reciprocamente os casados, excepto achando-se judicialmente separados de pessoas e bens.

§ único. Não será, contudo, havida como venda proibida entre casados a cessão ou doação em pagamento, feita pelo cônjuge devedor ao seu consorte, por causa de alguma dívida legítima.

ARTIGO 1 565.º
Vendas a filhos ou netos

Não podem vender bem hipotecar, a filhos ou netos, os pais ou avós, se os outros filhos ou netos não consentirem na venda ou na hipoteca.

§ único. Se algum deles recusar o seu consentimento, ou for incapaz para o dar, ou não puder obter-se esse consentimento, poderá este ser suprido por um conselho de família, organizado nos termos do artigo 207.º que para esse fim será convocado.

ARTIGO 1 568.º
Obrigações do vendedor

O vendedor é obrigado:
1.º A entregar ao comprador a coisa vendida;
2.º A responder pelas qualidades da coisa;
3.º A prestar evicção;
4.º A responder por perdas e danos no caso de não cumprir a obrigação, que tenha tomado, de vender ou dar preferência a determinado indivíduo.

ARTIGO I 767.º
Incapacidade relativa do menor sob tutela

O menor não pode testar em benefício do seu tutor, salvo se estiver emancipado, e o tutor tiver dado conta da sua gerência.

§ único. Esta proibição não abrange os testamentos em favor dos ascendentes e dos irmãos do menor.

TRANSCRIÇÃO DOS ARTIGOS CITADOS DO CÓDIGO CIVIL DE 1867

ARTIGO 1 768.º
Incapacidade do menor relativamente aos seus educadores

Do mesmo modo é proibido aos menores testar em favor dos seus mestres, ou pedagogos, ou de quaisquer outras pessoas a cujo cuidado estejam entregues.

ARTIGO 1 769.º
Incapacidade relativa do enfermo

Não produzirão efeito as disposições do enfermo em favor dos facultativos, que lhe assistirem na sua moléstia, ou dos confessores que, durante ela, o confessarem, se morrer dessa moléstia.

ARTIGO 1 770.º
Excepções às incapacidades anteriores

A proibição dos dois artigos precedentes não abrange:
1.º Os legados remuneratórios dos serviços recebidos pelo menor, ou pelo enfermo;
2.º As disposições, quer por título universal, quer por título particular, em favor dos parentes do testador, até o quarto grau inclusivamente, não havendo herdeiros legiti-mários.

ARTIGO 1 801.º
Legado de coisa alheia

É nulo o legado de coisa alheia; mas, se do testamento se depreende, que o testador ignorava que lhe não pertencia a coisa legada, deverá o herdeiro adquiri-la, para cumprir a disposição, e se isto não for possível, pagará ao legatário o valor dela.

ARTIGO 2 036º
Impugnação da aceitação

Ninguém pode reclamar a aceitação que haja feito, excepto:
1.º Em caso de violência;
2.º Tendo sido induzido à aceitação dolosamente;
3.º Achando-se a herança absorvida em mais de metade, em consequência de testamento desconhecido ao tempo da aceitação.

OBRIGAÇÃO DE EMITIR DECLARAÇÃO NEGOCIAL

ARTIGO 2 040.º
Acção subrogatória quanto à aceitação da herança

Os credores daquele, que repudia a herança em prejuízo deles, podem ser autorizados judicialmente a aceitá-la no lugar e em nome do devedor; mas o remanescente da herança, pagos os credores, não aproveitará ao repudiante, mas sim aos herdeiros imediatos.

ARTIGO 2 180.º
Divisão da coisa comum

Nenhum comproprietário será obrigado a permanecer na indivisão, e poderá em todo o tempo requerer partilha, excepto:

1.º Nos casos de casamento ou sociedade, em conformidade das respectivas disposições deste Código.

2.º Se a coisa ou o direito for de sua natureza não partível.

ARTIGO 2 309.º
Servidão legal de passagem

Os proprietários de prédios encravados, isto é, que não tenham comunicação alguma com as vias públicas, podem exigir caminho ou passagem pelos prédios vizinhos, indemnizando o prejuízo, que com esta passagem venham a causar. Quando, porém, estes terrenos sejam dos mencionados no artigo 456.º, o respectivo proprietário pode subtrair-se a essa obrigação, adquirindo o prédio encravado pelo preço que for judicialmente fixado no processo, com prévio arbitramento.

§ 1.º No caso de venda, particular ou judicial, dação em pagamento, aforamento, ou arrendamento por tempo superior a dez anos, os proprietários de terrenos encravados, bem como os donos dos prédios onerados com a respectiva servidão, seja qual for o título da sua constituição, têm o direito de preferência em primeiro lugar.

§ 2.º Tratando-se de arrematação judicial, observar-se-á o disposto no artigo 848.º do Código de Processo Civil, devendo o cabeça de casal ou exequente indicar os nomes dos proprietários dos prédios servientes, a fim de serem para ela citados.

§ 3.º Para usarem do direito de preferência, nos outros casos, devem esses proprietários ser notificados, nos termos do artigo 641.º do Código de Processo Civil, e, na falta de notificação, poderão usar do seu direito, nos termos do § 4.º do artigo 1 566.º.

§ 4.º Apresentando-se mais de um proprietário a usar desse direito, abrir-se-á licitação entre eles, e o maior valor produzido reverterá a favor do vendedor.

§ 5.º No caso de haver mais de um proprietário com direito de preferência, não poderá nenhum deles fazer valer em juízo o seu direito sem previamente notificar

TRANSCRIÇÃO DOS ARTIGOS CITADOS DO CÓDIGO CIVIL DE 1867

ou outros, nos termos do artigo 641.º do Código de Processo Civil, e, no caso de algum dos notificados se apresentar a preferir, será aberta licitação entre os preferentes, sendo adjudicado o respectivo direito a quem por ele maior preço oferecer e em seguida depositar, no prazo de três dias, a favor do vendedor, o excedente sobre o preço primitivo do contrato e pagar dentro de trinta dias a respectiva sisa.

ARTIGO 2 317.º
Plantação de árvores e arbustos

Será lícita a plantação de árvores ou arbustos a qualquer distância da linha divisória, que separar do prédio vizinho aquele em que a plantação for feita; mas o dono do prédio vizinho poderá arrancar e cortar as raízes que se introduzirem no seu terreno, e os ramos que sobre ele propenderem, contanto que não ultrapasse, arrancando e cortando essas raízes ou ramos, a linha perpendicular divisória, e se o dono da árvore, sendo rogado, o não tiver feito dentro de três dias.

ÍNDICE

Nota Prévia sobre a Publicação	7
Introdução	15

CAPÍTULO I

Admissibilidade e Fundamento da Obrigação de Declaração Negocial	37
Preliminares	37
Secção I Possibilidade Lógica Da Obrigação De Declaração Negocial	42
§ 1.º – A protecção do interesse na produção de efeitos jurídicos	42
§ 2º – O dever de negociar	48
Secção II Fundamento da Obrigação de Declaração Negocial	58
§ 1.º – Utilidade da obrigação de declaração negocial	58
§ 2º – A escolha do dever de declaração negocial como meio.	96

CAPITULO II

Configuração da Obrigação de Declaração Negocial	169
Secção I Regime Jurídico do Pagamento	169
Secção II Aspectos do Regime da Obrigação de Declaração Negocial	200
A) A protecção do interesse na produção de efeitos jurídicos e o regime das obrigações na obrigação de declaração negocial	202
B) A protecção do interesse na produção dos efeitos jurídicos e o regime destes.	212
C) O negócio como objecto do dever e o seu regime.	215
D) O negócio como objecto do dever e o regime do cumprimento da obrigação de declaração negocial.	237
E) O regime do direito potestativo constituído por substituição.	243

OBRIGAÇÃO DE EMITIR DECLARAÇÃO NEGOCIAL

Secção III Construção Jurídica da Obrigação de Declaração Negocial   245

§ 1º. – Posição doutrinária dominante.   245

§ 2º. – Relação entre os momentos obrigacional e negocial.   252

  A) Integração dos momentos obrigacional e negocial   252

  B) *Causa negotii* e causa da atribuição   263

§ 3º. – Estrutura e enquadramento dogmático da obrigação

  de declaração negocial e do seu cumprimento   302

Transcrição dos artigos citados do Código Civil de 1867   307